HERBERT HOOVER

American Politics and His Quest for Human Security

誤解された大統領

フーヴァーと総合安全保障構想

井口治夫 著

名古屋大学出版会

誤解された大統領　目次

序章　フーヴァーによる総合安全保障政策の構想とその展開

1　米国における総合安全保障政策の起源と系譜

国の総合安全保障とは、単に国外からの軍事的脅威から自国民を守ることだけではなく、国家の重要なそのほかの政策領域である災害、衛生、食糧、経済を安全保障と関連づける考え方である。そしてこれらを重要な国家政策と捉え、これらが重視する政策目標の達成にあたり、軍事支出を含む政府の支出を、軍縮、環境保全、資源保全、官民連携による難民支援（保護、医療、教育など）と関連づけながら、抑制する考え方でもある。

本書は、ハーバート・C・フーヴァー（一八七四〜一九六四）が、第一次世界大戦から第二次世界大戦勃発時にかけて模索し、また、問題解決のために彼の総合安全保障的世界観に基づいて推進した、人間の安全保障、平和のための戦後復興と軍縮、そして資源保全について、国際関係史、米国政治史、そして政治思想史の文脈で考察と分析を行う。また、第二次世界大戦後、フーヴァーが委員長を務めた一九四〇年代後半から五〇年代前半の行政改革委員会についても検証していく。

フーヴァーをはじめとする、革新主義の時代（一九世紀末から第一次世界大戦まで）の多大な影響を受けた改革者たちは、中央政府の規模を抑制させながら政策問題に取り組んだ。政府部門の機能を抑制していく発想から、政策を実現させていく上で官民連携を進めていった。こうした政策を推進する担い手は、その政策領域の専門家たちであった。これに対してニューディール以降の中央政府の役割は、大恐慌による未曽有の民間部門の弱体化が背景となって、中央政府主導のもとで各政策分野の専門家たちを動員しながら、政策を実現させていくことであった。そのような風潮のなかで官民連携による政策実現があったとしても、民間部門が政府に従属する傾向になっていった。

フーヴァーは第一次世界大戦中から商務長官時代の経験——ベルギー救済委員会委員長、米国政府の食糧局長官、米国救済局長官、ウォーレン・ハーディング政権とカルヴィン・クーリッジ政権の商務長官の経験——を通じて、組織のトップが複雑な問題を総合的に調整して、決断をできるだけ効率よく行う必要があることを痛感していた。そのため、例えば商務長官時代のフーヴァーは、商務省が経済外交や米国企業の産業競争力を高めるための政策を効率よく実施できるように、商務長官の省内における権限を掌握できるよう努力した。

彼は、世界大恐慌が始まる約九カ月前に大統領に就任した。それまでの経験を通じ、大統領が、中央政府におけるトップとして、複雑に絡み合う問題を総合的に調整しながら効率よく決断することを模索した。しかしながら、総合安全保障の観点から外交と安全保障の政策を推進するフーヴァーの模索は、大恐慌という非常事態のなかで、米国経済の立て直し、満洲事変への対応、そして世界的な軍縮を実現させることに集中せざるをえず、資源保全・環境保護と財政支出の抑制はできない状況になってしまった。

フーヴァーの総合安全保障的な構想は、大恐慌によって立ち消えになった。これに代わって台頭してきたのが、一九三三年以降のフランクリン・D・ローズヴェルト政権のニューディール政策であった。同政策は、フーヴァー政権時代の赤字財政を覚悟した国内経済への公共事業面での支出を積極的に行う路線を拡大発展させたものである。さらに、ローズヴェルト政権が発足してから、大恐慌により崩壊していた米国金融市場と証券市場は、財務省や証券取引委員会をはじめとする米国中央政府により、大幅な規制の対象となった。つまり、ローズヴェルト政権は、大恐慌で弱体化した米国の大手投資銀行、証券会社、商業銀行を規制することで、これら金融機関の米国経済に対する支配力を低下させたのであった。これに代わって台頭したのが、フーヴァー政権時代に設立された復興金融公社に加えて財務省や米国輸出入銀行であった。ニューディールのもとで、米国政府は国家資本主義的色彩を強め、これ以降、一九二〇年代までの、大手金融機関が米国経済外交を担っていた時代は過去のものになってしまった。ローズヴェルト政権時代の経済外交は、一九三四年に財務長官に就任したヘンリー・モーゲンソーが主導権を握ることとなった。そして、モーゲンソーは、経済外交を通じて、道義的な観点から米国外交を推進することとなったのであった。

第一次世界大戦終結後の米国政府内では、なかでもフーヴァーが委員長を務めた行政組織において、政府の規模が戦時期と比べて大幅に縮小するなかで、縦割り行政を克服する試みを行いながら、官民連携により、広範囲にわたる複雑な問題を解決することを試みた。これとは対照的に、ローズヴェルト政権時代の米国政府は、短期間で中央政府の規模が拡大、縦割り行政が顕在化した。そのため、省庁横断型の手法による政策問題の解決は後手に回った。しかも、米国が第二次世界大戦に参戦すると、米国の安全保障政策は、世界最強に変貌していた米国の陸海空軍（海軍は、第一次世界大戦終結以降、英国と並んで世界最強であった）が米国の安全保障政策の基盤となったため、また、その組織の巨大化がソ連および共産主義の拡大を封じ込めていく目的で容認されていったため、さらには第二次世界大戦終結後の国際的な難民対策や災害対策は国際連合を通じて行われていくこととなったためもあり、米国政府内では、総合安全保障的な発想が希薄化していった。

総合安全保障の考え方では、中央政府は省庁横断型で問題に対処し、しかも官民連携を重視していることから、米国政府内における総合安全保障の模索は大恐慌とともに終わったと言えよう。しかしながら、ニューディール流の大きな政府を通じた改革から、中央政府の機能と規模をニューディール期と比べて縮小させながら米国内の社会、経済、外交・安全保障の改革を行うべきであるという保守的な政策思想の流れは、フーヴァーをはじめとする主に共和党系の政界と経済・言論界の人たちに推進されていった。ローズヴェルト死去後、つまり、ニューディール終焉後のフーヴァーら保守系の人たちによる成果が、フーヴァーが委員長を務めた第一次行政改革委員会（一九四七～四九年）

と第二次行政改革委員会（一九五三〜五五年）、特に、第一次委員会の報告書とその実施であった。

フーヴァーが敬愛したスタンフォード大学学長デイヴィッド・スター・ジョーダンは、フーヴァーに思想的影響を大いに与えた。ジョーダンは、第一次世界大戦前夜に著した著書『戦争と浪費』（*War and Waste*）や一九二〇年代に刊行した自伝を通じて、経済のグローバル化に伴う戦争の予防とともに、戦争の無益さをも米国内外に訴えていたことで知られている。スタンフォード大学にあるジョーダン文書や、スタンフォード大学の大学文書に残されたジョーダン学長とフーヴァー（スタンフォード大学理事）とのやりとりや活動から、ジョーダンのフーヴァーに対する影響力が分かる。フーヴァーの総合安全保障的世界観の萌芽は、ジョーダンの思想的影響に遡ることができよう。

本書では、第5章で、ドワイト・D・アイゼンハワー政権期の国務長官ジョン・フォスター・ダレスの世界観についても分析と考察を行うが、これは、ダレスがフーヴァーと同様、ジョーダンが第一次世界大戦前に描いた国際関係に対する考え方を共有し、実践しようとしたからである。ダレスの米国政治と外交における思想的特徴は、本書で紹介する共和党右派の世界観に近いと言える側面もあれば、ローズヴェルトや米国民主党の外交・安全保障の世界観に近い側面もあわせ持っている。

米国政府が今日でも推進している紛争地域や災害地域における人道支援は、米国の安全保障戦略ともリンクして行われている場合が多いが、そのような考え方がどのように米国内で形成され、また米国社会で受容されるようになっていったのかを解明する上で、その歴史的・思想的源流が、フーヴァーの総合安全保障的世界観に由来している事実を知ることは重要である。本書は、フーヴァーに関する先行研究を踏まえて、総合安全保障的世界観という概念に基づきフーヴァーが第一次世界大戦期から第二次世界大戦勃発時にかけて推進した人間の安全保障、平和のための戦災復興と軍縮、そして資源保全を捉え直す。

また本書では、三人の職業軍人で米国政治と外交に深く関わったダグラス・マッカーサー、アイゼンハワー、ボナー・フェラーズについても、フーヴァー政権時代の米国のフィリピンに対する国防政策と関連づけて、また、フーヴァーやロバート・A・タフトなどの共和党右派が進めた戦前・戦後の米国政治・外交とも関連づけて考察と分析を行う。これは戦後の対日占領政策にも関わる論点となる。

近現代の日本政治史では、軍人の政治への関与が大きな研究テーマの一つとなっている。職業軍人の政治への関与は、言うまでもなく日本に限った話ではない。ただ、日本の場合、一九三〇年代の満洲事変以降の中国への侵略と太平洋戦争は、まさしく統帥権を盾に軍人たちが主導して招いた戦争である。この点、ドイツやイタリアのようにファシズムの一党独裁政党が主導して行った戦争とは趣を異にするところがある。独伊の場合は、一党独裁の政党とそれを支持する文民が軍部を引っ張って戦争を行わせたと言えるのに対して、日本の場合は、政党と文民が軍部に引きずられて戦争を行っていったと言えよう。

米国のような民主主義国家については、この時期の日独伊と違い、憲法制度上大元帥である大統領のもとで文民統制（政党と文民が軍をコントロール）しながらグローバルな観点から安全保障政策や外交政策を立案したり遂行していた。それでも、米国の職業軍人たちは、フィリピンのような米国の植民地であった地域や、植民地を含めた米国の国防政策や外交政策で影響力を発揮し、ときには一般有権者により選挙で選出された大統領とこうした政策領域において衝突することが建国以来あり、現在も今後も、そうしたことは生じよう。一九三〇年代から朝鮮戦争までの時期、米国の国防政策や外交政策で、かなりの影響力を行使した職業軍人がマッカーサー元帥である。

マッカーサーがこのような裁量権を持てるようになったのは、第二次世界大戦中、米国大統領が占領地域の米軍司令官に与えた権限に起因している。このような裁量権が背景にあることを考慮に入れながら米軍主導の対日占領政策も理解する必要があろう。

フィリピンのような、一九四六年に独立するまで米国の植民地であった地域では、国防政策は、マッカーサーを軍事顧問団の団長とする米国の職業軍人たちが主導権を握っていた。彼らは、フィリピンの国防政策のほか、フィリピンの治安維持、ダム建設、治水、衛生教育などで大きな足跡を残した。マッカーサーの場合、本書で取り上げるように、フィリピン・コモンウェルス政府大統領マニュエル・ケソンとフィリピン政治に対する広範な政治的影響力を、一九三四年から三八年と一九四〇年からフィリピンが独立を果たした四六年六月まで、行使することができた。

米軍主導の連合国の対日占領政策においてマッカーサーは、このような植民地における経験を踏まえて、第二次世界大戦中に占領地域の司令官たちが米国大統領より承認された裁量権を行使しながら、部下たちが実行した占領政策を指揮したり監督したのであった。

日本の関東軍の将校のように、傀儡国家「満洲国」の中国人閣僚をときに軍刀でおどすような、野蛮な圧力をあからさまに行使することは、米西戦争後の米比戦争の時期を除いておそらくなかったにせよ、植民地時代のフィリピンに対してマッカーサーは、部下たちとともに、関東軍第四課が「満洲国」で行ったような「内面指導」に類似する影響力を行使できたと言えよう。

マッカーサーを、田中義一、宇垣一成、板垣征四郎、東条英機といった政治家軍人にたとえるなら、彼の部下のなかには、昭和初期の革新将校のような、国内政治を変革することにも多大な関心を示していた職業軍人もいたはずである。ただ、こうした米国版革新将校の場合、日本の革新将校たちのように民主主義の流れを否定するのではなく、民主主義の枠組みのなかで彼らが標榜する政治目標を達成する政治信条を持っていたと言えよう。

たしかに米国では、初代大統領が対英独立戦争の総司令官ジョージ・ワシントンであったことを皮切りに、英雄となった職業軍人が大統領に選挙を通じて選ばれることが多々ある。本書でたびたび言及する、当初マッカーサーの側近であったアイゼンハワーが、そのようなパターンの最新例である。そして職業軍人で英雄となって大統領になった最後の事例でもある。

ただし、アイゼンハワーの場合、第二次世界大戦中、陸軍参謀総長ジョージ・C・マーシャルのもとで急速に頭角を現し、欧州の占領政策を実施していくなかで、政治を経験していった。フィリピン時代のアイゼンハワーは、マッカーサーの政治的行動に非常に冷ややかであった。

アイゼンハワーとは対照的に、職業軍人となった早い時期から、米国政治に多大な関心を持ち、国内政治に影響力を行使しようと野心的に行動した人物がいた。フェラーズである。米国の陸軍士官学校ウェストポイントの卒業生のほとんどが、アイゼンハワーと同様、政治から距離を置く傾向があったのに対して、フェラーズは昭和初期の日本の革新将校ほどではないにせよ、米国のエリート職業軍人にしては、政治に影響力を行使することに強い関心を持っていた。この点、フェラーズは、マッカーサーと似ている。

フェラーズは、アイゼンハワーが予想外に陸軍で出世していくのに対して、マッカーサーのもとで昇進していくことに賭けた。本書ではフェラーズがマッカーサーと関わりながら、フィリピン、日本そして米国のそれぞれの国内政治でどのような活動をどのような考え（戦略、世界観、政治思想、打算）で行い、どういった影響を与えたのかも考察していく。温厚で、物腰が柔らかで人に好かれやすい人柄であったフェラーズだが、歴史を動かそうという野心と執念の持ち主でもあったと言えよう。

二〇世紀は戦争の世紀であった。第一次世界大戦前夜、当時サンフランシスコ近郊の新興の大学であったスタンフォード大学の学長ジョーダンは、一九一一年のハーヴァード大学における講演で、戦争がいかに人命と国の財政にとってよくないことであり、経済的観点から無駄であり、また無益であるかを論じ、国際法と平和を重視する価値観が国際社会と国際世論で育まれている現状をさらに促していくことで、戦争のない国際社会を目指す必要性を訴えた。この講演後、ジョーダンはさらに論壇において、先進国で産業の多くを支配している巨大金融資本は、こうした平和志向の価値観が先進国の間で共通の価値観として根づいていけば、帝国主義や戦争を助長するのではなく、安定した国際社会での利益の追求を選好し、大規模な戦争を防止することに貢献しうると唱えたのであった。ジョーダンは、先進国が海軍力をはじめとして、軍拡に走っていることに警鐘を鳴らした。彼は、各国が十分な防衛能力を保持する必要性は認めたものの、軍縮を行うことで、公的資金を社会の発展に貢献する方面に支出すべきであると提唱した。(1)

しかしながら、第一次世界大戦は勃発した。それでも大戦終結後、ジョーダンが唱えた価値観、つまり勢力均衡や軍事力によらない平和の達成の試みが模索されていった。ワシントン体制は、軍縮により余裕ができた経済的資源を国内外のより生産的な活動に振り向ける試みという側面がその根底にあったことは否定できない。同時に、その体制は、ジョーダンを師と仰いだスタンフォード大学一期生フーヴァーが、一九二〇年代から三〇年までの共和党全盛の時代に体現した、現実的な安全保障政策であった。つまり、世界の三大海軍国家であった米英日が、経済的相互依存と協調外交を推進する一方、世界の海をそれぞれの勢力圏に置く体制であった。米国海軍は世界最強の海軍力を備え、西半球、西大西洋、東太平洋において、英国は東大西洋と英連邦圏の海洋において、世界三番目の海軍を誇る日本は西太平洋において、主導権を握る、という内容であった。ワシントン体制は、満洲における日本の影響を認める一方、中国の他の地域においては米英日が協調しながら中国の発展を支援する試みを模索した。

米英日という海軍国を含む列強が、軍縮と自由貿易の拡大を通じた経済の相互依存により大規模な紛争の発生を防止しようと試みたのが、満洲事変勃発時までの戦間期の国際秩序の模索であったと言えよう。[2] そして、フーヴァーは、革新主義時代の申し子として、総合安全保障的な考え方に基づき、人災と天災がもたらす飢饉に対する人道支援、安全保障、国内の人的・物的資源、資金、技術の有効利用を組み合わせて、米国社会と国際社会が直面する問題に挑戦していった。

2　フーヴァーの活動の背景

フーヴァーは、革新主義時代の改革運動の影響を強く受けたが、彼が資源保全とその有効利用を強く意識したのは、彼自身が米国西部で育っていたこと、また、彼が地質工学の技術者であったこととも関連がある。以下、米国史における資源保全も視野にフーヴァーの活動の背景となったものを概観したい。

一九世紀の後半において、急速な工業化、都市化に伴い、都市の生活環境が悪化していった。これに対して新興の中産階級である弁護士、医者、エンジニア、それから女性の活動家、あるいは宗教指導者といった人たちが、生活環境改善のため、水や空気の汚染問題、騒音問題、公衆衛生や都市の景観美の問題などについて様々な提議を行った。エコロジーという言葉は、一八九二年に女性の科学者（化学）で、家政学の母と呼ばれているエレン・スワローが、はじめて発案したと言われている。住居というものは空気、水、土壌など生態系との関係のなかで存在しており、住居を任せられた女性は生態系を守る積極的な役割が期待されているということを彼女は主張したのであった。

革新主義の一つの特徴は、問題をできるだけ客観的に捉え、科学的手法を利用することにあった。自然科学や社会科学のメソッドを応用することにより、どのような点が客観的に問題で、それをいかにして解決すべきだろうか、というかたちで問題提起をしていった。しかしながら、地方自治体や州レベルにおいて見受けられたこうした運動は、自治体や州レベルに限定しては包括的な解決はできないので、連邦政府に解決を求めていくことになった。この流れは二〇世紀初頭には形成されるが、連邦政府が実際に強制力をもって環境問題に本格的に介入しはじめるのは一九六〇年代であり、それはニューディールの時期を経て漸く実現していった。

革新主義運動は、第一次世界大戦をもって終わってしまうが、その後この運動にかつて関わった人たち、あるいはその運動のなかで社会的に台頭してきた人たちのなかには、引き続き一九二〇年代～三〇年代にこの革新主義の流れを汲む形で社会活動を展開していく人たちがおり、その一人がフーヴァーであった。フーヴァー自身は、消費生活における快適さの追求も視野に入れた政策提言を一九二〇年代に考え、それを実践したが、これは経済発展に伴う生活の質の追求ということと関係していた。またこのような現象は、科学の進歩とも密接に関係していた(3)。

フーヴァーは一九二一年から二九年まで商務長官を務め、その後一九二九年より三三年まで大統領を務めた。ホレシオ・アルジャー物語――貧民から金持ちへの立身出生――を体現した最後の大統領であり、生まれは中西部のアイオワ州であるが、西海岸が生んだ最初の大統領である。フーヴァーは、子供の頃、親を亡くし、西部のオレゴンに住んでいる伯父のもとに預けられた。彼は、スタンフォード大学一期生であった。

フーヴァーは、環境問題と密接に関わる地質学を専攻し、英国の多国籍企業の鉱山会社の技師として世界中を飛び回り、金鉱脈を含む様々な鉱脈を掘り当て、また、中国に約三年ほど滞在した。歴代の大統領でフーヴァーのように世界各地に二〇年ほど住み、しかもアジアに三年ほど住んだ経験のあるコスモポリタンな大統領は、米国史において例外的なケースであった。

フーヴァーはいわゆるテーラー主義やフォード主義につながっていくような科学的経営、科学的管理というものを体現していた。フーヴァーの商務長官時代には、専門家たちによる経済問題や資源開発問題に関する提言を行う委員会が、数多く生まれており、フーヴァーもそのような動きの中心人物として、彼が主催する委員会で様々な政策提言を行った。こうしたフーヴァーの活動は一九世紀後半に形成された専門家の有用性を重視する社会的価値観をさらに強化していくものであった。彼が主催していた委員会では、魚や野生動物の保護、国内石油資源の保全、連邦政府の規制に頼らない州同士の協力による河川と電源の開発、水と大気の汚染問題、高速道路での安全性確保などの政策提言を行った。

また、彼は第一次世界大戦中、NPOを立ち上げてベルギーへの食糧援助を行い、その他にも欧州において戦争により立ち往生した米国人を帰国させるための斡旋を行うNPO団体も立ち上げた。欧州大戦参戦後のウッドロー・ウィルソン政権時には食糧局長官を務め、そして欧州での戦争が終結した後、欧州の復興を行うために現れた様々なNGOやNPOを束ねる統括係として米国の国内政治や外交に深く関わった。また、反共産主義者である彼は、欧州復興を手がけるなか、ロシア革命直後の内戦で混乱していたソ連に対して、一九二〇年代前半に人道的観点から食糧援助を行っている。こういった活動は、彼自身政界に入っていくプロセスにおいてNPOやNGOとの連携を重視する姿勢につながっていく。連邦政府の規制にあまり頼らず、民間レベルと政府が自主的に協力し合うことで問題解決を図ることを彼は推進し、その信奉者でもあった。

このほか、フーヴァーは、商務長官時代、災害対策で指導的役割を果たし、一九二七年のミシシッピ川の大洪水の際、被災地で陣頭指揮をとり、地方自治体の関係者、地元の警察・消防、陸軍工兵隊、ＮＰＯや市民団体、教会団体との連携を推進していった。この洪水に対処すべく、全米で募金活動も行っている。当時の災害対策としては非常に成功した例として高く評価された。これは、第１章と第２章で述べる、彼の過去の経験の蓄積によるものであった。

彼は、現代風に言うと有能な社会起業家であった。組織を作って運営する面で非常に能力があったのである。

油汚染に関する国際的な取り決めにも彼は関わった。一九二三年頃からこの活動は始まり、一九二六年には国際会議において、船舶などによる油汚染を解決する国際条約を作ろうとした。これは結局各国間の利害の調整が難しく、日本、ドイツ、イタリアが特に反対し、うまくいかなかったが、こうした動きは国際連盟と米国政府との連携のなかで行われ、フーヴァーは指導的な役割を果たした。

フーヴァーは、油汚染解決に向けた国際的な模索を推進する一方、国内においては一九二四年の油汚染防止法の制定に貢献した。これは沿岸の油汚染を取り締まる法律であったが、制定に至る議会での論争などにおいて、環境保護団体からはこのような法案では不十分であるとして、フーヴァーは批判を受け、また石油業界からも様々な反発を受けた。法律自体は強制力のないものであったが、連邦レベルにおいてこのような法案ができたこと自体大きな進歩であり、特にまだレッセ・フェール的な色彩が強い一九二〇年代においてはなおさらであろう。

フーヴァーは、コロラド川流域の水利権の調整問題や、西海岸のサケの乱獲の防止・養殖にも深く関わった。この乱獲防止の一環として、カナダと米国間でのサケの乱獲防止に関する交渉も行われるようになる。最後に、フーヴァーと環境保護団体との関係であるが、彼は一九二二年に結成されたアメリカ・アイザック・ウォルトン連盟の設立に深く関わり、生涯にわたってこの団体との関わりを持った。一九二六年から三〇年までは名誉代表という役職も得ていた。

フーヴァーは、民間や州の自主的協力による問題解決について、連邦政府の強制力に頼らない形を主張し、また信念としていたが、このような連邦政府による強制力を伴わない解決というものには限界があるということを、商務長官時代の活動を通じて実感もしていた。それは後年、特に一九二九年秋の株価大暴落以降においてそうであった。フーヴァー流の政策運営の限界が露呈したのである。特に経済的な非常事態においては、中央政府が強制力を伴う形での政策行使を行う必要があった。しかしフーヴァー自身はそのような動きをとることにきわめて慎重であった。結果として彼は経済的状況の悪化を防ぐ対策においてタイミングを逃したとされ、大恐慌に対する政策面に関して非常に大きな批判を浴び、一九三二年の大統領選でフランクリン・D・ローズヴェルトに大敗を喫した。

とはいえ、ローズヴェルト政権の対応は、一般的通念とは異なりフーヴァーの取った路線を拡大発展させるかたちで展開されたものであった。フーヴァーはその政権後半期、中央政府の強制力を高める形での政策に転換していたが、ローズヴェルトはこれをさらに推し進めていった。フーヴァー政権により推進された西部や南西部における大規模ダムの建設は、水資源管理の問題であると同時に公共事業の問題でもあったが、ローズヴェルトはその規模を西部、南部、南西部で飛躍的に増大させ、テネシー川渓谷公社のような大規模なダムの開発で、河川の管理とともに流域の経済発展も試み、これら地域、特に西部と南西部の連邦政府に対する経済的依存を、大陸横断鉄道建設前後の時期から一九二〇年代までの時期と比べて大幅に高めたのであった(4)。しかし、こうした政策をとったにもかかわらず、一九三九年、ニューディール政策は行き詰まりを見せた。結局、世界大戦勃発に伴って、欧州に対し軍需品を輸出することにより、米国は大恐慌から一九四一年夏に脱却した。米国経済は、ニューディールではなく、戦争により救われたのであった。

本書は、大恐慌に対して無為無策であったとして、ニューディール政策を発動したローズヴェルトに比べ、長い間低い評価を受けてきた、フーヴァーの役割やその活動の意義について本格的な再評価を試みるものである。それは単に「経済失政」に集約された誤解を解くだけでなく、それがより大きな政策構想の一部であったことを示すものである。フーヴァーの総合的安全保障をめぐる模索は、戦後米国の政策の大きな源流となり、今日に至る影響を及ぼすことになる。このことは、様々な形でフーヴァーの政策構想を引き継いだ政治家・軍人たちの活動を大きく視野に引き入れることで、より鮮明になるだろう。まずはフーヴァーの生い立ちから議論を始めたい。

第1章　立身出世と人道支援活動

1　鉱山技師としての成功

ハーバート・C・フーヴァーは米国で初めてのクエーカー教出身の大統領である。フーヴァーの生い立ちは米国の成功物語の好例である。彼は一八七四年にクエーカー教徒が多いアイオワ州ウェストブランチ村（同州の主要都市の一つアイオワシティー近郊）で、三人兄妹の次男として生まれた。兄はセオドア、妹はメアリー（結婚後の苗字はレヴィット）といい、両親は、キリスト教の宗派のなかでも特に博愛主義と平和主義を強調するクエーカーの敬虔な信徒であった。フーヴァーの父親のジェシーは、農機具の販売や鍛冶屋を営み、また村議を務めていたが、一八八〇年に他界した。母親のヘルダは、元小学校教諭で禁酒運動の支持者でもあったが、一八八三年に亡くなった。両親と死別後、三人の子供たちは親戚にそれぞれ引き取られた。フーヴァーを引き取った父方の親戚のもとで、彼は一〇歳になるまで聖書を精読した。一八八五年、フーヴァーは、オレゴン州の主要都市ポートランド市から約四〇キロメートルに位置するニューバーグへ引っ越した母親の兄夫婦に引き取られた。この伯父ジョン・ミンソーンは、前年に息子の一人を失っていた。彼は、農村部を巡回した医師であったが、当時過疎地域を担当していた医師は副業を営むことが当たり前で、ニューバーグでは、クエーカー教徒の学校（現在のジョージ・フォックス大学の前身であるフレンズ・パシフィック・アカデミー）の監督者に就任していた。フーヴァーは、ここで教育を受けた。伯父は、二年後兄のセオドアも迎えた。

ミンソーン医師は、一八八八年にニューバーグから約五〇キロメートル離れた同州のセーラムへ引っ越した。その理由は、不動産会社も営むようになったからであった。フーヴァーは、セーラムで、伯父の会社を手伝うべく、地元の専門学校キャピタルビジネスカレッジで経理などを学んだ。伯父は、セオドアにアイオワ州のクエーカー教徒たちが入学していたウィリアム・ペン・カレッジへの進学を勧め、学費の半分を支払った。

兄の進学や不動産会社に出入りしていた大学卒の技術者たちなどに接していたことで、フーヴァーも大学への進学を夢見るようになった。彼は、隣の州カリフォルニアのサンフランシスコ近郊で、一八九一年一〇月に新しい公立大学（現在は私立）、リーランド・スタンフォード・ジュニア大学が開学することを知った。大学の創立者リーランド・スタンフォードは、カリフォルニア州知事、連邦上院議員、大陸横断鉄道会社創業者として活躍したカリフォルニア州の有力者・大富豪であった。彼は、イタリアでの家族旅行中チフスで病死した最愛の一人息子に因んでスタンフォード夫妻が所有していたサンフランシスコから南へ約六〇キロメートルに所在する農場に現在の金額に換算して約一〇億ドルを寄付して大学を設立した。

フーヴァーは、この大学を受験したいことをミンソーン医師に相談したところ、彼は、新大学の数学部長のジョゼフ・スワイン（のちにスワスモア大学学長）がクエーカー教徒であることを知っていたため、フーヴァーの受験を認めた。

スタンフォード大学で行われた入試で、フーヴァーは、数学、地理、米国史、国語、生理学を選んだ。最後の科目は、試験の前日にもう一つ受けなければいけないことを知り、一夜漬けで対応したのであった。試験の前には、スワイン教授が、フーヴァーを入念に面談していた。しかし、試験結果は、数学は非常に良かったものの、落第であった。国語が落第点であり、特にひどかったのが小論文であった。フーヴァーの高校教育は限定的であり、そのことに理解を示したスワイン教授は、夏に（苦手な科目についてスタンフォード大学で）個別指導の授業を受け、始業式直前の最後の追試を受けるよう勧めたのであった（大学側にも一次募集で定員を満たしていなかった事情もあった）。

この二次募集により、フーヴァーは、卒業までに小論文を上達させることを条件に一八九一年秋の一期生入学が許された。当時のスタンフォード大学は、学費が免除されていた。この免除がなかったらスタンフォードへの進学は断念したであろうし、兄と同じ大学へ進学していたかもしれない。

フーヴァーは、最初は機械工学を専攻するつもりであったが、著名な地質学者で、当時大学の地質学部長であったジョン・キャスパー・ブラナー前インディアナ大学学長と出会い、地質学専攻を決意した。(1)

ブラナーの指導のもとで、彼とフーヴァーは、大学時代の三回の夏休み中、初回は、アーカンソー州のオザーク山脈で、そして残り二回は、カリフォルニア州のシエラネヴァダ山脈で地形調査と地図作成を行った。オザーク山脈での成果は、一八九二年の国際博覧会で賞を受けた。ブラナーの勧めで、フーヴァーは、これらのフィールドワークの成果を論文として専門誌に投稿し、掲載に至っていた（こうした執筆を通じて、フーヴァーは、大学が入学時に定めていた小論文の上達を果たしたのであった）。

ブラナーのもとで行った地形調査は、夏休み中のインターンシップとアルバイトを兼ねていた。フーヴァーは、大学の宿舎の費用など生活費を稼ぐ必要があったため、様々なアルバイトに従事していたが、部活と学生自治会にも精力的に取り組んでいた。フーヴァーは、大学二年生以降、学生自治会の選挙活動に深く関わった。その過程で、一期下のレイ・ウィルバーと知り合った。フーヴァーは、キャンパスで、クリーニング店でのアルバイトの一環として学生利用者の勧誘を行っていたところ、ウィルバーと知り合ったのである。こうした勧誘活動を通じて、フーヴァーは、自身と同じである相対的に貧しい境遇の学生たちとのネットワークを形成した。このような境遇の学生たちのほうが、裕福な家庭の出身者たちが入会していた友愛会所属の学生たちより多かったが、スタンフォード大学一年目は、後者のグループが学生自治会で主導権を握っており、部活や学生活動の予算の配分で彼らにより都合の良い配分となっていた。フーヴァーは、ウィルバーたち一年生も動員して、二年目の自治会の選挙では、「野蛮人」と金持ちの学生たちに揶揄されていたグループが主導権を握ることとなった。

ウィルバーは、一八九七年にスタンフォード大学医学部を卒業し、その後一九一六年にブラナーがスタンフォード大学の第二代学長を定年により三年の在任で退任すると、第三代学長に就任した。フーヴァーが一九二九年に大統領になると、内務長官に抜擢された。なお、ウィルバーの兄のカーティスは、フーヴァーがカルヴィン・クーリッジ大統領の商務長官であった時期、海軍長官であった。

フーヴァーの組織運営の能力は、学生の自治会のみならず、大学野球部と大学フットボール部のマネージャーの活動を通じて向上していった。野球部では、一年生のときに遊撃手であったが、指の骨折のため、マネージャーに専念することとなった。フーヴァーは、人の関心を集めるというよりは、地味な組織運営を好む性格であった(2)。

一八九〇年代の米国経済は大不況の最中であったため、卒業後の数カ月間、フーヴァーはネヴァダ州のネヴァダシティーで鉱夫として働いた。彼は、スタンフォード大学卒であることを知られないように努め、鉱夫たちに受け入れられた。一八九六年二月、フーヴァーは、サンフランシスコの著名な鉱山技師で、ロスチャイルド財閥のコンサルタントでもあったフランス人ルイ・ジャニンに自分を売り込みに行った。フーヴァーは、門前払いされることを百も承知で面会を求めたのだが、採用されなくてもうまくいけば別の有力者に紹介してくれるかもしれないと考えていた。フーヴァーは、スタンフォードにおける地質関係の実績を話し、秘書として雇われることとなった。意欲があり仕事もできるフーヴァーに、ジャニンは責任ある仕事をまかせていった。あるとき、シエラネヴァダ山脈の鉱区に関する訴訟の書類作成で、フーヴァーは、対象地域について学生時代に調査を行っていて熟知していたことから、ジャニンと弁護士が作成した報告書を書き直して彼らに見せたところ、フーヴァーの議論の展開のほうがはるかに説得力があったため、裁判所に提出する文書として採用されることとなった。この報告書は、ジャニンが訴訟で勝利することに大いに貢献した。

ブラナーのもとで行った地形調査と論文作成は、このような成果を残したのみならず、ジャニンは、フーヴァーを高く評価し、一八九七年五月、当時世界で有数の鉱山会社ビューイック・モーリング社にフーヴァーを紹介し、採用された（兄の学費を稼ぐ必要も転職の理由の一つであった）。

フーヴァーは、一八九七年春、ビューイック・モーリング社からオーストラリアへ送られ、それ以降一九一七年まではほとんど海外で生活を送ることになった。彼は、同社の鉱山開発の監督と運営に従事し、西部オーストラリアで、金鉱を掘り当てるのに成功した。これは、赴任して二年もたたないうちのことであった。過酷な環境であったことから、フーヴァーは、異動を希望し、清朝の中国へ赴任することとなった。一八九八年一二月、フーヴァーはオーストラリアを離れ、翌年一月にまずはロンドンの本社に到着した。

歴代の大統領で国際社会を一番よく知っていたと言われるフーヴァーであるが、彼は一八九八年中国最大の鉱山会社清朝開平礦務局（Chinese Engineering and Mining Company）に、清朝から雇われる形で技師長に就任すべく、天津の租界地へ赴いた。開平炭田は、外国資本を導入しながら開発を行い、清朝の海軍や鉄道などが必要とする石炭を供給していた。ビューイック・モーリング社は、清朝開平礦務局との関係強化のため、フーヴァーを送り込んだのであった。中国へ赴任するにあたり、フーヴァーは、サンフランシスコへ寄り、一八九九年二月に大学の同期生で、また、ブラナー教授が指導していた地質学専攻で唯一の女性であったアイオワ州生まれのルウ・ヘンリーと結婚した。挙式は、モンタレー（サンフランシスコの南の景勝地）で行われた。フーヴァー夫妻にとって中国行きは、新婚旅行を兼ねた旅になった。彼らを乗せた船は、ハワイと横浜を経由して三月に上海に到着し、その後天津に向かった。

翌年の夏、新婚早々の二人が遭遇したものは、清朝の欧米列強への宣戦布告に伴う義和団による天津攻略で、フーヴァー夫妻は外国人居留区の防衛活動に協力したが、直接戦闘には参加しなかった。日露英米仏独伊墺による軍事介入が義和団の鎮圧に成功するまで、居留民たちは、暴徒たちと比べて圧倒的に少ない兵力しか保てず、深刻な危機に見舞われていた。サンフランシスコでは、地元紙がフーヴァー夫人の死亡を誤って伝えていたほどであった。

事件直後、開平礦務局のトップ（清朝開平礦務局督辦大臣）であった張翼は、同社が所有する炭田が外国政府に没収されることを怖れ、自身および既存の株主の利益を守る形で、フーヴァーと交渉を行い、同社が行う開平炭田開発は、外資、なかでもビューイック・モーリング社が主導することとなった。フーヴァーは、この交渉を仲介したことで、巨額の手数料を獲得した。

フーヴァーは、引き続き開平礦務局に留まる予定であったが、一九〇一年秋、この会社の主導権は、ベルギーの投資グループが掌握することとなり、ベルギー側は、元軍人・外交官であった銀行家エミール・フランキーが率いる代表団を送り込んだ。フーヴァーの回想によると、フランキーは有能であり、当初フーヴァーには留任を示唆していたが、結局彼を追い出したのであった。

フランキーとフーヴァーは対立したものの、両者は、張翼が香港で会社の資産を勝手に売却するような腐敗・背信行為をしているとみなす点では一致していた。張翼を中心とする中国側は、開平炭田の開発の主導権を得たい考えもあり、一九〇一年からビューイック・モーリング社などへ合弁契約に違反があると主張していた。一九〇五年から一二年にかけて、この件について英国の法廷で争われた。

フーヴァーは、フランキーに追い出され、帰国してカリフォルニア州へ戻る予定であったが、ビューイック・モーリング社のロンドン本社は、同社の共同経営者になる提案をしてきた。フーヴァーは一九〇一年一一月から〇八年七月までロンドン本社で共同経営者となり、一九〇七年までにビューイック・モーリング社の株を三割所有するに至った。在任中同社の事業が高収益を上げていたことにより、彼は鉱山技師業界ではトップクラスの収入を得た。ロンドンを拠点に海外出張を頻繁に行ったフーヴァーだが、同社の保有鉱区の四分の三が集中するのがオーストラリアであったので、出張先は初めはオーストラリアが中心であった。一九〇一年から一四年にかけて、彼は一カ所に平均三カ月滞在するペースで、米国、ハワイ、カナダ、西ヨーロッパ、ロシア、エジプト、南アフリカ、インド、ビルマ、マレー半島、中国、オーストラリア、ニュージーランドを訪れた（一九〇九年には朝鮮半島の鉱山開発の勧誘を英国の同業他社から受け、日本と朝鮮半島の鴨緑江周辺を視察していたが、彼は当該事業の収益性はないと判断した)。

一九〇八年から一四年にかけて、フーヴァーは独立して鉱山関係のコンサルティング会社をロンドンに設立したが、ニューヨーク、サンフランシスコ、パリ、ペテルスブルクに支社を構えたこの企業の収益基盤は、一九〇七年、一九一〇年、一九一一年に訪ねたビルマの鉱区の開発にあった。一九〇九年から一三年まで毎年訪ねたロシアではウラル山脈地方とシベリア地方の開発に関与するようになった。このほか米国内などの鉱山開発を推進することで、フーヴァーは一九一四年に鉱業界から退職した時点で四〇〇万ドルの資産を築いていたのである[3]。

実業家として成功したフーヴァーであったが、政治的な野心は一九一〇年代の前半はまだなかった。しかしながら、一九〇九年には共和党員となり、また、一九一二年にセオドア・ローズヴェルト元大統領が進歩党候補として大統領選に出馬したさい、彼の考えを支持するフーヴァーは同党へ一〇〇〇ドル献金した。一方、この頃、スタンフォード大学理事にも就任し、初代の米国鉱山局長に就任することを夢見ていた。

鉱山開発で富を得たフーヴァーは、鉱山開発の専門誌の刊行に熱心であった。彼は、国際的に知名度の高かった鉱山技術者トーマス・リカードとその従兄で鉱山技術者であったエドガー・リカードと親交があった。トーマスとエドガーは、サンフランシスコで鉱山開発の専門誌（*The Mining and Scientific Press*）を編集していた。第一次世界大戦の勃発後、二人のリカードは、別の鉱山開発の専門誌（*The Mining Magazine*）の創刊者としてロンドンで活動を開始した。この雑誌を創刊するように二人のリカードに強く働きかけ、彼らをロンドンへ行くようにさせたのが、フーヴァーであった。フーヴァーは、鉱山開発雑誌の多くが、雑誌に出資していた鉱山開発会社の言いなりになっていることを憂慮していた。また、鉱山技術者は鉱山開発会社の経営陣とは別個の存在であるという当時の風潮を打破すべく、技術的知識と経営ノウハウを兼ね備えた人材の育成を啓蒙する専門誌が必要であると痛感していた。そのためこうした課題を先駆的に取り上げ、また高い水準の記事や論文を掲載していたリカードたちの編集による前述の専門誌をフーヴァーは高く評価していた。フーヴァーを筆頭に合計三〇人の有名な鉱山技術者たちは、二人のリカードがこの専門誌を出版するために立ち上げた出版事業会社に購読者として同社の優先権付株式を購入し、同社を経営面で支えたのであった。資本金の大半は、二人のリカードが出資していた。

第一次世界大戦の勃発はフーヴァーの人生を大きく変えることとなったが、これ以降エドガーは、フーヴァーの生涯にわたる側近中の側近として活動をともにすることとなった(4)。

2　第一次世界大戦下のベルギー支援

フーヴァーを政治家の道へ引き込んだのは第一次世界大戦であった。個人主義的立場に基づく活動で四〇代初めで巨万の富を築いたフーヴァーであったが、その後クエーカー教の影響もあって、社会奉仕活動を開始し、NPO／NGOの設立、組織化、運営で辣腕を振るった。彼は、無給の人道支援活動を行う過程で、時の米国政権にスカウトされ、結果的に政治家になってしまったのである。

一九一四年八月、戦争の始まった欧州で立ち往生していた米国人の帰国支援をすべく民間団体である米国救済委員会（American Relief Committee）をロンドン在住の米国人たちとともに設立した。フーヴァーは、その委員長を同組織が解散した一九二〇年まで務めた。第一次世界大戦終結までの間、一二万人の米国人が、フーヴァー率いる委員会による資金の貸与や英国で換金が通常不可能な小切手の受け入れなどにより、米国へ帰国することができた。

フーヴァーたちが同胞の帰国を手助けしている最中、ドイツが国際法に違反して中立国ベルギーを八月に占領すると、ベルギーは、連合国の海上封鎖により食糧難に直面し、大勢の餓死者が出る危機に見舞われた。ベルギー政府は、中立国米国の駐ベルギー大使にベルギーの窮状を訴えたのであった。このことは、駐英米国大使に伝わり、彼は、一九一四年一〇月、フーヴァーに問題解決への対応を依頼したのであった。

一〇月一八日、駐ベルギー米国大使館書記官ヒュー・ギブソンは、前月末ロンドンで行った彼と大使館関係者との会談に基づき、ベルギーの銀行家レオン・ランベール・ロスチャイルドとエミール・フランキーを伴ってロンドンの米国大使館で駐英米国大使ウォルター・ペイジ、フーヴァーと会談した。フーヴァーとフランキーは、前述のごとく中国ではライバル関係にあった。フランキーは、海外からベルギーへの人道支援を働きかける国家組織、援助と食糧委員会（Comité National de Secours et d'Alimentation）の委員長を務めていた。フーヴァーはこのときすでに対ベルギー人道支援について入念な調査を済ませていた。フランキーとフーヴァーは壮年時代の境遇と立身出世という経歴が似ており（フランキーは少年時代、両親を失い、軍隊に入隊して身を立て、外交官になったのち銀行家として成功していた）、両者がこの点を認識していたかは不明であるが、この後二人には友情が芽生えた。

フーヴァーを中心とするロンドン在住の米国人たちは、ベルギー救済委員会（Commission for the Relief of Belgium : CRB）を設立した。この組織は、ベルギーの一般市民向けの食糧や生活必需品を米国から調達し、配給を行う組織であった。

ＣＲＢの援助の対象地域は、ドイツが占領していたベルギーと北部フランスであった。支援を行うには、ドイツ政府の理解と協力、米英仏各政府の財政援助と協力、民間人による資金を含む援助を確保する必要があった。フーヴァーは、ＣＲＢが解散した一九一九年までこの組織の委員長を務めた。ベルギーでは、フーヴァーに学生時代、昆虫学を教えていたヴァーノン・ケロッグが一九一五年と一九一六年の二年間支部長を務めた。ケロッグは、ドイツ語が堪能で、ベルギーでの人道支援を行うため、ドイツ軍の司令官や将校たちと意思疎通を図った。ドイツ側は、英国の海上封鎖が解除されれば、ベルギーへの食糧は、ＣＲＢが存在しなくても届くはずであると考えていたが、ベルギーの食糧問題を米国に負担させるほうがドイツにとっては安上がりであると考え、協力したのであった。

ＣＲＢを立ち上げた当初、英仏は、米国政府の出方を見極めるような慎重な姿勢を示した。英国のデイヴィッド・ロイド・ジョージ政権のなかには、ウィンストン・チャーチル海軍大臣のように、欧州大陸への海上封鎖を優先すべきで、ＣＲＢへの協力に異論を唱える者もいた。彼らは、ドイツがベルギーの食糧問題の面倒を見るべきで、ベルギーで大量に餓死者が出た場合はドイツのせいであって、連合国はベルギーの面倒を見る必要はないという冷酷な見方をしていた。

米国内では、ＣＲＢの活動が、米国政府から外交活動を許されていない米国人による外国政府との交渉を禁ずる一七九九年のローガン法に違反するのではないかと指摘され、批判する見解も存在していたが、ウッドロー・ウィルソン政権は、フーヴァーを全面的に支持したのであった。一九一五年に入って欧州から米国に一時帰国したフーヴァーは、ＣＲＢの活動への支持を、前プリンストン大学学長で行政学者であったウィルソン大統領とセオドア・ローズヴェルト元大統領との会談において得たのである。米国政府が、ＣＲＢへの協力を示すと、英仏は、軍事物資や戦時財政の資金調達を米国に依存していたことから、ＣＲＢに協力したのであった。

米国が参戦するまで、フーヴァーは連合国側と協商国側を往来できる数少ない米国人であったことも手伝って、ウィルソンと親密であった大統領顧問エドワード・ハウス大佐がロンドン入りするとフーヴァーは欧州情勢に関する見解を度々求められた。これらの諸活動により、フーヴァーは米国内外で一躍有名になり、英国では軍需大臣になるような打診もあったほどである。

フーヴァーとケロッグは、ベルギーでの食糧支援がＣＲＢの管轄下にあるということを交戦国に周知徹底させた。ベルギー国内でのＣＲＢの物資の配給は、ベルギーの行政機関がＣＲＢの監督下で行った。ＣＲＢは配給の仕方でベルギー側とたびたび対立した。ドイツ側と英仏側との交渉に基づくＣＲＢの輸送船の目的地到達とその後の輸送については、複雑な交渉が頻繁に待ち構えていた。こうした責任の重圧は、ＣＲＢのスタッフに重くのしかかった。北部フランスでは複数のＣＲＢ職員がうつ病などになり、フーヴァーも体調不良に陥ったことがあった。

ＣＲＢは、その活動期間中、九億ドル以上の資金を扱った。資金源は、米国内で組織されたＣＲＢ支部会が行った募金活動と米英仏白政府であった。現在の人道支援活動と比べて、諸経費のマージン率ははるかに低かった。一九一九年に組織が解散したときの会計監査で、二五〇〇万ドルの余剰資金が残り、これは、フーヴァーの意向で、ベルギーの戦後の教育関係の資金として利用されることになり、現在でも続いている米白教育基金（Belgian American Education Foundation）が設立された（この基金とは別に、フランキーは、ＣＲＢの余剰資金の一部でベルギー人を対象とする大学奨学基金を設けた）。最終監査では、ＣＲＢが、フーヴァーのもとでいかに効率よく人道目的の組織運営を行っていたのかが確認された。フーヴァー自身は、例えば、ケロッグが二年間スタンフォード大学の在外研究員という形でＣＲＢを手伝ったとき、ケロッグには内緒で、スタンフォード大学からのケロッグへの給与の支給を肩代わりしていた。そうでなければ、ケロッグのＣＲＢへの参加は、収入を絶たれた大学教授には不可能であった。

　ＣＲＢは、第一次世界大戦中、数百万人のベルギー人と二〇〇万人の北部フランス人を餓死から救った。米国参戦後、ＣＲＢは、組織が改編されて、引き続きベルギーへの支援を、大戦終了後の一九一九年まで続けたのであった。同委員会の物資を運搬していた輸送船は、交戦国から攻撃を受ける対象ではない人道目的の船舶であり、米国が中立国であった時期は特にそうであった。それでも、ウィルソン大統領が参戦を宣言した一九一七年四月二日以前の時期ですら、ＣＲＢの船がドイツの魚雷攻撃で沈められたことがあった。米国参戦後もそのような事件は起きた。物資のみならず、船員も海の藻屑となった。ドイツの占領地域では、ドイツ軍によりＣＲＢ職員が拘束されることが度々生じた。戦後、ベルギーは、フーヴァーに栄誉を授与することを申し入れたが、フーヴァーは、自分はベルギーの友人であると返事をし、一切の受賞を固辞したのであった。[5]

第2章　人道支援から総合安全保障の模索へ

一九一七年四月二日にウッドロー・ウィルソンが、米国を連合国側として参戦させると、米国は、国内の小麦を中心とする食糧の配給を欧州における米国陸軍と連合国に行うこととなり、これらを任務とする米国食糧局（U.S. Food Administration）が、同年八月に連邦議会で可決された食糧および燃料統制法に基づき創設された。同局の傘下に米国穀物の買い付けを担当する米国食糧局穀物公社（U.S. Food Administration Grain Corporation, 一九一九年九月以降は、米国穀物公社として一九二七年まで続いた）が創設された。米国穀物公社のトップには、ジュリアス・バーンズが就任した。

ハーバート・C・フーヴァーは、ベルギーへの食糧支援の実績が高く評価されて、ウィルソンの懇請で、食糧局長官に就任した。これ以降フーヴァーは、米国政府内で、食糧援助を通じて軍と国務省と連携していくこととなり、食糧を人道と政治（安全保障）目的に利用する、総合安全保障政策の実践に連なる経験を積んでいった。第一次世界大戦が終結したあと、彼が委員長を務めた米国救済局（American Relief Administration）における経験は、まさに総合安全保障の実践であった。本章ではまず最初の二節で、フーヴァーのもとに馳せ参じた若者たちで、米国の政治や外交に深く関わっていったフーヴァーの人脈について、冷戦までの米国政治・外交と関連させながら考察を行う。その後にフーヴァーの欧州とロシアに対する人道支援活動についても考察する。

1 食糧局時代のフーヴァーとその側近たち――タフトとストロース

フーヴァー食糧局長官のもとで活躍した人々のなかに、フーヴァーの側近として活躍し、彼と生涯にわたり政治や政策で協力したロバート・A・タフト（一八八九〜一九五三）とルイス・ストロース（一八九六〜一九七四）がいた。

タフトには、生涯を通じて特に尊敬し、その世界観に影響を受けた人物が二人いた。一人は彼の父親でセオドア・ローズヴェルト大統領の次の大統領となった対極東ドル外交の推進者ウィリアム・H・タフトで、もう一人が、フーヴァーであった。タフトは、父親がフィリピンにおいて、軍政から文民統治への移管を進める委員会の委員長（一九〇〇年四月〜〇一年七月）と初代フィリピン総督を務めていた時期（一九〇一年七月〜〇三年一二月）、フィリピンと欧州（一九〇二年夏〜秋）で三年間過ごした。フィリピンへ行く途中、横浜へ船が寄港し、日本を観光している。タフトの父は、家族を引き連れてフィリピンへ赴任し、一九〇二年にヴァチカンとフィリピンの法王領返還交渉をしたさい、米国への一時帰国を家族とともに行い、その後家族を連れ欧州へ向かった。父親が、セオドア・ローズヴェルト政権の陸軍長官に就任したことに伴い、タフト一家は一九〇三年夏に帰国し、タフトは、高校（父親の末弟が一八九〇年に創立した、コネチカット州中部に位置するウェスリアン大学に隣接する一学年二〇人前後の私立タフト校）、イェール大学、ハーヴァード大学法科大学院を首席で卒業している。高校を飛び級で卒業し、学部も法科大学院もそれぞれ留年せず、とぎれなく進級していたため、通常より一年早く卒業していた。タフトは、一九一四年に、タフト政権の司法省次官を務めたロイド・バワーズの娘マーサと結婚した。彼女は、タフトと一九一二年に出会う前は、フランスのソルボンヌ大学に留学しており、そのとき彼女に求婚したニューヨークの大手弁護士事務所の若手弁護士ジョン・フォスター・ダレスの申し出を断っていた。ダレスは、タフトと同様、名門一族の出身であった。彼の母方の祖父とおじは国務長官を務めたことがあり、後者は、ウィルソン政権のロバート・ランシングであった。

米国が第一次世界大戦に参戦すると、タフトは、視力が悪かったことから徴兵対象とならず、その代わりに、フーヴァー食糧局長官の法律顧問として活躍したのであった。大戦終結後、タフトは弁護士として成功した。その後オハイオ州の州議会議員に選出され、一九三八年の選挙でオハイオ州から上院議員に選出された(1)。上院議員選出直後からタフトはニューディール批判とフランクリン・D・ローズヴェルトの外交批判を通じて共和党内で急速に台頭し、後にミスター共和党員という異名がつくほどまでになった。

ストロースは、フーヴァーの食糧局時代の秘書であった。ストロースの父親は、靴の製造を行う事業主であったが、ストロースがヴァージニア大学入学の直前に父親の会社経営が傾いたため、入学を断念した。ストロースは、父親の会社が製造した靴の行商セールスマンになった。米国の参戦時、ストロースは、少年時代の事故で右目を失明していたため徴兵されなかった。フーヴァーが食糧局長官に就任すると、ストロースは、同局が米国内務省の建物で活動を始める数日前に、フーヴァーに面談を求めた。ストロースは、フーヴァーの英国人秘書に門前払いになりそうであったが、食い下がり、フーヴァーと面談することに成功し、無給で働く意思表示をしたのであった。当時、米国政府は、政府からの支払い年一ドルで雇われることに応じた経済人たちが、政府の戦時体制を支えており、フーヴァーもこのような事実上無給で働いていた経済人の一人であった。フーヴァーは、ストロースの熱意に感動したのか、彼の英国人秘書のもとで働くことを暫定的に認めた。そして、この秘書がストロースの暫定的任用期間中に帰国したことに伴い、フーヴァーの秘書に正式に採用された。

一九一九年二月に米国食糧局が欧州の復興支援を行う米国救済局に組織改編されたとき、ストロースは、フーヴァーの推薦で、大手投資銀行クーン・ローブ商会に入社した。ストロースは、数年のうちにクーン・ローブ商会の共同経営者に昇進した。異例の出世であった。ストロースは、一九二六年に日本、満洲、中国を訪問しており、そのさい日本の満洲経済開発を高く評価した。第二次世界大戦後は、ハリー・S・トルーマン大統領により海軍少将に任じられ、また原子力委員会のメンバーとして水素爆弾の開発を支持した。ストロースは、原爆の父ロバート・オッペンハイマーが、米国の原爆開発に批判的になっていくなか、オッペンハイマーが戦前米国共産党系組織に出入りしていたことを理由に、彼の原子力委員解任と米国政府の核開発に関する機密アクセス権の剝奪に動き、成功した(2)。

2　救済局時代のフーヴァーとその側近たち――ハーターとペイト

タフト、ストロースに加えて、フーヴァーには、もう二人若手の側近がいた。クリスチャン・ハーター（一八九五～一九六六）とモーリス・ペイト（一八九四～一九六五）であった。彼らは、フーヴァーが米国救済局長官を、同局が解散した一九二三年まで務めた時期にフーヴァーのもとで活躍した。

米国救済局は、一九一八年一一月一一日に第一次世界大戦が終結すると、ウィルソン大統領の方針により、米国食糧局を組織改編し、欧州における連合国、中立国、中央同盟国、新興国の復興問題について絶大な権限を有する組織として設立された。

フーヴァーは、第一次世界大戦終結後からウィルソン政権末期まで、米国の対欧州外交で、ウィルソン大統領、大統領顧問エドワード・ハウスに続いて事実上三番目の権限の持ち主であった。ヴェルサイユ講和会議ではウィルソン大統領の要請で会議の六つの小委員会の委員長を務め、また、二〇の小委員会の委員を務めたが、彼は目立たない非公式な関わり方を好んだ。これは彼の人見知りする性格によるところが大きかった。この性格は、後に政治家になったときの口下手な対応に如実に反映されることとなった。

一九一九年六月二八日にヴェルサイユ講和条約が調印されるまで、米国救済局は、米国連邦議会より授かった一億ドルと民間団体より授かった一億ドルを復興支援に活用した。条約調印後、連邦議会は米国救済局への支出を打ち切ったが、一九一九年夏から二〇年の冬にかけてフーヴァーは米国救済局をＮＰＯに再編し、米国救済局のほか赤十字社や教会団体など大戦中から戦災地への救援活動を行っていた米国系ＮＰＯ団体を統括する欧州支援協会（European Relief Council）を発足させたのであった。またフーヴァーは、一九一九年にスタンフォード大学でフーヴァー戦争・革命・平和研究所を創立していた。[3]

なお、この前年には、ニューヨークで現在に至るまで米国の外交・安全保障問題で政策提言などを行っている外交問題評議会（Council on Foreign Relations）が設立された。同評議会は、ウィルソン大統領に戦後の外交・安全保障問題について政策提言を行える民間団体を設立することが当初の狙いで、その設立には、米国東海岸を中心とする政財界、言論界、学界の有力者たち、なかでもウィルソンの顧問のハウス、ジャーナリストのウォルター・リップマン、エリヒュー・ルート（ウィリアム・マッキンレー政権期の一八九九年からセオドア・ローズヴェルト政権期の一九〇四年までの陸軍長官、ローズヴェルト政権二期目の国務長官）が重要な役割を果たした。当時ルートは、外交政策のシンクタンクであったカーネギー国際平和財団（Carnegie Endowment for International Peace）の初代会長（在任一九一〇〜二五年）を務めていた。同財団は、鉄鋼王アンドリュー・カーネギーの私財からの寄付により設立されており、国際平和確立のための政策提言などを行っていた。ルートはカーネギーの顧問弁護士を務めていた時期からカーネギーより深い信頼を得ていた。[4]

ストロースの後任としてフーヴァーの秘書を務めたのが、外交官ハーターであった。フランスのパリに在住していた米国人夫婦の長男として生まれたハーターは、パリの名門小学校で一九〇四年までの三年間を過ごしたのち、一家は帰国しニューヨーク市へ移った。その後、ハーターは、一九一五年にハーヴァード大学を卒業し、同大学大学院で建築学などを学び、一九一六年に国務省に入省した。外交官になったハーターは、米国の参戦までベルリンに駐在した。ヴェルサイユ講和会議では、米国代表団の随員として国際連盟規約の起案に関わった。講和会議終結後、ハーターは、フーヴァーの秘書を務めた。また、欧州支援協会の事務局長も務めた。フーヴァーに師事したハーターは、フーヴァーが一九二一年にウォーレン・ハーディング大統領の商務長官に就任すると、フーヴァーの秘書役を一九二四年まで続けたのであった。この後ハーターは、マサチューセッツ州ボストン市に住み、ジャーナリスト、ハーヴァード大学講師、同州下院議員（共和党、一九三一～四三年）を経て、一九四三年から五三年までマサチューセッツ州選出の連邦下院議員（共和党）を務め、一九四七年六月にジョージ・C・マーシャルが、欧州復興計画に基づく欧州への大規模な援助計画を発表すると、ハーターは、連邦議会で、同計画の予算面などの具体化を進める調査委員会のリーダーとして活躍した。また、彼は、一九五三年から五七年までマサチューセッツ州知事を務めた。ハーターは、一九五七年にフーヴァーの長男ハーバート・フーヴァー・ジュニアが国務次官を退任すると、ダレス国務長官により抜擢され、ダレスが癌のため一九五九年四月に国務長官を退任すると、ドワイト・D・アイゼンハワー大統領に国務長官に任命され、アイゼンハワー政権終了まで国務長官を務めた。当初、アイゼンハワーは、ストロースを原子力委員会委員長から国務長官に就任させる意向であったが、ハーターの親友であったストロースは固辞したという背景があった。因みに、アイゼンハワーは、ストロースを商務長官に任命すべく、彼を商務長官代理に任命したが、政敵の多いストロースの人事は、連邦議会で葬られた(5)。

ペイトは、米国救済局の児童救済部（Child Relief Bureau）のポーランド共和国支部において、同国の児童への食糧や医療面での救援に尽力したフーヴァーの懐刀であった。ペイトは、ネブラスカ州に生まれ、コロラド州デンバーで幼少期から高校時代まで過ごし、一九一五年にプリンストン大学を卒業した。同大学で数学と物理を専攻し、大学の赤十字委員会のメンバーであった。大学卒業後、ペイトは、親戚が頭取を務めていたアイオワ州の銀行の銀行員となったが、米国が第一次世界大戦に参戦すると、フーヴァーのベルギー救済委員会の活動に従事した。しかし間もなく徴兵され、フランス方面で米国陸軍の工兵隊に所属した。そして戦争終結とともに、フーヴァーを再訪し、米国救済局のポーランド支部の児童救済活動に専従した。ペイトは、一九二二年から三五年までポーランドで、米国スタンダード・オイル・オブ・ニュージャージーや銀行、そして貿易商社の仕事に従事した。ペイトは、一九三五年に、その八年前に結婚したポーランド社交界の令嬢とともに帰国したが、米国生活に馴染めなかった彼女は、一九三七年に彼と離縁した。第二次世界大戦が勃発すると、ペイトは、ロンドンに亡命したポーランド政府の呼びかけに応じ、米国でポーランド救済委員会（Commission for Relief of Poland）設立の中心メンバー（同委員会の議長と並ぶ委員長）になり、また、米国赤十字社の対アジア・対欧州の戦争捕虜への救援物資担当の局長を務めた。フーヴァーは、ポーランド救済委員会の名誉委員長の役割を果たした。同委員会は、ロンドンのポーランド政府、米国赤十字社、ポーランド系アメリカ人の諸団体などから募金を六〇〇万ドル以上集め、フランスのポーランド難民やドイツ占領下のポーランドへ食糧の支援を行うことに限定的ながら成功した。同委員会の理事には、エドガー・リカードやストロースなどフーヴァーのベルギー救済委員会時代から米国救済局時代の仲間たちが結集していた。ポーランド救済委員会の活動は、一九四〇年五月にウィンストン・チャーチルが英国首相に就任し、ポーランドの海域に海上封鎖を敷いたことで、また、英国経由でのポーランドへの食糧支援を禁じたため、急速に衰退した。それでも、ペイトは、約二年間ポーランドへ食糧支援を細々と続けることに成功した。ペイトは、第二次世界大戦終結後、後述するトルーマン大統領の指示で発足したフーヴァーを団長とする世界食糧問題調査団の団員として随行した。このあと、国際連合のもとで国際連合児童基金（ユニセフ）が設立される過程で、ペイトは、フーヴァーと相談しながら、同基金設立の中心的役割を果たした。同基金は、一九四七年に創立されると、ペイトは、一九六五年までその事務局長を務めた。(6)

3　米国救済局と欧州・ロシア

米国が参戦した前月、ロシアで三月革命（三月八日）が起きた。ロマノフ王朝が崩壊した一九一七年の三月革命を誘発したのは、食糧危機のなかで食糧を農民から奪い、軍隊に回したことであると指摘するのが従来の見解であったが、最新の資料と研究成果によると、三月革命が起きたとき、ロシア帝国は食糧危機に直面していなかった。V・

レーニンは、三月革命には何ら貢献をしていない単なる脇役にしか過ぎず、ボルシェビキ勢力で三月革命について取り上げるべき人物は、むしろL・トロツキーとJ・スターリンであった。

レーニンが、トロツキーと並んで重要な役割を果たしはじめるのは、レーニンがドイツの後押しで一九一七年四月一六日ロシアに帰国してから、ボルシェビキがA・ケレンスキー連立政権を一〇月革命（一九一七年一〇月二五日〜一一月八日）で崩壊させ、共産党による一党独裁体制と従業員一〇名以上のあらゆる経済組織を国営化した戦時共産主義の開始（一九一八年六月）に至る過程においてであった。[7]

レーニンとトロツキーは、一九一八年二月、帝国時代の対外債務の不払いを宣言し、翌月ドイツ帝国と単独講和を結び、ソヴィエト政権にとっては二大穀倉地帯の一つであったウクライナをドイツへ割譲したのであった。トロツキーは、ロシア陸軍を赤軍に再編成させることに成果を上げた。

ボルシェビキ政権は、ロマノフ王朝に忠誠を誓う白系ロシア軍と戦う一方、一九一八年八月から二〇年にかけて、米英仏日のシベリアへの軍事介入と戦うこととなった。米英仏日は、シベリアにある米英仏などロシア帝国崩壊前に提供した軍事物資を守る、また、シベリア鉄道で東へと脱出したチェコスロヴァキア軍を保護するためロシア革命に介入したのであった（日本は、極東ロシアで傀儡政権樹立を目論み、一九二〇年に米国ほかの国々がシベリアから撤収したあとも残ったが、一九二二年に沿海州から撤退した）。ウィルソン大統領は、一九一八年一月八日、米国連邦議会での演説で、一四カ条の平和原則を発表し、民族自決権に基づく植民地の解放、自由貿易の復活、国際連盟の創設など、彼の戦後平和構想を語ったのであった。

一九一八年一一月一一日にドイツが降伏すると、翌年二月からフランスのパリ近郊でヴェルサイユ講和会議が開催されることとなり、ウィルソンは、一四カ条の平和原則の具体化に尽力した。また、ウィルソン政権は、欧州への復興支援に着手することとなった。フーヴァー率いる米国救済局は、ウィルソンが米国主導で戦後秩序を実現させていく上で、欧州の早期安定化を実現させるため、食糧援助を中心に中核的な任務を負うこととなった。米国の対欧州政策について、三番目の権限の持ち主だったフーヴァーは、第一次世界大戦勃発以来ロンドンを拠点に人道支援活動を行うことを通じて国際社会と米国で知名度抜群であるのみならず、欧州の連合国と中央同盟国に幅広い人的ネットワークを持ち、欧州情勢をよく知り、そして米国食糧局長官時代を通じて米軍を含む米国政財官界に幅広い人脈を培っていたのであった。

一九一九年二月に米国連邦議会が米国救済局の設立に関する法案を可決したさい、同局の予算は一億ドルで、これに民間からの寄付金が一億ドル加わった。この資金は、援助対象国への融資や救援物資の買い付け・提供に使われた。フーヴァーは、同局、米国食糧局、穀物公社のトップを兼務していたが、この三つの機関が連携しながら、そして米国海軍の輸送支援を得ながら、欧州の援助対象国に必要な救援物資の提供や救援を行ったのであった。ただし、米国政府の機関としての米国救済局の設立に関する連邦議会法は、一九一九年六月末に終了する時限立法であった。フーヴァーは、一九一九年夏、米国救済局を、政府の機関からニューヨーク州法に基づいて同州に本部を置く民間の非営利団体に改編した。同局は一五〇〇万ドルの資金を寄付で集めることで、使えるようにしていた。

この段階では、二年後に米国救済局が、それ以前までに米国救済局が行った救済活動の予算や動員した人員と物資を凌駕する支援をソヴィエト共和国で行うとは当然予想していなかった。フーヴァーとしては、米国救済局を民営化して、欧州の児童への食糧支援とチフスなどの伝染病対策や児童への予防接種に限定した人道支援に絞るしか方法がないと考えていた。米国社会は、終戦とともに急速に内向きになり、この社会心理を反映して、米国連邦議会は、そしてウィルソン政権内でも対欧州復興支援を縮小させる圧力が急速に強まっていた。加えて、欧州復興の重要性を認識していたウィルソンが脳梗塞で倒れ、大統領の心身の回復状況は芳しくないまま一九二一年一月の政権の終了を迎えた。

ヴェルサイユ講和条約が調印された時期、フーヴァーや一部の政策決定者、欧米の経済人は、米国の商業銀行や投資銀行が欧州で債券を発行したり融資を行うにあたり、米国政府が保証を付与できないか提唱したり考えたりしたことがあった。当時、モルガン銀行経営幹部で欧州への人道支援を行っていたヘンリー・デヴィッドソンがデヴィッドソン計画を提案した。これは、ウィリアム・レッドフィールド商務長官も賛同する、欧州の復興に必要な資金を提供するために米国の銀行団が発行する債券に対して米国政府が保証を与えるという内容であった。デヴィッドソン計画のほか、パリで講和会議が行われていた一九一九年夏、フーヴァー、ニューヨーク連邦準備銀行総裁ベンジャミン・ストロング、モルガン投資銀行幹部エドワード・ステテニアスは、米国政府、例えば戦時金融局が、米国の金融機関が欧州に行う復興支援の資金に保証を与えられないものか非公式に話し合っていた。フーヴァー自身は、戦時金融局の保証を、米国救済局の食糧支援に適用できないかと考えていた。

しかし、米国の世論とそれを反映した議会は、急速な平時体制への転換を求めていた。また、財務省の次官補で戦時金融局について絶大な権限を持っていたラッセル・レフィングウェル（一九二〇年に法曹界へ戻り、一九二三年からモルガン投資銀行幹部に就任）が戦時金融局の役割を限定化させて民間金融機関を戦時中の統制と制限から早く解放すべきであると主張したこともあり、ウィルソン政権は、第二次世界大戦終結後、米国が実施したマーシャル・プランのような欧州政治経済への非常に思い切った対応を見送ったのであった。米国は、欧州における復興支援を資金の貸与など有償で行い、これは、はじめから無償であったマーシャル・プランとは対照的であった。それでも、実際の米国の復興支援は、事実上無償であったと言ってよかった。フーヴァーに言わせると、はじめから無償にしてしまうと、援助を受ける側が資源や資金を無駄に使用するモラル・ハザードが生じると考えていたのであった。フーヴァーは、児童への食糧援助以外は、慈善事業と将来への投資を兼ねていると考えていた。彼の頭のなかでは、児童への食糧援助は、無条件であった。

一九一九年夏、フーヴァーや前述のほかの米国経済人たちが、欧州の早期安定化と復興を願って米国政府の対欧州復興支援を踏み込んだ内容にしたいと考えていた時期が存在していたことは興味深い。フーヴァー自身、後にマーシャル・プランに批判的であったことを考えると、フーヴァーの復興支援に対する考えは、マーシャル・プランのように中央集権化され、しかも無償の資金提供を行うのではなく、有償による自助努力の奨励とローカル・スタッフと地元のニーズに基づく復興援助を重視していた、という違いに立脚していたと言えよう。[8]

米国連邦議会がヴェルサイユ講和条約を否決した時期、フーヴァーは、財務長官カーター・グラスに嘆願して、一億五〇〇〇万ドルの対欧州支援用ローンを確保した。この金額は、第一次世界大戦終結から一九一九年一二月末までに連邦議会が承認した欧州向け復興支援の金額が二〇億ドルであったことと比べると見劣りした。しかも、この金額は、戦時中に行った米国政府の対連合国向けローンの未消化分を充当していた。フーヴァーは、確保した予算のほとんどを、米国救済局が行っていた欧州の児童向けの食糧支援に使う予定であった。連邦議会は、ローンの返済は期待していなかった。

一九二〇年の初頭、連邦議会では、米国救済局の対ポーランド支援が、後述するポーランド軍のボルシェビキ政権の領土への侵略を結果的に支えているのではないかという批判が起きていた。フーヴァーは、食糧援助はあくまでもポーランドの児童を対象にした人道目的の支援であって、ポーランド軍には提供していないと連邦議会の公聴会で述べた。フーヴァーの後に公聴会で話した米国陸軍長官ニュートン・ベーカーは、ポーランドへの食糧支援は、共産主義の拡大を抑え込むために軍事展開しているポーランド軍が、本国の不安定化の心配をせずに戦えるための、後方支援に相当する軍事援助であると開き直った発言を行い、物議を醸した。フーヴァーは、ベーカーのように公言はしなかったものの、ポーランドへの食糧援助が共産主義の拡大を封じ込めるために貢献していることは認めていた。

フーヴァーは、内向き志向になっていた議会に対して、連邦議会公聴会やほかの公の場で、ベルギーの銀行家エミール・フランキーからの書簡などを紹介したりして、欧州が飢餓に直面していることを伝え、米国の積極的な食糧支援を継続することを訴え続けた。これが奏功して、米国穀物公社は、フーヴァーの構想であった米国内の余剰小麦粉六〇〇〇万バーレルのうち一〇〇〇万バーレルを、長期ローンで欧州の国々へ食糧援助として提供することを、議会の承認を得た上で、開始した。まずは、二〇〇万バーレルの小麦粉を、一バーレル一〇・七五ドルの価格で長期の返済期間とセットにして提供した。フーヴァーは、欧州の安定化のためには、翌年、つまり一九二一年まで、食糧援助を行う必要があると思っていた。彼は五月の欧州の農作物の育ち具合に基づき、そう確信したのであった。

また、フーヴァーは、戦時経済から平時経済に米国社会が移行するなかで、景気が落ち込み、穀物価格が暴落して米国の農村社会と農村経済に計り知れないダメージを与えるリスクが高いと危惧していた。欧州への食糧援助はこのような事態を防ぐ狙いもあった。

フーヴァーの対欧州援助構想では、欧州への援助は米国救済局が担うことを想定していたが、米国の欧州に対する民間の援助を効率よく、また効果的に行うため、一九二〇年六月、ウィルソン大統領に許可と支持を得て、戦時中の穀物公社の余剰金を原資に、欧州救済協会（European Relief Council）を同年九月に創設した。同協会は、米国救済局と欧州へ人道支援を行っていた九つの主要団体が人的・物的資源と資金を共有して欧州への人道援助を効率よく行うことを目指した。フーヴァーは、米国のマスコミ（ラジオ、新聞、雑誌）と募金活動の様々なイベントを通じて、民間からの寄付を集めた。欧州救済協会の枠組みのもとで、米国救済局は、ポーランド、バルト三国、ハンガリー、オーストリア、チェコスロヴァキア、セルビア、北部ロシア、アルメニアにいる二〇〇万人から二五〇万人の子供たちに食糧援助を行うことを目指した。それから、それまではほかの慈善団体に任せていたドイツの児童一〇〇万人に食糧援助を行うことにした。また例外的活動として、ポーランド、チェコスロヴァキア、ハンガリー、オーストリアの大学で、学生向けの食糧支援を一万八〇〇〇人分行った。

一九二一年五月、欧州救済協会は、翌年は食糧援助を行う必要はないと判断した。欧州救済協会は、二九〇〇万ドルの資金集めに成功していたが、そのうちの二七〇〇万ドルを使っていた。米国救済局が一三〇〇万ドル、赤十字が一〇〇〇万ドル、ユダヤ共同配給委員会（Jewish Joint Distribution Committee）が二〇〇万ドル、残りの団体が二〇〇万ドル使った。フーヴァーは、欧州救済協会の活動により、一五〇〇万〜二〇〇〇万人の欧州の子供たちが食糧援助を受けたと見積もっていた。欧州救済協会は、一九二一年五月に解散し、同協会に残った資金は、参加の非営利組織の同意を得て、ニューヨーク州法に登録されていた米国救済局に引き継がれていった。フーヴァーの欧州における米国救済局の活動は、ポーランド、オーストリア、それからロシア革命で帰還できずにいた東欧のロシア難民への食糧支援であった。この数カ月後、米国救済局は、後述するロシア飢饉への大規模な人道支援を開始することとなった(9)。

第一次世界大戦が終結した時点で、東欧、なかでもポーランドとハンガリーは、食糧不足に伴う混乱で、共産主義の影響が拡大していた。フーヴァー自身、ロシア帝国、プロイセン帝国、ハプスブルク帝国、そしてオスマン帝国の崩壊とともに誕生した東欧の国々、オスマン帝国により大量虐殺されたアルメニア人のアルメニア共和国、バルト三国、フィンランドを含む欧州二三カ国に、米国政府、特に彼の米国救済局が食糧援助を、安全保障問題を意識しながら進めていく責任の重大さを一番よく理解していたし、また、その重圧に耐えながら効率よく対応する必要に迫られていた。

米国救済局が、米軍、英仏政府とそれらの軍、援助対象国の政府、国際赤十字社などのほかの非政府機関・非営利団体と協力しながら食糧援助を行う上で、鉄道による輸送手段をできる限りスムーズに運用することが、援助活動を効率よく行うために不可欠であった。米国は、東欧の鉄道網の運行を、米国人が行うことにした。その働きは欧州各国、なかでも新興国が、戦後も米国人鉄道スタッフが残って鉄道運行のノウハウを指導することを望むほどであった。

ポーランドの共産主義国家化を防ぎ、また、ハンガリーにおける共産主義革命を覆したのは、前者ではフランスおよびポーランド軍、後者ではフランス軍とルーマニア軍であったが、米国救済局の食糧援助はポーランドとハンガリーの非共産主義による安定化を実現する上で大いに貢献した。特に、ポーランドには、後述する一九二一年から二三年までの第二期米国救済局の対ソ食糧援助を除くと、一九一九年から二一年の米国救済局の予算の二割が投入されており、米国救済局の最大の援助対象国であった。

ポーランドでは、フーヴァーの方針で、米国救済局が、あらゆる人道支援活動の窓口の機能を果たしていた。ポーランド政府は、米国から同国へ送られた人道支援目的の資金や物資は、同局を通じて配給するよう呼びかけた。ポーランドで活動を行っていたユダヤ共同配給委員会、ＹＭＣＡ、ＹＷＣＡ、米国とロシアの赤十字社の物資は、米国救済局を通じて、ポーランドの人道支援団体や政府系配給機関などと連携しながら、配給された。一九一九年冬から翌年の春にかけて、三〇万トンの食糧がポーランドの都市部を中心に援助された。米国救済局は、食糧をポーランドの主に子供たちに提供していたが、大人も対象にしていた場合があった。また、衣類の提供も行っていた。ポーランドの鉄道・電信の復旧と運営の支援も行っていた。ポーランドの米国救済局の支部長は、当初は一九一九年一月に米国救済局代表団の団長として送り込まれた米国陸軍のウィリアム・グローヴ大佐が務めたが、数カ月後から前述のペイト少尉が担当することになった。

フーヴァーは、ポーランドとハンガリーの安定化を望んでいたとはいえ、ポーランド国内のユダヤ人は共産主義者であると決めつけてユダヤ人の虐殺が多発したポーランドについては、ポーランド政府に対して事態の収拾を行えない場合は、食糧援助を停止することをほのめかして目的を達成させた。米国救済局のこのような対応は、フーヴァーの側近ストロースの貢献によるところが大きかった。

この問題は、一九一九年三月に米国のユダヤ人の宗教指導者スティーブン・ワイズが、ウィルソン大統領に調査を要請していた。米国社会では、他国のユダヤ系グループと同様、中東パレスチナの祖先の地にユダヤ人の国家を建設することを夢見ていたシオニズム支持者と、そうではない、またそれに関心のないユダヤ人とがいた。前年の八月、イギリスの外相アーサー・バルフォアは、バルフォア宣言で、英国の戦争遂行のためにユダヤ人の協力を得るべく、ユダヤ人の国家建設を中東パレスチナにて実現させることを約束する示唆をした。米国内ではこの宣言に共感していたシオニズム支持派のユダヤ人として前述のワイズ、最高裁判所判事（一九一六年任命）ルイス・ブランダイス、ハーヴァード大学法科大学院教授（一九三九年から最高裁判所判事）フェリックス・フランクフルターらがいた。米国務省は、駐ポーランド公使に内定していてすでに現地入りしていたヒュー・ギブソンに、ユダヤ人虐殺事件が起きた複数の都市を、後述するモーゲンソー委員会の委員にもなったユダヤ系米国人でユダヤ共同配給委員会ポーランド支部長ボリス・ボーゲン医師とともに視察して報告書を国務省に提出するよう命じた。この報告書は、ユダヤ人に対する迫害と虐殺は多くあったものの、食糧をめぐる暴動やボルシェビキ政権との戦闘中で死亡した事例も多く、これらをユダヤ人だけをターゲットとした事件としては扱えないという分析を行っていた。また、米国内での新聞報道のなかには、事実に反する内容も多かったと指摘した。

ギブソンの報告書は、米国内で波紋を呼んだ。ブランダイスとフランクフルターは、連邦議会で駐ポーランド公使就任の承認を控えていたギブソンとの面談を申し入れ、報告書の内容が不十分であると抗議をした。シオニズム支持派のユダヤ系米国人の間では、ギブソンが反ユダヤであるという噂が広まり、そうでないと反論したギブソンを悩ませた。

この最中、フーヴァーの呼びかけで、米国連邦議会でポーランドにおけるユダヤ人虐殺に関する調査委員会（いわゆるモーゲンソー委員会）が設立された。この委員会のメンバーには、アルメニア人虐殺問題で事態の解決を進めた外交官・実業家ヘンリー・モーゲンソー・シニアも任命されていた。このモーゲンソー委員会は、リトアニアの首都とポーランドでの現地調査を行ったのち、一九一九年夏に報告書を公表した。報告書をまとめたのは、モーゲンソーとトルコ公使であったモーゲンソーの後任のユダヤ系外交官エイブラム・エルカス、そしてボーゲンであったが、その結論は、ギブソンの報告書に沿う内容であった。なお、この三人の委員は、シオニズムに異論を唱えていた人たちであった。フーヴァーの側近ストロースも同様であった。[10]

一方、フーヴァーは、ハンガリーでも政治的介入を行った。ベラ・クーン共産主義政権が、一九一九年八月ハンガリーで崩壊したあと、同国は、ヨセフ大公を国家元首に選んだ。ハンガリー国内で大公は慕われていたが、八月二三日元首を退任することとなった。この人事劇で決定的な役割を果たしたのは、米国食糧局長官フーヴァーであった。

フーヴァーは、中央同盟国の旧支配者が影響力を回復することは、第一次世界大戦に米国が参戦した意義に反すると考えていたのであった。

米国救済局は、ポーランドやハンガリーをはじめとする新興国で、鉄道網の整備や運営と疫病への対応など、食糧援助以外のことも行い、戦後復興と国造りの支援を行った。欧州とロシアでは、赤十字社が、例えば、バルト海から黒海沿岸にかけて蔓延していたチフスへの対応を担う主力機関ではあったが、米国救済局は、単独、あるいは、赤十字社などと、チフスやコレラなどの伝染病対策などの医療活動を行っていた。なお、米国救済局と赤十字社の医療活動に従事していた人物として、ハーシャル・ウォーカーを挙げることができる。彼は、フーヴァーの育ての親であったジョン・ミンソーン医師と同じフィラデルフィア市のジェファーソン・メディカル・カレッジで医学を学び、一九一六年に同大学を卒業後、陸軍の衛生部隊の医師として従軍、その後フーヴァーにスカウトされて、米国救済局のポーランド支部、そして、一九二一年から二三年まで同局のソ連レニングラード支部の医療活動の責任者となり、その後赤十字社のギリシャにおける医療活動に従事して、最後はニューヨーク在住の外科医として活躍した。

4　テイラー主義

米国は、欧州問題から早く手を引くためにも欧州が自力で持続的に経済発展と秩序の回復を行えるような支援を効率よく行う必要があった。米国食糧局と同様、フーヴァーは、当時フォード自動車の製造工程で導入されていたテイラー主義（科学的管理方法）を、米国救済局にも導入して、援助の運営の効率性を大いに高めた。(11)

テイラー主義は、一八七四年フィラデルフィア市の鉄工所に機械工見習いとして入社した、フレドリック・テイラーが、工作機械や製造工程を改良していくなかで考案された。労働者の生産性を高めていくために、労働作業や道具の標準化が進められた。テイラーの科学的管理方法が全米で脚光を浴びるようになったのは、一八九八年、当時米国鉄鋼最大手のベスレヘム・スチール社でテイラーの労働生産性向上の手法が導入されてからであった。この時期の米国は、第一次世界大戦期まで続く革新主義の時代であり、テイラーが唱えた労働生産性向上のための作業工程、道具や部品の標準化などの考え方も、ベスレヘムやフォードのような企業のみならず、軍や政府の組織運営、さらには、学校、大学、図書館（蔵書の管理方法であるデューイ十進分類法の導入の促進）、家庭の組織運営にも応用されていった。テイラー主義は、全米各地で発足した非営利団体テイラー・ソサイエティを通じて広まった。企業では、テイラー主義の導入により、労働生産性が高まることで、経営者はより少ない労働費負担で生産力を拡大させ、労働者はより高い賃金を得られると信じられた。これは、フォード自動車会社が実践していた。テイラー主義は、大恐慌以前の米国経済界において広く受け入れられていた考え方であった。

ロシアでも一九一五年にロシアで最初のテイラー・ソサイエティが発足していた。レーニン自身、戦時共産主義を始めた二カ月前（一九一八年四月）、テイラー主義は、資本主義による労働者の搾取であると批判する一方、ロシアの労働者が資本主義の労働者の能力に追いつくためには、この手法を導入する必要性を認めていた。

5　ボルシェビキ政権への食糧支援

ヴェルサイユ条約が調印された時期、フーヴァーは、ウィルソンと相談しながら、レーニン率いるソ連への食糧支援を模索していた。米国はシベリア干渉戦争に関わっていたものの、ソ連が崩壊してしまうと、安定化しはじめていた東欧をはじめとする新興国が不安定化して、それにより欧州における米国の援助の終結が延期されてしまうことを恐れていた。他方でウィルソンやフーヴァーは、ソ連と共産主義の欧州における影響力拡大を封じ込めることを狙っていた。

フーヴァーは、外交関係のないソ連への食糧援助を開始することを模索した。ヴェルサイユ条約が調印されたのは一九一九年六月であるが、その直前の四月から五月にかけて、フーヴァーは、ノルウェーの著名な探検家フリチョフ・ナンセンに事実上米国救済局の代表を担当させる形で、レーニンに食糧支援を受け入れるよう打診することを依頼した。ナンセンは、一九〇五年にノルウェーがスウェーデンとの連合を解消したとき重要な役割を果たし、第一次世界大戦に米国が参戦して、ノルウェーの食糧事情が悪化したさい、ノルウェー政府から米国に派遣され、フーヴァー食糧局長官など米国政府関係者と交渉していた。ナンセンは、当初フーヴァーの依頼に消極的であり、また、フランスはこの動きに猛反対した。しかし、フーヴァーは、ナンセンを口説き、ナンセンからレーニン宛の電報を自ら書いた。フーヴァーは、レーニンが、ナンセンの率いる人道支援活動を受け入れることを狙った。しかしながらレーニンは、まだシベリア干渉戦争とソ連の内戦が終結していないなかでの人道支援は、反革命勢力の謀略であると考え、援助を拒んだのであった。フランスは四月から五月にかけてのソ連とナンセンの電報のやりとりを徹底的に妨害し、フーヴァーは、ロシア宛の電報を米国陸軍の電信網を経由して送ったり、フランスが握り潰したソ連からの電報を傍受するような手法でナンセンとソヴィエト政権との情報のやりとりを支援したのであった。

一九一九年二月から始まったポーランドとソヴィエト共和国（一九二二年一二月以降ソヴィエト連邦共和国）の戦争は、ポーランドの国家元首ユゼフ・ピウスツキの指導のもと、かつて一八世紀末にポーランド王国がロシアとプロイセンに分割されるまで領土であったウクライナ西部の支配を目指し、一九二〇年初頭にはウクライナのキエフも占領していた。しかし、同年四月からソヴィエトの赤軍が反撃し、ポーランド領土内へ押し戻していくなかで、フーヴァーは再度ソヴィエトとの接触を試みた。ペイトたち米国救済局ポーランド支部の活動地域近辺にソヴィエトの赤軍が進軍してきたさい、フーヴァーはペイトとウォーカーにわざと捕虜になり、ソヴィエトの政府高官と人道支援に関する話し合いを行えるような人脈を開拓することを指示したのであった。ペイトとウォーカーは、モスクワへ移送され、ソヴィエトの外交官たちと接触するに至ったが、対ソ人道支援を開始する糸口にはならなかった。

ポーランド軍は、赤軍がワルシャワを包囲する絶体絶命のピンチを決定的な勝利で切り抜けた。ポーランド軍は、敗走する赤軍を追撃し、ソヴィエト共和国は、同年一〇月ポーランドに和平を申し入れ、一九二一年三月に両国は、講和条約に調印した。

ボルシェビキ政権は、食糧を農民から強制的に徴収して、ロマノフ王朝に忠誠を誓う白系ロシア軍と戦う正規軍に回していたため、生活に困窮した農民たちがボルシェビキ政権に対して反乱を起こしたり、また、意図的に農畜産物の生産性を低下させることで、ソ連の農業生産高は、低下の一途をたどり、五〇〇万人以上の餓死者を出したのであった。ソヴィエトは、一九二〇年に白系ロシア軍との内戦にはほぼ勝利を収めたものの、さらなる深刻な飢饉に見舞われ、また、餓死者がさらに急増していった。

こうしたなか、レーニンは、一九二一年三月、ロマノフ王朝と同じ運命をたどるのを回避すべく、ネップ（New Economic Plan : NEP, 新経済計画）を開始し、農民に土地の所有と農産物の売買、それによる利益の取得を限定的に認めたのであった。この政策は成功を収めることとなるが、米国救済局の食糧支援がなかったら失敗に終わっていたかもしれない。

同月、英国は、ソヴィエト共和国を事実上承認し　両国間の貿易協定が調印された。同年の終わりまでには、スウェーデン、ノルウェー、フィンランド、ラトヴィア、リトアニア、ポーランド、チェコスロヴァキア、ドイツ、オーストリア、イタリアと貿易協定を締結した。トルコとは二国間の領土問題を解決させ、ソヴィエトは、トルコへ貿易代表団を送った。

フーヴァーをはじめとする米国の政策決定者たちは、ネップがソ連の共産主義を市場原理とビジネスによる利益の取得をある程度認める社会主義に軌道修正していくかもしれないと期待していた。レーニンは、一九一八年四月に批判したテイラー主義について、ソヴィエト国内で広めることを一九二一年以降後押した。テイラー主義には、「労働者の科学的組織」のような表現が用いられた(12)。

一九二〇年七月、ロシア文学の巨匠マキシム・ゴーリキは、飢餓がますます深刻化するソヴィエトの惨状を国際社会に訴えた。八月、ラトヴィアのリガで、米国救済局の欧州代表ウォルター・ブラウンとロシア社会主義連邦ソヴィエト共和国外務人民委員代理(外務次官)マキシム・リトヴィノフが、米国救済局の対ソ人道支援に関する合意文書に署名した。この合意で、ソヴィエトは、フーヴァーの主張、すなわち、米国救済局はソヴィエト国内で同政府の交通面などでの協力を得ながら、ソヴィエト政府とは独立して人道支援を行う、ということにソヴィエトを合意させたのであった。レーニンにはフーヴァーの主張が強引に映り、憤ったものの、フーヴァー率いる米国救済局の利用価値を評価した。レーニンは、米国救済局にスパイを放って同局の反革命運動の可能性を監視した。

フーヴァーは、ソヴィエトにおける米国救済局の責任者に、ルーマニアとアルメニアで同局の支部長を務めていた陸軍大佐ウィリアム・ハスカル(ウェストポイント陸軍士官学校卒)を抜擢した。職業軍人を任命したことについて、文民が主流であった同局内では戸惑いの声もあった。米国救済局欧州代表は、フーヴァーの要請で、ソヴィエト政権に、ハスカルがいかに有能であり、また、適任であるかを丁寧に説明し、レーニンたちは同意したのであった。

米国救済局の欧州大戦終結後の活動のなかで、一九二一年秋から二三年まで続いた、ソヴィエトへの援助の規模は、同局がほかの欧州地域へ行った援助を凌駕した。同局はソヴィエトで、食糧援助のほか、コレラとチフスの伝染病対策また大規模な予防接種を行った。

米国救済局のスタッフがソヴィエトに到着し、九月には二〇〇人の児童に食事を提供した。一〇月には、食事を提供する拠点は、六万八五九八カ所になった。さらに一九二二年二月には一〇〇万人以上の児童に食事を提供していた。同年八月には、四一七万三三三九人の児童と六三一万七九五八人の大人に食事を提供していた。米国救済局は、八〇〇万人分の予防接種を行い、八〇〇万ドル分の医療物資を提供し、一五〇万ドル分の衣類を供給した。ソヴィエト側で米国救済局の活動に協力した人員は、一二万人であった。

フーヴァーが率い、そして実際の陣頭指揮は有能なハスカルが担当して、米国救済局の活動は、米国が加盟せずオブザーバーとしての参加に限定した国際連盟が、国際赤十字委員会などと立ち上げたロシアの一九二一年飢饉対策と協力して行われた。前述のナンセンが国際連盟内のこの問題に対応する委員会の委員長を務めた。ナンセンは、この後、国際連盟の初代難民高等弁務官に就任した。

米国救済局のおかげで、レーニンとトロツキーは、ソヴィエト国内における革命政権の影響力を浸透させることに専念できた。レーニンとトロツキーたち革命勢力は、人道支援より革命を優先させたのであった。彼らは、ボルシェビキ勢力にとって脅威であったロシア社会の宗教的基盤、ロシア正教会の体制の粉砕に邁進した。彼らからすると、ロシア正教は、共産主義思想に基づいて否定されるものであったし、国内での権力掌握を進めていくにあたり、邪魔者と位置づけられた。ロシア正教会の指導者たちは、国内で、人道支援を行おうとしたが、レーニンやトロツキーたちはこれを許さず、ロシア正教会が反革命の最後の牙城になると判断し、ロシア正教会総主教を自宅へ軟禁した。また、一九二一年秋、健康問題で極秘の療養をしていたレーニンの代わりに、トロツキーは、一九二一年一二月、ボルシェビキ政権の財政危機を解決すべく、翌年二月からロシア正教会の管轄下にある宝飾品（墓地に眠る王侯貴族の宝飾品も対象となった）を、激しく抵抗するロシア正教の僧侶やその支持者たちを殺戮あるいは弾圧しながら、没収した。欧米の主要紙は、こうした事態を報道し、厳しく批判したのであった。

レーニンとトロツキーは、赤軍とソヴィエトの工業化が必要としていた物資を、自国内で集めた貴金属類をスウェーデンに持ち出して資金洗浄する形で海外から調達していたが、一九二二年二月ボルシェビキ政権のこうした貴金属類は底をついていた。

一九二二年二月は、ボルシェビキ政権が、米国救済局の人道目的の食糧などの物資をソ連国内に搬入するペースを落とすことを要請した月であった。同政権は、フーヴァー率いる米国救済局の物資のソ連国内への搬入が非常に効率よく行われるようになっていたことに驚いていたが、同月、米国救済局に、港湾施設が食糧の受け入れについていけないことから、物資の搬入ペースを低下させることを同局に要請したのであった。[13]

フーヴァーは、ソ連の金・貴金属が底をついてきているという印象を強めていた。彼は、一九二一年一月からウォーレン・ハーディング政権の商務長官でもあった。彼は、八年間に及ぶ商務長官時代、米国の外交、とりわけ経済外交において、連合国の対米戦時債務問題、ドイツをはじめとする戦争賠償金問題、米国金融機関による外国債券・外国証券の発行などで、次章で考察するように、国務省や財務省と連携して政策決定を行っていた。米国の経済外交、特に米国救済局が活動していた時期の対ソ経済外交では、商務省の発言権は絶大であった。商務省と国務省は、米国の対ソ貿易については、米国がソ連の国家承認を行っていなかったものの、米国企業がソ連と貿易を行うことについては、自己責任で行うものであって、米国政府は反対も奨励もしない立場をとり、ソ連との貿易に関心のある米国企業や米国民には情報提供を行うことにとどめていた。米国政府は、ソ連がロシア帝国時代の米国企業を含む米国への債務支払いの拒否、また、ソ連における米国資産の国有化に反発して、国家承認と、一部の米国企業、政治家あるいは労働組合からの要望であった米国対ソ輸出拡大支援のための対ソ貿易融資の承認を拒否していた。

ソ連の金保有量が間もなく底をつくというフーヴァーの情報は、米国救済局のソ連内からの情報、商務省の欧州に駐在していた商務官の報告、そして前年商務省が、国務省の支援を受けながら三回行った、東欧、南欧、ソ連に関する欧州貿易調査団の報告書を総合して導いたものと思われる。一九二二年六月一二日、フーヴァー商務長官は、マスコミに声明文を発表し、従来通り米国企業による対ソ貿易に関する米国政府見解を示し、対ソ貿易を行いたい米国企業は、ソ連の国営貿易会社（ＡＲＣＯＳ）のような組織を介してのみ交易は可能であると指摘し、英独伊のようにソ連と貿易協定を締結した国々はいまのところソ連による貿易代金の滞納はないものの、ソ連が貿易の支払いのために保有している金は間もなく底をつくのではないかと発言した。[14]

ソ連は、一九二二年九月以降、ドイツ、イタリア、フィンランドにソ連産の穀物輸出を再開し、外貨収入を工業化に回していった。米国内では、まだ飢饉が終息していないソ連のこの振る舞いに議会やマスコミなどの批判が強まった。募金に応ずる米国人も減った。

同年秋、ハスカルは、次年度の春から、食糧援助の対象児童数をさらに拡大し、また、大人への食糧援助をフーヴァー商務長官と相談した。フーヴァーは、援助の拡大と大人への食糧支援については消極姿勢に転じていた。その後、フーヴァーは、対象児童の拡大と病気の大人への食糧援助開始に同意した。フーヴァーは、翌年春、ソ連の穀物の収穫は正常化すると判断し、米国救済局の食糧援助は、打ち切られた。米国救済局の医療部門の対ソ支援は、一九二三年秋に終了した。米国救済局がソ連から離れたあと、「フーヴァー病院」、「ハスカル高速道路」といった米国救済局時代の名称はソ連の名称に変更されたものの、救済局時代に創設されたインフラの多くは残された。米国救済局の活動に関わったソ連人への弾圧は、当時外国人と接触していたソ連人をスパイ容疑などで弾圧していた状況を考えると、さほど生じていなかったようである。米国内では、米国救済局にいたソ連人のスパイや一部の救済局スタッフがソ連国内の宝飾品を国外へ持ち出そうとして一九二二年一二月にソ連の税関に摘発されたことが問題になったことはあったものの、米国によるソ連の救済活動は、成功物語として語り継がれていった(15)。

おわりに

第二次世界大戦以前の世界で、フーヴァーがベルギーへの人道支援を始めてからソ連への人道支援を終えるまでの九年間は、史上最大の人道援助が行われたと言える。フーヴァーは、この九年間で三〇億ドル相当の援助活動を行ったと見積もっている。欧州において、どれだけの人命を餓死や疫病から救ったのか正確な数字をはじき出すのは不可能であろうが、欧州とソ連で約二〇〇〇万人（子供は九〇〇万人）と言われている。

フーヴァーは、人道援助は、援助を受けた国々との良好な政治経済関係の発展に資すると考えていた。彼は、政府の文民と軍人、国際機関、非営利団体、民間企業と連携して人道的目的を達成させていった天才的な社会起業家であったと言える。彼は、米国および国際社会の安全保障を戦略的に考えつつ、軍事作戦、人災と自然災害への対応、食糧の安全保障、米国内の人的・金銭的・物的資源を効率よく有効利用することを関連づけながら政策を進めていった。これはまさしく、米国の総合安全保障の試みであった。

フーヴァーの危機管理の手法は、一九三三年以降のニューディール政策下で台頭したような中央政府あるいは国際機関主導で、中央集権的に政策やものごとの決定を行うというよりは、司令塔となる中央の戦略的あるいは戦術的判断は大変重要ではあるものの、政策の実施においては、前線あるいは地元の裁量、自主性、自己努力を奨励したのであった。

第11章で論ずるが、彼は一九一四年以後の商務長官時代の経験から、大統領の政策判断能力を高めるための大統領の権限強化や行政機構改革の必要性を痛感していた。しかしフーヴァーは、大統領に就任すると、その半年後、大規模な経済危機に直面してそれへの対応に追われ、大統領府とその下の行政機構改革には着手できなかった。

米国救済局は、ソ連への人道支援を終えたあと、一九二〇年代からフーヴァー政権期を含めた一九三〇年代、国内の非営利組織へ資金を提供していった。米国救済局の支援を受けた団体は多くあったが、代表的なものとして、第3章で紹介する児童健康協会（Child Health Association）、アメリカ・フレンズ・サービス協会、赤十字社、ボーイズ・クラブ・オブ・アメリカ、米国ボーイスカウト協会、米国ガールスカウト協会、全米アマチュア・アスレチック協議会（National Amateur Athletic Federation）、児童の健康と福祉を守るホワイトハウス会議（White House Conference on Child Health and Protection）、住宅建設と持ち家に関する大統領諮問会議（President's Conference on Home Building and Home Ownership）がある。(16)

第3章　政治家フーヴァー

——第一次世界大戦後の対応から大統領へ

一九一九年の米国社会は、騒然としていた。戦時経済体制から平時経済体制へ移行するなかで米国経済は戦時の好況から停滞期に入った。相次ぐ労働争議、人種暴動に対し、その背後にある、共産主義思想と共産主義者たちの影響が大きいのではないかという見方に基づき、ウッドロー・ウィルソン政権のミッチェル・パーマー司法長官を中心に、共産主義者あるいはその思想を持つと疑われた人々に対するいわゆる赤狩りが行われた。移民への排斥運動も赤狩りと不況が背景となって増加した。パーマーが行った赤狩りについて、ハーバート・C・フーヴァーは、共産主義者と思われた人々の人権擁護を主張した。実際、彼が大統領在任中は、赤狩りを行うことを避けている。フーヴァーの赤狩りに反対する姿勢は、第二次世界大戦終結後の冷戦による米ソ対立のなかで軟化したが、それでも議会の非米活動委員会やハリー・S・トルーマンの反共活動（国務省内の共産主義者の存在に関する調査など）への関与を避け、国務省を含む米国政府が共産主義者に乗っ取られるとは信じなかった。ただし、彼は、フランクリン・D・ローズヴェルト政権時代にアメリカ国内で容共的な価値観が広まったと確信し、ニューディール支持者たちを激しく非難したのであった。このように反共ではあったフーヴァーだが、先述の米国救済局の活動が示すように、対ソ人道援助には決して反対ではなく、ウォーレン・ハーディングとカルヴィン・クーリッジの両政権時代に商務長官であった彼は、米国の初期対ソ（一九二〇年代前半）外交では米国救済局の活動を通じて、かなりの支援を行った。前章でも紹介したように、商務省が、米国の経済外交政策で国務省と争うというよりは連携することが多かったなか、本章では、商務省が国務省より重要な役割を果たしていたことを示す。商務省も国務省もローズヴェルト政権までは反共主義に基づく対ソ不承認という姿勢は崩さなかったが、一九二〇年代から三〇年代初めの米国は対ソ不承認のままで食糧援助や対ソ貿易・投資を行ったのであった。

フーヴァーが熱狂的な反共主義者であるというイメージは、特に以下の人物と良好な関係があったことに起因しているのかもしれない。フーヴァーは、パーマー司法長官の赤狩り関係の捜査局で頭角を現したJ・エドガー・フーヴァーとは親戚関係ではなかったが、関係は良好であった。彼は、一九二四年にJ・エドガー・フーヴァーの司法省捜査局長の昇格人事には異論を唱えなかった。J・エドガー・フーヴァーは、一九三五年に司法省捜査局が改編されて連邦捜査局（FBI）になったさい、ローズヴェルト大統領によりその初代長官に任命され、一九七二年の死去まで同局長官を務めた。第二次世界大戦後の米国社会は米ソ対立のなかで新たな赤狩りの時代を迎えたが、リチャード・ニクソン（ドワイト・D・アイゼンハワー政権期の副大統領で、一九六九〜七四年米国大統領）が一九四六年にJ・エドガー・フーヴァーの地元で連邦下院議員選挙に勝利した。彼は、ニクソンの勝利に大きく寄与したと言われている(1)。

第一次世界大戦終結時、米国は世界最大の債権国となり、国際金融市場の中心は、ロンドンからニューヨークへシフトしていた。一方、米国内では、対外的に軍事に関わることを嫌う、対外紛争不関与と平和志向の気運が世論や議会で強まり、米国は戦時体制を短期間で平時体制に戻すため、陸海軍の兵力の急速な削減を推進したのであった。この気運は、第一次世界大戦の終結に伴う米軍の欧州からの撤兵のみならず、シベリアからの撤兵、中国と西太平洋における米国の軍事的プレゼンスの縮小論、西半球における軍事介入の見直しへと波及していった。ただ、海軍力については、軍縮を進めることとなったとはいえ、戦時中世界最強の海軍保有国となった米国はその地位を守る政策を推進したのであった。米国は、英国の国際金融面での影響力を凌ぐ一方で、第一次世界大戦勃発時まで世界最強であった英国海軍との対等な立場も維持した。一九二〇年代の米国外交は、軍縮を推進する一方、政府が米国金融グループと協力関係を築きながら、米国民間資本を国際金融市場の安定化、戦災復興、戦争債務問題、そして戦争賠償問題に積極的に活用する、民間経済外交が主体となっていた[2]。

本章で見るように、こうした問題での政策決定について、フーヴァーは中心的な役割を果たしていた。また、フーヴァーと宿敵関係になっていくローズヴェルトとの関係を、一九二〇年のフーヴァーを共和党大統領候補にしようとした動きと関連させながら考察を行う。本章では、満洲事変におけるフーヴァー大統領（共和党右派）とヘンリー・L・スティムソン国務長官（共和党穏健派）の見解の対立を描くほか、両者が取り組み、また、本来ならばフーヴァーの総合安全保障の集大成になるはずであった世界軍縮の挫折についての考察も行う。第五節では、フーヴァーの大恐慌への対応について分析と考察を行い、またフーヴァーが世界軍縮と国際経済の立て直しについてローズヴェルトを説得しようとした政権末期のあまり知られていない事実を紹介する。本章の終盤では、フーヴァー政権末期のフーヴァーとダグラス・マッカーサー参謀総長との関係について紹介する。ニューディール政策下で勢力が著しく衰退したフーヴァーを代表とする共和党右派は、第7章で紹介する太平洋戦争中のマッカーサーを旗頭に勢力の立て直しを図っていった。

1　フーヴァーとローズヴェルト

（1）国際連盟

第一次世界大戦が終結したあと、フーヴァーは、まずは、連邦上院議会でヴェルサイユ講和条約の批准を推進することで、国際連盟への加入を後押しした。また、前章で考察したように、米国がその資源と資金を浪費しないために、欧州とソヴィエトの早期安定化を目指した。そして、すみやかに金本位制を再開させて、自由貿易の復活を推進することを主張した。

フーヴァーがウィルソンと急激に不仲になったのは、パリから帰国後、ヴェルサイユ講和条約について一九一九年秋に連邦上院議会で審議に入ってからであった。連邦上院議会は、国際連盟が米国の主権に様々な制約を課す存在となり、また国際連盟による集団安全保障などの枠組みのために欧州諸国や諸外国により米国が利用されることを懸念した。ウィルソンとフーヴァーが一目置いていた、ヴェルサイユ講和会議に若手外交顧問として出席したウィリアム・ブレット（第6章参照）は、連邦上院議会外交委員会の公聴会で、講和条約には、天文学的な額の対独戦争賠償金など様々な問題があり、ロバート・ランシング国務長官も条約を問題視していると、ウィルソンを公然と批判した。

ウィルソンの経済顧問委員会のメンバーの大多数も同様の見解で、彼らは対独賠償金、様々な経済制裁や委任統治問題について、これらを欧州の戦勝国が主導して決定したことを容認したウィルソンの姿勢を懸念したのであった。連邦上院議会は経済顧問委員会で示された見解に同調していた。世界と米国が相互依存的であることが不可避であることを強く自覚していたフーヴァーは、議会が大統領に様々な修正案をつきつけてきたさい、それらを受け入れるようウィルソンに説得を試みた。ただ、フーヴァーは、これらの批判点をウィルソンへ個人的に具申し、また、そのあと公にしたため、大統領の逆鱗に触れた（因みに、経済顧問委員会の一人であり、一九二〇年代から三〇年代にかけて米国の経済外交で活躍したモルガン投資銀行のトーマス・ラモントは対独戦争賠償を支持していた）。

ハーディング政権で国際連盟加盟が却下されるまで、フーヴァーは、国際連盟加盟運動を他の共和党有力者とともに展開したのであった。このように、フーヴァーは、国際協調に一定の理解を示していた。彼は、太平洋戦争中に国際連合の加盟をめぐる政治論争が国内で起きたさい、アメリカの加盟を支持したのである。

（2）一九二〇年のフーヴァー大統領候補擁立運動

この講和条約批准をめぐる攻防が繰り広げられるなか、フーヴァーは、一九二〇年秋の大統領選挙で、民主党か共和党か支持政党を表明してきてこなかったことから、両党のなかで、フーヴァーを大統領候補として担ぎ出す動きが生じた。民主党は、フーヴァーがウィルソン政権の中心的存在であったことから、ニュートン・ベーカー陸軍長官と、一九三二年の大統領選挙で生涯に及ぶ政敵関係となるローズヴェルトは、フーヴァーが民主党の大統領候補者になるべきであるとフーヴァーの腹心に知らせたのであった。ローズヴェルトは、一九一九年一月に、ポーランド公使（一九一九〜二四年）あるいはそれ以前から欧州でフーヴァーの支援活動に協力してきたヒュー・ギブソンに、フーヴァーは、民主党大統領候補として立候補すべきことを伝えていた(3)。

フーヴァーがどちらの政党支持者であるのかを明言しないなか、彼が大統領候補になることを懸念する勢力は、米国救済局の食糧援助が、ソヴィエトと交戦しているポーランド軍に流れている、ベルギーに腐った食糧を輸送しているといった事実に反する噂を流した。フーヴァーは、一九二〇年に入ってから自身は共和党の進歩派（第1章で紹介したように一九一二年の大統領選挙では、共和党から離脱したセオドア・ローズヴェルト進歩党候補を支持していた）であることを第三者を通じて表明した。これを受けて、ロサンゼルスを中心とする南カリフォルニアでは、『ロサンゼルス・タイムズ』紙の創業者ハリー・チャンドラーたちが中心になってフーヴァー大統領候補擁立運動を始めた。北部カリフォルニアでは、フーヴァーの親友であるスタンフォード大学学長のレイ・ライマン・ウィルバーが中心になって擁立運動を始めたが、こちらは、ハイラム・ジョンソン上院議員の牙城であり、彼と同盟関係にあったハースト系の新聞は、フーヴァーは英国の手先であるなどの虚偽の報道を展開した。こうしたジョンソン側の攻勢に対して、オハイオ州でフーヴァーの大統領候補擁立運動を行っていたロバート・A・タフトの父親がフーヴァーに加勢した。ウィリアム・H・タフト元大統領は、左翼の労働組合、戦時中ドイツやアイルランドを応援した反英勢力の人々がジョンソンを支持していると論じた。一方、セオドア・ローズヴェルト政権の内務長官であった環境保全論者のギフォード・ピンショーは、フーヴァーの食糧局は、不当に仲介業者を潤していたと批判した。

フーヴァーは、カリフォルニアの民主党大統領候補予備選挙には立候補表明をせず、その後三月の終わりにようやくカリフォルニアの共和党候補の予備選挙に出馬する意思表示を行った。結果は、フーヴァーは、ジョンソンにかなりの差をつけられて敗れた。このあと、フーヴァーの支持者たちは、同年夏の共和党全国大会に望みをつないだ。彼らは、共和党の大統領と副大統領の候補者選びが暗礁に乗り上げた場合、フーヴァーを大統領候補者として提案できないか、と思っていた。フーヴァーはこの動きを黙認していた。結局この大会では、ハーディングを大統領候補に、クーリッジを副大統領候補にすることとなった。一方、民主党大会では、大統領候補にジェームズ・コックス、副大統領候補にフランクリン・ローズヴェルトが選ばれた。同年秋の大統領選挙で民主党は敗北した。

（3）名家の御曹司フランクリン・D・ローズヴェルトの挫折と復活

米国政治の保守主義者を代表するフーヴァーは、一九二〇年代、米国政治で注目の的であった。一方、一九三三年に大統領に就任して、ニューディール政策と第二次世界大戦参戦を通じて米国史と国際政治史に大きな足跡を残したローズヴェルト（一八八二〜一九四五）は、一九二一年夏に小児麻痺を患い、重度の麻痺状態に陥ってしまった。ローズヴェルトは、家族や友人たちに心配をかけないように明るく振る舞い、リハビリに専念し上半身は回復したものの、下半身は生涯不随になってしまった。

ローズヴェルトの政治家としての復活に向けた、麻痺状態からのリハビリを叱咤激励して支えたのは、妻のエレノアと新聞記者のルイス・ハウであった。インディアナ州の裕福な家庭出身のハウは、身長が一五〇センチメートル未満で痩せていた。彼には少年時代の自転車事故による傷が顔にあり、風貌も、身だしなみもぱっとしなかった。ハウは、甘い匂いのする葉巻を口にしながら異様な体臭を放っている場合が多く、町で彼と遭遇した幼児や小学生は、化け物に遭遇したと思い逃げ出すこともしばしばあったと言われている。こうした点、ハウはローズヴェルトとは対照的であった。それというのも、ローズヴェルトは、ニューヨーク州の最も古いオランダ系アメリカ人の名家・資産家に生まれて、大柄でハンサムで身だしなみが大変よかったからである。しかし、ローズヴェルトが政治家として出世することができたのは、ウィルソン政権の海軍次官補に一九一四年に就任する前にニューヨーク州上院議員の二期目の選挙戦で、ハウが、ローズヴェルトの選挙参謀と政治の指南役を引き受けた歴史的な出会いがあったためである。ハウは、政治の風向きや、有権者・投票してくれそうな利害関係者のニーズを天才的に理解しており、また、選挙運動の戦略と戦術を立案し実行することにも大変有能であった。海軍次官補時代のローズヴェルトにも引き続き毎日のように助言を行っていた。ハウは、ローズヴェルトに対して面と向かって彼が下そうとした政治的判断が愚かであるとはっきりと言える腹心であった。このようなことができたのはハウぐらいであった。

フーヴァーが、米国政治で活躍していた一九二一年冬から二二年春、ローズヴェルト家では、フランクリンの将来について、エレノアとハウ対フランクリンの母親の対立が続いていた。エレノアとハウは、下半身不随になっても、フランクリンは政治家に復活できると主張したのに対して、フランクリンの母親サラは反対した。フランクリンは、サラのおかげで、働く必要はなかった。彼女の父親は、中国貿易でのアヘン売買を含む取引で巨万の富を築いていた。幼少期中国で二年間暮らし、フランスとドイツで教育を受けた彼女は、若い頃はニューヨーク社交界のプリンセスであった。彼女は、セオドア・ローズヴェルトの親類で、妻と死別した実業家ジェームズ・ローズヴェルトと、セオドアがハーヴァード大学を卒業したときの親戚の集まりで出会い、二人は一八八〇年に結婚した。サラは、実家とジェームズの巨額の遺産を相続しており、フランクリンと彼の家族がニューヨーク市内の邸宅、ハイドパークの邸宅、別荘（メイン州とカナダの国境付近のキャンポベロ）でなにひとつ不自由せずに暮らせたのはサラのおかげであった。フランクリンは、一四歳でグロトン校（本章第四節参照）に入学するまで、家庭教師による家庭学習で英才教育を受け、一八九〇年以降、毎年欧州へ家庭教師を帯同して家族旅行することで、世界観を広げ、また、ドイツ語とフランス語が流暢になれたのも、彼女のおかげであった。サラは、フランクリンが一九一八年にエレノアと離婚して、当時密かに交際していた女性と結婚することを決断しかけたとき、この問題に介入し、夫婦関係を修復させた。

サラは、最愛の一人息子が、小児麻痺になった以上、わざわざ大変な政治の世界に身を置くのではなく、ハイドパークの館でひっそりとニューヨークの上流階級の世界を楽しみながら人生を過ごすべきであると思っていたのである。担当医師は、フランクリンが社会復帰を目指している以上、本人の希望がかなうように応援すべきであると提言したことで、この論争は、エレノアとハウに軍配が上がった。

小児麻痺は、ローズヴェルトを、人間として内面的に強くさせた。少年時代の国内旅行と欧州旅行で世界観を広げることはできたが、小児麻痺の温水療養施設があったジョージア州ウォームスプリングスを頻繁に訪れたことで、米国の貧しい田舎町の人々が、不十分な衣食住生活を送っていたにもかかわらず、いかに働き者であるかを目の当たりにした。

一九二八年、ローズヴェルトはニューヨーク州知事に選出された。一九二九年秋以降、米国経済が大恐慌に突入していくなかで、彼は、全米の州知事のなかでただ一人、州政府を通じて積極的に景気対策や市民への社会福祉事業などの救済事業に関する政策を実行していった。当時、新聞報道では、ローズヴェルトの車椅子姿を撮影しないよう報道機関の申し合わせがあり、彼の政敵となった報道機関もこれを順守した(4)。

一九二八年の大統領選で、ローズヴェルトは、フーヴァーの対抗馬となった米国史上初のアイルランド系米国人の大統領候補者アルフレッド・スミス前ニューヨーク州知事を支持し、フーヴァー共和党候補の政策と本人を誹謗する言動を繰り広げた。フーヴァーはローズヴェルトの自分に対する政策批判はともかく、個人攻撃については心外に思っていた。

2　フーヴァーと一九二〇年代の国内経済政策

一九一九年一一月、連邦上院議会は、ヴェルサイユ条約への批准を否決した同日、同年九月の産業会議に続く第二回産業会議の開催を可決した。この二つの会議では、経済不況のなかで労働争議からいかに脱却していくのかについて、経済界、熟練労働者の組合で急進的でないアメリカ労働総同盟関係者、有識者が話し合い、報告書をまとめた。第一回の会議は、盛り上がりを欠いたこともあり、第二回の会議開催の運びとなった。年末から翌年三月、つまり、フーヴァーが前述の大統領候補擁立運動で逡巡していた時期、第二回産業会議が開催された。

フーヴァーの経済復興の考え方は、共産主義や社会主義のように、国家が経済と社会に強制的に介入する手法ではなく、自由な競争原理と市場原理に基づく資本主義に立脚した経済成長戦略であった。しかしこれには一部例外があった。例えば、農産物の価格統制は、これを戦時中仕切っていた彼の食糧局での政策を当面続けるほうがかえって価格が安定すると見ていた。第一次世界大戦終結後、ウィルソン政権は、フーヴァーの反対を押し切って砂糖の価格統制を撤廃したところ、砂糖の価格が短期間で二倍になった苦い経験があり、一九一九年の米国救済局と穀物公社の組織再編のさい、フーヴァーの勧告に基づき価格統制を維持した。

フーヴァーは、アメリカ労働総同盟のような急進的でない労働組合が、企業組合の役割を果たしながら、経営者側と労働環境、賃金などについて協議し、また、やむを得ない場合は労働組合がストライキなどで経営者に対抗措置を講じることを肯定していた。フーヴァーの考え方は、第2章で取り上げたテイラー主義に賛同するものであった。有限な資源を無駄使いしないように集中させ、また、生産工程で部品の標準化などにより効率よく利用するといったことに重要な役割を果たすのが、従業員たちがオフィスや工場で効率よく作業を行うことであった。生産性を高め、生産コストを下げ、そして賃金は相対的に高く維持するフォード式生産システムを社会に広めることをフーヴァーは行おうとしたのであった。

フーヴァーは、第二回産業会議の副委員長であったが、委員長の労働長官は、彼に委員会の議事と報告書作成を、事実上委任していた。フーヴァーは、資本主義による競争原理と市場を通じた生産性向上により消費者に価格の低い商品を提供すると同時に、仕事に従事する人たちがより高い賃金、より良い住宅を得、高齢者への年金制度の導入により、より良い生活水準を達成できる社会を作ることが、国際社会における強い米国を築く上で鍵となる、と報告書を通じて唱えたのであった。

また、彼は、子供が健康で教育を受けられる生活を享受できるような社会を作らなければならないと考え、第二回産業会議の報告書では、児童労働の禁止を唱えた。これは、一九二〇年代、それまでばらばらに存在していた児童福祉団体を統合した非営利団体米国児童健康協会に発展した。

こうした政策提言は、その後の政策提言同様、左派からは、国家の経済や社会への関わり方が不十分であると批判され、右派からは、市場経済や社会問題に国家が過度に介入し過ぎているという批判を受けた。(5)

(1) 商務長官就任

一九二〇年一一月の大統領選で勝利を収めたハーディングは、フーヴァーを商務長官に抜擢した。ハーディングは、フーヴァーが国際連盟に加入すべきであると公言してきたことから、国務長官には任命できないと判断していた。フーヴァーは、商務長官就任を了承したが、連邦議会の共和党議員は、フーヴァーの支持政党に関する迷走を決して快く思っておらず、ハーディングの判断に対して、冷淡であった。特に、フーヴァーと個人的にも不仲であったハイラム・ジョンソンは、フーヴァーの任命を議会に承認させないような行動を起こすことを示唆した。ハーディングは、フーヴァーのビジネスマンとしての成功、第一次世界大戦中とその後の実績を高く評価しており、また、フーヴァーを敬愛していたことから、議会の共和党議員を説得し、フーヴァーの商務長官就任にこぎつけたのであった。フーヴァーは、ハーディングの期待に十二分に応えた。(6)

第二回産業会議で行った政策提言の内容は、一九二一年の産業会議で、フーヴァーによりさらに追求された。というのも一九二一年の米国社会は、深刻な経済不況に見舞われていたからである。この会議には、経済界、アメリカ労働総同盟関係者、経済学者、統計学者などの有識者が出席していた。この会議で話し合われたことは、前年から彼がウィルソン政権下で開催していた資源節約委員会（いかにして資源の無駄遣いを省き資源を保全することで米国の国力の柱の一つである資源を長く維持させていくのかを議論）に継承させたほか、当時五〇〇万人に達したと報じられた米国の失業者数を、最新の社会科学の手法を用いながら、民間の活力が主導権を持った官民協調の経済改革を通じて、減らしていく政策提言を行っていった。フーヴァーのベルギー救済委員会時代以来の腹心で科学的経営の専門家エドワード・ハントと、非営利団体で経済学と統計学のシンクタンクであった全米経済調査協会（National Economic Research Institute）の経済学者ウェズリー・ミッチェルがその中心的役割を果たした。ミッチェルは、景気循環を研究しており、シカゴ大学で博士号を取得したが、彼の指導教官は、革新主義時代を代表した経済学者ソースティン・ヴェブレンであった。ヴェブレンは、マルクス経済学を批判し、社会主義的な観点から資本主義の修正を探究したことで知られていた。

フーヴァーは、特に景気変動を国家がコントロールできないかをめぐって、ミッチェルなどの研究を後押しした。こうした研究の資金は、フーヴァーがハントと二人三脚でコモンウェルス基金、カーネギー財団などから取得した。

ハントは、ネブラスカ州出身で、一九一〇年にハーヴァード大学を卒業後、新聞記者になり、フーヴァーがベルギーへの人道支援を組織化したとき、ベルギー救済委員会のアントワープ支部長を二年間務めた。帰国後ワシントンの米国赤十字社の印刷部長になり、そのあと一九一七年から一八年にかけてフランスで赤十字社の経済復興部長を務めたり、一九一七年イタリアで赤十字社の市民救援の統括部長を務めた。一九二〇年、フーヴァーの要請で資源節約委員会の委員に就任、翌年、失業について検証する会議の書記に就任した。後者については、この会議の報告書の著者の一人になった。ハントは、一九二三年の景気循環と失業についての報告書、それから翌年の建設業界における季節的雇用についての報告書の著者の一人であった。彼は、一九二二年から二三年まで米国石炭委員会の書記を務め、一九二五年に刊行された同委員会の報告書の編集を担当した。ハントは、一九二七年に米国の科学的経営の専門家として国際連盟に派遣された。一九二八年には最近の経済的変化を検証する委員会の委員になり、一九三〇年から三一年大統領の雇用に関する緊急会議の書記を務め、一九三〇年からフーヴァー政権の終わりまで社会的トレンドを検証する大統領の委員会の委員を務めた。その後、米国が第二次世界大戦に参戦すると、一九四二年から四三年まで戦時生産局の産業部門のチーフエコノミストとして活躍した。一九四三年から四四年、ハントは国務省の救済と復興の部署の仕事に従事し、最終的には、対外経済局のイタリア部長に就任しており、一九四五年から四六年にかけて国務省のイタリア部長を務めた。

商務長官時代のフーヴァーは、経済資源の無駄遣いをなくすための様々な審議会を主催した。また、政府が、民間の活力を引き出すコンサルタント的な役割（部品や作業の標準化のガイドライン、経済情報の提供、労使協調の仲介役など）を果たしながら、民間が自主的な経済改革を、労使同士がときには政府の仲介で、また、官民同士、民間同士が、政府からの強制に依存しない、協調的関係に基づいて進める提言を行った。

景気循環を自主性に基づく前述の一連の協調関係でコントロールできる、とフーヴァーが自信を深めるようになったのは、一九二一年の産業会議後である。一九二一年の大不況のあとの米国は、好景気に沸いた。フーヴァーは、専門家たちによる政策提言に基づく景気循環、季節的雇用、雇用全般の問題への対応が、このような好況をもたらしたと自信を深めていたのであった。

ソ連では、一九二八年、J・スターリンが権力を掌握し、ネップは廃止され、市場経済を否定した経済五カ年計画が実施されることとなった。フーヴァーたちは、自分たちの政策は、共産主義による五カ年計画とは違う、経済的競争を進める「見えざる手」による「計画」を実現したと思っていた。

フーヴァーは、資源節約のための政策提言を、大統領時代、石油産業と林業について行っている。児童の福祉向上と住宅環境の向上については、商務長官時代から大統領時代にかけて政策提言を行っていた。最後に、水資源の管理、農業用灌漑の整備、ダムの建設については、商務長官時代から大統領時代にかけて手掛けていた。一九二九年秋米国経済が大恐慌へ突入していくなかで、ダムや治水は、景気対策を兼ねて積極的に行われていった(7)。

（2）対外経済政策

フーヴァーは、商務省を外国および国内商務局（Bureau of Foreign and Domestic Commerce：BFDC）と対外債務、税制などテーマ別の局に再編した。BFDCは全米主要都市と世界数十カ所に支部を開設し、局長には、同省のベテランのエコノミストであったジュリアス・クラインを起用した。それまでは歴代政権のなかでも重要性の低い省庁の一つに位置づけられていたが、フーヴァーが米国救済局長官であったときに対欧州の経済外交で中心的な役割を果たしていたため、国務省と財務省は、商務省と連携するようになり、また、対ソ外交や対西欧外交では、商務省が政策に関する主導権を握っている場合も多かった。さらに商務省は、主要な在外公館へ商務官を派遣して、現地の経済情報の収集を行い、米国企業への現地情報の提供と助言や米国企業が現地の市場へアクセスする斡旋も行っていた。

戦時中、英仏をはじめとする連合国が米国から借り入れた戦争債務の問題について、商務省は大きな発言権を持っていた。ハーディング政権が発足して、欧州の米国に対する債務の返済問題が議論されたとき、フーヴァーは、英仏政府が米国に要請していた戦時中の米国への債務の帳消しに応じても良いのではないか、ただし、欧州の復興に必要な債務は米国に返済する、という決着で良いのではないか、と提案した。しかしこの問題に関わっていた国務長官、財務長官、連邦上院議員、同下院議員は、債務を帳消しすることに連邦議会はおよそ応じないと指摘したのであった。

英仏は、引き続き戦時中の対米戦争債務の帳消しを求めたが、フーヴァー率いる商務省は、特に英国の大蔵大臣ウィンストン・チャーチルと対立した。チャーチルは、米国の対英貿易クレジットの提供再開を要請した。フーヴァーは、しかし、戦時中の債務の返済に同意する協定を米英が締結しない限り応じられない、と頑強に拒んだのであった。結局、英国は一時期オランダから貿易クレジットを調達する状況に追い込まれていった。

商務省と英仏政府が対立したもう一つの政策領域は、商務省が、英仏の対米債務返済能力を高めるため、英仏における増税と緊縮財政の提言を行ったことであった。当時の米国は、西半球の国々の経済の立て直しを、米国政府の依頼で、米国金融界から派遣されたスタッフにより断行していたが、英仏は、商務省の経済政策の勧告が米金融界の利害に従ったものではないかと不快感を募らせていた。

また上記以外にも商務省は、連邦議会から、海外の独占資本が米国企業が必要とするゴムなどの一次産品の価格を不当に高く設定していないか調査を行う権限を与えられた(8)。

(3) 商務省とドイツの戦争債務問題

一九二一年一月から始まった連合国のドイツに対する賠償金総額確定の会議は、同年五月五日、ロンドンで行われ、連合国側は賠償金の総額を一三二〇億金マルクとし、年間支払額が二〇億マルクと輸出額の二六パーセントとした。ドイツが返済できない場合、ドイツ工業の心臓部ルール地方を占領することとなっていた。ドイツは同年の支払いは行ったものの、翌年の分については、支払いの延期を一九二一年一二月に連合国へ申し入れた。連合国は、延期を認めたものの、英仏がドイツの賠償支払計画について再協議することで対立した。英国のデイヴィッド・ロイド・ジョージ首相は、一九二二年二月ジェノアで行われた、東欧の新興国についてやボルシェビキ政権と欧州の資本主義国家の関係を協議したり、欧州経済を復興させることを話し会う会議で、ドイツの賠償計画の見直しを取り上げたいと考えていたが、フランスの反対で、実現できなかった。この後、ロイド・ジョージ内閣は退陣に追い込まれた。一九二二年一二月、ドイツが債務返済不履行に陥ると、フランスとベルギーは、翌年一月、ルール地方を占領した。

米国は、英国と協力しながら、ドイツの賠償返済計画を短期的には緩和させ、ドイツ経済のハイパー・インフレーションを抑え込むためのドイツ中央銀行の再編を後押しし、ベルギーとフランスのルール占領を終わらせることを狙った。

一九二三年一一月、ドイツの賠償問題と仏白のルール占領を解決することを目指す連合国賠償委員会に出席すべく、米国政府は、シカゴの銀行家チャールズ・ドーズを米国代表団の長として同委員会へ派遣した。この派遣は、一一月五日にチャールズ・ヒューズ国務長官の呼びかけで行われたフーヴァー商務長官とアンドリュー・メロン財務長官との会議で決定された。ヒューズは、連合国賠償委員会が対独賠償総額を減らすことに応じない限り何も解決できないのではないかと述べたのに対して、フーヴァーは、賠償委員会は、フランスの主張を無視するであろうし、ともかくドイツ経済の立て直しに道筋をつけないと、欧州の経済復興は可能にならないので、まずは、米国代表団を賠償委員会へ送ることを進言した。

フーヴァーはドーズと親しかったのみならず、ドーズ代表団の中心メンバーであったＲＣＡ（Radio Corporation of America）創業者で前ゼネラル・エレクトリック社会長オーエン・ヤングと銀行家エドワード・ロビンソンは友人でもあり、また、失業についての調査委員会（Unemployment Commission）の同僚でもあった。ヤングとフーヴァーは、一九一九年秋に開催された産業会議の委員でもあった。

ヤングは、ニューヨーク州の小さな農家に生まれ、父親が家を抵当に入れることでセントローレンス大学を卒業することができた。ボストン大学法科大学院を、通常三年かかるところ二年で卒業し、ボストンの大手弁護士事務所に勤務していたときにゼネラル・エレクトリック社の幹部にスカウトされ入社した。一九一九年、ウィルソン大統領は、米国のラジオ産業が欧州勢に遅れていることを危惧し、ヤングにラジオ産業の強化を依頼、ヤングはＲＣＡ社を創業し、米国のラジオ産業を世界トップクラスへ導いた。

連合国賠償委員会は、ドーズ委員会を立ち上げた。同委員会に出席したのは、米国のほか、英仏白伊から派遣された各二名の代表であった。ベルギーの代表の一人は、第1章にも登場したエミール・フランキーであった。

ドーズ案は、賠償金の総額について未定のままであった。当初の二年間はドイツの予算からの支払いを免除したが、これ以降は年間の支払額を一〇億マルクにまで引き下げ段階的に支払額を引き上げる計画であった。ドイツの中央銀行の改編・改革が行われ、ハイパー・インフレは沈静化していった。フランスとベルギーは、一九二五年初頭ルールから撤退した。ドーズと英国の代表オースチン・チェンバレンは、一九二五年ノーベル平和賞を受賞した。同年一〇月、ロカルノ会議が開催され、独仏、独白の国境問題は解決され、欧州は安定化していった。

水面下でドーズ委員会の実現を支えていたフーヴァーは、大統領に就任すると、ヤングに、ドイツの賠償金額の大幅な減額と支払期間を長期化するための国際会議の開催を依頼した。同年六月ヤング案がまとまり、大幅な減額と支払期間を五九年とすることがドイツおよび連合国側との間で合意された。

この間、ドイツ企業や発電所などドイツの公共部門が必要としていた資金調達は、米国の投資銀行が米国証券市場で、ドイツの民間および公共部門の債券を発行しており、ドイツに流入した米国の投資マネーは、一九二〇年代初頭から、特にドーズ会議後、飛躍的に増えた。フーヴァーと米国商務省は、こうしたドイツの米国における債券による資金調達を監視しており、ドイツへの投資マネーが、投機マネーに変貌していくことを強く警戒した。ただ、政府間のクレジットの取り決めとは異なり、民間の資金調達については、これをコントロールする強制力は持っていなかった。商務省にできたのは、こうした資金調達は、あくまでもドイツの復興に必要な資金調達であるべきだと呼びかけたり、注意喚起することだけであった。これは、フーヴァーが、後述する一般融資政策を適用した見解に基づいていたためと言えよう。[9]

3 戦間期の米国と東アジア——軍縮と地域紛争

米国は、巨額の対米戦争債務について米国側の柔軟性を期待した英国の対米協調姿勢が背景となって、英国に対して求めていた日英同盟の破棄と海軍力における米英の対等をワシントン会議で実現させ、英国を金本位制へ復帰させ(一九二五年)、また、英国を戦争債務と戦争賠償問題の解決に協力させたのであった。[10]

極東問題については、ヴェルサイユ講和会議頃までのフーヴァーは、日本の中国大陸進出を警戒し、ウィルソンが山東半島のドイツ権益を日本へ譲るという妥協を講和会議で行ったさい、フーヴァーは辞表提出を検討したぐらい反発した。この時点でウィルソンはシベリア出兵を日英などとともに行っていたが、フーヴァーが当初希望していたのは、彼が東欧で共産主義の拡張を封じ込めることに成功した手法、つまり食糧を政治的な駆け引きに活用することによりロシアの共産主義を封じ込めるという手法だけに依存することであった（飢餓がかえって民心を共産主義に引きつけるというのが彼の持論であり、一九二〇年代初頭に彼は対ソ食糧援助を推進したが、後年この措置がかえってソ連の政権基盤を固めることに寄与したと認めた）。ウィルソンがシベリア出兵を決定すると、彼やフーヴァーが懸念していたように、日本は要請された規模をはるかに上回る出兵を決行したのであった。[11]

極東における日本の影響圏の拡大よりフーヴァーがはるかに懸念したものは、ウィルソン大統領と同様に共産主義の広がりであった。日本の大陸進出を警戒しながらも極東における安定勢力として日本を評価し、その満洲における権益を尊重するという米国外交上の一つの潮流は、一九〇〇年代後半以降のセオドア・ローズヴェルト大統領と彼の陸軍長官（ウィリアム・マッキンレー政権期の一八九九～一九〇四年）・国務長官（一九〇五～〇九年）であったエリヒュー・ルートの見解まで遡れるが、[12]フーヴァーはこの考え方を継承していた。

先述のごとく、ヴェルサイユ講和前後のフーヴァーは、日本の大陸進出に懐疑的であったが、フーヴァーは反共主義者の観点からソ連の極東進出を憂い、また、群雄割拠状態の中国を懸念した。極東における唯一の安定勢力は日本であり、その近代化を高く評価したのであった。ワシントン会議が行われたさい、フーヴァーはハーディング政権の商務長官の立場で米国側の諮問委員会のメンバーとして出席したが、会議の開催前と開催中において、ヒューズ国務長官は度々彼の見解を求めていた。そして、会議前にフーヴァーはヒューズに対して、日本の中国における市場と資源に対する依存度の高さから考えて、日本の大陸進出が領土的な拡張でない平和的なものであるならば支持すると説いた。その一方で、彼は孫文の国民党政権の統治能力を評価せず、孫文がソ連の顧問を雇っていることを警戒した。それでも彼は国民党からの共産主義の一掃と統治能力の改善を条件に国際協調融資を中国に与えるべきであると、ヒューズに進言したのであった[13]。

結局、ワシントン会議における中国問題は、ルート・フーヴァー路線の流れに沿ったものとなった。ワシントン会議で米国全権のリーダーであったルート元国務長官は、九カ国条約のほとんどを書き上げたが、彼は、門戸開放に基づいて中国を守ろうとするヒューズの主張を取り入れながら、中国における門戸開放を条約の一部にした。それと同時に、四カ国借款団をめぐって行われた日米の対立を経て一九二〇年五月にモルガン投資銀行のラモントと日本の銀行家たちとの間に成立した合意（四カ国借款団は満洲における日本の鉄道事業を妨げる行為はしない）も取り入れることで、満洲を門戸開放から除外した[14]。

門戸開放に関するこのような見解は、極東において米国がこの問題についてどれだけ真剣であったかという疑問を投げかけるが、商務長官フーヴァーは、中国市場の将来性を否定し、その結果、極東における門戸開放政策も実質的には否定していた。先述の中国の経済開発については、ラモントと同様、日米協力に基づく中国経済の平和的発展を支持したのであった。

ただし、フーヴァーはヒューズと同様、四カ国借款団の米国代表団の中心的な存在であったモルガン投資銀行のラモントが推進した日本への資金援助を積極的に支持したわけではなかった。借款団は、米国が指導的な役割を果たす形で日本の大陸進出の抑制、中国における門戸開放の定着化、国際協調に基づいた中国経済開発を推進させるという、第一次世界大戦後、世界最大の債権国となったアメリカ側の思惑もあって設立されたが、借款団への中国側の反対や日米の両代表団が対中融資のリスクが高すぎると考えたこともあって、対中融資を全く行わずに一九三〇年代に消滅した。四カ国借款団の機能不全に直面したフーヴァーは、商務長官時代から大統領時代にかけて対中貿易法の制定と改定に尽力し、税制上の優遇により米国企業の対中進出を促進させようとした。これは、米国内で対中貿易への関心を高め、また、四カ国借款団が機能しないゆえの米国金融機関の対中貿易融資に対する消極的な姿勢を補おうとする狙いがあった。このような考えは、国務省による四カ国借款団支持に対する商務省の苛立ちも背景としてあった。このように商務省対国務省の縄張り争いという両省の間に生じた緊張関係はあったものの、フーヴァーはヒューズとフランク・ケロッグ国務長官が推進した極東政策を基本的には支持した。モルガン投資銀行の対日金融取引については、日本側が米国で調達したドルを満洲における門戸閉鎖や中国における日本の排他的権益確保のために使っているのではないかという観点から、モルガン投資銀行を非難するヒューズと国務省をフーヴァーは支持した。彼らからすればモルガン投資銀行のこのような行為は、一九二二年に国務省が発表した一般融資政策という対外民間融資についての禁止事項（融資禁止の対象は、日本の対満洲経済拡張、徴税不足による財政赤字国、ソ連〔不承認国家〕、武器の購入、米国が必要とする物品・資源を高値で米国に販売する外国独占資本、対米債務不履行国）に抵触すると考えたからであった。ただし、このガイドラインには強制力はなく、米国内における当時の一般的な考えは、平時における政府の経済に対する直接介入については極めて消極的であった。戦間期の米国経済外交が民間主導に基づく官民協調で推進されていたこと、そして、米国政府が欧州、特にドイツの復興にモルガン投資銀行などの巨大民間資本の協力を必要としていたことを考えると、フーヴァー、ヒューズ、ケロッグはこのような事態を黙認せざるをえなかった。とりわけフーヴァーは日本を極東における唯一の安定勢力と位置づけて日米協調を重視しており事実上黙認となったのであった。[15]

フーヴァー大統領の対東アジア政策を考察する上で、彼の安全保障に関する人事面についての特徴を以下のように指摘しておく必要があろう。

①まず安全保障政策を推進する軍事関係のトップと強い信頼関係を築いていたことである。彼らは決して大統領のイエスマンではなかった。フーヴァーの安全保障政策チームのトップには、陸軍の中心人物が二名おり、一人は政治的に野心家であったパトリック・ハーレー陸軍長官（一九二九年一一月、前任者の死去に伴い陸軍次官補からフーヴァーが抜擢）、もう一人は同じく野心的なダグラス・マッカーサー参謀総長（一九三〇年夏にフーヴァーが抜擢）で、両者はフーヴァーと政治的見解を共有する傾向が強かった。海軍の中心人物はやはり二名で、一人は第

二代と第六代米国大統領を出したアダムズ家の出身であるチャールズ・アダムズ海軍長官、もう一人はウィリアム・V・プラット海軍軍令部長（大統領就任早々から次期軍令部長となるようフーヴァーは指示し、一九三〇年五月同職に就任）であった。フーヴァーは回想録で当時アダムズのことをもっとよく知っていたら国務長官に抜擢していたであろうと賞賛したのであった。プラットは、ワシントン会議においてヒューズ国務長官の要請で五対五対三の米英日海軍比率を策定した中心人物であった。プラットは、米国海軍単独で世界の海を支配できないと認識しており、フーヴァー同様、海軍三大国がそのようにならない状況、つまり、三つの影響圏に分かれる状況を維持していればよいという考えの信奉者であった。そしてロンドン海軍軍縮条約を支持した二人の有力な海軍提督の一人であった。

②外交面では、フーヴァーは自ら任命した国務長官スティムソンと満洲事変への対応をめぐってやや対立があったものの、それまでは良好な関係にあった。国務次官には当初スティムソンが抜擢したジョゼフ・コットンが就任していたが、彼が一九三一年三月に急死すると、フーヴァーの意向を反映して、フーヴァーが大統領選に出馬以来、その腹心となっていたウィリアム・キャッスル国務次官補（ロンドン軍縮会議中の一九三〇年、数カ月間駐日軍縮大使を経験）が次官に昇格した。[16]

フーヴァー大統領の東アジアと西太平洋に対する安全保障政策は、一九二〇年代の米国の同地域への安全保障政策を集大成する内容であった。その特徴とは、

①世界の国際秩序を米英日を中心に考え、米国は西半球に、英国は英連邦に、日本は東アジアと西太平洋に影響圏を確立することを米英日が相互に容認しあう。

②軍事介入や武力の行使による紛争解決ではなく、外交交渉、軍縮、条約、国際世論による平和の維持と確立を行う。

③軍備の削減は財政負担の縮小と経済の活性化にプラスであると考える一方、米国本土と西半球が侵略されないた

めに必要な軍事的能力は必要であり、これは紛争防止につながるという考えを信奉していた。

フーヴァーの安全保障構想は、全体として世界を日米英の三つの勢力圏に分け、一九二九年一〇月以降世界恐慌に突入したことも手伝って経済的観点（国の財政の健全化、米軍の経済面での効率的運営、軍縮を通じた世界と米国の経済的発展）から安全保障政策を推進する傾向があった。この見解について、陸海軍内では、大統領が西半球防衛に軸足を置きすぎているのではないかという批判は存在しており、特に日本を仮想敵国としていた海軍には、米国の商業権益とアジア・太平洋における米国領土を軽視しているのではないかという疑問を投げかける将校たちが数多くいたが、大統領は両軍をよくコントロールしていた。フーヴァーの軍縮は、陸軍より海軍にとってより厳しい内容となった。フーヴァーは、クーリッジ政権期に建造された一隻の航空母艦に続いて二隻目を建造することに反対し、結局大統領在任中、連邦議会はあらゆるタイプの軍艦の建造を承認しなかった。この点、後任のローズヴェルト政権期、議会が新政権発足後二年間で三隻の航空母艦の建造を承認し、大統領も経済恐慌対策として軍艦の建造を支持したこととは対照的であった。ロンドン軍縮会議では、アダムズとプラットが建艦競争を五年行わないよう話を進めたが、この話の推進者は、フーヴァーであった[17]。

一九三〇年春に条約がロンドンで調印されると、米国軍縮代表団で共和党のデイヴィッド・リード上院議員（上院外交委員会の有力委員）は、批准について年末まで待つことをフーヴァー大統領に進言していた。それというのも、一九三〇年秋は中間選挙を控えており、条約批准が政治的争点となることを回避したかったからである。リードは、中間選挙後であれば、批准に関してほとんど反対意見は出ないであろうと大統領に述べ、もしも大統領が、選挙前に条約批准を上院に提出した場合、困難が予想されると述べた。しかしながら、フーヴァーは、批准を選挙前に行うことについて強気であった。コットン国務次官は、大統領がそう決断した理由を国外にいるスティムソンに報告している。それによると、①上院の最高責任者である院内総務（多数派である共和党メンバーが就任）ジェームズ・ワットソン議員は批准を早く進めたいと考えており、また、民主党の上院議員で上院外交委員会と海軍委員会の有力者クロード・スワンソンも、批准の審議を行う用意があり、②外交委員長（共和党）のウィリアム・ボーラは、フーヴァーの感触としては批准に前向きであり、③海軍委員会委員長（共和党）のフレドリック・ヘール上院議員の条約に対する反対は、フーヴァー政権が考えていたほどのものではなく、④フーヴァーはハースト系新聞、一部の連邦議会メンバー、そして、海軍の利益を支持するネイビー・リーグなどの民間政治圧力団体は、条約に反対であり、年末まで半年以上待った場合、これらのグループが中間選挙に向けてかえって条約を政治問題化させるリスクがあると判断していた。結局、大統領の判断が正しかった。条約批准に対する批判は、これら勢力のほか、平和団体からもあり、彼らは条約により米軍が軍艦を増やせることになるという観点から批判した。

民間圧力団体で条約に反対であった勢力は、ロンドン軍縮会議中政治活動を控えていた。というのも、フーヴァーは、大統領就任後、ジュネーヴ軍縮会議が行われていたときに造船業者の利益を代表するロビイストが不当な圧力をかけていたという疑惑を捜査しており、これは、ロンドン会議開催中政権には追い風となった。条約に反対の圧力団体は、批准をめぐる上院での検討段階で活動を再開したが、彼らの争点は条約の詳細に絞られた。

批准は、海軍委員会と外交委員会で討論されたが、前者で行うことは制度上不要であったものの、フーヴァーは、ヘール議員の問題は起こさないという約束に基づき、五月一日に上院議会に条約を提出した。外交委員会での公聴会は五月一二日に始まり、海軍委員会では、その二日後に公聴会が開始された。それぞれの委員会の参考人は、外交委員会にスティムソン国務長官が加わったのを除き全く同じメンバーであった。公聴会で生じた問題点は、以下の通りである。

①外交委員会は、条約調印までの電信などの書類の開示を求めたが、大統領の指示でスティムソン国務長官はこれを拒んだ。その後妥協案として、公開しないという条件で書類の閲覧を許すことを大統領は提案したが、上院側で情報開示を求めていた勢力はこれを拒否した。

②公聴会の参考人で、アダムズ海軍長官、プラット海軍軍令部長と二人の提督は、日本との比率は問題ないと述べ

たのに対して、残り一九人の海軍からの参考人（全員軍人）は、反対の見解であった。

③②の図式は以下のプラットたちの主張についてもそうであった。ⓐ一万トンの駆逐艦を六インチ砲で装備した場合と同じクラスを八インチ砲で装備した場合では違いはない、ⓑ米国の英国との均衡は、一九三六年末までに達成可能。

④②と③の反対意見は、米国の軍事的能力を阻害するという見解に基づいていた。

外交委員会では、六月二三日に条約が批准されるよう上院に進言することが圧倒的多数で決定された。顕著な反対者は、ヘンリク・シップステッド（共和党）程度で（情報開示が不十分という理由）、ハイラム・ジョンソンとほかの二名の上院議員は、少数派意見を提出し、それは上記一九人の軍人の見解を支持する内容であった。

批准を最終的に決着させるべく、大統領は、上院議会の特別会議を七月七日に招集した。公聴会の最中から政権側は世論の支持を得ようと働きかけた。例えばスティムソンは、用意したデータで、日本の修正比率について、日米経済関係を含む国際経済の相互依存と、日本が政治的に混乱している中国と米国との間の緩衝となるという観点から、修正比率により日米戦争はさらに考えにくくなると強調した。

この特別会議では、争点は、米国が英国との均衡達成のため一万トンクラスで八インチ砲の駆逐艦を一八隻でなく二一隻確保すべきであったかに議論が集中した。さらに厄介な問題は、軍縮条約であったのになぜ米国が駆逐艦の全体としてのトン数を増やせるかであった。

こういった疑問はあったものの、上院は、条約を七月二一日に五八対九の圧倒的多数で批准した。マスコミで批准に明確に反対したのはハースト系のみで、大多数は好意的であった。フーヴァーは、トン数の面でもっと削減できたのではないかと思うところがあったが、各国の建艦競争の防止、英国との海軍の均衡の維持、西半球における防衛能力の維持、欧州での政治に巻き込まれないこと、そして大恐慌さなかの世界経済と米国経済の回復のための軍事費削減を行うという目標達成に満足していた[18]。

4　フーヴァー政権と極東における紛争――中ソ紛争、満洲事変

フーヴァー政権は、ハーディング政権以来の対応として、極東と西太平洋における日本の影響圏を結果的に認めていたとはいえ、極東における紛争解決に無関心であったわけではない。東清鉄道をめぐる一九二九年の中ソ軍事衝突のさい、スティムソン国務長官は、事態の様子見を主張するキャッスル国務次官補（西欧担当）とスタンリー・ホーンベック極東部長を抑えて、不戦条約の効力発生（七月二四日）直前の七月一八日、日英仏の大使と中国の公使に不戦条約遵守を呼びかけ、ソ連にはフランス外相を通じてこのことが伝えられた。また、スティムソンは、不戦条約の効力発生の翌日に両国が紛争を中立的な国際委員会の仲裁を通じて解決することを呼びかけようとし、日英仏独と相談したのであった。

ホーンベックは、これは一九〇九年から一〇年にタフト政権のフィランダー・ノックス国務長官が提案した満洲と中国の鉄道の国際管理構想の復活ではないかと日ソが疑うことを恐れた。事実、この提案について、日本は疑問を提示し、駐米日本大使は、中ソがこの呼びかけを却下した場合、列強は強制的措置を講じる意思も方法もないので恥をかくことになると指摘したのであった。また、同大使は、中立的な国際委員会の満洲への関与を警戒し、一九二四年の中ソ条約が両国の紛争は両国間で解決することを唱っていると指摘し、中ソ両国間のみで紛争解決を行うべきであると主張した。

スティムソンの提案に対して仏独英も日本と同様、スティムソンの提案に消極的で、やはり様子見を唱えた。それでも、一一月に中ソの紛争がソ連の軍事行動の激化と中国への領土侵入に伴い悪化すると、スティムソン、キャッスル、ホーンベックは、キャッスルのスティムソンへの助言とホーンベックの提案文をもとに不戦条約の遵守を中ソに呼びかけた（米ソは、国際連盟加盟国でなく、また、ソ連は九カ国条約締結国ではなかったので、これしか方法はなかった。

米ソに正式な国交関係がないなかで、米国はこの問題についてフランス経由でソ連に連絡を行っていた)。この呼びかけを行うにあたり、スティムソンは、日英仏独伊の反応を聞いた上で中ソに呼びかけを行ったが、これら五カ国中、極東に利害のほとんどないイタリアを除いて残り四カ国は消極的支持であった。

一一月三〇日、スティムソンは、彼自身が察知していない水面下で、中ソの紛争解決のための秘密交渉が最終段階に入っているなか、中ソに不戦条約遵守を呼びかける文書を同条約の全締結国に送り、各締結国にも同様の呼びかけを他の締結国に行うことを奨励したのであった。中ソは、一二月三日に休戦と紛争前の現状に戻ることを内容とする暫定的講和の合意に達した。ホーンベック自身は、スティムソンの措置に消極的であったようで、中国政府が条約締結国に対して同条約第二条に即した行動を呼びかけた文書を受け取ったさい、制裁規定のない同条約の具体的解釈に関わることへの返答は避けるべきであると主張したが、一九三〇年三月、国務省は中国政府からこの文書を受け取ったことを知らせるにとどめる返答を行ったのであった。この紛争を通してスティムソンは、自らの対応が極東の平和を保ったと確信したようであるが、極東部長のホーンベックは、スティムソンは、極東情勢の複雑さをよく理解していないと見ていた[19]。満洲事変以降の米国の対応は、それ以前同様、日本と満洲をめぐって戦争することを全く想定しておらず、基本的には日本の西太平洋・東アジアにおける影響圏を黙認していた。国務省内でこの対日安全保障構想を忠実に反映させていたのはキャッスル国務次官であった[20]。もちろん、フーヴァー大統領とスティムソン国務長官は、対日不承認宣言を行い、日本の満洲と中国における軍事的行動と支配への非難を、国際連盟を利用しながら行ったのであったが、対日経済制裁、ましてや対日武力行使の意思はなく、全体として中国情勢に対しては、中国における米国市民と米国財産の保護を除いて、日中間の紛争への仲介などを行わない不関与政策を維持したのであった。

満洲事変勃発直後、国務省は、情報不足もあって事態を様子見していた。九月二二日に国際連盟が日中両国の兵力引き離しを呼びかけ、その二日後、スティムソンはフーヴァーの承認を得て、日中両国に双方の兵力引き離しと紛争解決を二国間で行うことを呼びかけたのであった。九月三〇日、国際連盟は、両国の関係正常化を促した。一方、キャッスルは、ホーンベックと意見交換を行い、両者は次の点で一致した。①日本は、不戦条約と九カ国条約に違反した行為を行っているが、米国は日本という極東における最大のパートナーとの友好関係を失うことなく、同国のこれら条約に違反する状況を修正するように促す、②満洲は中国の領土ではあるものの、同地域が日本の手中に収まることはその地域の安定化につながる。[21] 当時、モルガン投資銀行のラモントが、井上準之助蔵相が満洲事変の正当性を米国世論に訴える声明文を書くことを手助けした点を考えあわせると、満洲事変勃発時の国務省の対応は奇異ではなかった。ホーンベックが日本に対して厳しい態度を示すようになるのは、日中全面戦争勃発の一九三七年七月以降であるが、ラモントが同様の態度に転換したのはホーンベックより約三年遅れた一九四〇年夏の日独伊三国同盟締結以降のことであった。[22]

一〇月八日、日本が錦州を爆撃した直後、スティムソンは、一〇月一三日に国際連盟理事会が再開されたときに不戦条約の遵守を日中に呼びかけるよう連盟に働きかけはじめた。一方、世界大恐慌への対応に追われているフーヴァーは、国際連盟が満洲問題の解決を米国に押し付けることを警戒したのであった。一〇月九日の閣議終了の時点で、大統領、国務長官、国務次官、極東部長は次の点で一致していた。①日本の行為が不戦条約に違反していることを日本と国際社会に知らしめる必要がある、②国際社会とは、具体的には国際連盟を指すが、米国は、連盟により満洲事変の解決の責任を負わされないように注意し、日中に対して中立姿勢を維持する、③対日経済制裁には反対する（不戦条約の遵守を呼びかけることが、ただちに国際連盟における戦争状態の認定に基づく制裁措置の発動には至らないとする理解）、④日本の行動が九カ国条約違反かどうかを加盟国間で議論するのは、連盟が問題解決をできなくなった場合であり、この条約を持ち出す場合、満洲における軍事行動は領土的野心のない警察行動であるとする日本の主張と対立することは目に見えていた。④については、この時点では暗黙の了解であるかと思われる。フーヴァーは、②についいて神経質であった。キャッスルは、不戦条約を国際連盟が取り上げた場合、日本は米国がそのような事態になるよう煽っていると疑うに違いないと思っていた。スティムソンとホーンベックは、当初国際連盟の理事会が不戦条約について議論したさい、在ジュネーヴ米国領事のそうした会議への出席を認めていたものの、フーヴァーに同調するようになり、一〇月一九日に国際連盟が、不戦条約の遵守を日中に呼びかけたことを受け、スティムソンは、ただちに米国領事に以後の理事会を欠席するように命じたのであった。このあとこの領事の会議へのオブザーバーとしての臨席のみを認めることに方針を再び変更したものの、連盟が対日制裁を議論することと責任を米国に押し付けることを警戒して、米国は国際連盟から距離を置く姿勢を強めた。米国は一〇月二〇日に不戦条約遵守を日中に促したが、英仏伊は同様の措置を一七日に行っており、こうした不揃いの対応にホーンベックは不満であった。

ホーンベックは、満洲事変の背景要因として中国の排日主義と日本の中国における軍事的野心を指摘し、この問題に双方が納得のいく解決を米国が提案することを考える一方、事変前の状況に戻ることは困難であるとも考えたのであった。それでも一〇月二四日に国際連盟がパリで理事会を再開する一一月一六日までに日本が直近に占領した地域から撤収するよう促すと、これに日本が応じるかについては否定的であったが、連盟の行動を支持した。フーヴァーは、一一月九日の閣議で、二つの見解を示した。一つは、後述する駐英米国大使の国際連盟との接触を承認するが、この時点では米国が連盟とこれ以上関わると、連盟から満洲事変を解決する責任を負わされるリスクが高いのでこれ以上連盟と関わるべきでないこと、もう一つは、第一次世界大戦中ウィリアム・ブライアン国務長官が推進した不承認政策（日本の対華二一カ条要求は、武力によって中国に強要したものであり、このような国家間の合意は承認しない）を日本に適用することを検討すべきであると提案したのであった。つまり、日本の武力による中国での権益の確保は認めないという政策であり、スティムソンはこれ以降フーヴァーが提案したこの政策を検討しはじめたのであった。ホーンベックとキャッスルはフーヴァーとスティムソンを支持した。スティムソンとホーンベックは国際社会と共同歩調をとりながらこの政策を推進すればその効果は大きいであろうと考えたのであった。

フーヴァー政権が不承認政策を検討するなか、日本は国際連盟の要請を無視し、一一月一九日にはチチハルなどを制圧した。こうしたなかで、国際連盟では日本側の提案がきっかけとなって満洲事変を調査するリットン調査団が設立されたが、米国はこの調査団に参加することに応じ、スティムソンと親密な関係にあったフランク・マッコイ少将を米国代表として調査団に派遣し、マッコイは同調査団（一九三二年三～六月訪中・訪満、一〇月二日公表）の副団長として重要な役割を果たしたのであった。この調査団への関与について、ホーンベックは反対であったが、スティムソンとキャッスルは賛成であった。スティムソンは、調査団の結成に協力する一方、一一月一六日に国際連盟理事会がパリで再開されたさい、駐英米国大使チャールズ・ドーズ（クーリッジ政権副大統領）をパリへ派遣し、滞在先のパリのホテルで連盟関係者との接触を許した[23]。

ホーンベックは、一一月後半から一二月上旬にかけて複数の対東アジア政策を提言していた。①国際連盟が満洲事変に対応できない場合、国際社会は九カ国条約を持ち出し、日中双方が中立的なオブザーバーの臨席のもとで話し合いを行うべきである。②対日不承認政策について一一月二二日のメモで考察を行い、そのなかで彼は、一〇月に考察を行った満洲の現状認識の必要性（日中双方が満足するような解決方法はなく、満洲における日本の影響力拡大を容認する新たな現状の維持を想定せざるをえないかもしれない）を前提として、不承認宣言は、事変前の状況に戻すことを必ずしも日本に要求しない解釈を残せるようにすること。③政策の選択肢として対日経済制裁を検討すべきである。③についでは、日本が錦州への侵攻を行っていた一二月六日、スティムソンの自宅で、ホーンベックと国務省の経済関係担当者が作成した対日経済制裁政策提案書をもとに対日経済制裁提案が検討された。この問題については、キャッスルの反対意見（対日経済制裁を行った場合、世界経済にマイナスとなり、日本との戦争に米国を巻き込む恐れがあり、そして、対日輸出に依存する南部の綿花業者などが国内で政治問題化するであろう）が優勢となり、スティムソンはホーンベックとその同調者を抑えてキャッスルの見解を支持したのであった。スティムソンとキャッスルの判断が現実的であったのであろう。当時、①J・D・ドナキーが指摘するように、フーヴァー大統領は、対日経済制裁は戦争を引き起こす可能性があるので米国は行うべきではないと反対であったこと（ただし、民間と国際連盟が行うことに反対しない）、②J・H・ウィルソンが言うように、商務省とフーヴァー政権の閣僚は対日経済制裁に反対であり、連邦上院議会外交委員長ボーラを含む上院議員のほとんども同様で、さらに米国の世論と経済界もその圧倒的多数がこれに反対であった。③C・ソーンによると、国際連盟の対応が示すように、他の西側諸国も対日経済制裁を行う意思がなかったのであり、せいぜい満洲事変を調査するために国際連盟により一二月一〇日結成されたリットン調査団を派遣することが精一杯であった[24]。

日本では、リットン調査団の派遣決定と同時に若槻礼次郎内閣は総辞職となり、政友会の犬養毅が首相となった。一方、一二月一五日国民党政権内では、蔣介石の下野に伴う政治的混乱が生じていた。関東軍は、錦州への侵攻を続け、一月二日錦州を征服した。この直後、スティムソンは、不承認政策の宣言を行うためホーンベックやキャッスルの助言を得た。ホーンベックは、スティムソンの草案に前述の一一月二二日のホーンベックメモを反映することに成功し、米国は日本が作り出した新しい現状に柔軟に対応できる余地を残したのであった。すなわち、これは、キャッスルがホーンベックと意見交換してスティムソンが七日に不承認宣言を行う直前の会議で修正させたことであるが、中国の領土保全を米国が保障するような印象を与える表現を修正させたのであった。一月七日、スティムソンは、ワシントンの日中両政府の代表に通牒を渡した。その内容は日中間の紛争解決の条件などについて提言するものではなく、ただ、その解決にあたって、中国における米国と米国民の条約上の権利と不戦条約の遵守、そして中国の主権・領土保全と中国における門戸開放の障害とならないことを呼びかけるものであった。ホーンベックは、スティムソンがこの宣言を行うにあたり当初から米国が単独で宣言を行うことについては慎重であったようである。国際連盟理事会は、二月一六日、そして連盟総会は三月一一日にスティムソンの不承認宣言を支持した。英国は、日本を極東における一番の安定勢力で中国における共産主義拡大の防波堤と見ており、その対日政策は国際連盟における活動以上の期待はできなかった。

米国と国際連盟の不承認政策をよそに、日本の軍事行動は収まらず、その軍事作戦は、一月中旬以降米英の経済権益が集中する上海に及んでいた。フーヴァーは、長期的には日本軍は中国の人口に圧倒され負けると考えたり、また、日本が満洲に影響力を拡大することで、中国の民族主義とソ連の共産主義との対決に忙殺されることになり、米国は、日本によるこれら急進主義の封じ込めという利点もあるかもしれないので、様子見すべきであると考えることがあった。しかし、一月三一日、フーヴァーは、陸軍、海軍、国務省の各長官、海軍軍令部長、陸軍参謀総長、キャッスル国務次官、ホーンベック極東部長を呼び、上海居留地の米国民の保護のためアジア艦隊の派遣を、スティムソン国務長官の進言もあって、決定した。二月一日、スティムソンは、戦闘の中止および緩衝地帯の設定と、ホーンベックの意見である、日中双方の中立的オブザーバーのもとで両国間の問題解決を呼びかけた。米国の世論は、米国が中国での戦争に巻き込まれるのではないかと危惧していた。二月一一日から一五日の間、スティムソンは英国外相と、九カ国条約に言及する不承認宣言を共同で行うことを模索したが、英国は、国際連盟がこれを取り上げるべきであるとかわしたのであった。

この時期、ホーンベックは、スティムソンの九カ国条約を援用した不承認宣言を支持し、二月二四日、大統領の了解を得て公表された国務長官のボーラ上院外交委員長宛の書簡の第一草稿を作成した。このスティムソン書簡は、ホーンベックの草案に、さらに日本を揺さぶる内容を加えていた。すなわち、米国は日本が行っている、九カ国条約に違反するような、中国の領土保全を侵害する状況が続く場合、ワシントン会議で決められた軍備面と西太平洋の米国領土における要塞化の制限から解放されると理解される、と論じたのであった[25]。

この書簡は、当時ホーンベックが政策提言していた、米国海軍のロンドン軍縮条約で認められている範囲内での増強を反映させていたと考えることができるかもしれない。しかし、フーヴァーは前述のごとく軍縮論者であったことから海軍の増強には反対であり、スティムソンもこの見解に同調していた。スティムソン書簡が一大センセーションを巻き起こすと、フーヴァーはこの内容のトーンダウンに躍起になった。フーヴァーもスティムソンも軍備の増強と西太平洋の要塞化の再開は脅しに過ぎないことをよく知っていた。というのも、フーヴァーは、世論の支持と自身の信念から、スイスで二月以来開催されていたジュネーヴ軍縮会議(世界軍縮会議)を支持していたのであった。また、ウィルソンが指摘しているように、連邦議会は米西戦争終結以来、グアムやフィリピンの充分な防衛に必要な財政支出を拒否してきたのであり、フーヴァー自身、日本との戦争の場合、グアム、サモア、フィリピンなどは米国の防衛能力から考えて犠牲にせざるをえないことを悟っていたのであった。そして、W・I・コーエンやA・W・グリズウォルドが言うように、当時の米国議会では、一九二九年以来たびたびフィリピンに独立を付与することが議論されており、これが顕著となったのは一九三一年から三二年の時期で、一九三二年一二月、連邦議会はついにフィリピンに独立を一定期間後に付与する法案を可決した。その後、独立付与が時期尚早であるとするフーヴァーの拒否権行使を覆す可決を一九三三年一月に行った。しかし、米国がフィリピンを統治し、また守る責任から逃れるには、フィリピン議会でのこの米国の法律が可決されることが法律成立のための最終要件であった。政治家マニュエル・ケソンをリーダーとするフィリピンの有力者たちは、米国の独立付与法は、フィリピン経済のドル箱である対米輸出農産物とフィリピン人の米国移住に配慮しておらず、また、米軍基地の維持を可能としているため、これらをめぐる条件闘争を行うため却下したのであった（米国はこの独立付与法と類似の法律を一九三四年に可決し、フィリピン側もこれを受け入れ、一九三六年に米国連邦の一員となったフィリピンの初代大統領ケソンは、一〇年後の独立に向けて準備を始めたのであった）。満洲事変のさなかの米国は、およそ西太平洋において米軍のプレゼンスを増強するような意思はなかったのである。

日本は一九三二年三月一日、「満洲国」建国の宣言を行った（九月一五日正式承認）。三月三日上海での戦闘は停戦となったが、上海事変は五月までくすぶり続けた。二月上旬から三月にかけて、ホーンベックは、ソ連の国家承認と対日経済制裁も提言していた。ソ連は一九三〇年と一九三一年、米国の農産物と工業製品の最大の輸入国であった。スティムソンは、ソ連の国家承認とソ連と米国が日中間の紛争解決に関与していくことについて、この問題における米英共同歩調を模索することを優先的に考えていたため、政策オプションとして推進しなかった。

また、対日経済制裁については、四月下旬にスティムソンがジュネーヴで開催されていた世界軍縮会議に米国代表として出席するため出国したあとに、フーヴァーとキャッスルは、キャッスルの発言により、米国が対日経済制裁を行う意向がないことを公表したのであった。スティムソンはこれを知り怒ったが、その理由は米国内で秘密裏に議論されていたことを明かしたからであった。スティムソンとしては手の内をあかしたくなかったのであろう。

スティムソンの怒りは、米国海軍力が西太平洋で思っていた以上に日本海軍に対して劣勢であることに気づいたことと関係していた。ホーンベックは、二月一二日の政策提案で、仮に米国が一連の海軍軍縮条約で認められている上限までその海軍を増強したとしても、こうした軍縮条約に違反する形の海軍増強と西太平洋の米国領土の要塞化を行わない限り日米間の西太平洋における軍事的不均衡は覆せないと指摘したのであった。ホーンベックは、三月二八日の政策提案で、米国が日本からの攻撃を抑止するため米国海軍の増強の必要性を主張した。ホーンベックの提案が政治的に現実的でないことをよく知っていたスティムソンがせいぜいできたことは、五月に海軍が毎年行う軍事演習終了後、大西洋へ帰還させる海軍の一部を対日牽制の意味で翌年までハワイに残すことぐらいであった。この提案について、フーヴァーとキャッスルは乗り気でなかったが、スティムソンはプラット海軍軍令部長の支持を得て両者を説得することに成功した。

M・P・レフラーが言うように、スティムソンはフーヴァーが行おうとしていた世界軍縮会議における思い切った提案に反対であったが、大統領の強い要請に従った。そのかわりにフーヴァーは、米国の太平洋の安全保障に関する国務長官の前述の要望を受け入れたが、大統領は日本が米国のアジアにおける権益に挑戦するとは考えていなかった。六月二二日、フーヴァーは英仏への事前の根回しに対する最終返答を待つことなく、一九二一年にヒューズ国務長官がワシントン会議で行った電撃的な効果を狙った発言に倣って、陸海空軍の軍備に関する思い切った削減(攻撃用兵器の廃止、そのほかの兵器を三分の一まで削減)を提案したのであった。会議の参加国の多くは、この提案を当初歓迎する雰囲気であった。軍縮問題を米国代表団の大使として一〇年近く担当してきたヒュー・ギブソンは、フーヴァーの軍縮構想を支えてきた。

しかし、世界恐慌の進行、第一次世界大戦の戦争賠償と戦争債務問題の未解決、この軍縮を基本的に経済と財政の観点から考えているフーヴァーの、安全保障面からそれを考えているフランスの立場（ドイツの再軍備を恐れている）への無理解、独伊ソは賛成したものの、フランスのほか英日は歓迎しなかったこと、六月以降のアドルフ・ヒトラー率いるナチ党の急速な台頭、一一月の大統領選でのフーヴァーの大敗北、一九三三年二月の国際連盟総会のリットン報告書採択に反発した日本の連盟脱退などにより世界軍縮会議は失敗に終わった[26]。

フーヴァーの最大の関心は、彼の考えでは軍縮と表裏一体の関係にあった米国経済・世界経済の立て直しであり、そして何よりもこの経済問題に自らの政治家としての生命がかかっていた一一月の大統領選への対応であった。

国務省内では、「満洲国」による大連の海関支配は問題として取り上げられたが、英国は米国に相談することなく単独で日本に抗議した。国務省内では、ホーンベックは、国際連盟とともに対日経済制裁を行うべきであると提案したり、西側諸国と対日防衛同盟を結成すべきであると論じたりしたが、前者の提案を除き彼に同調するような上司はいなかった。A・ラパポートが紹介しているように、スティムソンは、フーヴァーの「検閲」（J・H・ウィルソンが指摘しているが、米国は国際連盟とともに対日制裁を検討すべきであると唱えた部分を削除）と承認を経て、八月外交評議会の演説で、不戦条約は、締結国が共同歩調をとりながら侵略国を非難するため、相互に連絡を取り合う義務が暗黙のうちに条約内容に込められていると主張したのであった。これは一九二九年中ソ紛争のときにスティムソンがすでに考えていたことであったが、彼はこのことを公にしたのであった。スティムソンの演説は内外で大きな反響を呼んだが、ハースト系の新聞から国際主義者のレッテルを貼られることを恐れていたフーヴァーは、こうした国務長官の発言について、不戦条約違反国に対して共同歩調をとるため相互に連絡することはあっても、米国は武力行使は行わないと公言したのであった。同時に彼は、一月七日の不承認宣言は、不戦条約に違反する領土取得の権利を認めないことであると論じ、同条約に違反する状況、同条約に違反する条約と合意を対象とするというスティムソン宣言の解釈を狭めたのであった。ただ、この経緯で見過ごされていることは、J・R・M・ウィルソンが指摘するように、不戦条約の作成過程でフーヴァーには、不戦条約に違反する領土取得を認めないとする文言を挿入する意向があったことである。しかしこの文言が国際連盟の手続き・規約と重複するため、挿入を求めなかったのであった。[27]

結局、米国は、満洲事変に介入する意思は全くなかった。スティムソン自身、八月の演説を行った直後駐米日本大使に対し、米国は日本を刺激するつもりも、また、満洲における日本の権益に疑問を投げかけるつもりもないと釈明したのであった。スティムソンは、中国政府からの要請——借款の供与、余剰軍備の供与、空軍教官の派遣——をことごとく断った。[28] フーヴァー政権の末期にあたる一九三二年一二月、対日経済制裁に関する国務省、財務省、商務省の共通見解が出されたが、日米通商航海条約が存在する限り、そのような措置はこの条約に違反するという内容であった。[29]

リットン調査団がまだ調査を行っていた一九三二年六月、キャッスル国務次官は、対日関係を改善すべく、ベテランの外交官ジョゼフ・グルーを駐日大使に抜擢した。グルーの在任期間（一九三二～四二年）は、歴代の駐日米国大使のなかで、一九八九年までの一一年間同職を務めたマイケル・マンスフィールドに次いで長いものであった。しかもペリー来航以来の日米関係の最大の転換点であった日米開戦時に最前線で米国外交を推進した。マンスフィールドのような米国政界の大物とは対照的な職業外交官出身者でありながらも、一九二〇年代と太平洋戦争中、国務次官として重要な外交問題や行政上の案件に携わったという特筆すべき足跡を残している。

グルーは、戦前の米国社会のエリート教育の最高峰であった全寮制私立男子校グロトン（いまの日本でいう中高一貫校のような私立学校）で学んでいる。同校は、一八八四年創設で、新設校であったが、創設者のエンディコット・ピーバディーは、英国社会で指導的立場になる富裕階層の子弟を育てるイートンやラグビーといった英国パブリック・スクールを真似て、ボストンから六〇キロメートル離れた原野にキリスト教精神に基づく文武両道と質実剛健を志向する教育を実現していったのであった。ピーバディーは、裕福な家庭の出身であった生徒たちに、恵まれた環境で育った彼らは社会の弱者や恵まれない立場にある人々を助け、また、より良い社会を築くべく社会をリードしていく責務があるという考えを、キリスト教精神に基づいて厳格に叩き込んだ。

ピーバディーは、米国聖公会の牧師であったが、彼はボストン近郊のセーラムの非常に裕福な綿貿易商の旧家の出身であった。廣部泉が指摘するように、グルーの叔父ヘンリーは中国貿易で財をなし、その娘ジェーン、つまり彼の従兄の結婚相手は、モルガン投資銀行の当主J・P・モルガン二世であった。グルーの結婚相手アリス・ペリーは、オリバー・ペリー提督の孫にあたった。オリバー・ペリーは、日本を開国させたマシュー・ペリーの兄で、第二次米英戦争（一八一二～一四年）の英雄であった。因みに、フランクリン・D・ローズヴェルトの母方の祖父は、対中貿易で財をなしており、ピーバディーの曽祖父も同様であった。なお、ピーバディーの父親は、J・P・モルガン一世（前述のモルガン二世の父親）の父親の貿易・金融会社の共同経営者であった。

グルーは、グロトンとハーヴァードでフランクリン・D・ローズヴェルトより二期先輩で、ハーヴァードの学生新聞『クリムゾン』で両者は、時期は違ったものの、上級編集員を務めていた。学生新聞は、フルタイムの仕事に近いこともあり、両者のハーヴァードにおける成績は、日本の成績で言うと「良」と「可」が目立った。

新設の私立学校であったグロトンは、大恐慌と第二次世界大戦という世界史と米国史の一大転換期の大統領であったフランクリン・D・ローズヴェルトを輩出した。ピーバディーはグルーやローズヴェルトに強烈な影響を与えた。ローズヴェルトは、その生涯で両親に次いでピーバディーが自分に最も影響を与えた人物であると思っていた。大統領に就任するさいの宣誓式で、ローズヴェルトは、ピーバディーに宣誓役を依頼し、グロトンは全米にその名声を轟かせた。(30)

5 誤解された大統領――フーヴァーと大恐慌

フーヴァーは、一九二八年の大統領選で、民主党の大統領候補スミス（ニューヨーク州知事）に圧勝した。フーヴァーの副大統領は、同年まで上院議会の院内総務を務めたカンザス州選出のチャールズ・カーティスであった。カーティスは、共和党の長老議員であった。フーヴァーは、米国史上初の経済界出身の大統領であった。しかも、政治家としては、大統領選挙以外は立候補した経験のない人物であった（こうした経歴の持ち主は、現在のドナルド・トランプ大統領がフーヴァーに続いて二人目であるが、トランプは中央政府における行政や閣僚の経験もない）。カーティスの母親は、先住民を先祖に持つ人物であったことから、米国史上初めて先住民出身の副大統領が誕生した。カーティスの母親の祖母の一人が、カンサ族の酋長の娘であったこと、また、白人の父親が南北戦争で出征し、その後母親と離婚したこともあって、カンサ族の居留区で育った。カーティスは、幼少期に母親が死去してからは、父方と母方の祖父母たちに育てられた点、また、幼少期の暮らしは貧しかった点が、フーヴァーの幼少期の境遇と似ていた。カーティスは、少年時代カンザス州の競走馬の騎手として同州で一躍有名になったが、父方の祖母の強い働きかけで高校へ進学し、その後、カンザス州の弁護士になった。カーティスは、一八九二年に、カンザス州選出の下院議員となってから、先住民の居留区を従来以上に連邦政府、特に内務省の管轄下に置く法案の制定に成功するなどして、共和党内で頭角を現した。フーヴァーの友人でもあったカンザス州の著名なジャーナリスト、ウィリアム・アレン・ホワイトは、カーティスが初めて下院議員に立候補して以来の親友であった。

大統領に就任したフーヴァーは、連邦議会とわたりあう政治的交渉能力が問われていたが、この点は、特に以下で述べる大恐慌に米国社会が突入するなかで、政治家として能力は甚だ不十分であったといえよう。政治家として連邦議会で政治的経験が豊富であったカーティスは、フーヴァーの政治家としての不十分な能力を補うことができたかもしれなかったが、カーティスは、フーヴァーが再選を果たそうとした一九三二年の大統領選挙で再び副大統領候補として出馬したものの、フーヴァー政権時代のカーティス副大統領は、ほとんど政権の蚊帳の外に置かれていた。

フーヴァーが、一九二八年の共和党大会でカーティスを副大統領候補にすることに同意したのは、共和党内の農業州が、フーヴァーを大統領候補にすることについて、難色を示していたからであった。フーヴァーとカーティスは、もともと親しい関係ではなかった。カーティスは、ハーディング政権発足時に、かつて民主党政権の閣僚であったフーヴァーを閣僚に任命することに異論を唱えていた。また、一九二七年にクーリッジが次期大統領選挙に不出馬を表明すると、カーティス自身、一九二四年と同様、大統領になる野心を抱くようになり、フーヴァーはこのことを認識していた。一九二八年の共和党大会で、フーヴァーは、大統領候補の指名争いで難なく勝利したが、これを盤石なものにするためには、農業州がフーヴァーを問題視していたことを宥める必要から、共和党大会でカーティスが副大統領候補になることに同意したのであった。(31)

農業州は、フーヴァーが食糧局長官であった時期以来、フーヴァーが唱えた農業に対する規制について、問題視していたところがあった。第2章では、フーヴァーの一九二〇年代初頭までの米国農産物の生産と価格の安定化について考察したが、農産物価格のデフレ傾向が引き続き問題であったクーリッジ政権時代、カーティス（農業州より選出）をはじめとする、連邦議会の議員は、米国の農産物を米国政府が高価格で買い付け、これを貯蔵したり、海外へこの価格より安く売る政策を、マクナリー・ホーゲン法案により実現させようと上下両院は可決した。しかしクーリッジは、これに大統領拒否権を行使した。なぜならクーリッジは、フーヴァー商務長官と農務長官が提唱し、フーヴァーが政権発足直後に連邦議会を通じて実現させた政策を推進しようとしたからであった。

フーヴァー商務長官と農務長官は、米国農業の生産性向上、過剰生産抑制を通じた農産物価格の安定化、品種改良、農村部への電力供給、農業関係の教育・経営手法の向上を目指す一環として、連邦農地委員会（Federal Farm Board）の実現を目指すべきであると提唱していた。フーヴァー政権が発足したとき、米国連邦議会の勢力図は、一九二八年の選挙で共和党が上下両院でさらに議席数を増やして民主党に対して安定的に優勢であった。フーヴァー政権が発足したのは、一九二九年三月上旬であったが、六月一五日、フーヴァー政権の働きかけで、連邦議会は、農業協同組合法（Agricultural Marketing Act）を可決して連邦農地委員会を発足させることとなった。連邦農地委員会は、米国政府が提供した五億ドルの資本金を、過剰生産の抑制を目的とする農業協同組合の設立と農産物価格の安定化を目指す公社を設立することに利用した。もしも農業協同組合が過剰生産を抑制できない場合、農業公社が余剰生産分の農産物を買い取ることとなっていた。フーヴァーは、個々の農家への貸し出しは、農業従事者が連邦政府に直接経済的に依存する構図を作ること、また、米国憲法に抵触すると懸念していたことから、反対であった。フーヴァーは、農業協同組合法が、農産物価格のデフレ傾向の終焉をもたらすものと考えていたが、同委員会が活動を本格化したのは、大恐慌が世界的に広がっていた時期にすでに入っていたため、農産物価格の下落はさらに悪化していて、一九三三年、同委員会は廃止された。このとき同委員会は、三七〇〇万ドルの損失を抱えていた。[32]

大恐慌の背景要因として、農産物価格がデフレ傾向にあったことが挙げられるが、これと関わって、高関税であった一九二二年の関税法（フォードニー・マッカンバー関税法）をしのぐ、輸入品に対する米国史上最も高い関税を課すことになったスムート・ホーレー関税法が米国連邦会議で一九三〇年六月に可決・成立したことで、大恐慌が引き起こされたという見方が存在する。この見解は、一九二九年夏に始まった同法案の連邦議会における審議が、一九二九年一〇月二四日から二九日にかけて展開した米国ニューヨーク証券取引所における株価大暴落と連動していたとしている。[33] 一方、米国の輸入品に対する高関税政策は、一九二二年の関税法以来推進されていて、スムート・ホーレー関税法が、大恐慌をもたらしたとすることを疑問視する見解も有力である。[34]

フーヴァーが、スムート・ホーレー関税法が成立するまでの過程で、米国史上最高の輸入関税になることを回避する働きかけをせず、また、同法に拒否権を行使しなかったことについて当時も現在も批判する見解は根強いが、彼が同法を受け入れたのは、同法のなかに、関税の設定に一定の柔軟性を確保しうる条項が挿入されていたからであった。フーヴァーの狙いは、同法によって輸入関税率の決定権限を与えられた米国関税委員会を利用し、関税政策については連邦議会を迂回して、ゆくゆくは輸入関税を引き下げていくことにあった。フーヴァーが回想しているように、彼は、一部の輸入農産物に高関税をかけて米国農産物を保護し、モノの輸入については、それと競争関係にあった米国内製造業の生産と雇用が落ち込んだ場合に、該当の輸入品に対する輸入関税を引き上げるようにすればよいと考えていた。スムート・ホーレー法に対しては、多くの米国の経済学者やモルガン投資銀行のラモントのような経済界の要人からこれに拒否権を行使する要望があったにもかかわらず、フーヴァーは同法を受け入れたのであったが、その結果、世界は、米国が自由貿易を支えるリーダーの役割を果たすことを放棄したと解釈し、ほかの先進国は、すでに始めていた保護貿易主義を強化させていった[35]。

株価大暴落直後から、フーヴァーは、これが銀行の取り付け騒ぎに発展しないよう、迅速な対応を行った。一一月一九日から二週間にわたり、大統領は、米国金融界、鉄道業界、製造業界、電力業界の代表的な経済人をホワイトハウスへ招き、会談終了のたびに、米国経済の底堅さと今後の経済動向についての楽観的な見通しを、記者会見で強調したのであった。

そして、こうした一連の会談を踏まえて、一二月五日、フーヴァー大統領は、米国経済界を代表する四〇〇人余りの経済人たちの前で、米国政府と米国経済界が、賃金を下げない紳士協定に合意したことを公表したのであった。これは非公式な合意であったが、株価の大暴落による悪影響が、生産と消費に波及しないことを狙っていた。フーヴァーは、デフレの圧力に対して賃金を維持することにより、消費を維持しようとしたのであった。この時期、連邦準備銀行は、金利を引き下げ、連邦準備銀行制度に加入していた銀行への資金供給を進め、また、投機目的で銀行が資金を貸与することを防ぐ監視と対策を強化していた[36]。こうしたデフレの加速を防止する対策に加えて、前述の連邦農地委員会は、農産物の価格を下支えした。

前述のごとく、少なくとも商務長官時代以来フーヴァーは、景気変動を国家が官民連携で、コントロールすることが可能であると信じていた。景気下降局面では、民間の建設業界と米国の各州と自治体が中心になって、社会インフラを整備していくことで、景気を刺激するよう働きかけることが重要であった。米国建設業界、鉄道業界、電力業界の財界人たちは、建設工事や設備の改善などに支出を増やす姿勢を大統領に示した。米国のほとんどの州知事たちも、州内の公共事業を増やすことを表明した。フーヴァーは、連邦政府による公共事業の支出を増やすべく、米国連邦議会から一億四〇〇〇万ドルの追加支出の承認を得た。

こうした政府や自治体による公共事業の支出について、現在と比べて当時の米国社会は、次の二点で大きく異なっていた。まずは、一九二九年、米国中央政府の支出総額より、州と自治体の支出総額のほうが規模が大きく、支出規模で一番大きかったのが、自治体、次いで連邦政府、そして最後に州であった。

連邦政府支出は、二〇世紀の初め国内総生産（ＧＤＰ）の三パーセント弱であり、第一次世界大戦終結時には、ＧＤＰの二四パーセントを上回っていたが、一九二〇年代には、ＧＤＰの三〜四パーセントで推移していた。しかし一九三〇年代連邦政府の支出は拡大し、ＧＤＰの一〇パーセントを超えるようになった（一九三六年と一九三九年に超えた）。連邦政府支出は、一九四〇年から四五年の時期、つまり、第二次世界大戦の時期、一九四〇年時のＧＤＰの九・六パーセントから、四〇パーセント台（一九四三年が四二・六パーセント、一九四四年が四二・七パーセント、一九四五年が四一パーセント）に達した。終戦後は下がり、一九四八年は一一・三パーセント、朝鮮戦争の前年であった一九四九年は、一四パーセントであった。

州政府の支出の総額がＧＤＰに占める割合は、二〇世紀の初頭に一パーセントを切っていたが、一九二〇年代に一パーセントを超え、一九三〇年代には三パーセントに達するようになった。

自治体の予算の総額は、二〇世紀初頭ＧＤＰの四パーセントであったのが、一九四〇年には八パーセントへ拡大していった。一九四一年以降、米国の自治体の支出は落ち込み、八パーセントを上回るようになったのは、一九六〇年代に入ってからであった。

もう一つは、この時代の先進国で経済政策に従事していた人たちは、フーヴァーであれ、フランクリン・D・ローズヴェルトであれ、民主党、共和党を問わず、均衡財政の原則に基づいた経済政策を実施していて、支出を増やすのであれば、それに見合う、税収の増加が必要であるという考えが常識であった。この時代は、一九三六年以前、つまり、同年ジョン・メイナード・ケインズが、赤字財政を拡大してでも中央政府は、景気下降局面において公共事業など需要を喚起する経済政策を実行すべきであると論じた『雇用・利子および貨幣の一般理論』を発表し、英米の経済政策論争で受容されていった以前の時代であった。例えば、ニューヨーク州知事であったローズヴェルトは、一九二九年秋にフーヴァーが各州の知事に公共事業の支出拡大を呼びかけた際、こうした支出の拡大は、税収に見合う範囲内でしか行えないと指摘していた[37]。

景気の下降局面となった一九二九年の年末から三〇年初頭の米国では、まずは、自治体、州政府が公共事業を積極的に行う必要があった。フーヴァーは、不況が大恐慌に発展していくなか、米国連邦政府の支出を、特に政権後半期に、平時では前例のない規模に拡大していった。この大規模な支出の増加は、平時では前例のない赤字財政を伴うものとなり、一九三二年の大統領選挙では、このことをローズヴェルトが痛烈に批判することとなった[38]。

フーヴァー政権の連邦政府による支出と財政黒字・赤字は、年度ごとに次の通りであった。政権の前半は財政黒字であったが、後半は財政赤字に急転したのみならず、支出と赤字が一九三二年にかけて大膨張した。内訳は次の通りであった。一九二九年は、三一六億ドルで七四億一〇〇〇万ドルの黒字、一九三〇年は、三四九億ドルで七七億五〇〇〇万ドルの黒字、一九三一年は、四一七億ドルで五三億八〇〇〇万ドルの赤字、一九三二年は、六一三億ドルで、三六〇億ドルの赤字であった。

フーヴァー政権最後の一年間、つまり以下で考察する大恐慌が最悪期に突入した時期の財政赤字の規模は、ローズヴェルト政権期の単年度の財政赤字に匹敵する規模であったと言える。なお、一九三二年の財政赤字三六〇億ドルがその年のＧＤＰに占める比率は、マイナス四パーセントであった。一九四〇年以降のローズヴェルト政権は、第二次世界大戦に対処しはじめた関係で、国防費の増大とともに財政赤字が戦争終結まで一九三〇年代と比べて大膨張したので、一九三三年から三九年までの同政権の連邦政府財政の赤字とそれがその年のGDPに占めた率を記しておく。一九三三年は、三五二億ドル（マイナス四・五パーセント）、一九三四年は、四六二億ドル（マイナス五・八パーセント）、一九三五年は、三五四億ドル（マイナス四パーセント）、一九三六年は、五三七億ドル（マイナス五・四パーセント）、一九三七年は、二六四億ドル（マイナス二・三パーセント）、一九三八年は、一〇億九〇〇〇万ドル（マイナス〇・一パーセント）、一九三九年は、三五四億ドル（マイナス三・一パーセント）(39)。

一九三七年以降のローズヴェルト政権の赤字財政は、別の章で言及するように一九三七年に同政権が、景気が大恐慌以前の水準に近づいていたなか均衡財政策を実施したことにより誘発されたローズヴェルト恐慌が背景になっていることを考える必要がある。フーヴァー政権が行っていた経済政策を、拡大発展させたローズヴェルト政権がもたらした一九三三年から三六年にかけての赤字財政と比べると、フーヴァー政権の最後の一年間は、当時としては、また、フーヴァー自身の思想・信条を考慮すると、かなり踏み込んだ対応を行っていたことが推察できる。ただし、大恐慌が悪化の一途をたどっていた状況下で、フーヴァーの一九三一年から三二年の経済政策は、大恐慌から脱却するには不十分であった。以下では、なぜ不十分な結果になってしまったのかについて考察を行う。

フーヴァーは、一九二九年秋の株価大暴落が米国の脆弱な金融セクターへ悪影響をもたらすことを恐れた。このような悪影響に対処すべく、一九〇七年の大不況の経験を踏まえて、それまではモルガン投資銀行のような大手銀行が、市場に資金を供給して取り付け騒ぎなどの金融パニックの沈静化を図っていったことに代わって、一九一三年米国の中央銀行にあたる連邦準備制度が発足した。この制度は、大統領府、米国連邦議会、米国最高裁といった三権から独立した組織で、大統領の権限は及ばない存在であった。

連邦準備制度の導入は、米国の金融システムの安定化に一定の効果をもたらしたものの、米国の銀行は、そのほとんどが中小の銀行によって占められていて、連邦準備制度に加入していた米国の銀行は全体の三分の一のみであった。しかも、M・フリードマンとA・J・シュワーツの研究によれば、連邦準備銀行がインフレに対処すべく金利を引き上げたことが一九二〇年から二一年の不況を誘発し、連邦準備銀行が、十分な資金を市場に供給しなかったことが、一九二九年秋の株価大暴落以降の大恐慌をもたらしたと論じている。さらに、一九三〇年から米国経済の危機が深刻化していくなかで、一九二八年一〇月に急逝したニューヨーク連邦準備銀行総裁ベンジャミン・ストロングのような強力な指導力を発揮できる人物が不在であったため、経済危機と金融危機に迅速に対応できず、また、連邦準備銀行が内部対立による機能不全に陥ることを回避できないような状況をもたらした。

銀行の取り付け騒ぎはまず主に地方で起き、米国は一九三〇年一〇月から一二月にかけて金融危機に直面した。特に、一二月一一日にニューヨーク市内の中堅銀行であった合衆国銀行（the Bank of United States）が取り付け騒ぎにより閉鎖に追い込まれたことは、その名称が、米国中央銀行が閉鎖されたという誤解を米国内と世界に与えたため、米国内外における取り付け騒ぎに拍車をかけた。連邦準備銀行が、合衆国銀行閉鎖に至るまで十分な対応を行わなかったことは、連邦準備銀行の威信を失墜させた。

それでも、フーヴァー大統領をはじめとする多くの米国人は、翌年三月の金融危機が発生するまで、大不況の最悪の時期は脱したのではないかと考えていたのであった。フリードマンとシュワーツが指摘するように、たしかに一九三一年初頭の経済動向は、そのような印象を与えていたが、これは嵐の前の静けさであった。

フーヴァーは、合衆国銀行が閉鎖された時期から、この大不況の原因は、米国内というよりは、第一次世界大戦終結後の戦争賠償と戦争債務に起因していると考えはじめていた。一九三一年三月、米国の金融危機が深刻化していくなかで、ワイマール共和国のハインリヒ・ブリューニング首相は、ナチ党が経済不況と戦争賠償金に対するドイツ国民の不満を背景に政治勢力を拡大してきたのを抑え込むべく、ドイツとオーストリアの関税同盟の承認を連合国に求めたが、フランスがこれに反対したことが引き金となって、同年五月、オーストリア最大の商業銀行が閉鎖に追い込まれた。これに連鎖して、七月一四日と一五日、ドイツの複数の有力銀行が閉鎖に追い込まれた。こうしたなかで、同月、フーヴァーは、政府間の戦争賠償と戦争債務に関する支払いの一年間の凍結と、民間の金融機関による戦争債務と戦争賠償金の取り立ての凍結に関する紳士協定を宣言し、関係各国および関係する金融機関は、このフーヴァー・モラトリアムを受け入れた。ただ、米国では、これが連合国の戦争債務の棒引きにつながるという警戒感が根強く、フーヴァーは連邦議会の議員の多くから痛烈な批判を受けた。

フーヴァー・モラトリアムにより、いったんは、国際的な金融危機は沈静化するかに見えたが、一九三一年九月、英国が金本位制を離脱すると、米国と欧州における金融危機・取り付け騒ぎは、さらに深刻化していった。というのも、英国はこの離脱により対外的な金の支払いに応じる義務を免れ、これが引き金となってほかの国々も英国と同様に金本位制からの離脱を行ったからであった。(40)

こうして、経済危機が不況、大不況、大恐慌へと進展していくなか、当時は、経済データが現在と比べて不十分、また、不正確であったことも、効果的な経済政策を実施することへの障害になっていた。フーヴァーは、商務長官時代からより多くの、また、より正確な経済データの収集を政府が行うことを推進してきたが、一九二九年秋以降の経済危機が進展するなかで、経済データの質的・量的進歩は道半ばであった。(41) 一九三〇年四月、米国株価指数は、前年秋の大暴落の底から二割ほど回復しはじめていた。米国の金融システムそのものは、安定している印象を政策決定者たちに与えていて、州知事や自治体の長たちは、大統領の働きかけに応じ、公共事業の支出を増やしていった。五月には、ウィルソン政権時代の戦時産業局の長官でフーヴァーの友人であったバーナード・バルークが、フーヴァーの経済対策を評価し、次の大統領選挙では、米国経済を不況から回復させた英雄になるのではないかと予想した。(42)

しかし、当時の経済統計では、全米の雇用動向すら正確に把握できていなかった。危機が去った後に推計された一九三〇年代の失業者数動向はいくつかあるが、その一つでは、失業率は以下のようであった。三・二パーセント（一九二九年）、八・七パーセント（一九三〇年）、一五・九パーセント（一九三一年）、二三・六パーセント（一九三二年）、二四・九パーセント（一九三三年）、二一・七パーセント（一九三四年）、二〇・一パーセント（一九三五年）、一六・九パーセント（一九三六年）、一四・三パーセント（一九三七年）、一九・〇パーセント（一九三八年）、一七・二パーセント（一九三九年）、一四・六パーセント（一九四〇年）。

一九三〇年後半、連邦政府が検討した、失業者に直接給付金を支給する失業保険のような制度の導入については、フーヴァーは、これは州政府が取り組むべき問題であるとして、失業が深刻化していくなかで取りかからなかった。フーヴァーのこのような見解は、このときに初めてあらわれたものではない。一九二七年に民主党のロバート・ワグナー上院議員が、フーヴァーも賛同していた、より正確な失業関係の統計データの収集に関する法案と、景気下降局面に連邦政府が景気対策を行う法案に加えて、連邦政府がより能動的に失業対策に取り組むべく、第一次世界大戦中に設立された職業斡旋を行う米国雇用サービス局の改革を提唱したとき、これに反対していたのである。フーヴァーは、中央政府が福祉国家化することには反対で、不況や災害などで生じた失業者や生活困窮者などの社会的弱者に対しては、第2章で考察したようなフーヴァーの人道的活動がこうした問題の解決のひな型を提供していた。むろん、海外における人道的活動は、米軍の協力に依存していたものの、基本的には民間の企業や非営利組織の寄付と互助の精神に立脚したボランティア活動に基づいていた。商務長官時代のフーヴァーは、企業が政府の呼びかけに応じて、自主的に資源保全や景気対策に取り組むことを促していた。米国内の経済危機に対しては、彼が一九二〇年から二一年の不況にさいして提唱した政策をひな型に、一九二九年秋以降も対応していた。

一方、一九三一年に入ると、州政府においては、前年失業保険と年金制度を州レベルで導入することに賛同する見解を示したフランクリン・D・ローズヴェルト知事は、まずは七カ月という期限で州議会の同意を得て、ニューヨーク州が失業対策を行う一時的緊急救済機構（Temporary Emergency Relief Administration）の設立になんとかこぎつけた。この機構は、二〇〇〇万ドルの予算が当てられたが、その設立が難産の末であったことは、フーヴァー大統領と同様、州政府レベルにおいても、社会福祉を政府が実行することに抵抗する勢力がいかに根強いかを物語っていた。

フリードマンとシュワーツが明らかにしたように、当時の不十分な経済データにおいてさえ示される、民間企業の投資と支出動向や工場の稼働率の顕著な低下は、一九三〇年を通じて景気が冷え込んでいることを示していた[43]。経済のデフレが進行するなか、大手企業も、大幅な人員削減に追い込まれたのみならず、一九三一年九月になると、USスチール社が一割の賃下げを実施し、これ以降大統領と大手企業の間で交わされた一九二九年の賃金維持に関する紳士協定は、崩壊していった。ほとんどの州と自治体は、一九三二年に入ると、法的上限あるいは市場の制度のもとで、支出を続けるための歳入となる資金調達をこれ以上行えない状況に陥っていた。大統領は、一九三〇年一〇月から翌年四月にかけて、大統領の雇用問題緊急対策委員会を通じ、失業者への支援を行う政府と民間企業・民間非営利団体が連携しての募金活動や非営利団体支援などを行った。この大統領委員会とその後継組織は、個々の募金運動においては一定の成果を上げたものの、未曽有の大恐慌が展開するなかでは、こうした慈善活動は甚だ不十分であった。草の根レベルの慈善活動も、とくに一九三一年以降同様の挫折に見舞われていた。フーヴァーは、民間の失業保険が広まることには、商務長官時代から肯定的であったが、失業者のうち保険加入者が占める割合は、微々たるものであった[44]。

フーヴァーは一九三一年五月の時点で、スティムソン国務長官に、大恐慌への対策は戦時経済と同様、赤字財政を覚悟して連邦政府が支出を増やす必要性があると論じていた。ただしこの考えは、数年後にケインズが唱えた財政政策と違い、増税を行いながら対処するという政策姿勢であった。この増税は、一九三二年六月に連邦議会が可決した一九三二年歳入法により実現された。この増税は、ローズヴェルト政権のもとで推進された税制制度の出発点となった画期的な法律であった。というのも、それまで徴税の対象になっていなかった相対的に所得の低い人々も課税対象に組み込み、従来より広範囲の所得層を徴税の対象にしたからであった[45]。また増税は、大統領選に備える上でも必要であった。フーヴァーもローズヴェルトも財政均衡を唱えていて、後者はフーヴァーの赤字財政を痛烈に批判していたからである。さらに経済界からの、フーヴァー政権の財政赤字が景気好転の足かせになっているという批判に応える必要にも迫られていた[46]。

増税を止むを得ない手段としつつも、財源を増やすことで、フーヴァーはより大規模な財政支出を、赤字財政になってでも、実施できるようにしたかったのであった。未曽有の経済危機にあって、財政均衡は後回しにすることとした。また、フーヴァー政権の提案に基づき、連邦議会は、一九三二年二月にグラス・スティーガル法を可決した。同法は、ローズヴェルト政権下で連邦議会が可決した銀行の証券業務と商業銀行業務を分離するなどを規定したグラス・スティーガル法とは全く別の法律である。上院のカーター・グラス（連邦準備銀行制度の法案を制定させた中心人物）と下院のヘンリー・スティーガルは、一九三二年のグラス・スティーガル法において、連邦準備銀行が融資を実施したり、連邦準備銀行の小切手を発行するさい担保として受け入れられるものを米国債などに拡大させたことで、市場への資金供給を従来よりやりやすいようにしたのであった。このほか下院では、一九三二年五月に銀行預金を保護する保険制度を連邦政府が導入する法案を可決したが、これが上院銀行・貨幣委員会に提出されると、この法案の審議を行った同委員会の小委員会長であったグラスは、この法案をこれ以上取り上げなかった。彼は、連邦準備銀行が設立されたときに、その設立法案とともに審議された預金保険制度に関する法案を排除していた。グラス自身、この時期、商業銀行の活動に規制を施す法案を検討していた(47)。預金保険制度と商業銀行に対する規制は、ローズヴェルト政権発足後に実現された。

一九三二年一月、フーヴァー政権の金融危機解決の目玉と位置づけられたのが、フーヴァー政権の後押しで連邦議会が設立した復興金融公社（Reconstruction Finance Corporation）であった。これは前年、全米融資公社（National Credit Corporation）が（各連邦準備銀行の管轄地域ごとに分散させて、民間主導で金融危機に対処する方針であったこともあり）、ほとんど機能しなかったため、第一次世界大戦中の戦時金融局を参考にして設立したものであった。同公社は、銀行、そのほかの金融機関、鉄道（その多くが破綻の瀬戸際にあった）に融資を行うことで、金融危機を乗り切ることを狙った。同公社は、一九三二年に九億ドルの融資を行い、その結果金融機関の破綻は、一九三〇年半ば程度の件数に減っていった(48)。

ローズヴェルト政権初期の政策顧問になったコロンビア大学の経済学者レックスフォード・タッグウェルは、復興金融公社は、フーヴァーが連邦政府を経済問題に直接介入させる政策に本腰を入れはじめた転換点であると一九三二年一月に雑誌で論評した。タッグウェルはまた、一九七七年にニューディール政策を振り返り、ローズヴェルト政権が発足してから素早く政策を打ち出せたのは、フーヴァー政権期の経済政策を発展させてそれを行うことができたからであると述べ、フーヴァー政権の大恐慌対策が、ニューディールの多くの政策の起源であると考察したのであった。[49]復興金融公社は、フーヴァーが連邦議会を通じて、「支援と復興法」を実現させると、その機能を拡大、財源が枯渇した州政府が公共事業などを行うために一五億ドルを融資できるようにし、また、三億ドルを州が行う失業対策などの救済活動に融資できるようにしたのであった。この法案は、連邦議会がガーナー・ワグナー法で要求した連邦政府による公共事業の実施と失業者への直接支援に対し、フーヴァーが七月一一日に拒否権を行使して後、大統領と議会との妥協の産物として成立を見たものであった。[50]

フーヴァーは、この対応に加えて、七月に法案の実現にこぎつけた、農村部の人たちの自己破産による持ち家の喪失を減らす対策により、政権浮揚効果を狙ったが、七月下旬に後述するボーナス・アーミー対策の失敗で、政権のイメージはさらに悪化した。農村部の抵当権付きの住宅の持ち主が、農産物価格の低迷により借金の返済ができなくなったため、住宅が競売にかけられ、数多くの世帯が住宅を失っていったことに対して、フーヴァーは一九三一年一一月、新たに設立された住宅融資銀行が、農村部の住宅の抵当権証書を担保に融資を実施することを連邦議会に要請した。議会での対応は、決して迅速ではなく、一九三二年七月二二日に連邦住宅融資銀行法が連邦議会で可決され、大統領はこれに署名した。フーヴァーは同法が、住宅融資銀行から融資を受けた農村部の多様な金融機関を通じ、個人が融資を受けられるための担保についてよりハードルの高い条件を設けたことに不満であった。しかも、この法律が成立するまでの間にも家を失った農家の件数は、増え続けていた。[51]

水力発電・資源保全・治水を推進した巨大公共事業をローズヴェルト政権が推進したことはよく知られているが、

フーヴァーは、ネヴァダ州とアリゾナ州の州境を流れるコロラド川でボルダー・ダム、のちにフーヴァー・ダムに名称変更された巨大なダムの建設を後押しした。この建設事業は、ローズヴェルト政権期に完成したが、ニューディール政策下のダム事業では最大の建設費用を支出することとなった。このダムの建設が開始された時期、連邦議会のジョージ・ノーリスは、長年の夢であった、アラバマのマッスル・ショールズを流れるテネシー川流域の水力発電所建設を通じた農村社会における電気の普及、灌漑用水開発、治水、産業振興を狙った巨大開発プロジェクトの実現を提唱したが、フーヴァーは、連邦政府が巨大な流域の経済開発を直接手掛けることには異論を唱え、ノーリスと対立した。ノーリスの夢は、ローズヴェルト政権の下で、テネシー川渓谷開発公社の設立を通じて実現されることとなった。[52]

米国経済が混迷を深めるなか、民主党は、一九三二年秋の大統領選挙は、政権奪還と連邦議会における議席数を伸ばす絶好のチャンスであると考えていた。フランクリン・D・ローズヴェルトは、一九二〇年代の後半、米国経済の好況が続く限り、大統領選挙で民主党候補が勝利することは困難であると考えていた。彼は、一九二八年の選挙でニューヨーク州知事になったが、二期知事を務めてから民主党大統領候補になることを構想していた。それまでの間、民主党内の多数派である保守的な南部民主党と長年対立関係になりやすかった北東部をはじめとするその他の地域の民主党を束ねる存在になることに腐心した。[53]

一九三〇年秋の中間選挙では、上院では共和党が議席数を減らしたもののかろうじて多数派を維持し、下院では、第三政党の議員一人を除けば共和党と民主党は、議席数がちょうど半分ずつであった。中間選挙が行われた時点では、米国の不況は深刻化していたものの、米国民によるフーヴァー大統領への信任投票のような位置づけにはならなかった。選挙の争点としては、景気動向以上に禁酒法の是非に有権者の関心が向けられていた。

ただし、当時の制度の下では、中間選挙に基づく新たな勢力図は、翌年秋から反映されることとなった。この間、一三名の選出された下院議員が他界し、その大半が共和党の政治家であったため、一九三一年秋に開催された議会から下院では共和党が少数派に転落してしまっていた。これは、議会対策が決して上手くなかったフーヴァーにとっては新たな向かい風になった。連邦議会の民主党の多くは、経済危機が深刻化すればするほど一九三二年秋の選挙に有利になると考え、この発想は、フーヴァー政権に協力することを妨げる要因になった。また、上院では、フーヴァーと敵対関係にあった共和党左派の議員たちが、赤字財政になってでも失業者へ連邦政府は直接経済的支援を行うべきだと主張し、フーヴァーと対立した。

一九三二年秋の大統領選挙で、フーヴァーとカーティスは、ローズヴェルトとジョン・ガーナー（前述のガーナー・ワグナー法案の下院の中心メンバー）に大敗した。ただし、この選挙は、選挙戦中米国経済に「ニューディール」をもたらすと宣言したものの、その内容をほとんど具体的に述べていなかったローズヴェルトを、米国民が熱狂的に支持して彼に投票したというよりは、大恐慌により悪化の一途をたどっていた米国経済と雇用情勢にうんざりした米国民の怒りがフーヴァーと共和党を否定した結果であったと解釈すべきである。共和党の上下両院における議席数は、激減していた(54)。

民主党とローズヴェルトは、大恐慌のいっさいの責任はフーヴァーにあるという政治的宣伝キャンペーンを執拗に繰り広げていた。フーヴァー自身、ローズヴェルトが下半身不随であることに配慮せず、一九三二年四月、ホワイトハウスにおける全米の州知事との懇談で、ほかの州知事と同様ローズヴェルトを立たせたまま一時間以上待たせたのは、意図的かそうでなかったかは不明であるが、ローズヴェルトの個人的な恨みを買った可能性がある(55)。

大恐慌と大統領選挙で、心身ともに疲労していたフーヴァーであったが、大恐慌が深刻化していったなか、新政権が始動するのは、当時は制度上、現在のように一月ではなく、三月上旬であった。フーヴァーは、選挙戦直後の一一月一三日、ローズヴェルト宛の電報で、フーヴァー・モラトリアムが期限を迎える一二月一五日までに、戦争債務の返済を先延ばししたいことを打診してきた英仏に対応することについて、ローズヴェルトと相談すべく、会談を申し入れた。一一月二二日、ローズヴェルトと当時その側近であったジャーナリストのレイモンド・モーリーは、ホワイトハウスで、フーヴァーと財務長官オグデン・ミルズと会談した。ミルズは、一九三二年初頭にメロンが連邦議会で罷免されそうになったため財務長官を辞任し、その後任となっていたが、ローズヴェルトとはハーヴァード大学で同期生で、また、ローズヴェルトと同様ハイドパークの住人でもあった。会談で、ローズヴェルトは、まだ大統領に就任する前の一介の米国市民なので、この問題については権限がないとして、具体的な回答は避けた。一二月一七日、英国は予定されていた債務の支払いを行い、フランスは債務不履行に陥った。

フーヴァーは、ローズヴェルトが大統領就任後、戦争債務問題について、支払額、返済期間などについて戦争債務国と協議する用意があるという言質を得ようと、再び電報を彼に送った。フーヴァーは、大恐慌の震源地は米国内以上に海外にあるという考えに基づき、ローズヴェルト政権への移行直後に開催されるロンドン国際経済会議で、米国は、世界軍縮に英仏などが協力する見返りに、戦争債務の大幅な減額に応ずるような取引を行うことを進言した。また、英国の米国に対する戦争債務問題は深刻で、同国が債務不履行になりかねないと指摘した。フーヴァー政権は、こうした政策課題にもはや効果的に取り組めないものの、ローズヴェルトが、いち早くフーヴァーが思うような方向でこうした政策課題に取りかかることを期待したのであった。しかしローズヴェルトは、この働きかけに対して、フーヴァーとの直接会談の時と同じ内容の返答を再び送った。

一二月下旬、フーヴァーは、スティムソン国務長官、ミルズ財務長官、ノーマン・デーヴィス（新旧大統領の共通の友人）とローズヴェルトをいかに口説くかについて協議した。デーヴィスは、二六日にローズヴェルトと会談し、戦争債務問題について、ロンドンでの会談を予定されていた六月ではなく、四月に行うことを進言した。これには二つの狙いがあった。一つは、四月開催となれば、ローズヴェルトは大統領就任前にロンドンへの代表団の人選を行わなければ間に合わないことになる。もう一つは、四月は連邦議会が開催されている時期と重なり、ロンドン会議での結果について迅速な対応が可能になるかもしれない。モーリーは、ローズヴェルトがフーヴァー政権の外交路線を引き継ごうとして、彼やタグウェルが進めてきた、国内政策を優先させて戦争債務問題については後回しにする路線を転換するのではないかと危惧した。この時期、ローズヴェルトがモーリーとともにこの政策変更の可能性を心配していたタグウェルに会おうとしなかったこともあって、焦燥感を募らせたのである。

年が明けて一月九日、スティムソンは、ローズヴェルトと五時間にわたる昼食会談を行った。スティムソンは、ローズヴェルトに、フーヴァー政権が推進してきた外交政策について見解が近いことを示す発言を行うよう依頼し、ローズヴェルトは、一一日と一七日にそのような見解を公言した。

しかしながら、ローズヴェルトは、一九三三年一月二〇日にモーリーとともに、フーヴァー、スティムソン、ミルズ、デーヴィスと会談したさい、国内政策については話したものの、外交政策についてはモーリーに一任して対応し、フーヴァー政権の外交政策に同調する見解を示さなかった。

ローズヴェルトは、大恐慌の主たる原因は海外ではなく、国内にあると考えており、政権が発足してからは、国内の経済改革に専念する決意を固めていたからであった。民主党内では、ローズヴェルトは国際主義者であるという見方が根強く、これが民主党の大統領候補指名争いで致命傷になりかねないリスク要因であったが、連合国は米国への戦争債務を返済すべきであるとする大多数の国民の見方と対立する政策判断を行うことは、政権発足前から、党内と有権者への求心力を失いかねず、得策ではないと、ローズヴェルトは考えたのであろう。

フーヴァーは、ローズヴェルトが大統領に就任する約一週間前ニューヨーク市内のパーティーに出席中のローズヴェルトに書簡を送り、最後の働きかけを行った。ローズヴェルトは書簡を読んだものの、無視した。金融危機がますます深刻化していた時期にローズヴェルトがフーヴァーと協力することは、無理であったかもしれない。ローズヴェルトは、大統領に三月四日就任すると、六日には、全米の銀行を四日間休業させる大統領令を発令し、金融パニックの沈静化を図ろうとした。(56)

おわりに

米国の対東アジア外交政策は、一九二一年から満洲事変までの間、東アジアと西太平洋における日本の影響圏を結果的に黙認していた。フーヴァーに圧勝して政権を発足させたフランクリン・D・ローズヴェルトは、国内経済の立て直しを最優先課題としていたが、対東アジア政策については、中国問題に関して前政権と同様、不関与政策を進め、その結果、東アジアと西太平洋における日本の影響圏を黙認した。ただし、ローズヴェルト政権では、大統領の側近で財務長官のヘンリー・モーゲンソーが政権発足間もない時期から、米国余剰農産物対策もあって麦と綿を中国が買い付けるための借款供与を行いはじめた。また、財務省と中国は、一九三五年末以降は、中国銀とドルの交換協定を結んで、米国の銀買い占め政策（一九三四年）で疲弊した中国の外貨準備高の改善を支援した。米国は、日本を牽制する意図もあって一九三四年ソ連の国家承認を行った。日英米が中心となって一九二一年以来推進されてきた海軍軍縮条約が一九三六年以降無条約時代に突入するようになると、米国は、国内景気回復の方策の一つとして建艦を本格的に推進していく。こうしたなかで、一九三七年七月、日中が全面戦争に突入し、米国は、西太平洋と東アジアにおける日本の影響圏を認めるのをやめ、中国を支援する政策に転換してゆくのであった。

一九三二年の大統領選で、フーヴァーは、一九二八年の大統領選における大勝利とは対照的に、ローズヴェルトに大敗を喫した。フーヴァーは大恐慌に喘ぐ米国社会に政府が経済政策の面で直接介入することを躊躇したが、米国の歴史家の間では、彼を再評価する動きがベトナム戦争期からある程度盛んになった。というのもフーヴァー大統領図書館・博物館（一九六二年、アイオワ州ウェストブランチに開館）へ寄贈された膨大なフーヴァー文書の一般利用が一九六六年以降可能になり、フーヴァーの政策についての研究が進んだからである。フーヴァーは第二次世界大戦後、米国を含む先進国で広く定着したケインズ主義が浸透する前の時代の政治家としては、その政権の後半において当時としては大胆な積極財政を推進し、復興金融公社の設立、商業銀行と証券会社の業務を分離する（第二の）グラス・スティーガル法成立（一九三三年）への支援といった措置もとっていた。ローズヴェルトのニューディール政策はフーヴァーの経済改革を継承して発展していったのである。[57]

ローズヴェルト政権期は、大統領の権限の強大化、連邦政府機能の飛躍的な拡大、第二次世界大戦以降の「アメリカの世紀」となる世界覇権への傾斜（軍の強大化）という、米国史上における大きな転換期であった。フーヴァーはローズヴェルト以降の政権が引き継いだこうした傾向に終始批判的であった。[58]

極東における門戸開放に否定的であったフーヴァーだったが、彼の貿易政策に関する見解は、自由貿易支持に近かった。このことは最恵国待遇に基づく貿易協定を各国と締結することを通じて米国の世界貿易拡大を支持する一方で、米国が輸入品に高関税を課すことを厭わなかったという点で保護貿易主義的な側面もあったことと符合している。フーヴァーは高関税政策を一貫して支持していた。このような考え方に基づき、大恐慌が進行するなか、米国議会が可決した輸入品に対する高関税を課すスムート・ホーレー法に一九三〇年署名した。しかしこれは、各国が輸入品に対する高関税を課す貿易戦争に大きく貢献することになってしまった。

フーヴァーは、統計分析などの社会科学的手法を使用しながら、自らの貿易政策が国内の繁栄そしてそれを通じて世界経済に貢献すると信ずる一方で、英国のポンド圏など欧州の宗主国と植民地との間にあった排他的経済権益を非難した。彼は米国が必要とする海外の戦略物資など重要産品の安定的な輸入を米国経済の輸出依存度以上に重視した。世界経済が機能している限り、米国の繁栄は世界経済に依存しているため、経済的孤立主義は不可能であると考え、世界恐慌が戦争を引き起こす大きな要因となるという考えに基づき、世界平和を経済の繁栄によって達成することを重視したのであった。

フーヴァーのこのような考え方は、一九三〇年代、紛争地域への経済依存を解消するための緊急措置として貿易の制限と国内経済の自給自足を高めるという考えに転換していった。一方、米国の安全保障は、西半球を防衛する能力で十分であると考え、また、同地域へ欧州の国々や日本が軍事的に介入する意志も能力もないので、そのような事態はまずありえないと信じていた。反共主義であり、また、反ファシズムでもあったフーヴァーは、共産主義やファシズムといったイデオロギーが米国内の秩序に対して脅威となる可能性は認めたが、このような問題は米国内で対応することで十分に済む問題であると主張した。民主主義の国々と同盟を結ぶことで、ソ連や日独伊といった独裁主義的な国々とのイデオロギー的な対立を形成することは、中世の宗教戦争を惹起するような事態となろうとフーヴァーは指摘したのであった。[59]

フーヴァーは、このように世界的な相互依存に対して複雑な心境を抱いていた。経済的な相互依存により平和を達成する重要性を指摘する一方で、彼はグローバル経済を競合する文明同士が覇権をかけて衝突する場であると捉え、米国はそのなかで「米国らしさ」を維持しなければならないと信じていた。フーヴァーは文明の衝突論的な考えの持ち主であったのである。例えば、商務長官時代のフーヴァーの日米関係に対する見解はこの心境が如実に現れていた。フーヴァーは、日米間の相互補完的な貿易の増大、そして両国間の経済相互依存の強化を通じた平和と文化交流が強化されていく流れを歓迎し、また、日本の近代化を高く評価したものの、フランクリン・D・ローズヴェルトと同様排日移民法を支持したのであった。フーヴァーの排日移民法支持の思想的背景として、ラマルクの進化説（非白人も教育などを通じて思考や行動様式において白人のようになれるという考えで、同世代の白人と比べれば進歩的な発想）を信奉する一方で、非白人は十分に欧化できないという観念を持ち、また（ローズヴェルトや他の多くの日米の人々も当時信じていたが）日米の混血児は双方にとって好ましくないという考えも強く持っていたことが指摘できよう。[60]

一九三二年の大統領選挙では、ローズヴェルトとその陣営が、フーヴァーの大恐慌対策が無策に等しいという批判を、大統領本人への個人攻撃の形で行った。これは、選挙終了後両者の間に大きな溝を残した。ローズヴェルトは、一九四五年四月に死去するまで、フーヴァーをホワイトハウスへ一切招かなかった。後年、ローズヴェルト政権初期の有力アドバイザーであったスタッグウェルが回想したように、当時は口が裂けても言えなかったが、ニューディール政策は、フーヴァー政権の大恐慌対策を拡大発展させたものであった。

フーヴァーは、第一次世界大戦以来、米国の国内政策と外交・安全保障政策に大きな足跡を残したが、彼はテクノクラート的で、ローズヴェルトのように大勢の前で話すことがうまくなかった。人道支援であれほどの偉業を成し遂げたものの、人見知りする性格は、成人してからも克服できなかった。ローズヴェルトにおけるハウのような指南役がいたら、政治家としてもっと成功していたかもしれない。第6章で見るように、ローズヴェルトは、一九三七年、自らの政策で、回復しつつあった経済を大恐慌最悪期に近い状況に逆戻りさせてしまったが、フーヴァーとは違い、巧みなダメージ・コントロールで切り抜けた。

フーヴァーの自己アピールの失敗の一つに、一九三二年初頭、第一次世界大戦に従軍した人たちへの対応があった。その前年、連邦議会の民主党の下院議員によって、世界大戦に従軍した兵士・軍人に、大恐慌に伴う生活困窮対策として、ボーナス、すなわち一時金を支給する法案が作成された（ボーナス・アーミー対策）。フーヴァー政権は、この法案が可決されて実施された場合、法案が提唱する一時金で国家予算を使い果たしてしまうことから、法案に反対した。一方、この法案を可決しようとした勢力は、生活困窮に直面する第一次世界大戦従軍者に呼びかけ、彼らは、全米から首都ワシントンに集まり、シャンティータウンというテントや掘っ建て小屋の集落をつくり、生活困窮を議会と大統領に訴えたのであった。連邦下院議会で可決された法案は、上院議会では否決された。数万人が住んでいたシャンティータウンの住人に対して、フーヴァー政権は、帰宅に必要な交通費を支払うこともしながら、大方の住人を自主的に帰郷させることに成功した。

しかし、それでも五千人ほど居残り組がいた。フーヴァーは、ハーレー陸軍長官とマッカーサー参謀総長を呼びつけた。大統領は、実弾の使用は認めなかったが、デモ対策に使う棒の使用は認め、シャンティータウンに残る人たちを、首都から隣のメリーランド州へ追い払うことを命じた。このあと陸軍長官は、実弾入りの銃を使用できるようにしようとしたが、マッカーサーが、大統領の意向を遵守した。シャンティータウンの住人の立ち退きと首都から追い払う作戦を実行したのはマッカーサー参謀総長とその部下であったアイゼンハワー、ジョージ・パットンであった。強制退去の過程で、怪我人は出たが、重傷者あるいは死者は出なかった。本来ならば作戦は成功であったはずだが、問題が生じた。強制退去の過程で、誰が犯人かは不明であったが、シャンティータウンが炎上した。首都で炎上したシャンティータウンの写真は、全米各紙の一面に掲載され、米国市民は、フーヴァー政権が無策であるという印象を強めた。フーヴァーは、マッカーサー参謀総長を厳しく叱責したが後の祭りであった。

最後に、フーヴァー政権は満洲問題で不承認宣言を行ったが、中国の国防政策に秘かに加担した側面があった。満洲事変直後から蔣介石政権は、中国空軍の創設に向け、米国政府に空軍パイロット養成学校創立のため米軍航空隊操縦士の教官の派遣を要請したのであったが、陸軍省と国務省は、日中間の紛争に巻き込まれることを恐れて中国政府の要請を却下した。ところが、フーヴァー政権内では、おそらく大統領の了承を得て商務省がジョン・ハミルトン・ジョウェット大佐を筆頭とする一三人の米軍航空隊予備兵を派遣したのであった。このことは政権内の他省は知らず、国務省が彼らの中国行きを知ったのは、彼らが中国政府との契約を済ませて国務省にパスポートの申請を提出してからであった。国務省極東部長ホーンベックをはじめとする同省関係者はジョウェットたちの中国行きに反対であったが、パスポートの作成には応じざるをえなかった。この問題の他にも、一九三一年に米中合弁の航空会社が設立されて以来、商務省が軍事目的と民生目的の航空機とそれに関係する機器類の対中輸出を支援していたことに、ホーンベックなど国務省関係者は苛立っていた。ジョウェットを筆頭とする米軍操縦士（全員予備兵）たちは、中国空軍とその養成学校の中核をつくることに大きく貢献したが、彼らは、蔣介石政権が一九三三年秋以降イタリア空軍顧問団に依存しはじめると急速に影の薄い存在となり一九三五年までに蔣介石政権との関係は解消されてしまった。その後、米国の元航空隊パイロットたちが中国空軍の発展に貢献するようになるのは、蔣介石政権が、一九三六年締結の日独伊防共協定が背景となってドイツ（中国陸軍の近代化のために招聘されていた）やイタリアとの軍事顧問関係を解消しはじめた一九三八年以降のことである。(61)

第4章　米国のフィリピン防衛
――マッカーサー、アイゼンハワー、フェラーズ

本章では、ハーバート・C・フーヴァー政権期の国防政策が、ダグラス・マッカーサーとドワイト・D・アイゼンハワーの人生、そして両者の戦後政治に多大な影響を与えていたことを背景にしながら、米国のフィリピンをめぐる国防政策において繰り広げられたマッカーサー、アイゼンハワー、ボナー・フェラーズの関係について考察を行う。彼らの関係から、戦後の共和党内の右派と穏健派の対立が、政策的な対立にとどまらない、人間関係の対立でもあったことを示していく。また、米国の軍人たちにとって、戦前のフィリピンにおける経験が、戦後の日欧の占領政策を進めていく上で、貴重な体験となっていたことも述べる。

オレンジ計画とは、日露戦争後の、日本との開戦に備えるための計画で、米国海軍と陸軍が陸海合同委員会を創設し、そこで策定され次々と改定されていった。日米戦争となった場合、米軍は、パナマ、ハワイ、フィリピンを防衛する一方、米国海軍が大日本帝国海軍を打ち破る構想であった。この計画は、日米間のみの戦争を想定している上に、太平洋戦争のように日本がハワイに奇襲攻撃を行って米国太平洋艦隊に一時的に大打撃を与えるような事態も想定していなかった。この計画では、フィリピン、グアムなど西太平洋の米国領土の防衛も想定していたが、この地域については、日米戦争開始後、米国海軍による兵站の継続を前提としていた。真珠湾における米国航空母艦をのぞいた海軍の艦船が受けた大打撃は、これら地域への兵站の継続を不可能にした。また、オレンジ計画では、米海軍による兵站が、救援が来るまでこれら地域へ継続されることが前提となっていた。そして、これら地域は、救援が来るま

で独力で持ちこたえることになっていた。

ワシントン海軍軍縮会議（一九二一〜二二年）では、西太平洋地域の米国の要塞は現状を維持することとなり、日米開戦時、これら地域の要塞は、一九二二年時点の能力で戦うこととなった。後述するように、コレヒドール島の要塞は日本軍が想定した一カ月の五倍持ちこたえた。オレンジ計画とその後継のレインボー計画では、日米戦争勃発の場合、米国陸軍とその配下のフィリピン軍は、マニラ湾の入口に位置するコレヒドール島の要塞と隣接するバターン半島で籠城戦を行い、米国海軍による物資補給が籠城中も続くことを前提に、一定期間米国海軍の来援が到着するまで持ちこたえることとなっていた。

J・R・M・ウィルソンが指摘しているように、連邦議会は米西戦争終結以来、グアムやフィリピンの充分な防衛に必要な財政支出を拒否してきた。一九二九年以降一九四一年日米開戦の半年前まで、米国は、日本と戦争になった場合、グアム、サモア、フィリピンなどハワイより西の米国領は、米国の防衛能力から考えて犠牲にせざるをえないことを悟っていた。W・I・コーエンが述べているように、米国議会では、一九二九年以来たびたびフィリピンに独立を付与することが議論されていた。この議論が顕著となったのは一九三一年から三二年の時期であり、一九三二年一二月、連邦議会はついにフィリピンに独立を一定期間後付与する法案を可決（ホーズ・カッティング法）した。

前章でも述べたようにこれに対してフーヴァー大統領は、独立付与が時期尚早であると反対していたため、拒否権を行使したが、連邦議会は、大統領の拒否権を覆す可決を一九三三年一月に行った。フィリピンへの独立付与については、当時マッカーサー（陸軍参謀総長時代）はじめ米国陸軍も容認していたが、スービック海軍基地を失う可能性を危惧していた米国海軍は反対していた。ウィルソンが指摘するように、フィリピン独立をめぐる陸海軍の見解は真っ向から対立していた。タイディングズ・マクダフィー法案では、米国がフィリピンを統治し、また、守る責任から逃れるには、フィリピン議会でこの米国の法律が可決されることが最終的な成立の要件となっていた。マニュエル・ケソンをリーダーとするフィリピンの有力者たちは、米国の独立付与法は、フィリピン経済のドル箱である対米輸出農産物とフィリピン人の米国移住に配慮しておらず、また、米軍基地の維持を可能としているため、これらをめぐる条件闘争を行うため、独立付与法を却下した。

しかし、米国はこの独立付与法と類似の法律を一九三四年に可決し、今回はフィリピン側もこれを受け入れた。タイディングズ・マクダフィー法は、一九四六年にフィリピンの米国からの独立を約束した。それまでの移行期間は、フィリピンにコモンウェルス（自治連邦区）という米国連邦制度上の地位を与え、フィリピン・コモンウェルスの発足に伴い、大統領と副大統領の選出と新憲法の制定を認めたのであった。米国海軍は、フィリピン独立後二年間海軍基地を維持することが許され、独立するまでは、有事のさい米国大統領は、フィリピンの全軍に動員令をかけることができ、米国陸海軍は、独立するまで駐留を許されたのであった。経済面では、フィリピンは、コモンウェルス制に移行してから一〇年間は米国との優遇された貿易関係を許されたが、優遇の程度については、曖昧であった。この独立までの移行期間の優遇措置が、一九三七年のケソン・ローズヴェルト会談で合意され、これに基づき米国連邦議会は一九三九年半ばにフィリピン経済調整法を可決したのであった。この法律は、同年三月にケソン大統領が、できれば一九四〇年までに独立を実現させたいという要望を、米国政府が却下したことに対する代替策でもあった。[1]

フィリピンが独立移行期間に入った結果、それまで制限があまりなかったフィリピン人の米国入国は、米国移民法に基づき大幅に制限された。米国連邦議会は、一九三五年にフィリピン人帰還法を制定し、フィリピンへ戻ることを希望するフィリピン人には帰国の交通費などを支給することにしたが、応募者は少なかった。フィリピンから家族を呼び寄せたり、フィリピンへ一時帰郷することが、事実上できなくなり、フィリピン人の間で大問題となった（事態が少し改善するのは一九四三年の改正移民法後である）。

一九三五年一一月、フィリピンは、コモンウェルスという米国連邦制度上の法的地位に基づいて一〇年後の独立への準備へ動き出した。コモンウェルスになったフィリピン議会が最初に可決した法律は、国防法であった。この法律は、在比米国軍の一部であったフィリピン人部隊以外に、一九四六年に独立するまでにフィリピンの防衛を担う、専守防衛のフィリピン国防軍の創立を目的としていた。米国政府は、フィリピン国防軍の創設に必要な軍事物資の援助を行うにあたり、これが米国への反乱に使用されることを警戒したものの、米軍で不要になった旧式の武器・弾薬、装備を在比米国陸軍の管理するコレヒドールに集中させ、同陸軍を通じての援助を一九三六年一〇月以降開始した。(2)

1 マッカーサーの政治的源流

(1) マッカーサー三代とタフト

ダグラス・マッカーサー（一八八〇〜一九六四）は、南北戦争で北軍の兵士として戦功を上げて一九歳で大佐に抜擢され、またその武勇を称えられ連邦議会栄誉賞を受賞したアーサー・マッカーサー・ジュニアの三男として一八八〇年アーカンソー州リトルロック市で生まれた。母親のメアリー・ピンクニー・ハーディーは、ヴァージニア州ノーフォーク市近郊の荘園主の令嬢であった。彼女の兄弟は、南北戦争中南軍に従軍していたこともあって、彼女が一八七五年にアーサーと結婚したさい、不満であったようである。

マッカーサー・ジュニアの父親アーサー・マッカーサー・シニアは、スコットランド出身の弁護士であった。マッカーサー・ジュニアは、南北戦争終結後、いったんは父親の強い要望で弁護士になるため法律の勉強をしたが、一年もしないうちに、一八六六年二月、職業軍人の道を歩みはじめた。南北戦争中の大佐の任官は一時的な措置であったので、少尉からのスタートであった。

マッカーサー・シニアは、父方がスコットランド貴族の末裔であったが、父親は彼が生まれる直前に亡くなっていた。その後母親は再婚し、一家は、一八二八年マサチューセッツ州西部のアックスブリッジへ移民したのであった。マッカーサー・シニアは、コネチカット州のウェスリアン大学へ進学したが、大不況のため家族を経済的に支援すべく中退した。その後、マッカーサー・シニアは、ボストン市とニューヨーク市の弁護士になるべく努力し、一八四一年までにはニューヨーク州で弁護士の資格を取得した。その前年には、マサチューセッツ州チコピーファールズの裕福な工場主で植民地時代のマサチューセッツ総督の末裔の令嬢と結婚し、同州西部のスプリングフィールド市で弁護士として活動しはじめた。同市でマッカーサー・ジュニアは生まれたが、四年後一家は、ウィスコンシン州のミルウォーキー市へ移住した。ここでマッカーサー・シニアは、弁護士として成功し、同市とウィスコンシン州の有力者として台頭したのであった。民主党員のマッカーサー・シニアは、一八五六年、数日ではあるがウィスコンシン州知事を務めたこともあり、その後彼は、一八七〇年ワシントンDC高裁判事に任命され、同職を八七年に退官した後は、亡くなるまでワシントンで、隠居生活を送った。ダグラスは、父が一八八九年にワシントンでの勤務となってから一八九三年テキサス州サンアントニオへ転勤となるまで、祖父に接する機会が多かったようで、退官後研究書などの執筆にたずさわる学者生活を送る姿が印象的であったようである。晩年のマッカーサー・シニアは、判事時代以来取り組んでいた国立大学創立運動に尽力していた。この運動は、一八七〇年代の終わりに法科大学院の立ち上げには至っていたが、彼が亡くなった時期には同大学院も廃止される方向となり、米国における国立大学創設の試みはここで幕を閉じたのであった。

マッカーサー・ジュニアは、米西戦争が始まると一八九八年八月、つまり、ジョージ・デューイ提督率いる米国海軍がマニラを攻略した三カ月後、マニラ占領を行う米国陸軍部隊を率いて当地に上陸した。マッカーサー・ジュニアは、ウィリアム・マッキンレー大統領の任命により一九〇〇年五月フィリピン軍政長官に就任した。しかしながら、翌月植民地獲得に批判的であったウィリアム・H・タフト（一八五七〜一九三〇。一九〇三年から陸軍長官、そして一九〇九年から一期のみ大統領）が、フィリピンの植民地政策を軍政から民政へ短期間に移行することを目指すフィリピン委員会を率いてマニラ入りすると、マッカーサー・ジュニアとタフトとは、フィリピン政策をめぐって激しく対立した。

タフトは、イェール大学を二番で卒業し、故郷オハイオ州シンシナティー市のシンシナティー法科大学院を卒業後弁護士として成功していた。ベンジャミン・ハリソン政権の法務次官を務めたことがあったタフトは、この時期ワシントンで、連邦公務員制度改革委員長を務めていたセオドア・ローズヴェルトと親交を深めた。タフトは、当時から最高裁判事になる野心を持っており、法務次官を退官後、第六控訴巡回区裁判所判事を務めた時期があった。この野心は二期目の大統領を狙った一九一二年の選挙で、民主党のウッドロー・ウィルソン候補と次点のセオドア・ローズヴェルト進歩党党首に大敗を喫したあとの、一九二一年に実現した。

タフトの父親アルフォンゾ・タフトは、イェール大学とイェール法科大学院卒業の弁護士で、オハイオ州の共和党創設に深く関わっており、第二次ユリシーズ・グラント政権末期陸軍長官と司法長官を歴任していた。一八八〇年代は、在オーストリアと在ロシア大使を歴任した。ウィリアム・H・タフトがオハイオ州出身のマッキンレー大統領にフィリピン行きを要請されたのは、タフトの法律家としての能力に加え、こうしたオハイオ州の政界へのタフト親子の深い関わりという要因も見逃せない。

マッカーサー・ジュニア軍政長官とタフト委員長の対立は、性格的に合わないといった問題ではなく、それぞれが担当する組織の関係について、大統領とエリヒュー・ルート陸軍長官が明確な指示を与えていなかったことが原因であった。マッカーサー・ジュニアは、米西戦争終結後に起きたエミリオ・アギナルド初代フィリピン共和国大統領と米軍との戦争が続いている状況下では、軍政は一〇年続けるべきで、その場合、初等教育制度の導入や法体系の改革など手掛けはじめていた民政関係の事項は、軍政長官が続けるべきであると考えていた。一方、タフトは、フィリピン委員会の使命をただちに実施すべきと考え、マッカーサー・ジュニアの更迭人事をルート陸軍長官にはたらきかけ、成功したのであった。

アギナルドは、一九〇一年三月に拘束・逮捕され、翌月米国政府への忠誠を誓って隠居生活を送ることとなった。彼がフィリピン政治史に再び現れるのは、一九三五年フィリピン自治政府の初代大統領候補に担ぎ出されて対米独立戦争中彼の副官を務めたケソンに大敗したときと、太平洋戦争中日本政府によるフィリピン傀儡政権の協力者として活動した時期である。

一九〇一年七月、タフトは、初代フィリピン民政長官に就任した。同時に、マッカーサー・ジュニアの後任の軍政長官は、義和団事件のさい米軍総司令官を務めたアドナ・チェーフィーが就任した。ルート陸軍長官の指示により、軍政長官はタフト民政長官の権限下に置かれることとなった。フィリピンにおける反乱は、チェーフィー指揮下で一九〇二年七月終結した。

米国へ帰国したマッカーサー・ジュニアは、一九〇九年に退役するまで、閑職続きであった。彼は、一九〇二年二月少将に、そして一九〇六年九月中将に昇進していたが、ルートとその後任のタフト陸軍長官は彼を冷遇した。タフトは、マッカーサー・ジュニアの希望を受け入れて一九〇五年三月彼を陸軍観戦武官として、日露戦争の奉天会戦終結直後の満洲へ送り込んだ。そして、タフトは、同年一一月から翌年八月まで、彼に東アジア、東南アジア、南アジアの視察を命じた。

マッカーサー・ジュニアの視察旅行には、ダグラスも同行した。彼は、一九〇三年ウェストポイント陸軍士官学校卒業後、フィリピンで工兵隊の少尉として勤務していたが、父の副官として同行した。マッカーサー・ジュニアは、一九〇五年一〇月東京ですでに同地に八カ月滞在していた夫人とも再会し、三人で視察を開始した。

帰国後のマッカーサー・ジュニアは、当時の米国陸軍でただ一人の中将（大将と元帥は不在）に昇進したものの、参謀総長に抜擢されなかった。タフトは、マッカーサー・ジュニアが視察中にマッカーサー・ジュニアの部下で少将であった人物を参謀総長に任命したのであった。

マッカーサー・ジュニアは、閑職続きのままタフトの大統領就任三カ月後に失意のなかで退役を迎えた。一九一二年にマッカーサー・ジュニアは逝去するが、最晩年の父親の姿は、ダグラスに、文民と軍人の主導権争いや政治と軍人の関係について、暗いイメージを植え付けた。退役と葬儀のさい、米国陸軍は、当時陸軍唯一人の中将であり、ま

た、米西戦争の英雄に式典を行わなかった。葬儀には最寄りの基地から大佐が派遣されただけであった。(3)

(2) 第一次世界大戦——パーシング、マッカーサー、マコーミック

アーサー・マッカーサー・ジュニアの指揮下で頭角を現し、その目に止まったジョン・パーシングは、米比戦争の掃討戦での功績が認められて一九〇〇年に少佐から准将に昇進した。その後パーシングは、米国の対メキシコ軍事介入を指揮し、一躍米国の英雄となった(ダグラスも一九一四年に従軍していた)。第一次世界大戦に米国が参戦したさい、ウィルソン大統領は彼を欧州戦線の米軍総司令官に任命した。ダグラス・マッカーサーは、このチャンスを捉えて、パーシングの指揮下でその才能を発揮していった。マッカーサーは、米軍の欧州作戦で主力を担うこととなった第四二師団の立ち上げを、ニュートン・ベーカー陸軍長官の厚い信任のもとで行った。各州の州兵から編成され、レインボー部隊と形容される組織づくりにより、米国が短期間で必要としていた実戦部隊の確保をベーカーに提案したのはマッカーサーであった。マッカーサーは、同師団の参謀長に就任し、戦闘中毒ガスで負傷したりする一方、同師団での功績が認められ、当時米軍史上最年少の准将に昇進したのであった。マッカーサーは、第一次世界大戦に従軍した米国人将校のなかで勲章を最も多く授与された軍人となった。

大戦勃発時、パーシングのもとへ馳せ参じた人たちのなかに、ロバート・R・マコーミックがいた。彼は、シカゴの名門マコーミック家(祖父の兄が農業に革命をもたらした耕作機械マコーミック・リーパーを発明)の次男に生まれ、一九一〇年に『シカゴ・トリビューン』紙などを刊行するトリビューン社の経営権を従兄のジョゼフ・M・パターソン(高校と大学の二期上の先輩)とともに、創業家二代目であったパターソンの父親から継承した。マコーミックは、この従兄とともに一九一四年に社主となり、死去した一九五五年まで社主を務めた。同社は、マコーミックの経営手腕で全米一の発行部数を誇る新聞社に成長した(パターソンは、マコーミックと経営方針で対立して、同社を退き、一九一九年に、トリビューン社が出資してニューヨークの大衆紙『ニューヨーク・デイリー・ニュース』を創刊し、大成功を収め

る）。マコーミックのパーシング将軍への直接の働きかけと、連邦下院議員であった弟の根回しも手伝って、パーシング将軍のスタッフとして情報将校の大尉に任ぜられたのを振り出しに、砲兵連隊長などを務め、終戦の夏には大佐に昇進していた。マコーミックがパーシングに近づいた理由は、本人の冒険心とともに、彼の新聞社の情報源の確保であった。

マコーミックは、イェール大学を一九〇三年に卒業後、シカゴ市で、革新主義運動に参画し、市の大手弁護士事務所の創設に同事務所の共同経営者として関わりながら市の公衆衛生の向上などに貢献した。マコーミックの編集方針は、反共主義、反社会主義、反ニューディール、反英帝国主義、反国際連盟、反国際連合、西半球における専守防衛、シカゴの闇組織（マフィア）撲滅、反禁酒法といった内容であった。父親が外交官であったため、一八九三年までの四年間英国で過ごし、英国なまりの英語を話し、ポロやキツネ狩りなど英国ジェントリーの生活様式を好むものの、大の英国嫌いで知られていた。因みに、シカゴにおけるマコーミックとライバル関係にあり、民主党寄りの編集方針をとっていた新聞社の社主は、日米戦争開戦時に海軍長官であったフランク・ノックス大佐であった(4)。

(3) アイゼンハワー

次に、ドワイト・D・アイゼンハワー（一八九〇～一九六九。一九五三～六一年米国大統領）の生い立ちを確認しておこう。彼は、ウェストポイント陸軍士官学校を一九一五年に卒業している。彼は、後述のフェラーズと同様中西部カンザス州アビリーン市の出身であった。両親は教育熱心であったが、父親が事業に失敗したため、六人兄弟の三男であったアイゼンハワーは、弟（四男）のエドガーがミシガン州立大学で弁護士になるための学費を援助すべく、高校卒業後二年間地元の工場で作業員として働き、やがてこの工場の夜間シフトの監督者に就いた（ちなみにアイゼンハワー兄弟は、社会人になってからそれぞれのキャリアで成功している）。弟が学ぶ大学のフットボール部が当時全米でトップクラスであったことから同大学への進学を夢見たことがあったが、受かれば全額奨学金となる海軍士官学校か陸軍士官学校を目指すことにした。アイゼンハワーは最初、カンザス州選出の上院議員の推薦を得ようとある議員に働きかけ、同議員は二日間の試験を実施した。アイゼンハワーはこの試験を受けた八人中二番目の点数であった。彼の第一希望は海軍士官学校であったが、一位の受験生が海軍士官学校のみを希望したため、アイゼンハワーは、一九一一年陸軍士官学校入学となった。同校ではフットボールでスター選手となった。しかし、二年生のときの試合中のひざのけがでその選手生活に終止符を打つこととなった。このけがのため、士官学校の医師は、アイゼンハワーが望んでいた騎兵隊への任官は無理であり、ひざの症状次第では任官そのものが不可能になるかもしれないと告げた。その後、この医師は、沿岸砲兵への任官を勧めたが、アイゼンハワーはこれを拒み、最終的には、歩兵への任官となった。アイゼンハワーは、卒業生一六四人中成績は六一位であった。[5]

（4）マッカーサーと米国のフィリピン軍事顧問団

一九三〇年秋にフーヴァー大統領により五〇歳という若さで参謀総長に抜擢されたダグラス・マッカーサーは、フーヴァー政権退陣後も一九三五年一〇月までフランクリン・D・ローズヴェルト大統領の参謀総長を務めていた。彼は次の転職先としてフィリピンに目をつけた。一九三四年に米国議会がフィリピンを一九三六年以後の一〇年間、植民地からコモンウェルスに格上げしたのち一九四六年に独立することを承認すると、フィリピン内でこの独立への流れにおいて主導権を得ており、コモンウェルスの初代大統領として最も有力視されているケソンにマッカーサーは接近したのであった。マッカーサーは、一九三四年秋の訪米中、日本が中国での膨張政策を進めるなか、フィリピンの安全保障について懸念するケソンと意気投合した。両者は、一九〇三年以来のつきあいで、一九二八年マッカーサーが二年間在比米国陸軍の司令官であった時期から特に親密になっていた。ケソンはほかの多くのフィリピン社会のエリートと同様、マッカーサーに好意を抱いていた。というのも、マッカーサーは、人種偏見をあまり持たずフィリピン人を米国人と社会的に平等な相手として取り扱い、また、フィリピンの段階的な独立、米国陸軍下にあったフィリピン人部隊の待遇改善、そして同部隊を中核とするフィリピンの国防強化という構想を持っており、こうしたマッカーサーの考えにケソンをはじめとするフィリピンのエリートは共感していたのであった。マッカーサーは、一九三二年以来側近として登用していたアイゼンハワーにフィリピン国防計画案を策定させ、ローズヴェルト大統領は、米国軍事顧問団の派遣を要望するケソンの考えを実現すべく、連邦議会にそれが可能となる法律を一九三五年五月可決させることに成功した。そしてマッカーサー自身がこの顧問団長に就任することについてケソン大統領やローズヴェルト大統領の支持を取りつけた。マッカーサーは、ケソンとの間で軍事顧問になった場合の高給と好待遇の契約を結ぶことに成功したが、そのさい、マッカーサーがローズヴェルトに水面下で打診していたフィリピン初代高等弁務官兼任を可能とする文言の挿入にも成功していた。しかしながら、ローズヴェルトは一九三五年、一九三六年、一九三九年にマッカーサーが行ったこの要請を却下した。

一九三五年秋、ローズヴェルト大統領の命令で、マッカーサーは、フィリピン行きを内心嫌がっていたアイゼンハワーとその相棒ジェームズ・オード、T・J・デーヴィス、病気の母親などを帯同してフィリピンへ向かった。オードは、アイゼンハワーの陸軍士官学校同期生でフィリピン国防計画案を彼とともに策定しており、アイゼンハワーの希望でオードもフィリピン勤務となった。なお、マッカーサーのもとで働く米国軍人はフィリピンに駐屯する米軍からの出向扱いであった。マッカーサーは、フィリピンの国防軍の創設にあたり、米国政府から必要に応じて、在比米軍から米国陸軍将校と兵士を自身の指揮下に置く権限を得ていた。この時期フィリピンでマッカーサーに仕えたアイゼンハワー、オード、フェラーズもこの制度に基づいて働いていた。ローズヴェルトは、マッカーサーが、フィリピン到着後にあたる年末に参謀総長解任となることを希望していたことを退け、彼には事前予告せず、米国を去る直前にあたる一〇月、新参謀総長を任命した。これは、マッカーサーが参謀総長就任前の少将へ降格することでもあり、参謀総長としてマニラ入りしてから参謀総長解任としたかったマッカーサーは、屈辱感を味わったのであった。[6]

(5) ジーン・フェアクロス――南部の淑女と人脈

道中、こうした屈辱感をやわらげる個人的な出来事がマッカーサーにおこった。マッカーサー一行はサンフランシスコでマニラ行きの豪華客船フーヴァー大統領号に乗船した。船内でマッカーサーは、ロサンゼルスから乗船していたジーン・フェアクロスという三七歳になる直前の女性と出会い、恋に落ちた。

フェアクロスは、テネシー州の政治経済の中心地ナッシュビル市の生まれで、父親は裕福な銀行家であった。幼少期近所に住んでいた遊び仲間には後にモルガン・ギャランティー・トラスト銀行会長となるヘンリー・アレグザンダーがいた。八歳のとき両親が離婚、母親は二人の兄とともに彼女を自分の父が住むテネシー州中央部のマーフリーズボロへ戻った。母親は、一九〇七年に再婚し、異父弟と異父妹が生まれた。

フェアクロスの母方の祖母はすでに他界していた。母方の祖父は南北戦争時南部軍の将校(大尉)であった。彼女と彼女の兄の身の回りの世話をしていた女性は母方の祖母の実家にいた元黒人奴隷であった。フェアクロスは、小学校時代に三カ月ほどいた男女共学の公立学校を除いては地元の名門女子学校で高校時代まで過ごしたのであった。ここを卒業後、彼女は父親の強い要請でナッシュビルの名門女子学校ワード・ベルモントでほかの南部出身の淑女たちとともに花嫁修業に一年間励んだ。同校を卒業後、フェアクロスは、母方の叔母に引き連れられて、米国南部と南西部の陸軍の基地を転々と廻る旅行をたびたび行った。この旅行の目的は、こうした基地の司令官に依頼してその基地で行われる社交イベントに参加し、前途ある若い将校を結婚相手として探すことであった。

しかし、このような努力もむなしく時間は過ぎていくばかりであった。それでもフェアクロスは旅先で多くの若い将校たちや有名人たちと友人になった。幼少期は疎遠な関係であった父親は、ナッシュビルの銀行家として財を成し、彼女をたびたび国内旅行と海外旅行に連れて行った。

有名人のなかで彼女にとって思い出深い人物は、一九二八年から二九年父親とともに行った欧州旅行からの帰路船内で親しくなった、チャールズ・リンドバーグとその母親であった。リンドバーグはミネソタ州出身で、父親は元下院議員であった。彼は一九二七年航空史上初めて単独で大西洋横断の快挙を成し遂げ一躍世界の有名人となっていた。一九二八年、リンドバーグは婚約を発表した。相手のアン・モローはモルガン投資銀行の元共同経営者であったドワイト・モローの娘であった。彼は駐メキシコ大使（のちにニュージャージー州選出共和党上院議員）であった。リンドバーグ親子にとってこの欧州旅行はチャールズが結婚する前の最後の母と息子の旅行であった。フェアクロスがリンドバーグと再会するのは彼が太平洋戦争中、前線の視察旅行のためマッカーサーを訪ねた時であった。

しかし、欧州旅行後、フェアクロスの父親は他界し、母親も一九三四年に亡くなった。彼女の父親はかなりの資産を残していたため、彼女は裕福になった。母親が亡くなった直後の夏、フェアクロスは異父弟と彼の大学の友人とともに西海岸から上海、マニラ、インド、地中海を廻ってニューヨークを終点とする世界一周旅行に出発したのである。船内にはリンドバーグが前述の欧州旅行後紹介しようとしていたセントルイス市の有力一族でリンドバーグの大西洋横断飛行を資金面で支援したハロルド・ビックスービーも乗船していた。彼はパンナム航空の中国航路を開拓するため中国に赴任するところであった。フェアクロスは、旅行中マニラまでフーヴァー大統領号に乗船していたが、彼女はその船長とも親しくなり、船長を介して船内の多くの人々と交友の輪を広げたのであった。

彼女は帰国後マーフリーズボロに戻ったが、田舎暮らしに耐えられなかった。母親が亡くなったため異父弟と異父妹の面倒は、独身の彼女がみることとなっていた。彼女のよき理解者であった叔母は、もう一度旅行に出発するよう勧め、フェアクロスは六週間ほど上海行きの旅行に一人で出発したのであった。

彼女が乗船を予定していたフーヴァー大統領号は、ロサンゼルスが出発地であった。乗船すると前回の旅行の船長が乗り合わせていた。彼はこれが人生最後の職務であり、次の寄港地サンフランシスコで下船すると話した。そして彼は、この船の船長を彼女に紹介し、これ以降、彼女は食事のさいは船長と同席し、船長主催の社交イベントに招待されるＶＩＰ待遇となった。フェアクロスは船内でたびたび開催された晩餐会の花であった。

こうした船長の近辺にいる謎の美女に目をつけたのが、離婚歴のあるマッカーサーであった。フェアクロスはサンフランシスコから乗り込んできたマッカーサー一行を船長テーブルより眺めていた。

　フェアクロスがマッカーサーと直接会うのは、ホノルル寄港直前に行われたボストンの実力派市長ジェームズ・カーリーへの船長主催の送別会であった。カーリーはホノルルで下船することになっていた。フェアクロスは、この会で、オード少佐にマッカーサー前参謀総長を紹介されたのであった。このときは挨拶程度の会話であったが、翌朝ホノルルに船が寄港したさい、マッカーサーは花輪をフェアクロスに送った。その直後彼は側近のデーヴィスを彼女のもとへ送り、翌日の朝食時に彼のテーブルでコーヒーを飲むよう誘った。これ以降フェアクロスは頻繁にマッカーサーと朝食時をともに過ごすこととなった。こうしたいきさつで彼女はマッカーサーの側近たち――アイゼンハワー、オード、デーヴィス――のほか、一九二三年に亡くなったマッカーサーの兄アーサー（海軍大佐）の夫人（戦後駐日大使となったダグラス・マッカーサー二世の母）とすっかり懇意になったのであった。また、ほかのマニラ行きの米国人たちとも親しくなっていった。

　フェアクロスは、目的地であった上海に近づくにつれてジレンマに陥った。マッカーサーは彼女には言わなかったものの、マッカーサーの側近たちやマニラ行きの人たちは上海で下船するのではなくマニラまで行くよう勧誘し続けたからである。上海寄港直前、彼女は予定を変更する決心を固めた。このとき彼女の部屋は上海以降は別の人が予約をしていたため、これが問題となったが、マニラ行きの保険会社のビジネスマンが自分の部屋を彼女に提供し、彼自身は船長と相部屋となった。みな、前参謀総長と彼女の交際の進展を温かく見守っていた。

　マニラ到着後、六週間の予定の旅行は、一九三六年暮れまで長引くこととなる。彼女はマッカーサー一行の宿泊先のマニラホテルが満室であった関係で、二番目に良いベイビューホテルに宿泊することになった。昼食は、単身赴任中のアイゼンハワーがよく相手をした。マニラの生活は彼女にとって大変楽しいものでもあり、人生最大の転機の場でもあった。彼女はマニラ到着直後、マッカーサーの側近たちの手はずで、ケソン大統領の就任式に招待された。就任式後の晩餐会では、マッカーサーの要請で、デーヴィスが彼女をマッカーサーとケソン大統領夫妻が歓談している場に連れて行き、彼女は大統領とも面識を得ることができたのであった。

フェアクロスは、マッカーサーと映画を見に行ったり、夕食をともにして交際を深めた。マッカーサーの母親は病状が悪化するばかりであったため、彼女の生前に会うことはなかった。フェアクロスは米国大手銀行ナショナル・シティー・バンク行員のグランビル・ハッチンソンともよく交際していた。ハッチンソンは前年のマニラ行きの船で知り合った人たちの一人であり、彼女が上海ではなくマニラへ行く動機の一つは彼や一九三四年の旅行で知り合ったマニラ行きの人たちと旧交を温めることであった(7)。

2　マッカーサーのフィリピン防衛計画

(1) マッカーサーと在比米国軍事顧問団

軍事顧問団の団長としてフィリピンへ乗り込んだマッカーサーは、フィリピン独立までに独力で防衛を担えるフィリピン国防軍の発足を模索した。彼からすれば、これまで米国が前提としていたフィリピン防衛計画は時代遅れであった。フィリピンの場合、米国軍は救援が来るまで四カ月から半年持ちこたえるという前提に立っていた。しかし、一九三八年のオレンジ計画三では、このような応援部隊の到着は、いつになるか不明であると指摘していた(8)。アイゼンハワーがフィリピンにいた頃（一九三五〜三九年）と同様、一九四〇年から四一年の米国陸軍省はフィリピンの防衛には明確な態度を示さず、消極的であった。一九四一年の秋になってようやくB17爆撃機の増強や軍事物資供給の加速化をフィリピンに対して行う有り様であった。

こうしたフィリピン防衛をめぐる日米開戦直前までの米国の消極姿勢を、マッカーサーのフィリピン国防軍創設構想は補えなかった。まず、予算の問題があった。一〇年間、毎年八〇〇万ドルの軍事費では不十分で、一九三七年八月になると、その年度の予算は枯渇し、次年度の予算を前借りすることとなった。この問題は、後述するように、マッカーサーとアイゼンハワーとの間に「事件」をもたらす。ケソンは、議会でフィリピン予算の四分の一を占める国防費を批判され、増額できないとマッカーサーに伝えた。セルヒオ・オスメニャ副大統領は、この国防計画に消極的であった。フィリピンや米国では、この計画がフィリピンの軍事化をもたらしていると批判する声が根強かった。ケソンは、一九三七年秋フィリピン議会に改定された国防計画を承認させた。一九四六年より早く独立を得たかったケソンは、国防予算は当初想定していた八〇〇〇万ドルではなく、一億三〇〇〇万ドルになるものの、一九四一年までに計画を完成させると宣言した。

米国からフィリピンへの軍事物資と兵力の提供が、在比米国陸軍やマッカーサー軍事顧問団が要請したよりはるかに少なかったのは、当時の米国がそれだけ軍事予算を小規模にしていたからであった。しかもこうした供給は、太平洋方面では、ハワイとパナマ運河の米国軍事拠点に優先的に配分されていた。

一九三八年から四〇年六月にローズヴェルト大統領の判断で、ハリー・ウッドリング陸軍長官を更迭してヘンリー・L・スティムソンを陸軍長官に任命するまで、米国陸軍内は近年見られなかった深刻な派閥争いに見舞われていた。背景には、一九三七年に陸軍次官補ルイス・ジョンソン（野心的で陸軍長官のポストを狙っていると就任直後から噂されていた）が、陸軍の防衛能力を急速に高めようとしたのに対し、ウッドリング陸軍長官と参謀本部が慎重論を唱えていたことがあった。陸軍長官と陸軍次官補との個人的な対立も災いした。この事態は、ジョージ・C・マーシャルが一九三九年九月に参謀総長に就任した後も続き、沈静化したのはスティムソンが陸軍長官になってからであった。

マッカーサーは、朝鮮戦争勃発前後、ジョンソンと再び奇妙な共通点を持つようになる。ハリー・S・トルーマン大統領は、一九四八年の大統領選で多額の選挙資金を提供したジョンソンを国防長官に抜擢した（ちなみに、副国防次官は、ローズヴェルト大統領の秘書で、マッカーサーを尊敬していたスティーヴン・アーリーであった）。ジョンソンは、一九四九年八月に『中国白書』がトルーマン大統領とディーン・アチソン国務長官の判断で刊行されてから、同年一二月から五〇年一月まで国家安全保障委員会（NSC）で審議された政策綱領NSC48について、台湾の防衛を米国が担保すべきとの主張を唱えた。この点について、マッカーサーは同感であった。しかし、統合参謀会議では、大統領と国務長官は異なる判断を下し、同文書では、台湾を反共の拠点として重要であると判断したものの、軍事援助など台湾に対する支援には言及しなかった。

一方、マッカーサーは、ジョンソンと統合参謀会議が、アチソンとともに推進しはじめた対日講和に関する日米交渉に反対で、しかも長期間日本を米国の軍事拠点としてさらに積極的に利用することについて批判的であった。朝鮮戦争が一九五〇年六月に勃発すると、マッカーサーは、対日講和と対台湾軍事援助の推進を唱えた。マッカーサーは、その一方で対外退役軍人協会の機関誌に政権批判のコメントを寄せた。トルーマンは、ジョンソンにマッカーサーを厳重注意するよう命じたが、安全保障政策面では、マッカーサーと同調するタフト上院議員を支持しはじめていたジョンソンは、これを拒んだ。その結果、トルーマンは同年九月ジョンソンを解任し、後任にマーシャルを任命した。(9)

(2) ケソン大統領とマッカーサー

マッカーサーとケソンがあてにしていた、米国から払い下げの旧式の武器・弾薬は、一九三六年一〇月から輸送開始されたものの、想定よりはるかに小規模な量しか送られて来なかった。また、フィリピン国防軍が必要としていた魚雷艇や飛行機も、マッカーサーの一九三七年訪米時における陸海軍への要請などの努力にもかかわらず、ほとんど満たされなかった。(10)

予備役の訓練も、フィリピン人の衛生教育や、基礎教育（識字率の向上など）そのものから手掛ける必要があり、また、多民族社会であったため訓練に有効な共通言語を確立できないなど、想定された訓練とはほど遠いものとなった。こうしたことが背景となって、一九三八年、ケソンは、マッカーサーが推進しようとしてきた国防軍構想をやめ、既存の警察部隊を中核とする軍隊の編成に切り替えた。ケソンは、独立を一九三九年か四〇年に行うことを主張し、国防軍の創設をそれまでに完成させようと言っていた時期があり、このような姿勢は国防計画策定をめぐる混乱に拍車をかけた(11)。

一九三五年一一月にフィリピン・コモンウェルスの初代大統領に就任したケソンは、翌年の二月頃からマッカーサーの働きかけで、彼をフィリピン陸軍の元帥に任命することを検討しはじめた。フィリピン議会は、オードが中心となって米国を出発する前に策定した国防計画法を一九三五年一二月に可決していたが、同法はマッカーサーの要望を取り入れて、軍事顧問団長を元帥に任命するという文言が挿入されていたからである。アイゼンハワー、オード、デーヴィスも将軍職に任命するというケソンの意向をマッカーサーがアイゼンハワーに告げると、アイゼンハワーは、誇り高い米国陸軍の大将がバナナ共和国の高級軍人に成り下がることを考え直すよう懇請し、両者は激論を交わすことになった。アイゼンハワーは、実体のないフィリピン国防軍の将軍になることは、アイゼンハワーたちを見下す米国陸軍からの協力を得にくくするばかりでなく、かえってフィリピン人に対する権威と威厳を傷つけるという見解に基づき、オード、デーヴィスと共同歩調をとりながらケソンの打診を丁重に断ったのであった。アイゼンハワーは、八月にマラカニアン宮殿で行われたマッカーサーの元帥就任式典をただあきれて見るばかりであった。一九三七年一〇月、それまで二年間マッカーサー率いる軍事顧問団の副軍事顧問を務めていたアイゼンハワーは、軍事顧問団ではマッカーサー元帥に次ぐ地位である参謀に就任した。マッカーサーがフィリピン軍元帥に就任する数カ月前、マッカーサーとケソンがともに気に入る米国軍人が現れた。フェラーズである。

(3) ボナー・フェラーズ

ボナー・フェラーズ(一八九六〜一九七三)は、イリノイ州リッジファームの農家の長男に生まれた。彼には一九三四年に亡くなった姉がいた。クエーカー教徒の家に生まれた彼は、同教徒たちの子弟が進学していたインディアナ州のアーラム大学で最初の二年間勉強をした。このあと、イリノイ州選出の実力派の共和党下院議員ジョゼフ・キャノンの推薦を得て、ウェストポイント陸軍士官学校への編入学がかなった。フェラーズは、陸軍士官学校を一九一八年六月に卒業すると、陸軍中尉への任官となった。ちなみに、彼の人生を左右するマッカーサーは、同校を一九〇三年に首席で卒業した。同期には、第二次世界大戦中のマンハッタン（原子爆弾開発）計画の責任者レスリー・グローヴズ（一九四二年九月准将、一九四四年少将、一九四八年中将）や、フェラーズと同様対日占領期マッカーサーに仕えたヒュー・ケーシー（一九四二年一月に准将、同年六月に少将）がいた。ケーシーは、ウェストポイントを三番（グローヴズは四番）で卒業し、一九三七年から三九年、そして、一九四一年から四九年までマッカーサーに仕え、一九四一年以降はマッカーサーの工兵担当の総責任者を務めた。マッカーサーは、ウェストポイント卒業後工兵畑を歩んでいたことがあり、有能なケーシーを重宝し、バターン半島脱出時、マッカーサーに同行した一六人のスタッフの一人であった。一九三七年から四〇年の時期のケーシーは、ウェストポイントの同期で親友のルシアス・クレイ（一九四二年に准将、一九四五年四月に中将、一九四七年に大将に昇進して、退役するまでの二年間米国のドイツ占領地域の責任者を務めた）とともに工兵（治水とダム建設計画担当）の任務にあたった。なお、ケーシーは、一九四一年九月再びマッカーサーのもとへ行くまでの一年間首都ワシントン周辺部に建設されることとなった、のちの国防総省本部の建設デザインの中心的役割を、主計総監室建設部工兵デザイン班長として担った。[12]

フェラーズと同様、一九一八年卒業組のグローヴズ、ケーシー、クレイは、フェラーズより早く准将に昇進していたが、フェラーズ自身、北アフリカより一九四二年八月に帰国後、一九四二年一二月には准将に昇進した。陸軍士官学校卒業直後、フェラーズは一九一九年六月から一〇月まで欧州を視察している。一九二〇年代は、沿岸砲兵学校基礎科と化学兵器戦争学校野戦将校科目を受講していた。この時期の海外勤務は二回フィリピンで行われ、初回は、一九二一年六月から二三年九月であり、二回目は、一九二九年九月から三一年一一月であった（三回目のフィリピン勤務は後述する一九三五年一〇月から三八年四月である)。

フェラーズは、一九三三年から二年後に卒業するまでカンザス州陸軍指揮参謀学校で過ごした。この時期の同期生の一人に、アイゼンハワーが第二次世界大戦中、欧州で米軍の総司令官を務めたさい、その参謀であったウォルター・ベデル・スミス(一九四二年二月准将、一九四三年少将、一九四四年一月中将、一九四六〜四九年駐ソ米国大使、一九五〇〜五三年中央情報局〔CIA〕長官)がいた。同校およびウェストポイントでフェラーズの一期下には、第6章と第10章に登場するアルバート・ウェデマイヤーがおり、両者は親しい間柄であった[13]。

フェラーズは、一九三六年八月、著名なジャーナリストであったフレージャー・ハントとその家族にマッカーサーとの出会いについて語る書簡を送っていた。ハント夫人はリッジファームのフェラーズの実家と親交があり、フェラーズを幼少期からよく知っていた。フェラーズは、一九三五年マニラ入りして間もなくマッカーサーに呼ばれた。用件は、ケソン大統領とマッカーサーとの間の連絡係にならないかというものであった。フェラーズは陸軍士官学校卒業後、参謀総長であったマッカーサーを表敬訪問しており、そのさいマッカーサーはフェラーズに好印象を持ったようで、フェラーズがコレヒドール勤務でなくなることを知るや、同地でフェラーズにポストを提供できるかもしれないと示唆した。この人事についてフェラーズの上官であった在比米国軍総司令官のチャールズ・キルボーン将軍は直接関与しておらず、むしろ反対であった。フェラーズの指名は、マッカーサーが直接行ったようである。しかし、キルボーンをはじめとするマニラの米国人将校たちの多くは、有色人種であったケソンの下で働くことを嫌がっており、フェラーズはマッカーサーからの人事異動の要請を受け入れてからこのことに気づいたのであった。

フェラーズは、ケソンに付き添ってフィリピン各地と香港の視察を行った。マッカーサーは、自身とケソンとの連絡係役を国防計画策定案担当を兼任するアイゼンハワーからフェラーズに変えたのであった。ただし、これはアイゼンハワーがケソンと直接会うことを妨げるものではなかった。マッカーサーがそのような措置に踏み切るのは後述する翌年春になってからである。

フェラーズは一九三六年六月フィリピン版米国指揮参謀学校を目指す予備役将校養成学校の初代校長に就任した。この学校には、一五七人が入学した。全員がフィリピンのエリート階層を構成する人々であり、うち四人はフィリピン議会の政治家でもあった。フェラーズは、こうした受講生と親交を深めたのであった。彼が特に一目置いたのが、ケソンの後継者と当時からささやかれていたマニュエル・ロハス下院議員であった。ロハスは、一九三八年から四一年まで、ケソン内閣の蔵相を務め、日米開戦の直前上院議員に選出されていた。一九四六年にフィリピンが米国から独立したさい、フィリピン大統領に就任し、一九四八年に急逝するまでその職にあたった。

フェラーズはこの学校へ視察に来たマッカーサーとケソンにさらに気に入られるようになった。フェラーズは、マッカーサーの国防構想、すなわち一〇年がかりで毎年四万のフィリピン人の兵力を養成し、この兵力が世界最強の米国海軍の一翼を担う在比米国海軍の軍港を守備することを賞賛していた。フェラーズはこの構想でフィリピンは効果的に防衛されると確信しており、日本がフィリピンを攻撃することはありえないと考えていたのである。なお、フェラーズに訪れたこのような転機の反面、彼とアイゼンハワーとの関係は一九三七年秋以降、生涯にわたり仇になるのであった。(14)

（4）マッカーサーの結婚と訪米

ジーン・フェアクロスに結婚を申し入れたのは、マッカーサーであった。ハッチンソンはそのような申し入れをするようなことはなかった。一九三六年暮、フェアクロスのところにマッカーサーより使者がかけつけ、午後マッカーサーの執務室があるマニラ砦（イントラミューロス）の最上階を訪ねるよう依頼した。マッカーサーの執務室を訪ねると、彼はフェアクロスに求婚したのである。彼女は二つ返事で了承した。婚約のことは、間もなく始まるマッカーサーとケソン大統領の訪米の関係でマッカーサーが米国に到着するまでのしかるべき時期まで極秘にすることが二人の了解事項となった。

それからまもなくフェアクロスは飛行機でロサンゼルス在住の義理の姉の実家へ行き、そこでマッカーサー一行が到着するまで過ごしたのであった。帰路のパンナム機には偶然ながら当時マニラで弁護士をしていた知り合いのコートニー・ホイットニーが乗り合わせていた。フェアクロスがテネシー州の故郷に戻るためロサンゼルスから列車に乗る直前、マッカーサーとケソンたちが日本経由の船旅でロスに到着した。彼女の列車が出発するにあたりプラットホームにタキシード姿の紳士が二人、彼女に手を振っていることに気がついた。マッカーサーとフェラーズであった。

一九三七年一月、ワシントンで開催される次期フィリピン高等弁務官の就任式出席のためケソンが訪米したさい、その随員として同行したマッカーサーは、オード、ケソンの連絡係のフェラーズ、デーヴィスなど若干名の軍事顧問を帯同した。アイゼンハワーは留守番役であった。ローズヴェルト大統領は、一九四六年より前倒しの独立をフィリピン出発後も公の場で演説していたケソンを煙たがり、一時大統領官邸は、大統領とケソンの会談を、大統領はほかの公務に忙殺されているとして、拒んだこともあった。マッカーサーは、会談を行うようローズヴェルトを説得することに成功した。ケソンはワシントンで大統領と会談を行い、独立を早めることは却下されたものの若干の経済的優遇措置を得たのであった。

マッカーサーは、このあと、ケソンたちとメキシコへ行き、途中先に米国へ戻り、二つの重要な私事を行った。一つは、首都ワシントンの国立戦没者墓地に眠る父親の墓の横に母親を埋葬したこと、二つ目は、結婚式を挙げることであった。四月三〇日、マッカーサーとフェアクロスはニューヨーク市庁舎でデーヴィスとハワード・ハッター少佐が証人として見守るなか結婚の誓約を交わしたのであった。フェラーズはこの時点で欧州へすでに出発していた。式を済ませると、このことは米国の多くの新聞で話題になった。マッカーサー五七歳、フェアクロスは三七歳であった。

ケソン一家とマッカーサー夫妻は五月にフィリピンへ戻った。ケソンとともに欧州とソ連を視察する予定であったフェラーズは、マッカーサーとケソンの要請で単身欧州・ソ連・中国東北部・日本経由でフィリピンに八月に戻ったのであった。そのさい、フェラーズはソ連・日本視察の報告書をケソンとマッカーサーに提出した。

マニラ到着後、ジーン・マッカーサーは、自宅で病気療養中のアイゼンハワー夫人がマッカーサー邸（マニラホテルのペントハウス）の階下に住んでいた関係で頻繁に見舞っていた。マッカーサー夫人はアイゼンハワーと大変親しかったが、アイゼンハワー夫人とは特に懇意であった。一方、彼女は、親戚の多くがテネシー州出身であったフェラーズと彼の夫人とも大変懇意になった。フェラーズ夫妻とマッカーサー夫人は生まれたのが一八九〇年代後半と同世代であった。マッカーサー夫人はマッカーサーとアイゼンハワーとのぎくしゃくした関係は知る由もなかった。(15)

3　フィリピン国防計画をめぐる対立——マッカーサー、フェラーズとアイゼンハワー

フェラーズを生涯苦しめる事件はアイゼンハワーがマッカーサーにより軍事顧問団の参謀に任命される四、五日前に起きた。この事件については、フェラーズ、マッカーサーと親しかったジャーナリストのハントが一九五四年に刊行したマッカーサーに関する著書で紹介しているが、そこではオードとアイゼンハワー、特にオードが、間もなく軍事顧問を解任される予定のマッカーサーの頭越しに、当初検討されていたフィリピン国防軍の規模を大きくし、それに見合う予算の増額を行うことをケソンに提言していたことをマッカーサーが知り、その結果この二人とマッカーサーとの良好な関係が永遠に破壊されたと記述されている。ハントは事実関係を誤解していたかもしくは歪曲していた。(16)

この時期、アイゼンハワーのマッカーサーに対する怒りは頂点に達していた。その前兆はマッカーサーが米国から戻った直後から始まった。七月九日の日記(17)で、アイゼンハワーは、同僚デーヴィスからマッカーサーがデーヴィスに

部下に関する不満をぶちまけていることを知らされていた。マッカーサーは、軍事顧問団のスタッフのなかに「高慢で自己中心的」また自分が必要不可欠であると自惚れている者が何人かいると述べたのであった。アイゼンハワーは、マッカーサーが、自分やオード、デーヴィスのことを述べているのだと思い、もともと進んでフィリピンに赴任したのではなく、いつでも米国内の軍の勤務に戻る覚悟であることは以前からマッカーサーに直接伝えてあるので、いまさら再びこのことを告げる必要はあるまいと日記に記したのであった。八月に入るとアイゼンハワーは早ければ来年の夏にオードとともに健康管理のために帰国する可能性があることを述べた。当時両者は、陸軍省からフィリピン軍事顧問団に出向中の身分であり、人事制度上この身分を継続できた年限が四年であった。アイゼンハワーはその年限にあたる一九三九年秋より一年短い時期を示したのであった。この発言に対してマッカーサーは驚いた表情を見せ、アイゼンハワーもオードも彼らが望むのであるならばずっと自分の下で働けると述べたのであった。[18]

フィリピンに赴任して二年間、アイゼンハワーはオードとともにマッカーサーが楽観的にケソンに約束してきたフィリピン国防軍の立ち上げに奔走してきた。彼らからすると、マッカーサーとケソンが要求する予算額では満足な軍隊を組織化することは無理難題であったが、彼らは何とかしてマッカーサーとケソンの期待に応えようとしてきたのであった。在比米国陸軍直属のフィリピン人部隊を除いて、フィリピンには独自の国軍は存在せず、その国軍を立ち上げるには、フェラーズが担当した士官の養成学校の立ち上げ、徴兵制の制度化と兵隊の訓練場の開設と効果的な訓練の実施といった問題を解決していかなければならなかった。アイゼンハワーとオードは、国防軍を立ち上げて運営する能力が——パオリーノ・サントス参謀総長と（参謀総長ほどではないが）バシリオ・バルデス副参謀総長を除いて——フィリピン人にあるのか懐疑的であった。[19]また、米国陸軍の戦争計画関係者は、フィリピン国防軍の立ち上げが実現されるのか懐疑的であり、フィリピン国防軍の立ち上げが日本を刺激するのではないかと危惧し、国防軍の結成によりフィリピンの財政が破綻するリスクを考えれば既存の警察と警察隊を強化してその主な任務は国内秩序を主眼としていったほうが無難ではないかと考えていた。米国政府は、アイゼンハワーやオードが要望する旧式の兵器を低価格でフィリピンに与えること自体渋る有り様であった。ローズヴェルト大統領は一九三六年一一月の大統領選前に孤立主義の反軍拡主義が根強い米国内で不評となりうる対外軍事援助を回避したい意向であったため、フィリピン国防軍構想にもともと冷淡な陸軍省がアイゼンハワーの要望の一部に応えたのは一九三七年に入ってからであった。一九三六年秋、ローズヴェルトとしては日本がフィリピンを攻撃してきた場合は、米国は同島を防衛しきれず、米軍はいったん島外に撤収したのち島伝いに失地回復を行うと予想していた。彼としては、日米がこれ以上太平洋の島々を軍事化しないという合意を達成させることがフィリピンを守る最善の道であると考えていた。

マッカーサーは、たびたびアイゼンハワーとオードに対して国防計画の内容などで激しく叱責した。オードはおとなしく我慢するほうであったが、アイゼンハワーは、マッカーサーとケソンが要請する予算上の制約ではこの二人の指導者が望む質量の軍隊は結成できないと反論したのであった。その結果、マッカーサーはアイゼンハワーにさらにきつくあたった。[20]アイゼンハワーとオードは、フィリピン入りして以来たびたび国防計画案に関するケソン・マッカーサー会談を一週間に一回の割合で行うことを懇請したが、マッカーサーは拒否し、この問題を部下に丸投げしていたのであった。

一九三七年八月下旬になると、アイゼンハワーはオードに対しその悩みを手紙に認めた。彼とオードが策定した国防予算案が、金額面でマッカーサーがケソンに当初告げた額をはるかに上回っていると、ケソンがアイゼンハワーに言っていたことを、（マッカーサーの命令で陸軍省からフィリピン国防軍用に必要な物資を確保するため再び渡米していた）オードに報告したのであった（九月一日）。このことは、訪米中のケソンが国防予算案の増加に理解を示していたというオードの報告[21]とは正反対の反応であり、アイゼンハワーにとっては大変ショックであった。彼としては、このような予算案の増額は、コスト上昇や緊急支出などで説明がつくと思っていたが、ケソンの懸念ももっともであった。

アイゼンハワーが八月二五日に日記[22]を書いた時点で、彼はその前週から後述する本国からのマッカーサーに対する人事異動問題に忙殺されていた。その間、マッカーサーに叱責されたり、国防予算案の規模についてケソンが怒っていることを気にして苛立っていたのか、彼はマッカーサーが自分の考えに完全に同調するイエスマンを好む傾向があると日記で激しく非難している。彼のこうした不満と見解は、マッカーサーの指示でケソンとマッカーサーの連絡係を一九三六年秋以来務めていたフェラーズに向けられた。アイゼンハワーは、フェラーズをマッカーサーの「ブーツなめの名人」と揶揄した。彼は、イエスマンの典型としてフェラーズを考えていたのである。

一九三七年夏、米国での公務のほか、フィリピンで一年前に亡くなった母親の埋葬および四月の結婚を済ませてマニラに戻ったマッカーサーは、人生の岐路に立っていた。マッカーサー少将を退役させ、マニラから追い出したいローズヴェルト大統領の意向を反映して、陸軍参謀長はマッカーサーにフィリピン軍事顧問の任期は四カ月後の一九三七年一二月末日で終了すると告げた。この通知を受けて、マッカーサーは陸軍省が示す人事に従う意向を示したが、九月中旬彼は方針を一転、退役する意向を陸軍省に打診した。彼としては、九月になって判明した米国内の具体的なポストが、魅力的でなかったからである。元参謀総長であった自分が誰かの指揮下に置かれるのが嫌だったのである。他方、マッカーサーは帰国するつもりはなく、ケソンは彼を軍事顧問として、しかも高額の給料も従前通りのままで、任命する承認をフィリピン議会から得ることに成功した。同議会内にはマッカーサーの高給が財政難に陥っているフィリピン政府にとって不適切であるという指摘が一部の議員の間で存在していたが、ケソンはそのような見解を押し切ってマッカーサーを支持したのであった。ケソンは、マッカーサーが推進してきたフィリピン陸軍の創設と国防計画の完成を強く望んでいたため、マッカーサーを支援したのである。しかしながら、その一方でケソンは、マッカーサーに不信を抱きはじめ、距離を置くようにもなっていた。一九三七年八月一八日、フィリピンに戻った直後に米国政府がマッカーサーを一〇月に帰国させる命令を下したことを知ると、マッカーサーがフィリピンに留まりたい意向を明確にした九月中旬以前の段階でケソンはアイゼンハワーに接近するようになったのである。加えて、前述のごとく一九三七年八月下旬になると、国防予算がマッカーサーがケソンに当初知らせた額をはるかに上回っているとアイゼンハワーに告げたのであった。

一〇月八日のアイゼンハワーの日記はいつもより長く、その日の「事件」とそれに対する感想が赤裸々に記されている。その前日の晩、ケソンはマッカーサーを呼び出し、マッカーサーが軍事顧問団になった時点で約束していた質量のフィリピン陸軍創設のための国防予算案の規模に関し、提示されていた金額をはるかに上回る額となっていることについての説明を求めた。ケソンとしては、予告なしの国防予算増額であり、このような増額を議会にどう説明すべきか困惑していると述べたのであった。マッカーサーはこのような「変更」について何ら部下より知らされていないとケソンに告げた。定期的なケソン・マッカーサー会談を希望していたアイゼンハワーとオードの懇請にもかかわらず、日頃から国防予算案について両者へ丸投げしていたマッカーサーは、国防予算案を自分の了解なく「変更」したとし、アイゼンハワー、オード、デーヴィスを激しく叱責したのであった。アイゼンハワーは、マッカーサーがケソンに二年前約束した質量のフィリピン陸軍創設のためには、当初予想していた金額を上回る予算が必要である旨、一九三六年六月以来覚書などで伝えていることを、激しく叱責するマッカーサーに指摘したのである。結局、マッカーサーはこのような予算案の増額は、部下から知らされていなかったとし、アイゼンハワーらが聞いたこともない国防予算案（詳細は不明）について話しはじめたのである。そしてもしも自分のこの判断に不満であるならば辞任するようたたみかけたのであった。

アイゼンハワーはこの日の出来事により、マッカーサーにほぼ愛想をつかした。彼からすれば、マッカーサーは、自分の上司、部下とおそらく自分自身にも嘘をつき、高給・地位・マニラホテルのペントハウスの自宅の既得権益を守るために「正直、率直さ、責任感」を喪失した人物であった。マッカーサーは、世界は自分を中心に回っていると思い込み、傲慢で、ケソンと意見が対立して分かれたさい、ケソンを「あの高慢な猿」とはき捨てるように揶揄したり、米国陸軍関係者を誹謗中傷したりする人物であった。また、アイゼンハワーは、フーヴァー大統領に呼ばれたマッカーサーが、自分を副大統領候補に抜擢する相談に違いないと妄想していた頃のマッカーサーを思い出したのであった。彼は、マッカーサーほど、自分に関するちょっとした新聞・雑誌記事でいちいち一喜一憂する人物はおらず、これほどどうしようもない人物はいないと思っていたのであった。アイゼンハワーは、自分自身怒りがおさまらない状況では冷静な判断ができないと思い、とりあえずマッカーサーがここ数日のうちに決める退役をするか否かの判断を見極めようと考えていた。アイゼンハワーはフィリピンの陸軍創設に目処がつくまではマニラに留まる所存ではあったが、マッカーサーがマニラに留まり、また、その傍若無人な振る舞いを続けるならば早めに帰国するように努力する意向でもあった。

この「事件」の一部始終を見ていたのが、ケソンへの連絡係としてマッカーサーに臨席を命じられていたフェラーズであり、アイゼンハワーはフェラーズが同席していることをうっとうしく思い、「イエスマン」フェラーズに対する嫌悪感を強めていったのである。アイゼンハワー日記の原本では、一〇月八日の出来事を記述したさい、マッカーサーの政治的野心とエゴがその判断力を破壊し、その結果フェラーズのような無批判的に彼を崇拝する人物を周囲に配するようになったと分析している(23)。

結局、マッカーサーが年末に退役することを米国政府に伝えたほぼ同時期にあたる一〇月一三日、(やはり同時期軍事顧問団の参謀に抜擢された)アイゼンハワーはマッカーサーの命令で、ケソン大統領の議会向けの国防予算増額の理由に関する覚書を作成したのであった。その主な内容は、一九三五年一一月にケソンが議会に示した一〇年で一・六億ペソの当初予算案は、五〇〇〇万ペソを上回る増額となったことである。またその理由は、①一九四六年より早めに独立する可能性に対応すべく、前倒しで、兵力の養成と確保、空軍と海軍の早期創設が必要であり、また、②必要な兵器や物資を、国際情勢の悪化に伴い米国などが中立を宣言することで軍事関係の物資の販売に応じることが難しくなる前に、前倒しで購入する必要があり、③一九三五年に想定していなかった物資やサービスのコストが上昇したためであった。こうした国防予算の増額は、予算のほかの項目を圧迫するものではなく、国防予算は、フィリピン人の識字率向上・職業訓練・健康管理の向上やフィリピンの資源開発にも寄与しているとアピールしたのであった。アイゼンハワー軍事顧問団参謀長はこうしたケソンとマッカーサーの方針転換を支えたのみならず、議会に提出した国防予算案を低く見せる小細工さえも行った。[24] 彼はまた、マッカーサーの国防計画案をフィリピン政府に対して弁護したりもした。

一九三八年一月三〇日、アイゼンハワーの親友でともに国防計画を推進してきたオードがバギオで起きた航空機墜落事故で死亡した。当時病気療養中のアイゼンハワーは、親友にして職場の戦友であるオードを失い悲嘆にくれた。[25] 退院後のアイゼンハワーは二月一五日の日記にマッカーサーがこの数カ月の間、いかに自分を警戒しはじめているかについて書き記した。アイゼンハワーは、マッカーサーが以前オードについての悪口を自分に言ったり、オードやデーヴィスに自分についての悪口を言っていたことを思い出した。この時期、米国陸軍省は、在比米国陸軍と軍事顧問団との協力関係の組織化を要請していたが、アイゼンハワーからすれば、このことをマッカーサーが渋っていたのは軍事顧問団にいた米国陸軍からの出向者のなかで一番高い位にいたアイゼンハワーが自分の地位を脅かすのではないかと警戒していたからであった。また、フィリピン政府がアイゼンハワーの給与を倍増しようとしたさい、マッカーサーが微増しか認めなかったのは、脅威になりつつあったアイゼンハワーを早く追い出したい証左であると考えたのであった。[26] アイゼンハワー、オード、デーヴィスは、昨年一〇月の「事件」は、マッカーサーが自己保身のために自作自演した腹黒い策略であったことを見抜いていたのであった。[27]

オードの死亡後、マッカーサーは、自分に従順なフェラーズをオードの後任として使えないかと考えた。このためおそらくアイゼンハワーはフェラーズへの嫌悪感をさらに強めたのであろう。マッカーサーは、フェラーズに自分が考えている一九三五年秋以来の見解（年間一六〇〇万ペソで四万人の兵力養成）を国防計画に反映できないかと相談したものの、四月六日のアイゼンハワー日記によると、アイゼンハワーは、年間二万人というオードとともに行った従来の主張を繰り返したのであった。[28] この時点では、国防計画についてマッカーサーもケソンもアイゼンハワーも様々な変更点を有していた。ケソンは、アイゼンハワーに警察隊の予算項目を陸軍から切り離すなどの提案を行い、アイゼンハワーはこうした提言に同調した。しかしながら、マッカーサーは途中からアイゼンハワーにケソンからの会談要請を以後無視するように命令した。マッカーサーは、ケソンと積極的に会おうとしないため、軍事顧問団とフィリピン政府との連絡は混乱した。

一九三八年春、フェラーズは陸軍省から陸軍大学合格の通知を受け取った。マッカーサーは、同大学へ行くより自分のもとで仕事をするほうがより学ぶことが多いと述べたが、フェラーズは入学を希望したのであった。マッカーサーは、フェラーズの卒業後マニラに呼び戻すことも示唆した。ケソンもマッカーサーと同様の見解で、実際フェラーズを呼び戻そうとしたようである。しかし、陸軍省は、マッカーサー指揮下の人員数を増やすつもりはなく、また、フェラーズが最近二年以上熱帯地方勤務であったことから了承しなかったのであった。[29]

4　アイゼンハワーの帰国とフィリピン国防計画の軌道修正

陸軍省よりフェラーズに陸軍大学入学の命令が下された同時期、リチャード・K・サザーランド大尉（着任直後に中佐に昇進）がオードの後任として中国天津の第一五歩兵連隊から異動してきた。サザーランドは後にアイゼンハワーの後任として参謀長に就任し、太平洋戦争中マッカーサーの最も中心的な側近になる。マッカーサーは、一九一六年のイェール大学卒業生で父親がウェストヴァージニア選出の上院議員（一九一七〜二三年）であったサザーランドを着任直後から気に入っていた。[30] アイゼンハワーも着任早々のサザーランドを気に入り、仕事の面で自身の負担が減ることを期待したのであった。[31]

一九三八年六月から一一月、アイゼンハワーはマッカーサーの命令で米国に行き、陸軍省とフィリピン陸軍が必要とする物資の確保と兵器工場視察のための交渉にあたった。しかしマニラに戻ると、渡米前のスタッフの陣容を自身への予告なく変更されてしまっており、かつ、自分の職務内容もフィリピン大統領府とフィリピン陸軍に影響力を行使できない「学術的」なものにされてしまっていたのである。マッカーサー自身が事実上参謀を兼任するような組織になっており、アイゼンハワーには、動員計画とそれに関連する訓練や教育に関する政策策定や調査を行う任務が与えられていた。

アイゼンハワーは、これは自分の影響力拡大を恐れるマッカーサーの仕打ちであると考えた。前述のように一九三八年二月にケソン側からアイゼンハワーの給与や生活手当などについて待遇改善の動きがあったさい、マッカーサーは、大幅な待遇改善を原案より抑制的なものにとどめさせたが、一九三九年の帰国直前にも同様のことがあり、これらについてアイゼンハワーは、ケソン側とマッカーサーが共謀して彼を追い落とそうとする陰謀であるという受け止め方をしていた。

この時期のケソン、マッカーサー、アイゼンハワーの間には疑心暗鬼が渦巻いていた。マッカーサーをはじめとする米軍関係者は、一九三八年ケソンの訪日以降、ケソンが、日本に対しフィリピンが中立国となった場合、対比侵攻を行わない約束を取りつけようとしているのではないかと疑っていた。

アイゼンハワーは、少しでも早く帰国できるよう努力しようと決心した。だが、帰国は彼が予想していた一九三九年の年末ではなく、さらに四カ月余りの米国出張を勘案して一九四〇年三月になることが判明した。ただ、最終的には交渉により帰国予定日をなんとか一九三九年一二月にすることができた(32)。

ケソンは、一九三九年半ば、人員と物資の面で質量ともに優位にあった警察隊を陸軍から分離すると同時に、予算措置の面で警察隊を陸軍を犠牲にして優遇する決断を議会に行わせた。同年三月上旬、マッカーサーは、このことについてケソン大統領に強い不満を打ち明けていた(33)。

人事の面でもマッカーサー配下のフィリピン軍スタッフに、国防計画に疑問を抱く軍人をケソンは送り込んだ。一九三八年一二月の人事で、マッカーサーの国防計画に理解を示してきたフィリピン軍のサントス参謀総長の後任は、オスメニャ副大統領と親密なバルデス少将が就任した。バルデスは、マッカーサーの国防計画は、仮にそれが完全に実現したとしても、日本の対フィリピン攻撃のさい、日本のフィリピン上陸を防ぐことはできないと考えていた。

国防計画に回す予算も一九三九年から四〇年にかけて大幅に削減され、海軍と空軍の創設は実現されなかった。一九三九年一一月になると、一九三八年五月にケソンが議会に提案して同年秋に可決されたフィリピン国防省が創設されることとなった。ケソンが同省を創設する構想を一九三八年以前から抱いていたことをアイゼンハワーは知っていたが、マッカーサーの反対で阻止されていた。マッカーサーは、ケソンの決断に猛反対し、食い下がったが、説得に失敗した。アイゼンハワーは、マッカーサーにこの件で意見を求められたさい、同省の創設は、既存の安全保障関連の組織との関係では無駄であると思うものの、反対はしないと述べた。マッカーサーは、フィリピンの国防予算の堅持をケソン政権に要請し、また、フィリピンの中立化に反対であった。ケソンは、国内の治安維持のための武装警察隊の拡充は推進する意向で、フィリピンの中立化については否定した。しかし、フィリピンの防衛について、国防相に就任したテオフィロ・シソンは、フィリピン独立まで米国にそれについて主要な義務があると断言したのであった。マッカーサーは、自身の国防計画を実現すれば、万一日本がフィリピンへ侵攻してきた場合、相手方に五〇万人の負傷と五〇億ドルの損害をもたらすであろうと論じたのであった。

しかし、国防省の創設とともに、マッカーサーとフィリピン軍は、ケソンとシソンの明確な許可なく、装備の購入、軍事訓練のための入隊者の拡充、軍事施設の拡充ができなくなった。欧州で第二次世界大戦が勃発すると、ケソンは、フィリピンの歩むべき道は、軽武装路線であると明言するようになり、一九四〇年度の国防予算は、前年度より一四パーセント以上削減され、一九四一年度はさらに削減された。公立学校における軍事教練は廃止され、ROTC（予備役将校訓練課程）は大幅に縮小された。一九三九年一一月のフィリピン・コモンウェルス創立記念集会で、ケソンは、すべてのフィリピン人を最新鋭の武器で武装させたとしても、フィリピンは防衛できないと述べたのであった。ケソンは、この時期新しくフィリピン高等弁務官に就任したフランシス・セイヤーにマッカーサーの更迭を検討していることを述べた。結局、ケソンはこれは行わなかったものの、マッカーサーは、直接ケソンと会えなくなり、以前とは違い、バルデス参謀総長を経由してマッカーサーとの連絡を行いはじめた。マッカーサーは、ケソンによる冷遇に憤慨した[34]。

一九三九年の暮れフィリピンを去るにあたり、アイゼンハワーはケソンからフィリピンに留まるよう要請されたが、これを丁重に断り帰国した。帰国するさい、ケソンの要請でフィリピン陸軍とフィリピンの安全保障に関する報告書を提出した。このなかでアイゼンハワーは、日中戦争に直面する日本軍が、日米開戦となった場合、フィリピン方面への派兵を小規模にとどめればフィリピンは防衛できようと論じた。ただ、万一水際で防衛に失敗した場合、フィリピンは早々に日本軍に制圧されるであろうと予想した。

アイゼンハワーはいまだ中佐であったが、九月に勃発した第二次世界大戦が米国陸軍の組織を拡張していく可能性とそのなかでの自己の昇進に希望を託していた。彼は、戦争による共産主義の拡散、無秩序、貧困、犯罪などを憂う一方、アドルフ・ヒトラーは一時的には勢力を増すであろうが、全世界を制圧できない限りやがてドイツは破壊されるに違いないと予想したのであった[35]。

一九四〇年におけるフィリピン陸軍の規模は将校四六八人、兵員三七〇〇人に過ぎず、予備兵一三万人は実体の伴わない数であった。大統領との関係も冷却化していたマッカーサーのフィリピンにおける評判は、一九四〇年から四一年、どん底であった。しかしながら、大日本帝国の南進が彼の復活をもたらした。一九四〇年七月、日本は、フランスのヴィシー政府からフランス領インドシナ北部への進駐の承諾を得たが、米国政府は、東南アジアへの日本の進出は、英仏海峡を挟む英独戦争で英国の脅威になり、米国も必要とする東南アジアの資源や太平洋方面の米国領土を脅かすと判断し、日本を牽制する観点から、航空燃料を含む石油や屑鉄の対日輸出を許可制とし、対日経済制裁に乗り出した。こうしたなか、ケソンは、七月に国防予算を大幅に削減した代わりにフィリピン版CCC（Civilian Conservation Corps, 市民保全部隊）の創設を検討しはじめた。しかしこれは、マッカーサーをはじめとする周囲の説得により止められた。またケソンは、八月上旬、米国政府がフィリピン人兵士の給与を補助するよう要請したが、米国政府は拒否した。八月一九日、ケソンは、限定的な非常事態宣言に基づくフィリピン防衛のための経済面と安全保障面の権限を議会から与えられた。しかし、民間防衛のための動員計画や、経済と軍事の動員計画が、ケソン、在比米軍、マッカーサー率いるフィリピン陸軍、フィリピン経済界の間で具体的に議論されはじめたのは、日独伊三国同盟締結後であり、そのペースは遅かった。一九四〇年秋、マッカーサーは、友人で対英支援を呼びかける政治団体の代表でジャーナリストのウィリアム・アレン・ホワイトに、対英支援に同調する意見表明を行う一方、フィリピンの軍事的準備があまりにも遅れており、フィリピンの日本の脅威についての認識があまりにも不十分で、また、対日抑止のための米国とフィリピン、そしてフィリピン国内での連携があまりにも不十分であると嘆いたのであった。[36]

一九四一年四月に策定されたオレンジ計画三は、フィリピンが日本から攻撃を受けた場合、米比軍への援助と来援は否定しなかったものの、これらに関する具体策は言及されていなかった。また、海軍の来援は二年待たねばならないかもしれないという見解を示していた。それまで、米比軍が日本の攻撃に持ちこたえられるのかが懸念材料であった。しかも、一九四一年一月から三月、ワシントンでは、ローズヴェルトの黙認により、米英合同作戦会議（American-British Committee：ABC）が開催され、ＡＢＣ1という作戦計画が米英の将校たちにより作成された。この計画は、米国の参戦を約束するものではなかったが、もしも米英が日独と同時に戦争となった場合、欧州でドイツを破ることを優先し、そのあとに日本を倒すという考えがその根底にあった。この計画では、米国海軍は、太平洋で英国と協力しながら日本の補給線やマリアナ群島の拠点を攻撃する可能性があったが、四月にシンガポールで行われた米英蘭軍関係者の会議では、日本の東南アジア攻撃に対し、米国の陸海軍は英蘭の陸海軍と統合された指揮系統のもとで、共同作戦により対抗する計画を策定した。この米英蘭作戦計画は、高度な政治判断を必要とすること、また、フィリピンの軍事的強化を明確に判断していないなどという理由で、米国の陸海軍首脳により却下された。ただし、日本側は、シンガポールの会議を報道し、米英蘭包囲網が確立されたという印象を強めた。これに対抗する日本の考えは、松岡洋右外相の日ソ中立条約であった。また、当時行われていた日米交渉も四月下旬、暗礁に乗り上げた。[37]

5　帰国後のフェラーズ

フェラーズは、フィリピン軍事顧問団団長マッカーサーに重んじられたことで、マッカーサーの参謀を務めていたアイゼンハワーとライバル関係になった。フェラーズは、帰国後、師と仰ぐマッカーサーとの連絡を書簡によりまめに行った。一方のアイゼンハワーは七年間もマッカーサーに仕えて一九四〇年初頭に米国に帰国した。彼はやがて日米開戦直後、テキサスの第三方面軍の大佐から准将に昇進、参謀の仕事を続けるなかで、マーシャル参謀総長の命令でワシントンの陸軍省に異動する。そしてマーシャルの秘蔵っ子としてごぼう抜きの人事で欧州方面の米軍総司令官になるとは、一九四〇年初めには、当の本人はおろか、誰も予想できなかった。フェラーズとは対照的に、陸軍士官学校の大方の卒業生と同様、アイゼンハワーは政治と政治家を忌避する傾向があった。彼は、帰国後念願の参謀職でない軍の指揮官の仕事を得た。彼はワシントン州フォートルイスの第三師団第一五歩兵隊第一大隊の指揮官として急速に行われつつあった米国軍の兵力養成の一翼を担ったのであった。それでも陸軍内の彼の評判は大変優秀な参謀ということであり、アイゼンハワーとしては今後の昇進を考えた場合、指揮官の経験が短いのがマイナスになると考えていた。一九四〇年秋、彼は陸軍省戦争計画部のスタッフとして異動を命じられそうになったさい、これを回避すべく交渉し、それによるストレスが原因で帯状疱疹になり入院してしまったのである。結局、マーシャル参謀総長を含めた陸軍上層部は、彼をフォートルイスの軍隊付一般幕僚とし、彼の要望を聞き入れたのであった。翌年三月彼は第九方面軍参謀に抜擢され、その直後念願の大佐へ昇進となった。アイゼンハワーは、軍人としての人生が大佐どまりであると考えていた。一一月になるとテキサスの第三方面軍参謀に転出した。アイゼンハワーと士官学校の先輩であったジョージ・パットン大佐とは一九一九年以来親しい関係にあり、その後第二次世界大戦後の対独占領政策をめぐってアイゼンハワーがパットンを解任することになるとは誰も予期できなかった。[38]

前述のように一九三八年春、フェラーズに再びキャリア・アップのチャンスが訪れた。陸軍省は彼を陸軍大学へ入学することを命じた。後日フェラーズが友人に述懐したように、マッカーサーは彼を引きとめたのであるが、この命令はフェラーズには願ってもない機会であった。この結果マッカーサーは再びアイゼンハワーに依存せざるをえなくなったのであった。フェラーズは帰国するにあたり、ケソンより勲章を得た。大学卒業後のフェラーズは一年間母校の陸軍士官学校で教鞭をとり、国語の講師を務めた(39)。なお、フィリピン時代のフェラーズに関する人事考査は高いものであった(40)。

フェラーズは若い頃から米国内政治に強い関心を示していたが、大学で勉強を始める傍ら彼はマッカーサーに米国内政治動向について報告を行った。マッカーサーもフェラーズの国内政治動向に関する報告に少なからず興味を示した。例えば、一九三八年一〇月二五日のフェラーズ宛の書簡で、マッカーサーはミシガン州の選挙における前フィリピン高等弁務官ランク・マーフィーの動向に強い関心を示した。マッカーサーとマーフィーは犬猿の仲であった。州知事に就任したマーフィーは、それ以前からと同様に、マッカーサーのフィリピン防衛計画はフィリピン国内でも非現実的であるという見解を、ローズヴェルト大統領に言い続けたのであった。

この書簡で、マッカーサーはフィリピンの国防計画について簡単な近況を伝えており、前述の警察隊を陸軍とは別の予算項目にしたことについて、マッカーサーは、フィリピン陸軍の予算の圧迫を軽減したと伝えた。また、彼はアイゼンハワーの帰国後参謀長に昇格したサザーランドの働きを高く評価していたのであった。前述のように、サザーランドは、太平洋戦争から対日占領初期のマッカーサーの参謀長であった。

マッカーサーの書簡は、当時ケソンが行った国防計画に関する大きな方針転換を覆い隠すものであった。ケソンは、一九三八年マッカーサーに事前に連絡することなく、休暇を名目に訪日し、日本の要人たちとも会っていた。この時期ケソンは、政権内で彼とはライバル関係にあったオスメニャと関係を親密化していた。オスメニャは、マッカーサーの国防計画はフィリピン経済を圧迫していると、批判的であることで知られていた。ケソンは、日本からの帰国後、マッカーサーがフェラーズに語ったフィリピン陸軍から警察隊を分離する法律をフィリピン議会で可決させた上で、予算配分は陸軍でなく警察隊に多くいくようにした。[41]

陸軍大学でフェラーズはその窮屈なカリキュラムに不満を持ったようであり、また大学で示されたオレンジ計画（おそらくその年に策定された最新版であったオレンジ計画三）についてその有効性に疑問を感じていた。フェラーズのこうした疑問は、フェラーズが陸軍士官学校で国語の講師に就任した頃マッカーサーに宛てた挨拶状のなかで示された。一九三九年六月一日、マッカーサーは、これらについての質問について返信を書き、フェラーズに、士官学校の国語の授業は、マッカーサーが校長を務めていたとき非常に重視していた教科であり、それは明快に自分の考えを論理的に話したり書いたりする上で必要不可欠であると説いたのである。また、陸軍大学のカリキュラムについては官僚的な考えに慣れさせる内容であり、有事における真の指導者はこうした考えに拘泥されることなく自ら率先して物事を解決できることが問われると説いた。

そして、マッカーサーは、その事例として彼が参謀総長であったとき、対日作戦計画であるオレンジ計画について大統領に具申したことをフェラーズに述べた。マッカーサーは、この計画が時代遅れの内容であると見ており、その理由について大統領府の官僚機構を通さずに直接大統領に話したのであった。マッカーサーは、フーヴァー大統領に、オレンジ計画は無用の長物で、日本が米国を攻撃してきた場合、大西洋の二個師団をフィリピンに派兵し、また、メキシコ湾からパナマ運河へ二個師団派兵し、そして西海岸からハワイに二個師団派兵することで十分日本の米国領土への侵攻を防げると説いたのである。マッカーサーによると、フーヴァーはこの見解に同感であった。

マッカーサーがフーヴァーにこう語ったことの意味するところは、以下のようなものである。当時米国陸軍は、フィリピンの独立を容認する米国議会とフーヴァー政権に同調していた。同政権の参謀総長であったマッカーサーは、独立へ移行するフィリピンを米国が防衛することになるかどうかは不透明であることから、オレンジ計画を深く考える必要性を感じていなかったのであろう。マッカーサーは、有事のさい、一番重要なのは作戦を実施する人物の力量であり、オレンジ計画のような時代遅れの計画に拘泥される指揮官は小者であるとフェラーズに論じたのであった。フェラーズに語ったことから分かるように、マッカーサーは、オレンジ計画が想定していたような、バターン半島とコレヒドール島要塞における籠城戦ではなく、フィリピン国防軍の創設と拡充により日本軍のフィリピン上陸を阻止するという、彼がフィリピン軍事顧問団の団長として赴任するときから抱いてきた構想を持ち続けていたのであった。また、彼は、一九四一年一二月二三日、彼自身がオレンジ計画の後継のレインボー計画五を実施せざるをえない状況に追い込まれるとは考えていなかったのである。彼は前述のごとくフィリピン国防軍の創設に希望を託していたからである。

6　一九四〇〜四一年のフィリピン防衛政策

アイゼンハワーがフィリピンにいた頃と同様、一九四〇年から四一年の米国陸軍省はフィリピンの防衛には明確な態度を示さず、消極的であった。一九四一年の秋になってようやくB17爆撃機の増強や軍事物資の供給の加速化をフィリピンに対して行う有り様であった。このような米軍の増強は、一九四〇年半ば以来、マッカーサーとは旧知の間柄であったジョージ・グルナート少将が在比米国陸軍司令官に同年五月に就任して以来、両者が強く要請してきたことであった。マッカーサーは、一九四〇年一二月、陸軍省に対して、米国はフィリピンを防衛する義務があると主張していた。このような考えは、同年一〇月一二日ケソン宛のマッカーサーの覚書でも披露されており、この覚書では、米国政府によるフィリピン防衛に関する明確な態度が必要であり、フィリピンの防衛には、米国陸軍のみならず、米国海軍の積極的防衛関与が必要不可欠であるとされていた。

日米開戦前まで、グルナートの在比米軍もマッカーサーのフィリピン軍も装備と兵力が不十分であったが、前者は比較的よく訓練されていた。ローズヴェルトが、一九四〇年秋の大統領選で三選を果たし、年末に、米国は民主主義の兵器庫を目指すと宣言した同時期、米国政府は、西半球の防衛強化のため陸海軍力を拡充させていった。フィリピンへの軍事援助強化と在比米国軍の兵力の増強は行われたが、その優先順位は、パナマ運河とハワイより低いものであった。

このため、マッカーサー率いるフィリピン軍は、訓練が著しく不十分であった。こうした状況を、一九四一年六月、陸軍省は在比米国軍情報部からの報告で把握していた。マッカーサーは、このような見解を否定し、準備は非常にうまく進んでいることを八月三〇日陸軍省へ伝えていた。

マッカーサーは、一九四一年七月二六日（米国政府が、日本の在米資産を全面的に凍結、またパナマ運河の日本船通過を禁止した日）、在比米国陸軍を統括するために創設された米国極東軍の総司令官として少将の位で現役復帰した（その翌日中将に、日米開戦後、中将から大将に復帰した）。米国政府内では、一九四一年五月下旬には、大統領、スティムソン陸軍長官、マーシャル参謀総長は、この七月下旬に行われた人事を決定しており、マーシャルは、六月下旬、マッカーサーに内々にこのことを伝えていた。四月以来マッカーサーがローズヴェルトの秘書アーリーやマーシャルに行っていた現役復帰と米比陸軍を統括する総司令官就任の働きかけは、彼の思惑通りとなった（これが達成できなかった場合、フィリピン軍事顧問団を解散し、テキサス州サンアントニオへ引退する予定であった）。グルナートは、一一月までマッカーサーのもとで、在比米国陸軍の司令官を務め、帰国した。当時最新鋭の爆撃機B17は、マッカーサーの現役復帰が正式になる直前に、フィリピンへ送り込むことを陸軍長官が大統領に七月二三日提案し、マッカーサーの現役復帰直後から開始された(42)。マッカーサーは、一九四一年秋、日本のフィリピン攻撃は一九四二年春であると考えていた。マーシャルもマッカーサーが同年二月以来唱えるフィリピン軍と米軍が共同で日本の侵略を水際で防戦する考えを支持したのであった。

一二月七日、日本海軍が真珠湾へ奇襲攻撃を行った。奇襲攻撃については、フィリピンのルソン島で八日午前三時過ぎにはラジオで報道されており、マッカーサーはその直前に彼の通信部経由で米国本土の米軍より知らされていた。マッカーサーは、日米開戦前から日本軍による空襲は、日本軍の飛行機の航続距離からして、日本の領土から直接はできないと考えていた。日本軍は、台湾からフィリピンの北辺の島々を中継基地に首都マニラ周辺の米軍基地を急襲した。マッカーサー率いる米軍は、日本軍の飛来を把握して、一部の米軍飛行隊が迎撃すべく日本の飛行隊を探していたにもかかわらず、遭遇せず、その間に、日本軍による空襲で、クラーク空軍基地にあった最新の爆撃機B17は全滅し、また、ルソン島の飛行戦隊は壊滅的打撃を受けたのであった。

当時、フィリピンにあったB17の約半分は、日本の空軍力の圏外にあったミンダナオ島のデルモンテ基地に移送済みであったが、残りは、まだクラーク空軍基地にあった。日本軍の飛行部隊が同基地を急襲したさい、これら爆撃機や戦闘機は滑走路や格納庫に並んでいる有り様であった。真珠湾攻撃で、海軍のハズバンド・キンメル大将と陸軍のウォルター・ショート中将が現地司令官としての責任が問われて処罰されたのとは対照的に、マッカーサーや彼の部下の責任については、調査は行われたものの、処罰されることなく幕を閉じた。マッカーサーがオレンジ計画で想定しているようなバターン半島での籠城と持久戦を決断した一二月二三日、米比両軍は、制空権と制海権を日本に奪われて総崩れとなったのである。(43)

おわりに——フェラーズとフーヴァー

一九三九年の暮れは、マッカーサーにとっては第二次世界大戦が彼の人生にどう影響するか見当もつかない状況であった。一二月、マッカーサーはフェラーズに過去二回の書簡と新聞記事の切り抜きについて礼を述べるとともに第二次世界大戦の今後の展開はまだよく分からないと書いたのであった。彼はまた、フィリピン高等弁務官ポール・マクナットは、政治家としては若輩者で、政治戦略的に優れたローズヴェルトのペースに完全にはまってしまっていると批判した。マッカーサーは、ローズヴェルトの三選はありえないと断言したが、このような予言は、一九三六年の大統領選にさいし、アレフレッド・ランドン候補がローズヴェルトに圧勝するであろうとアイゼンハワーら部下に述べたことを想起させる。マッカーサーは、ローズヴェルトの三選は、米国内の個人の自由と民主主義を危険に陥れることになると論じ、この点ではフーヴァーやフェラーズといった共和党右派や反ニューディール勢力のローズヴェルト批判と一致していたのであった(44)。

このようなマッカーサーの見解に対して、フェラーズは返答に困っていた。彼はローズヴェルトが勝利すると見ていたのである。一九四〇年四月二二日のマッカーサー宛の書簡で、フェラーズは、ギャラップ社の世論調査の最新の結果を同封しながら、民主党は夏の大統領選候補者にローズヴェルトを選び、大統領は昨夜のラジオ演説で米国が欧州での戦争に巻き込まれることを回避すると話したと伝えた。そして三選を果たした後、有権者はようやく目覚め、政権批判を強めていくであろうがそれをうやむやにするため、大統領は米国を戦争に突入させるであろう、と分析したのであった。そして三選後は四選目を目指すであろうと論じた。フェラーズは手紙の締めくくりにマッカーサーこそ大統領になるのにふさわしい力量の持ち主であると強調したのであった(45)。

フェラーズがこのような分析をマッカーサーに披露したほぼ同じ時期、彼は後述するキャロル・リース下院議員に次のような政策提言を行っていたようである。四月一〇日付の彼の現状分析は下記の通りであった。

①一九三七年のローズヴェルトの「隔離演説」以来、大統領は、英国を中心とする連合国側への支援を段階的に行いはじめており、米英関係の同盟への道程は最近のアンソニー・イーデン英外相の米国大統領官邸の訪問と英国王室の訪米で始まった。

②こうした訪米の直後に、グアムの要塞化を進めるかどうかの問題が持ち上がり、米国は、英国のペースに巻き込まれてマニラ―香港―グアムを防衛線とする対日封じ込め政策を進めようとしている。

③そのさい、米国は、フィリピンの中立化を保障する措置を講じる可能性が高く、その場合これは日本との武力衝突も覚悟しなければならないであろう。
④連合国側との同盟への道程は、禁輸措置の解除により連合国側が米国から最新鋭の航空機を含めた戦争物資を購入できるようになったことからも裏付けられる。
⑤この流れは、近い将来連合国への戦争遂行のための借款の供与により加速化するであろう。
⑥米国は対連合国借款供与に加えて船舶の供与も行いはじめるであろう。
⑦ヒトラーは目下ノルウェーを攻略中であるが、仮にノルウェーを占領できたとしてもフランスを攻略するだけの余裕はないであろう。
⑧むしろ独ソが対決するのは時間の問題で、ヒトラーはその矛先を近くソ連に向けるであろう。
⑨いずれにせよ、過去の歴史が示すように、欧州を一国が支配することができたとしても一時的である。
⑩ヒトラーが西半球まで攻め込んでくるとする見解は、馬鹿げている。ドイツにはそのような軍事的能力はない。
⑪共和党はきたる秋の大統領選に向けて、米国が第二次世界大戦に巻き込まれないことを徹底的に唱え、現政権が推進する戦争への介入政策を挫折させるべきである。[46]

フェラーズは、この分析を行った二、三カ月以内に起きるドイツのフランス攻略とフランスの降伏までは予想できなかったが、独ソ戦とローズヴェルトが進める政策の終着点についてはかなり的確な分析を行っていたといえよう。

一九三八年から四〇年の時期、フェラーズは政治活動にも身を投じていった。彼は、一方においてマッカーサーとの連絡を保ちながら、旧知の間柄であったテネシー州選出のリース下院議員との交流を重視する一方、共和党右派の巨頭フーヴァー元大統領に接近したのであった。陸軍大学卒業後、フェラーズは一九四〇年夏の人事異動でカイロに赴任するまでの間、母校ウェストポイントで国語の講師を務めていたが、その副業は政治活動とも言えた。

フェラーズは陸軍士官学校を卒業間もない時期から人脈開拓に力を入れた。その一つが、連邦議会下院軍事委員会委員リース下院議員との交友関係であった。一九二四年にフェラーズはある法案についてロビー活動を行っており、そのさい、彼は祖先の出身地テネシー州で彼の親戚が市の有力者であったジョンソンシティーを地盤とするリースに近づいたのであった。リースとフェラーズの間には友情が芽生えた。因みにジョンソンシティーはフェラーズの親戚であるグェン寺崎の出身地でもある。(47)

第二次世界大戦勃発直後、フェラーズとリースは国際情勢について意見交換を行っており、リースは、フェラーズの見方、すなわち、政権が欧州への輸出を行えるよう中立法を修正したことは、米国が参戦していく方向に精神的に慣らしていく過程のはじまりであるとする見解に全く同感であった。(48)

フェラーズがリースに披露した見解は、数日早く、フーヴァーへ接近するための話題としてフェラーズのフーヴァー宛の書簡で披露されていた。フェラーズの政治活動で、その生涯にわたり重要な影響を与えたのがフーヴァーであった。一九三九年九月、フェラーズがフーヴァー宛の書簡で、米国の欧州大戦への介入を避けるため、不介入運動のリーダーとしてマッカーサーとリンドバーグ（後述する一九四〇年夏に結成されたアメリカ・ファースト委員会の有力メンバー）を担ぎ出し、また、一九四〇年の共和党大統領候補としてマッカーサーを、同党副大統領候補としてリンドバーグを擁立すべきであると論じると、フーヴァーは全く同感であると返信したのであった。フェラーズはフーヴァーに最近書いたマッカーサー宛の書簡を同封し、ローズヴェルトはマッカーサーが有能であるがゆえに彼を恐れていると強調したのであった。また、彼はフーヴァーに対して不介入運動や共和党の政治活動に水面下で喜んで参加するとアピールしたのであった。(49)

フーヴァーとリースに続いてフェラーズが接近した政治家は、イリノイ州選出の下院議員で元女性判事のジェシー・サムナーであった。イリノイ州イラコイ郡の地方銀行創業者の長女に生まれた彼女は、名門女子大学スミス・カレッジ卒業後、シカゴ大学、オックスフォード大学などで法律を学び一九二三年イリノイ州の弁護士資格を取得した。一九三七年サムナーは、イラコイ郡判事であった伯父の死去に伴い行われた同郡判事選出戦に出馬し、イリノイ州史上初の女性判事の誕生を実現させた。

フェラーズと同世代（一八九八年生まれ）であったサムナーは、フェラーズが陸軍士官学校へ行く上で必要な推薦状を書いたイリノイ州の大物下院議員キャノンの選挙区の議員であった（キャノンは一九二六年に他界している）。一九三八年の中間選挙で選出された彼女は、ローズヴェルト政権の国内政策と外交政策を徹底的に批判した孤立主義者の急先鋒であった。フェラーズは彼女の非公式の安全保障政策顧問のような存在であった。サムナーは、第二次世界大戦が勃発するとローズヴェルト政権の中立政策の修正、英国への支援などにことごとく反対し、米国参戦後は、ソ連を支援すべくローズヴェルト政権が検討して実施した欧州大陸上陸に反対し、また同政権が構想した国際連合やブレトン・ウッズ体制に徹底的に反対した。彼女の世界観は、フェラーズに近かったというよりは、彼女を支持していた『シカゴ・トリビューン』紙の世界観、すなわちマコーミックの世界観と同じであったと言える。

一九三九年一〇月から四〇年五月にかけてフェラーズがサムナーに強調したことは、米国は空軍力を拡充することで、ドイツが英国を含む欧州を屈服させた場合でも米本土へのドイツの上陸を阻止できるし、ドイツが米国本土へ上陸を試みることは現実的な考えではないと指摘した。また、フェラーズは、英国は必死に米国を欧州の戦争に巻き込むよう画策しており、この戦争は、英仏の資本家とユダヤ人の国際銀行家たちがドイツが必要とする資源アクセスを許さなかったことに起因していると論じたのであった。ローズヴェルトは、三選を目指すにあたり米国が国際的な危機に直面している状況を醸成することで「有事の大統領」のような有利な環境をつくり勝利を狙うであろうと予測した。このような国際環境は、一九四〇年春以降のドイツの欧州における連戦連勝によりつくり出されたが、フェラーズは一九三九年一一月中旬の時点で、欧州における戦争で最後に漁夫の利を得るのはソ連であると考えていたのである。一九四〇年五月になると、フェラーズは、アジアにおける日本の南進がもたらす錫や天然ゴムといった東南アジアの戦略物資の日本による支配の危険性を深刻に受け止めない見解を示した。というのも、日本は米国からの資源や物資に依存しており、これらを入手するために、仮にインドネシアを日本が占領した場合でもインドネシアにある戦略物資をオランダと同様売り続けるであろうし、また、仮に日本がこれらを売らなかったとしても米国はこうした資源を南米で確保できると論じた。フェラーズは、インドネシアをめぐって日米が対立して戦争になることを懸念し、厳正中立を強調したのであった。(50)

フェラーズは、一九四〇年五月時点の国際情勢について、同期のカーター・W・クラークに述べている。クラークは、フェラーズが英国の欧州からの撤兵を予想していたことを称えた。フェラーズとクラークが卒業した陸軍士官学校一九一八年卒業組の圧倒的多数が、第一次世界大戦に米国が参戦したのは英国にだまされたからであると考える反英的傾向が強く、フェラーズはその代表例であった。彼らは、日に日に英国は必死に米国が連合国側に参戦するよう働きかけており、連合国は米国の軍事援助と参戦なくして勝算はないと判断していたのであった。(51)このフェラーズをカイロ駐在の武官として陸軍省が派遣したのはその夏であった。

出発前のフェラーズ少佐は、共和党の動向に多大な関心を持ち、リース下院議員に依頼して共和党の大統領候補者選定の大会に出席したのであった。出席するにあたり、フェラーズはリースに、大会、党綱領、共和党大統領候補者が、民主党が我が国を戦争に導いていると批判すると同時に国防強化を訴えることで、参戦阻止と選挙戦の勝利は可能となり、一一月までこうした政策推進を待つようでは選挙戦では敗北し参戦となろうと予言したのであった。この予言は的中したが、この書簡を受け取ったリースもフェラーズの見解に同感であった。(52)

六月下旬に共和党全国大会がフィラデルフィアで開催される約二週間前、フェラーズはフーヴァーのニューヨーク滞在先である高級ホテル、ウォルドーフアストリアを訪問し、その直後書簡をフーヴァーに送った。このなかでフェラーズは、共和党が秋の大統領選で勝利するには、不介入論と国内改革優先を強調すべきであると論じたのであった。また、彼は、国際情勢を分析した政策提言を同封した。このレポートでフェラーズは次のような見解を示した。

①ヒトラーが破竹の勢いで欧州を制しているが、米国は欧州およびアジアにおける戦争に巻き込まれないよう厳正な中立を守るべきである。

②仮に英仏への軍事援助を検討する場合、まずは米国が西半球を防衛できる軍事力を確保してからにすべきである。
③仮にその間フランスに続いて英国が降伏した場合でも、ヒトラーがアフリカ→ブラジル→コロンビア→メキシコ経由で米国本土への空爆と大西洋横断による米国本土上陸を決行することはまずありえない。
④日本はフィリピンとハワイの米国空軍と海軍が弱体にならない限り米国本土への攻撃を行うことはありえず、米国西海岸に十分な空軍を配備すれば米国本土攻撃の可能性を心配しなくてよい。
⑤日本が南進を積極化させず、日本海を中心とする地域に防衛体制を集中させ、また、米国海軍と真正面から衝突することを回避して米国と戦った場合、米国が日本を屈服させることはできない。
⑥米国は十分な空軍、海軍、そして高射砲を確保しながら西半球の防衛体制を整えれば欧州とアジアから西半球への攻撃が行われる心配をしなくてよい。
⑦米国が現在取り組まなければならないことは、比較的小規模な軍の増強による西半球の防衛であり、そのためには米軍の組織改変を行うべきである。
⑧このような改革は、米国本土三カ所（西海岸、北東部、南東部）へそれぞれ二〇万人規模の戦闘部隊と空軍部隊の混成組織を新たに配置することで対応できる。
⑨また、海軍の巨艦建造に資金をつぎ込むよりは航空機の大量生産を優先すべきである。
⑩そして軍の組織運営の効率化と陸海空軍の効果的な戦闘上の連携を行うためにはこれら軍隊を統合する国防省の設置と国防長官の任命が必要である。
⑪軍の改革を行う初代国防長官には強烈な指導力を発揮できるチャールズ・ケタリングGM社研究担当役員やマッカーサー元参謀総長のような人物が必要で、フーヴァー政権時代、陸軍の組織改革をフーヴァー大統領の支持のもとで行ったマッカーサーが国防長官に任命されることが望ましい。

⑫軍の組織改革と並行して推進すべきことは、福祉国家を肯定し労働組合を甘やかす大きな政府からの脱却であり、米国内改革を進めることで、均衡財政、小さな政府、規制緩和を推進すべきである。
⑬労働組合は戦時体制に移行すればその体制に障害となるストを必ず起こすであろうし、また、組合員と兵士の賃金格差を是正すべきである。[53]

フェラーズのこの書簡とレポートに対してフーヴァーは返信をしなかったようである。この時期フーヴァーは秘かに共和党大統領候補に選ばれるために水面下で画策を行っており、フェラーズの書簡とレポートに返信する余裕はおよそなかったのであろう。共和党大会では、最終的には候補者の選定においてウェンデル・ウィルキーが圧倒的な一位を保ち、二位がフーヴァーを敬愛するタフト、二位よりはるか後方の三位にフーヴァーという展開となった。共和党穏健派が後押しするウィルキーが共和党大統領候補に選ばれたのであった。

このフェラーズのレポートは彼の対欧認識、対日認識、米軍の近代化に関する見識、そして政治的イデオロギーがよく反映されており、彼はまさしくこれから紹介するアメリカ・ファースト委員会の政治的認識をすでに体現していた人物であったといえよう。陰ながらフーヴァーの返り咲きに向けて支援したルイス・ストロースは、フーヴァーが三位になったことについて悔し涙を浮かべた。ストロースは、この直後から二人のメリノール宣教会の神父が進めることとなる、翌年春の日米が妥協を探る外交交渉のきっかけをつくる一方、海軍省で対日情報収集などを担当する情報将校として予備役から現役に復帰した。[54]

第5章　ジョン・フォスター・ダレス

——共和党右派と穏健派の間

一九三二年選挙での共和党大敗後、共和党内では右派と穏健派とが対立していた。穏健派の代表例として、ヘンリー・L・スティムソンを挙げることができるが、スティムソンと比べて外交政策で右派の立場により近かったのが、ジョン・フォスター・ダレス（一八八八〜一九五九）であった。一九五〇年代の米国外交を考察する際、対日講和条約の特使となり、またドワイト・D・アイゼンハワー政権で国務長官在任中の一九五九年に癌で死亡するまで活躍したダレスは無視できない存在である。ダレス外交の評価は様々であるが、R・イママンが指摘したように、ダレス外交の功罪はマイナスイメージの方が強く、これは「共産主義という悪魔と戦う長老派教会の牧師という、彼に関する公のイメージに負うところが大きかった」(1)。ダレスは父親が長老派の牧師であり、彼自身敬虔な長老派の信者であったため(2)、演説や論文でキリスト教の用語を頻繁に使用したことは事実であるし、R・プリュセンが述べるように、一九五〇年代のダレスの国際政治経済改革構想にはそれ以前の彼になかった道徳的・宗教的な観点から論ずる傾向が見受けられるようになった。そして、このことはダレス自身が尊敬していたプリンストン大学時代の学長で、一九一四年から二一年まで大統領であったウッドロー・ウィルソンの外交思想と似ていることを示す。一九四〇年代末以降ダレスは教会の平和運動に深く関与するようになるが、彼は国際経済の相互依存を通じて世界平和を確立することを宗教上と道徳上の観点から本格的に論ずるようになったのである(3)。

この傾向からダレスの思想を考察すると、「ダレスの道徳主義は、一貫して歴史的な出来事を宗教的なレンズを通じて見ていたことによりもたらされた」とするM・トゥルーズの見解[4]は否定できない。しかし、トゥルーズはダレスをあまりにも宗教面から捉えすぎてしまっており[5]、そのためダレスが実利主義者であったことを見落としている[6]。例えば、世界平和の達成には、道徳論と宗教論の観点からそれを試みようとする人々の支持のみならず、法律論から考える人々と主権概念に裏付けられた軍事的方法から考える人々[7]の支持が必要で、彼らの考えを世界平和構想に取り入れなければならないとダレスは考えていた[8]。しかし、プリュセンが指摘するように、「異なる聴衆や読者、そして異なる状況によって」ダレスが「予測した状況に応じて対応、ひいては言葉や表現を変えた[9]」ため、彼の宗教団体での言動や政治活動での言動が相互に矛盾するのではないかと見る人々もいた[10]。彼が掲げる国際政治経済の改革には、前述の諸グループの支持が必要であったがゆえに、それぞれのグループが理解しやすいように、言葉と表現をそれぞれのグループに対応する形で使用した結果、言葉と行動が矛盾しているように映る場合があったのである。プリュセンは、戦前から一九五二年頃のダレスにこのような傾向があると指摘しているが、イママンは国務長官時代のダレスに矛盾した言動がよく見られたと主張している[11]。このような矛盾は、米国内の結束、米国を中心とする同盟諸国の結束、そしてこれらと密接に関わる東側陣営の内部分裂を企図したため[12]結果的に起きた現象かもしれない。

プリュセンの解釈は、ダレスの外交思想が国際平和の根本的課題として国際経済の相互依存を構築することを重視していたと強調した。この考えが第二次世界大戦前から一九五三年の国務長官就任まで続いていたことをプリュセンは指摘した。この見解の延長線上にあるとも言える指摘がイママンのそれで、国務長官時代のダレスが「世界の相互連関と相互依存によく配慮したのは、彼のウィルソン的な視点から発展し」た世界観によるものと論じ、プリュセンと同様に、このウィルソン的な世界観は、ヴェルサイユ講和会議と戦間期の体験によって強化されたとした[13]。

そしてイママンは、「ダレスが国務長官ではなく、牧師がより適任な大げさな観念論者、不屈の道徳論者であった」とする解釈を疑問視した。それでも従来のマイナスイメージは払拭されておらず、かといってダレス外交に関する新しい定説や研究は成立していない[14]。

はっきりしていることは、ダレスが提唱する世界平和の確立の支柱は道徳論や宗教論ではなく、国際経済の自由化であった[15]。国際政治経済の改革を提唱する際、ダレスが世界平和を確立する上で最も重視したのは、人、物、資本の流れが自由な、政府の経済への介入が少ないボーダーレスな国際経済という理想であった[16]。国際政治経済の改革と世界平和の達成の因果関係については後で詳述するとして、実はこの考えもウィルソンが唱えた国際貿易の自由化に基づく世界平和の確立を原点としていた[17]。ダレス自身が指摘したように、ウィルソンが提唱した国際平和論は、現状に不満を抱く国家が現状の打開を図るなか、現状維持志向の国家と対立することで戦争が起こるのを防止するためにどう対応すべきかを問うものであった。

一九世紀以来、国際経済の相互依存化は進んだとダレスは考えたが、国境、主権、ナショナリズムの概念は保護貿易の世界的な傾向、紛争、そして戦争の要因となった。そこで、国境の変更を国際的な話し合いに委ね、国際経済を積極的に自由化し相互依存を形成すべく、航海の自由、植民地の信託統治制度への移行、そしてこれら信託統治領域を含む世界各地の市場と資源へのアクセスの機会均等、すなわちグローバルな門戸開放が必要だとダレスはウィルソンと同様に考えたのであった[18]。ウィルソンが目指した相互依存的な自由貿易体制と協調的な国際政治の枠組みは、戦間期には実現しなかったが[19]、ダレスはこのウィルソンの思想を継承し、国際政治経済の現状を不満とする国家の要求を平和的に解決する柔軟な世界システムを構築したかったのである[20]。

以上の概観に基づき、本章では次の論旨を考察する。すなわち、国際政治経済問題を解決していくダレスの外交思想は冷戦によって規定されたのではなく、むしろ米国が第二次世界大戦に参戦する以前の経験に規定されていた。その思想の中心的課題は、共産主義とは対立するような、急進的ではない世界変革を標榜しており、その第一歩として彼が最も重視したのはグローバルな自由貿易体制の確立であった。

1 ダレスの外交思想

ダレスの新世界秩序観は世界各地の相互連関に敏感な思想であった。それは、現状維持派と現状打開派の勢力争いが繰り広げられる国際社会において、その解決策として、前者のなかで一番経済力のある国が、自由貿易を国際社会において復活させるための指導力を発揮しながら、現状打開派の経済発展のために必要な市場と資源へのアクセスを促すことで、現状打開派の現状維持派に対する不満を解消していくことを提唱した。そして、この努力と並行して、民主主義と資本主義を世界的に広めることにより、また、各国間の経済的相互依存の促進に向けて、世界があたかも連邦を形成するように各国が主権を抑制的に行使していくことにより、平和な国際社会を確立できる、とダレスは論じたのであった。

まず最初に、ダレスは国際関係史を、現状に不満を抱く勢力と現状維持志向の勢力が対立する構図として捉え[21]、戦間期の世界では現状不満（打開）派が日独伊で、現状維持派が米英仏であると考えた[22]。例えば日本の場合、「もし国際連盟が機能していたならば」、米国や英国などの現状維持国は日本の市場と資源の必要性や移民問題で「寛容な対応を示すことを要請されていたかもしれない」と、ダレスは考えた。このような措置は「日本国内の民衆の不満を和らげ」、日本の「穏健派指導者」の立場を低下させず、日本の「中国への暴走を防げたであろう」とも主張した[23]。ダレスは、米英仏が自由貿易システムを復活させる方向をとらず、また、日独伊の軍事行動を止めなかったことを非難しなかったが、かといって後者三国の行動を容認したわけではなかった[24]。

このようなダレスの国際関係に関する冷めた見方は、人によっては不道徳に映った。例えば、連合国とドイツを道徳的な優劣関係に位置づけられないというダレスの主張は、彼の法律事務所の上司にあたるユスティス・セリグマンの神経を逆なでした。セリグマンはダレスに「ドイツの姿勢は連合国のそれよりも道徳的に優越していることを暗にではあるが、明白に君は考えている」と言った。アドルフ・ヒトラーが侵略戦争と反ユダヤ活動を支持していることについて強い嫌悪感を持っていたセリグマンからすれば、ダレスの国際関係観は理解できないものであった。ダレスと親交のあった、ハーバート・C・フーヴァー政権時代の国務長官スティムソンもセリグマンと同様の見解で、ダレスが日本やドイツが思想・信条・言論の自由など人権や人間の自由を踏みにじっていることに批判的でないことを疑問視した。ダレスから見れば、この戦争は新しいものに変わるべき古い秩序から派生したものであった。[25]日独伊の指導者らは「悪人」であったが、こういう人たちはどの社会でも通常少数派であるものの、社会不安を背景とする大衆の不満に政治が対処できないなかで台頭する場合があると考えた。[26]ただ、このような社会不安の要因として、ダレスは国際経済の破綻に最も注目し、この破綻の要因に前述の現状維持派と現状打開派という国際的な対立構図があり、その責任は英米仏にもあると考えた。

ダレスは新しい秩序を構築するためには日独伊の指導者たちを穏健な方向へ導くように英米仏が努力すべきであると主張した。[27]国際政治経済の改革による新世界秩序を提唱していたダレスは、現状維持派と現状打開派の両方に対して批判的であったのである。[28]

第一次世界大戦が工業と技術の進歩により文明そのものを脅かすことを示したにもかかわらず、紛争や戦争は一九三〇年代にも生じた。[29]そして第二次世界大戦が勃発すると、後述するように、ダレスは米国が戦後の新世界秩序に向けて指導力を発揮する立場にあると主張し、その一環として国際連合を支持する米国内の運動に積極的に関わっていった。[30]

しかしながら、国際連合より彼が重視したことは、グローバルな自由貿易体制の早期確立であった。ダレスはフランクリン・D・ローズヴェルト政権内の自由貿易主義者であったコーデル・ハル、あるいは序章で紹介したデイヴィッド・スター・ジョーダンの見解と同様に、自由貿易体制の確立は戦争の発生を防ぐことに寄与すると、強く信じた。[31]

ダレスは欧州と米国の関係を重視し、アジアなどの他地域を相対的に軽視していたと主張する研究者もいるが[32]、彼の思想はグローバルな観点に基づく自由貿易体制の確立が基本であり、欧州以外の地域を軽視していたわけではない[33]。国際経済の破綻は国内経済の悪化をもたらし、「この状態が他国の政策に起因すると言えるのなら、国内の指導者は抑圧的とみなされている〔他国の〕外交政策に国民が過激に反応するように扇動するのである」とダレスは強調した[34]。

ダレスは、国際経済の相互依存化を国際政治経済の改革によって先導すべきであると考え、「圧倒的な力」を持っている国々は、これをもとに経済問題でイニシアティブをとって指導力を発揮し、世界的な規模での平等な機会を他国にもたらすことで、ブロック経済が現れることを防ぐべきであるとも主張した[35]。米国が「グローバルに持つ大規模な経済力により影響を受けるすべてに対して、それを単に利己的でないように必ず責任をもって行使することで、これらの目的を達成しなければならないことに我々自身が気づかなければならない」のであった[36]。新世界秩序の構築は「力と影響力と知力をほとんど唯一兼ね備えている」米国が先導し、米国が第二次世界大戦に参戦しないことを彼は望んだ。参戦は「自己破壊的で暴力的な反乱の温床となるような国際秩序を追認することとなるから」であった[37]。

結局日本の奇襲で米国は参戦したが、一九四〇年九月の時点ですでに連合国寄りになっていたダレスは、米国の戦争被害が他の参戦国と比べ圧倒的に少ないなかで終戦を迎えることを確信しながら、戦後に米国主導の新世界秩序を形成する準備を世論に訴えたのであった[38]。改革とは変化を意味するが、ダレスは共産革命という急激な変化とそれとは異なる緩慢な変化があると考えていた。彼は前者に反対した。「レーニンは大規模な戦争がまた起きれば、社会を混乱に陥れ、大衆の反乱が起きると予見した」と、ダレスは論じた。ソ連は「ソ連の政策上の目的」である世界革命をあともう一歩のところで成功させるところまできている、とダレスは考えていた。「世界戦争を通じての世界革命」でなく、むしろ「平和的で緩慢な」変容をダレスは望んだ。それは「古い秩序が我々に与えた経験、文化、個人的自由と物資的快適」を維持することができるからである。

この考えに基づいて、ダレスはウィルソンと同様、民主主義体制が自由貿易体制とともに世界中に広まることを望んだ。世界的な自由貿易体制の確立は、共産主義に対抗する資本主義を強化するのみならず、古い秩序から継承する良い側面を保持しながら、発展した民主主義をもグローバルに広めることになるからである。[39] ダレスは、一九世紀に民主主義国家英国の覇権のもとで推進された金本位制度に基づく自由貿易制度を評価しており、この制度が機能していた一九世紀は、相対的な平和、生活水準の向上や精神的・学問的自由の拡大の時期と重なっていたと指摘したのである。自由貿易体制のもとでのこうした物質面と精神面における進歩は、民主主義の世界的な普及と定着化に大きく寄与するとダレスは信じていた。

その一方、科学技術の進歩で世界が小さくなったにもかかわらず、二〇世紀初頭前後から国境が障壁となるようになり、保護貿易は戦争と紛争の原因となり、二度の世界大戦と一九世紀における物質面と精神面の進歩の喪失をもたらしたとダレスは考えたのであった。[40] 戦間期の日独伊の民主体制の崩壊は、開かれた貿易体制の破綻によってもたらされたと彼は主張した。[41] ダレスは「我々の役目は孤立精神に基づかない〔世界における〕民主主義と自由主義思想の維持」であると述べた。[42]

国際政治経済の改革において、より困難な問題は国際政治上の改革で、その理由は主権および主権と不可分な国境の概念がなくなりにくいためであった。国際政治における主権の問題がダレスの新国際秩序観のもう一つの中心をなすもので、それは「主権の希釈」(Dilution of Sovereignty) という発想であるが、国家が主権の一部を放棄したり、主権の行使を制限したりする考えであった。[43] この目的を達成するために、各国は自国の利益を追求するだけでなく、互助の精神が必要とされるが、これは一方で「主権がもたらすいくつかの長所」を失うことを意味するとともに、他方において国境は以前ほど人、物、カネの流出入の制約にならないことになる。[44]

ダレスは、「圧倒的な力」を持った国々が「主権の希釈」を支持していれば国際連盟は成功したであろうと説いたが、第二次世界大戦後の新世界秩序では米国の国内システムである連邦制の修正版を世界的な規模で実現すべきであるとダレスは考えた。「力に応じたふさわしい責任」体制を形成するには、連邦制の原理を新世界秩序に応用すべきであると、論じたのである。[45] 米国は、建国以来領土拡大が行われるなかで、合衆国憲法に基づき連邦政府が各州から防衛と外交を推進する主権を譲り受ける形で自国の防衛政策と外交政策を遂行した。各州内部の運営は自治権が高度に認められる制度であったが、連邦制のもとで各州の「主権の希釈」が実現され、外交と防衛の両政策の連邦レベルにおける統一化が行われる一方で、連邦政府は経済面で全国通貨の発行と州際の障壁を取り除く権限を与えられ、連邦内での人、物、資本の自由な取引と経済の相互依存化が推進された。[46] 世界的な連邦制の実現は、「自由裁量のある連邦当局」が世界システムになくても可能であるとダレスは考えたが、[47] 米国の連邦政府が近年著しく中央集権化したため、このような連邦モデルを導入すれば各国は主権をかなり放棄することになるので、世界規模の連邦制におよそ関心を示さないであろうとも認識していた。[48] そこでダレスは連邦制の実現を、米国の周辺にある地域から段階的に徐々に行うべきであると考えると同時に、[49] 貿易と資本取引のため世界中で流通可能な通貨の確立を出発点とする世界経済の相互依存化[50]は、この連邦制への動きを助長するとも考えた。また、各国間で共通の防衛政策を確立することは共通の外交政策にもつながり、それも連邦制を助長すると彼は主張した。[51]

ダレスは、世界が経済的に相互依存となっており、「一国の安寧と秩序に対して他国が何ら責任を感ずることなく力を行使している」と、信じていた。[52] つまり、「他地域の経済破壊と生活水準の低下についてどの地域も無関心でいられることはなく、またどの地域も経済的に自給自足的ではいられず、世界戦争のなかでは防衛費について平静心を保てない」のである。それゆえに、ダレスは「我が国の外交政策の常々の目的は、他地域の平和であるべきである」と主張したのである。[53]

ダレスのこのような見方は、米国外交史家であるF・ニンコビッチが指摘するウィルソン的な世界観、すなわちアイゼンハワー政権以降の冷戦期に見受けられたドミノ理論的発想を、一九三〇年代末に考察していたことになる。[54] ウィルソンは理想主義的な議論を頻繁に展開したが、ウィルソン主義は「ユートピア的な理想主義」ではなかった。[55]

第一次世界大戦中、ウィルソンは、勢力均衡によっては地域紛争を地理的に限定できないということに気づいた。[56] あまり重要とは思えない遠隔地の地域紛争が、「世界規模の紛争に発展し、その結果次第では米国の自由な体制の死滅につながる」という可能性が現れたのである。[57] このような「新しくて大きな脅威となる世界的な傾向が現れたため[58]」、これにより勢力均衡論と同様に「文明の絶えざる進歩」と「リベラル〔市場原理と小さな政府を中心とするよう〕な開発を支持する勢力によりコントロールされているシステム」に基づく世界的な経済統合が破滅に追い込まれる危険を生じさせることになったのである。[59] ダレスも一九三六年に同様の見解を示している。

ドイツが大陸欧州から連合国軍を駆逐した一九四〇年夏に、ダレス（と弟のアレン）はウィルソン的世界観に基づき英国を支持した。ダレスは米国の参戦という危険を犯してまで英国を支持したのである。理由は何であったか。それは英米が「リベラルな発展」――つまり自由貿易体制と安定した外国相場制に基づく世界的な経済統合に貢献する共通の政治的価値（民主主義）と文化的価値を保有していたからである。国際経済の相互依存の推進という観点から考えると、ダレスが英国を支持するにあたり、同国が「前世紀と同様にその指導者たちがリベラルであり続ける限り」という前提条件を加えたことは当然であった。彼からすれば、大英帝国は連邦原則に基づかない政治形態であったが、英国の指導者らは「多くの地域と人々との間で平和が保たれることを本質とする目論見に基づき相互関連を構築した」。このような実績は、ダレスが考えている世界観と合致するのであった。ゆえに、英国が「その生存維持のために願わくば余力が残っていることを祈りながら、その金融と経済資源を〔対独戦に〕使う機会が〔米国により〕充分に与えられる」べきであると論じた。[60]

ダレスの世界秩序の実現にプラスである限りで、英国を支持することは重要であった。というのも彼は大英帝国を維持することを望まない理由として、連邦原則を適用するにはあまりにも広範囲な地域にまたがっていることを挙げた。それから英国はもはや産業革命のリーダーでなく、世界で指導的立場に君臨する最重要の条件を喪失していると も考えていた。ダレスは英連邦の「主たる自治国」としてカナダ、オーストラリア、ニュージーランドと南アフリカを取り上げ、これらの国々は「少ない人口と……資源にめぐまれた広大な地域を有してい」ながら英帝国との関係が徐々に弱まっていることを指摘した。そして、この帝国の方向性が不確定であるとすれば、英国が現下の帝国形態を維持するのを手助けすることにダレスは反対したのであった。

英国の帝国の維持にダレスは興味がなかったが、かといって日独伊の「過度でもあり無制限でもある野心」を支持することもしなかった。彼らの行動が制止されなければ、「長続きし、受容できる平和は不可能」だからであった。「これら諸国による侵略の原因は、過去の間違いと不公正、それに過度のナショナリズム」であることをダレスは認めたが、彼はこれらの国々に米国の道徳的影響力と経済的影響力を行使することを支持した。なぜならば「彼らの現在の目的は、これらの間違いを直すのに必要な行動をはるかに上回っており、彼らが抗議している不公正と同じものを他国にはるかにひどい形で強要することを目論んでいる」からであった。

ダレスは自らの外交姿勢が米国を戦争に巻き込む危険を認めたが、「現状ではどの政策をとってもその危険はあり、最も危険なリスクはなんのリスクもとらないことにある」と指摘した。「我が国の行動は、参戦回避を可能にし、他地域で将来訪れる平和をつくれるように寄与する」ことができるが、このような行動の前提は、この平和の達成が「我々の真の目的で、我々の行動が冷静であって、挑発的でないことにより、憎しみの増大と我々の心のなかに戦争心理を引き起こさないでいられることである」と、ダレスは強調した。(61)

2　戦前からの連続性

以上考察してきたように、国際経済の相互依存化という傾向にどう対応し、国際政治の相互連関にどう対処すべきかがダレスの国際政治経済の改革構想における中心的テーマであった。英国が産業革命でリードしていたときは、英国が覇権国であったと彼は述べていたが、米国が第二次世界大戦後に覇権国となりえるのは米国が世界一の経済力を持っているからであると認識していた。米国が国際政治経済の改革を徐々に推進すべきであると考えていたダレスは、それと同時に第一次世界大戦の対独賠償のような過酷な要求を枢軸国にすべきでないと、米国の参戦後も主張し続けた。

重要なことは、自由貿易体制を米国主導で構築しながら敗戦国も国際経済のなかに早く組み込み、戦後の復興を推進することであった。ローズヴェルトとウィンストン・チャーチルは大西洋憲章で、戦後の世界秩序はすべての国が世界中の市場と資源へのアクセスにおいて機会均等の原則が適用されることを目指すと表明していたが、ダレスは前述のように、この考えを少なくとも一九三〇年代の後半以来表明しており、自由貿易体制を戦後世界中に確立することを米国の参戦後も主張し、彼の国際連合の設立運動と同様に、このことについて啓蒙運動を展開したのであった。(62)

ダレスの啓蒙運動のなかで国際連合の設立以外で彼が熱心に行ったことは、彼が自由貿易体制の確立の一環として重視した、欧州大陸での経済統合を先行させる形での連邦制の確立であった。彼は、米欧関係について一九四〇年九月に対英経済援助を支持したが、もし英国とその帝国が生き残るのであれば、彼としては米国がカナダと連邦を形成した後に米加と価値観の近い大英帝国と連邦を形成することに関心があったのである。(63) 一方、欧州大陸に対する米国の政治的関与について一九四〇年八月の時点でダレスは全く反対であったが、戦前の状況に欧州大陸が戻ることにも反対であると述べた。(64) そして、大西洋憲章の発表直後の一九四一年九月にはウィルソン的（ドミノ理論的）発想に基づき、戦後の新秩序構想の一環として欧州大陸での経済統合に加えた政治統合の推進を提唱した。(65) ダレスは、この時点において戦後の世界秩序形成は英米の軍事的・経済的覇権のなかで推進されると述べたが、英米の協調関係が存続し、緊密化することを歓迎したものの、戦後の新世界秩序の形成を遂行するにはそれだけでは不十分で、すべての国が参加する紛争解決のための国際機関の創設の他に、欧州大陸で連邦を形成するよう米国が助長すべきであると主張した。(66)

このような考察から見て、北大西洋条約機構（NATO）の設立、マーシャル・プランを含む対欧州復興援助、さらに欧州経済統合への一連の動きといった戦後の動向をダレスが支持した理由は、ソ連に対抗する必要性だけに動機があったのではない。むしろ自由貿易体制のグローバルな確立を先行させながら国際政治上の改革を推進させ、そしてこれらの確立のためには連邦制に向かう動きを対外的に広め、また、共通の防衛・外交政策を確立していくという、ダレスの参戦前以来の考えがより重要な動機となっていた。[67]

一方、西半球については、米国とカナダが人、物、（共通の通貨を含む）資本の面における経済統合と共通の防衛・外交政策の形成を遂行しながら、連邦の形成に向けて二国間関係の強化を推進することをダレスは最も重視した。それからメキシコ、中米、カリブ海の諸国と米国は経済の緊密化と自由化、そして共通の防衛と外交政策を形成すべきであると主張した。また、西半球に対して米国が伝統的に唱えているモンロー主義に基づき、西半球の諸国の欧州からの政治的独立を強調し、また、大西洋とカリブ海のすべての島々を海軍と空軍の基地として確保すべきであると主張した。[68] こうしたダレスの主張の一部は戦時中の米加の政治経済関係の緊密化で実現した。また、対ラテンアメリカ経済関係では一九三四年以降、米国政府がラテンアメリカ諸国と締結していった互恵貿易協定で経済面である程度緊密化を達成し、軍事面ではラテンアメリカ諸国との会議（一九三六年、一九三八年、一九三九年、一九四〇年）を経て成立したリオ軍事協定（一九四七年）によってある程度緊密化した。

ダレスが欧州に非常に関心を払ったのは、単に彼の国際弁護士としての活動が米欧を専門としていたためだけでなく、前述のドミノ理論に基づく考えが大きく作用していた。事実、ダレスは欧州を「世界最大の火種」、すなわち不安定要因となる地域であると考えていた。[69]

R・プリュセンが指摘するように、ダレスは欧州での改革構想を国際政治経済の改革のなかで重視したのであるが、[70] 彼が一九三〇年代、日独伊の動向について世界全体の改革という観点から関心を払ったことが示すように、極東での政治経済上の改革も彼は重視していた。ただダレスは一九四〇年九月に示しているように、戦後の秩序を構築するにあたり、まずドイツの拡張主義を抑えることを優先し、極東に関しては日本の覇権を黙認した。これは、フーヴァー（第2章、第3章参照）やアメリカ・ファースト委員会（第6章参照）の見解と同様であった。

ダレスは中国が直面している問題には同情的であったものの、それは中国の国内の弱体化によって主に引き起こされていると考えた。そして、日本の中国侵略は日本の国内勢力が主因ではなく、自由貿易体制の崩壊が日本の中国侵略の最たる要因であるとダレスは考え、その崩壊自体は西洋の責任であったと主張した。

極東情勢については、米国が極東の経済の安定化に貢献することで、日本の穏健化と中国政治の安定化を促すことができると指摘するにとどめ[71]、日本の極東での覇権を黙認していた。日本が三国同盟を一九四〇年九月に締結したあとは、ダレスは中国が外国に政治的に蹂躙されることに反対すると表明したが、米国が主導して極東の平和を構築することについては何ら述べていなかった。ダレスはワシントン体制のような枠組みを復活させることを提唱し、満洲問題についてはより曖昧な態度を示しながら、日本の中国からの撤兵を呼びかけた[72]。しかし、米国を除いて有力な国々が戦争状態にあるなかで米国主導を彼は強調しなかったため、これらの考えは実効性を持たなかった。

ダレスが極東における日本の覇権を黙認した理由には、一九三〇年代後半の極東訪問中における見聞が大きく寄与した。訪問のきっかけは一九三七年末と一九三八年初頭の中国における日本の数々の軍事的勝利が極東のウォール街であった上海金融市場を混乱に陥れる契機となったことであった。この政治経済情勢を直接見るべく米ウォール街の有名な弁護士であったダレスが日中を訪問することとなった。

ダレスは極東情勢に関する情報集収を彼の弁護士事務所サリヴァン・アンド・クロムウェル、同事務所の顧客、外交政策委員会、およびロックフェラー財団などのために行う予定であった。同財団は影響力のある組織で、極東における将来の慈善事業に関する分析の必要性を感じていた[73]。ダレスは渡航直前に、国務省内で日本の対中活動に最も批判的なグループを代表するスタンレー・ホーンベックと会ったが、ホーンベックは、ダレスの一番の目的は日中の金融情勢に関する調査であると考えた[74]。

極東へ出発後、ダレスは約一週間東京に滞在した。日本で会うべき人たちの氏名については、戦後欧州統合の父となったフランスの経済人ジャン・モネから助言を受けていた。当時モネは上海で、ダレスとダレスの弁護士事務所がよく知っていた米国人ビジネスマンとともに金融・貿易商社を経営していた。

ダレスは、日本で、三井物産の石田礼助、芳沢謙吉元外相、牧野伸顕元内務大臣、堀内謙介米国大使、幣原喜重郎元外相、浅野造船の小松隆、加藤外松（外務省）、樺山愛輔などと会見した。彼らは当時の日本を代表する政界・財界の英米派、すなわち「穏健派」であった。[75] ちなみに、樺山は日米文化交流に尽力しており、入江昭の言葉を借りれば、文化的国際主義者、そして経済的国際主義者であった。[76] 樺山はモルガン商会の支配人で米国財界の重鎮、そして経済的国際主義者のトーマス・ラモントと親密な関係にあった。樺山の娘婿白洲次郎は、当時米国資本を満洲に大量に導入することに尽力していた満洲重工業総裁で日産グループの創立者鮎川義介の重役として活躍していた。ダレスは、日本の財界が軍部による政府支配を憂慮していることを認識していたが、日本政府が自国民に、米国内世論に存在する中国に対する強い同情と日本の対中政策に対する反発を、正しく伝えていないとも認識していた。国務省は、ダレスが日本側を支持し、金融面での援助を検討しているのではないかと懐疑的であったが、彼らがダレスの国際政治経済に関する改革構想を認識しているはずはなかった。

ダレスは樺山主催の夕食会では、中国における日本による米国の権益侵害がある限り、日米の金融協力は不可能であると説いた。これに対し日本の財界人らは、北支では日本は門戸開放を維持すると述べ、満洲で行ったような外資締め出しを避けると述べた。米国は日本の約束に対して懐疑的であったものの、在日米国経済人のなかには、日本が占領している中国地域と米国の貿易が増えるかもしれないという期待があることもダレスは知っていた。当時ダレスは認識していたはずであるが、米国の対満、対日輸出はともにブームとなっていた。前述の上海のビジネスマンたちは日本が新たに占領した中国の地域でも同様の景況になるかもしれないと考えていた。

ダレスの見解の底には日本が直面している状況に対する洞察があった。中国に対する数々の勝利にもかかわらず、日本軍部は中国から満足な協力を得られないことをまだ悟っていない、とダレスは思っていた。つまり、戦争により日本が中国で利益を得る可能性を除外するものではなかったが、それはあと数年は起きないと彼は判断していた。このような状況を考えると、外貨が次第に減少する日本はどの程度金融面で安定を保てるかが問題になるが、中国との戦争が続いていても、日本の金融システムと円はあと二、三年は安定的であると、ダレスは考えていた。ただ、日本円を取り巻くこのような環境を考える際、もう一つ重要なことは、北支の中国貨幣と連動している英国ポンドに変えて日本円によってそれを代替するという問題であったが、英国ポンドは市場で自由に売買されているのに対して、日本円は規制された外貨であるため、このような代替は米国の商業権益を害するとダレスは判断した。中国を訪問中、ダレスは上海で英米の銀行家と会談し、香港では孔祥熙を含む宋一族と会ってから漢口へ飛び、宋子文、蔣介石と会談した。ダレスは蔣介石については良い印象を得たものの、彼を取り巻く人々、特に孔夫妻については悪い印象を持った。

ダレスは中国の政治的・経済的・軍事的混乱をよく認識していた。上海に滞在中、彼はナショナル・シティー銀行上海支店の中国金融市場に関する内部報告書を入手した。この報告書によれば、同支店の次長であるジェームズ・A・マッケーは、ニューヨーク本社の極東担当の次長であるボイス・ハートに、中国の商業銀行全般の資金繰りの劣悪な状態、蔣介石一族内の腐敗、そして彼らの銀行の放漫経営を報告していた。同報告書は中国を経済的に不安定とし、日本を極東における適正なパートナーと位置づけた。また、ダレスは、上海のロックフェラー財団代表から、孔祥熙と宋子文を中心とする派閥間に、宋が孔に代わって財務部長（大蔵大臣）になるという政権内の政治闘争が展開中であることを聞いた。この報告書を読み、中国の金融情勢がこの半年のうちにさらに悪化すると考える一方で、ダレスは中国政府の経済政策いかんによっては、一年間は安定化するとも考えていた。[77]

このように政治経済情勢が不安定な極東で、米国が不必要な紛争に巻き込まれないことをダレスは望んだ。極東訪問後ダレスはロックフェラー財団の弁護士レイモンド・フォスディックに「西洋列強の教育と布教活動により影響を受けたごく一部の中国人を除いて、〔中国〕北西部の共産軍と言われているグループが本当の抵抗を展開している」と報告した。ダレスは国民党を全く無能であると感じ、西安事件後も共産軍とは度々対立していると指摘した。「最近の中国に関する我が国の憂慮は、無意識かもしれないが、極東で日本を相手に権力政治をするための隠れ蓑かもしれない」とダレスは論じた。

彼はこのような米国の行動を不可解に思っていた。というのもこれまで「現在の戦争と同じ規模の生命の喪失と苦しみをもたらした一〇年間にわたる内戦の間は中国人についてあまり関心を示さなかった」からである。フォスディックも同感であった。[78]

米国の参戦後、ダレスは戦後の極東情勢について、中国では再び国民党と共産党の内戦が勃発する可能性が高く、そこへソ連が後者を支援するという以前の構図が現れる可能性があると指摘した。それでも、この中国での問題を含めて英米は、反民主主義・反資本主義であるソ連と協調関係を戦後も模索し続けるべきであると、ダレスは主張した。[79]

第6章　米国参戦に至るローズヴェルト外交とフーヴァー

一九四〇年秋にハーバート・C・フーヴァー元大統領の側近ルイス・ストロースが推進しようとした日米交渉は、翌年春に本格化した。しかし、この交渉は、日米通商航海条約廃棄後の米国による対日経済制裁が強化されていくなかで行われていった。このような対日経済制裁を緩和する対策は日本側に二つ存在していた。一つは、横浜正金銀行ニューヨーク支店が米国内に設けた秘密口座に存在していた潤沢なドル資金で、日本が必要としていた戦争物資を購入することであった。このことは、米国連邦準備銀行に一九四一年初夏についに把握されることとなり、八月一日の在米金融資産の凍結をもって使用不可能となってしまった。もう一つは、三井物産ニューヨーク支店が、日本の繊維製品や絹織物製品に対する関税を迂回できるような品質で米国に輸出するノウハウを持っていたことであった。米国政府関係者が多くの報告書で予測していた日本経済の破綻が生じなかったのは、この二つの要因が大きく貢献したと言えよう。米国の対日姿勢が厳しくなっていくのは、三月に武器貸与法が連邦議会で可決されたあとであった。一九四一年の最初の数カ月は、米国の対日輸出に対するまだら模様の規制が、国務省のディーン・アチソンを代表格とする反枢軸強硬派により完全な対日経済戦争へ移行していった時期であった。一九四一年の一連の日米交渉は、まさしく米国の情け容赦ない対日経済制裁が深化していくなかで展開していった(1)。

このような対日経済制裁強硬派の中心的存在であったアチソンは、一九四一年一月、国務省経済担当国務次官補として、八年ぶりにフランクリン・D・ローズヴェルト政権に戻っていた。彼は、七年前に財務長官に就任して以来、対中経済援助に最も理解を示し、また、一九三七年以降、最も対日強硬派であったヘンリー・モーゲンソー財務長官と連携しながら、対日経済制裁を推進していった。武器貸与法の制定時に両者は、ローズヴェルト大統領を支え、同法が可決されるとモーゲンソーは、さっそく同法が英国のほか、中国にも適用されるようにさせていった(2)。

一九四一年六月の独ソ開戦は、三国同盟と日ソ中立条約の双方を外交の両輪にして米国に圧力をかけて中国問題解決の突破口にしようと目論んだ松岡外交を挫折させた。即ち日ソ中立条約を破棄して対ソ開戦を主張する松岡洋右外相に対し陸軍首脳部は独ソ戦の帰趨を見届けることを先決とし、ドイツがフランスを下し英国を追い詰めている間隙を縫って、代替戦略資源確保のため仏印・タイへの進出を最優先とし、七月に南部仏印に進駐して海空軍基地建設に着手した。しかし南部仏印進駐は軍部の予想に反して米国を刺激し、日本がアドルフ・ヒトラーの英国打倒と世界征服に協力する第一歩として東南アジアへの軍事侵攻を意図したと米国は受け止め、石油の対日輸出を全面禁止する強硬策に出たので、それまでの日米交渉はいったん打ち切られた。これに対し日米開戦を回避するために近衛文麿首相は、対米強硬一本槍の松岡外相を退任させて八月にローズヴェルトとの首脳会談を提案し、日本が南進を断念し三国同盟の自動参戦義務を緩和するのと引き替えに、米国の屑鉄や石油の禁輸制裁を解除してもらい、両国の危機を打開しようとした。しかし米国は核心の中国問題について日本の和平条件が示されないことに不信を抱き、米国務省の親中派は対日宥和よりも対日圧力をかけ続け日本に譲歩させる方が得策と主張したため、ジョゼフ・グルー駐日大使のコーデル・ハル米国務長官に対する懸命の説得工作も実を結ばず、遂に日米首脳会談は流産した。

日中全面戦争へ突入後、日本は満洲の重工業化政策に深く関わった日産財閥の総帥鮎川義介に代表されるような修正門戸開放主義（日本主導の東アジア経済圏を米国資本に門戸開放する考え）を米国に受け入れさせようとした。これは、フーヴァーやトーマス・ラモントのような東アジア情勢をよく認識していた政財界人が、ローズヴェルト政権の中枢で活躍していれば、当時米国の対日・対満洲輸出ブームを追い風にして可能であったかもしれない。鮎川が模索した、米国に修正門戸開放主義を受け入れさせる日本側の試みは、一九三四年以降、国務長官ハルが西半球で拡大させていった互恵通商法に基づく動向と折り合いをつける余地があった。これは、後述のラモント文書からも垣間見られる。

しかしながら、一九三八年から三九年にかけて日中戦争が泥沼化していくなかで、米国内では、中国側の米国世論への働きかけが功を奏して、また、一九三九年七月に米国連邦議会が日米通商航海条約を廃棄する決定を下すことで、米国企業は、近衛首相が提唱した東亜新秩序のなかでビジネスチャンスを見出していくことには及び腰になっていった。

ローズヴェルト政権内では、道義的な観点から東アジア外交を推進する動きが台頭してきた。それを推進したのは、米国財務省の長官モーゲンソーを中心とした人たちであった。ローズヴェルトのハイドパークの私邸の隣人であったモーゲンソーこそローズヴェルト政権が進めた対中経済援助の拡大と対日経済制裁を推進していった中心人物であった。鮎川は、満洲に、ナチスの迫害を逃れたユダヤ人難民の受け入れ政策とユダヤ系資本の導入を模索したが、日本の日独伊三国同盟締結に伴い、ローズヴェルト政権は、対英武器貸与法の成立と対枢軸国経済戦争に踏み切っていった。これらの政策をローズヴェルト大統領指示のもとで実践していったのが、ユダヤ系米国人であったモーゲンソーであり、その補佐役・側近はハリー・デクスター・ホワイトというリトアニア系・ユダヤ系米国人と財務省内で対枢軸国経済制裁実行担当者であったジョン・W・ペール（一九四四年初頭、ユダヤ人を含む欧州を中心とした戦時難民委員会の委員長）であった。

日本の真珠湾奇襲攻撃前、鮎川を後ろ盾としていた来栖三郎特使は、ローズヴェルトに影響力のあるユダヤ系財界人バーナード・バルークと日米暫定協定成立を目指した工作を行っていた。バルークの対日姿勢は、一一月中旬ローズヴェルト大統領の命でモーゲンソーが作成を依頼したホワイトの暫定協定案と類似する内容であった[(3)]。一一月二六日ハル国務長官が、野村吉三郎と来栖両大使に渡したハル・ノートをめぐる日米の交渉を通じ、日米開戦を先延ばしにできた可能性について、歴史論争が現在も続いている。この論争は、英国首相ウィンストン・チャーチルと中華民国総統蔣介石が、ハル・ノートが日本に渡される直前まで日米両政府が検討していた暫定協定について反対であったこと、また、日本が石油の確保に必死であったため、対英米蘭戦争を決行すべきとする国内の強硬論を抑えられなかったことにより、そのような先延ばしは絶望的であったとする結論になりがちである。仮に日本が真珠湾への奇襲攻撃を行わず、中国と仏印からの撤兵を行う代わりに石油を確保するという交渉を進めていたとしても、米国の「満洲国」に対する姿勢は、一九四〇年から四一年の時期、強硬なものに転じていた。日本の軍部は、ドイツびいきの駐独大使大島浩が、ヒトラー総統とヨアヒム・フォン・リッベントロップ外相たちが提供する情報を鵜呑みにし、それを東京の陸軍本省も参謀本部も鵜呑みにするという有り様で、独ソ戦で当初劣勢に立たされていたソ連が挽回していく可能性を無視したのであった。実際、真珠湾奇襲攻撃までの一週間、モスクワの門前で繰り広げられていた独ソの死闘は、そのようになっていった。東京の指導者たちが日米開戦に焦点を合わせていた時期、米国の首都に駐在していた野村をはじめとする日本の外交官たちは、米国の新聞が報道するより現実的な独ソ戦報道を読みながら、必死に日米開戦を回避しようとしていた(4)。

日米開戦直前、米国政府は、日本が日独伊三国軍事同盟からの離脱を明確に示さなかったことが暫定協定成立の最大の妨げとなっていると見ていた。ここでは、一九四一年一一月、ローズヴェルト大統領やハル国務長官が野村と来栖との外交的対話を行っていたときに語っていたことを考察することで、この点を強調する。むろん、日中戦争は日米妥協の妨げとなっていたが、米国側の暫定協定案の一つのたたき台であったホワイト案と、ローズヴェルトが検討していたものの送らなかったほうの天皇親電案のことを考えると、日米妥協の最大の妨げとなっていたのは、日本の日独伊三国軍事同盟へのコミットメントであったと言えよう。ここでは、日米開戦に至る日米外交を考察するにあたり、大統領、国務省、米国陸海軍以外に、対日経済制裁を実行していた財務省の動向により目配りをする必要性を強調する。そして戦後日米関係を考察していくさい、モーゲンソーとホワイトが残したブレトン・ウッズ体制の枠組みが戦後日本の復活を考察していく上でいかに重要であるかという点を指摘する。

フーヴァーは、日米開戦をローズヴェルト外交の破綻として位置づけていたが、彼がそのような結論に至ったのは、彼とアメリカ・ファースト委員会との連携、そして、日米開戦時のローズヴェルトが天皇に宛てた親電の決定過程に彼が関係していたからである。

1　欧州情勢介入をめぐる論争

（1）共和党右派とアメリカ・ファースト委員会

一九四〇年秋、反ローズヴェルトであった共和党右派や一部の民主党保守派は、危機感を覚えていた。一九四〇年の共和党大統領候補の選出にあたり、フーヴァー（大恐慌勃発後、経済の歴史的な低迷の責任を負わされ、また、ローズヴェルトとは絶交関係にあった）を中心とする米国中西部や西部に勢力を置く共和党右派は、米国北東部を中心にその勢力を置く共和党穏健派に政党を乗っ取られている状態だったからである。

一九四〇年一一月の大統領選でローズヴェルトが、インディアナ州出身共和党穏健派の候補ウェンデル・ウィルキーを破ると、建国以来の慣例を破り史上初めて三期目を迎えたのであるが、ローズヴェルトは、その年末に挙国一致を目指すべく共和党穏健派のヘンリー・L・スティムソン（フーヴァー政権時代の国務長官で、対英国経済・軍事物資支援積極派）を陸軍長官として入閣させた。そして、ローズヴェルトは、米国は「民主主義の兵器庫」を目指すべく、米国の防衛力を増強させながら、ドーバー海峡を挟んでドイツと死闘を繰り広げる英国に経済・軍事物資の援助を推進していった。

共和党右派の多くは、ほかの反ローズヴェルト勢力と連携しながら、米国の対英国経済・軍事物資の援助に制約を加えることで、米国が参戦することを回避しようと試み、その最大の山場が、一九四一年二月の対英国武器貸与法をめぐる議会における審議であった。この審議では、共和党右派の新しいエースであり、フーヴァーを父親のウィリアム・H・タフト元大統領と並んで敬愛するオハイオ州選出のロバート・A・タフト上院議員が奮闘し、貸与法の内容に一定の制約を加えることに成功した。

フーヴァーやタフトが主張した対欧州参戦回避の考えをよく反映させたグループとして、NPO団体アメリカ・ファースト委員会が存在していた。一九四〇年春以降ドイツが欧州で破竹の勢いで勝利していく最中、対英国経済・軍事物資援助をローズヴェルト政権に働きかけていき、同政権のそのような流れを支持していった連合国支援委員会(Committee to Defend the Allies)や、対独宣戦布告も視野に入れた米国外交を主張するニューヨーク市内のエリートクラブ、センチュリー・クラブに集ったセンチュリー・グループ(創始者の一人に少なくとも一九三九年一一月以来、戦後米国が英国に代わって世界を指導する覇権国を目指すべきであると主張し、一九四一年夏当時、経済担当国務次官補として対日経済制裁を決定的にさせたアチソンがいた)のようなNPOと比べて、一九四〇年九月に結成されたアメリカ・ファースト委員会は、全国的な組織力、会員数と資金力においてこれら団体のどれをも凌いだ(因みに、同委員会の活動にリクルーターとして熱心に参加した人物の一人として、後にミシガン州選出の上院議員、そして大統領となったジェラルド・フォードがいた)。

アメリカ・ファースト委員会は、その外交・安全保障政策において、欧州および英国の情勢に懐疑的な眼差しを向け、西半球における専守防衛を唱えていた。このグループの支持者は、ローズヴェルト政権が推進してきたニューディール政策を激しく批判してきた。また、彼らは反共産主義であり、その観点から第二次世界大戦終了後の米国政府が推進した対ソ連・共産主義封じ込め政策に同意してゆく余地があった。対東アジア政策については、日本の中国における蛮行は非難するものの、日本の対米奇襲攻撃までは、二〇世紀初頭極東における安定勢力としての日本を評価し、東アジアにおけるその覇権を黙認していた。このような対日評価は、共和党の大統領セオドア・ローズヴェルトの思想的な流れを継承していた。

全国的な組織化に成功していたとはいえ、アメリカ・ファースト委員会の支持基盤の中心は、中西部と大平原《グレート・プレーンズ》の諸州であった。このグループの支持勢力の地域的経済基盤は、自動車工業や鉄鋼業というよりは、農業、鉱業、軽工業、商業が中心で、東海岸の重化学工業やウォール街の国際金融と違い、その多くが小規模かつ田舎に所在していた。こうした地域的・経済的基盤の特徴は、第一次世界大戦への米国の参戦は、米国社会に経済的・言論的統制をもたらし、また、東海岸を中心とした国際金融や重化学工業の死の商人たちによりもたらされたという見解と記憶を伴っており、次のような委員会の主張を生んだ――米国の対英国援助、ましてや米国の参戦は、第一次世界大戦と同様、米国社会の自由、個人主義、こうした価値観を強く信ずる農村部の人口流出の加速化（工業都市への流出や参戦の場合は戦地への流出）を生み、米国の建国以来の価値観や米国内陸部の経済的利益を犠牲にする。同委員会の支持者の経済的世界観は、米国の経済活動は、米国内あるいは西半球で自給自足的に行えるというものであった。

アメリカ・ファースト委員会のシンパには、同委員会の全国委員ウィリアム・キャッスル（フーヴァー政権の国務次官）を介して委員会と連絡しあっていたフーヴァー、タフトのほか、民主党保守派の上院議員バートン・ウィーラー（モンタナ州選出）、民主党保守派でマサチューセッツ州出身のカトリックのアイルランド系アメリカ人ジョゼフ・ケネディ、フォード自動車の創業者のヘンリー・フォード（反ユダヤの言動の結果、委員会の名簿からは除名）、共和党右派を支持し、戦間期から一九五〇年代まで全米で最大の購読者数を誇った『シカゴ・トリビューン』紙の社主で英国嫌いのロバート・R・マコーミック大佐、ボナー・フェラーズ、フェラーズとは陸軍士官学校（ウェストポイント）と陸軍指揮参謀大学の一期後輩で親しかったアルバート・ウェデマイヤー（中将まで昇進し、一九四四年から四六年まで蔣介石政権の参謀長兼中国方面米軍司令官を務めた）たちがいた。ここで紹介した人たちは、フォード（一九四七年死去）とケネディを除き、一九五二年のタフトを共和党大統領候補に擁立する運動で重要な役割を果たしている。(5) なお、マコーミック大佐は、共和党右派のなかでは最も保守的な人物であった。フランクリン・D・ローズヴェルトとは一年あとにマサチューセッツ州の名門私立グロトン校に編入学した先輩後輩の関係にあった。在学時期が重なる両者は、学校時代は特に交友関係になく、また、敵対もしていなかった。

ローズヴェルトが大統領に就任すると、経済政策と安全保障政策をめぐって両者は激しく対立した。マコーミックは、対英国支援に一切反対し、また、米国は専守防衛に徹すべきという観点から海軍の増強を防衛能力に限定すべきであると主張していた。マコーミックは、ローズヴェルト政権でもその前任のフーヴァー政権でも、政府支出が異常に増えたと痛烈に批判しており、両者を酷評していた。『シカゴ・トリビューン』紙は、日本の真珠湾攻撃直前の一九四一年一二月四日に、世論を震撼させる報道を行った。それは、大統領の命令で海軍と陸軍が極秘に共同策定していたグローバルな視点に基づく欧州・地中海方面対枢軸国作戦計画をすっぱぬいたからである。米国政府は一時、マコーミックの新聞社に法的措置をとるかどうかを真剣に検討していたほどであった。また、この作戦計画を策定した中心人物であったウェデマイヤー少佐は、米国の参戦に反対する個人的見解を持っていることで知られていたから、いち早く疑われたものの、調査結果はシロで、米国参戦後この計画に基づいた米国および連合国軍のグローバルな作戦計画の中心人物となった。『トリビューン』紙にこの極秘情報をリークしたことにウィーラー上院議員が関与していたこと以外は、未だに誰がリークしたのか解明されていない。(6)

マコーミックは、アメリカ・ファースト全国委員ロバート・ウッド（シカゴ市に本店がある全米流通最大手シアーズ社の会長で、陸軍士官学校三期下のダグラス・マッカーサーとは長年の盟友）と親しく、アメリカ・ファースト委員会の正式なメンバーではなかったものの水面下で熱心に支持していた。ウッドはマコーミック同様、フーヴァー政権時代の経済政策の失敗を厳しく批判しており、フーヴァーに対しては冷やかであった。

ウッドは、ローズヴェルト一期目に導入された社会保障制度、農業支援制度、証券取引制度など多くのニューディール政策を支持し、彼の二期目の途中まで支持していた。しかしながら、同大統領の最高裁判所改革案や膨大な赤字財政を生んだ経済政策の行き過ぎが原因となって袂を分かち、以後、強烈な反ローズヴェルト論者となった。

フーヴァーは、キャッスルを介して同委員会の静かなるパートナーとなり、同委員会は元大統領が推進した欧州支援活動（ソ連の侵略に苦しむフィンランドへの人道支援や、ポーランドや中立国でドイツの占領下にあった地域への食糧援助活動。これらは英国の欧州大陸封鎖政策に抵触する行為で、フーヴァーは英国を批判）を支持した。この点からも、アメリカ・ファースト委員会は、米国大統領や欧州介入派が支持する対欧州支援活動（英国の大陸封鎖政策に抵触しないような人道支援）とは一線を画したのであった。

（2）対英国支援派

一九四〇年七月ローズヴェルト大統領は、英国援助を支持してきたことを認めて、先述のようにフーヴァー政権の国務長官スティムソンを、ローズヴェルト政権が推進する挙国一致体制の一環として陸軍長官に迎え入れた。スティムソンや、ローズヴェルト政権の第二次世界大戦中の外交政策で台頭したアチソン、サムナー・ウェルズ、アヴェレル・ハリマン、そしてモーゲンソー財務長官は、フーヴァーやキャッスルとは政策面で正面衝突する関係となった。

ハリマン、ウェルズ、アチソンは、グルーやローズヴェルト同様グロトン校卒で、一世代若かった。ハリマンは、父親で鉄道王のエドワード・ハリマンが日露戦争終結時に日本が取得した南満洲の鉄道権益を共同開発すべく来日したさい、息子ら家族全員を連れて来日していた。日比谷焼き打ち事件などを目撃したハリマン一家は、グロトンでの始業式より後に帰国するつもりで、ハリマン夫人は、エンディコット・ピーバディー校長にそのことを打電していた。ところが、ピーバディーの返電は、始業式に間に合わない場合、ハリマンとその弟は退学に処するという回答であったため、ハリマン夫人は子供たちを連れて急遽始業式に間に合わせるべく帰国したのであった。終戦時は駐ソ大使であり、国務次官となるハリマンにとっての人生最初の脅威は、ピーバディーの権威主義的で厳格な教育方針であった。[7] ハリマンは、グロトン時代ローズヴェルト夫人（セオドア・ローズヴェルトの姪エレノア・ローズヴェルト）の弟ホールとは同期生であった。エレノアとホールの両親は、母親が一八九二年、そして父親が一八九四年に亡くなったため、また、アルコール依存症であった父親の要望に応えて、エレノアが、ホールの母親代わりを果たした。グロトン時代のホールは、事実上の実家がフランクリンとエレノアの邸宅であったが、ハリマンは、頻繁にこの家を訪ねてホールと遊んだ。ハリマンの父親は、セオドア・ローズヴェルトとは盟友であった。ハリマンは、一九一三年にイェール大学を卒業後、その四年前に亡くなった父親の遺産をもとに、投資銀行をはじめ、これがのちに大手投資銀行ブラウン・ブラザーズと合併した。合併後のブラウン・ブラザーズ・ハリマン投資銀行で彼は同社の事業を積極的に拡大させていった。一九三二年の大統領選挙のさい、ハリマンは、姉の誘いもあってローズヴェルトの選挙を支援し、ローズヴェルト政権発足後、ニューディール政策の実施を支えた。米国が一九四一年四月以降進めた、武器貸与法に基づいた対英支援を、彼はローズヴェルト大統領の対英特使として実行し、また同年秋、米国が同法に基づき対ソ支援を開始するにあたり、大統領の対ソ特使の役割を果たした。その後もハリマンは、大統領の対英外交と対ソ外交で中心的な役割を果たした。ハリマンは、一九四三年から三年間駐ソ大使を務め、そのあとハリー・S・トルーマン政権の商務長官を務めた。

ウェルズは、グロトンにおける卒業年次がハリマンとアチソンの間であった。南北戦争のときの共和党の政治家で奴隷制の廃止に尽力したチャールズ・サムナーを親戚に持ち米国の建国期の政治家を先祖に持つ旧家であった。ウェルズの母親とエレノアの母親が親しかったことから、幼少期からエレノアやホールとは遊び仲間であった。一九〇三年にエレノアが遠縁のフランクリン・D・ローズヴェルトと結婚したさい、ウェルズは、エレノアの伯父であったセオドア・ローズヴェルト大統領も参列するなか、エレノアの付添人の大役を果たした。エレノアのウェルズに対する信任は厚く、ホールがこの年にグロトンへ入学したさい、エレノアは、学校に依頼して寮生活でホールをウェルズのルームメートとして迎え入れてもらった。ピーバディー校長もウェルズを大変高く評価していた。グロトンを卒業するさい、ウェルズは、校長の勧めもあってハーヴァード大学へ進学し、一九一四年に同大学を卒業した。ウェルズは、大学四年の段階で、ラテンアメリカ諸国と米国の関係に大変興味を持っていたこともあって国務省へ入った。入省するさい、ウッドロー・ウィルソン政権で当時海軍次官補であったフランクリン・D・ローズヴェルトによる、子供の頃からウェルズをよく知っていたことなどを記した推薦文を国務省に提出した。ウェルズは、一九一五年入省直後の二年間、日本の米国大使館で勤務した時期を除き、本人の希望に沿って外交官としてのキャリアは、中南米・カリブ海での仕事が圧倒的に多かった。彼は、一九二〇年代初頭、国務省のラテンアメリカ局長に就任し、次は、国務次官補へ昇進するはずであった。しかし、一九二三年に八年間に及ぶマサチューセッツ州の名家・実業家の令嬢との結婚生活が破綻してから間もない一九二五年に、ロードアイランド州選出の上院議員と離婚したワシントン社交界のプリンセスであったマチルダ・タウンゼンドと再婚したところ、この上院議員の親友であったカルヴィン・クーリッジ大統領は、ウェルズの再婚を問題視し、離婚歴のある人物は国務次官補に任命できないという理由で、ウェルズを事実上罷免した。その後、ウェルズは、ワシントン市内の外国大使館が集中している地区に立地していた荘厳なタウンゼンド邸とメリーランドの別荘を往来したり、夫婦で海外旅行を楽しむディレッタントな生活を送った。一九三二年の大統領選で、ウェルズは、ローズヴェルト陣営に寄付をしたり支援をした結果、ローズヴェルト政権発足とともに国務次官補に抜擢された。その後、政変で混乱していたキューバへの特使となって事態の収拾を図ったのち、一九三七年に国務次官に昇格した。ウェルズが豪華絢爛な生活様式を楽しんだり、国務長官の頭越しに大統領と話せる仲であったことから、ウェルズとハル国務長官との間に亀裂が生じ、両者を中心とした国務省内の内紛に発展した。この問題は、ウェルズにまつわる醜聞について、彼とはライバル関係にあり、ハル陣営についていた初代駐ソ大使ウィリアム・ブレット（イェール大学でハリマンと同期）が情報収集を行い、また、ウェルズが同性愛者である噂を広めていった。大統領は、ウェルズをかばい、ハルやブレットとも話し合いをたびたび行ったが(8)、一九四三年夏になると、ローズヴェルト大統領は、もはやウェルズをかばいきれず、ウェルズは、国務次官を辞任した。

アチソンとハリマンは、グロトン校とイェール大学のボート部で先輩・後輩の関係にあり、二人は、大学時代ボート部で親交を深めた。第二次世界大戦中から冷戦期（アチソンは一九六〇年代、ハリマンは一九八〇年代初めまで）米国の世界戦略と外交を支えたのであった。

アチソンは、マコーミックがそうであったように、グロトンになじまなかった。アチソンの両親は、カナダからの移民で、父親のエドワード・アチソンは、ウェスリアン大学のあるコネチカット州ウォーターベリーの英国聖公会の牧師を務めていた。母親エレノアの父ジョージ・グッダーハムはカナダのトロント市で製粉業とウィスキーの酒造業で大成功した実業家であった。アチソンが米国屈指の教育を受けられたのは、彼女が父親から受け取った経済的援助と遺産のおかげであった。そもそもアチソン一家が中流の上の生活水準が可能であったのは、この母親の資産のおかげであった。

両親がカナダからの移民でもあったためか、アチソンは、母親が大英帝国と英国王室を称えるのをよく耳にしていた。また、父親は、英国聖公会が英国王室より始まったせいか、毎年ヴィクトリア女王の誕生日は一家で祝い、教会の敷地では英国国旗を掲げ、「女王陛下に乾杯」と祝ったのであった。

アチソンは、ローズヴェルトやマコーミックと違い、ハリマンと同様、アジアを旅行していた。アチソンは、イェール大学を卒業したさいの卒業旅行（一九一五年）で、同期生たち五人とともに横浜や京都などを観光していた。アチソンは、日本へ向かう途中と帰国の折、妹が在学していたウェルズリー大学の親友アリス・スタンレーの実家を訪問していた。彼女の父親は弁護士として成功していたが、アチソンと彼女の交際は、一年ほど途絶えがちであった。グロトンでは、ピーバディー牧師のスパルタ式の教育に反抗し続けたことも手伝って、成績は、同期生二四人中最下位であった（因みに、アチソンは、父親からも反抗する子供として睨まれ、彼にとっての生涯にわたる悩みは父親になかなか自分の考えを認めてもらえないというものであった）。イェール大学では、社交とボート部に励み成績はCであったアチソンが、来日した時点では、周囲はもちろんのこと、彼自身ものちに米国外交の中枢で活躍するとは夢にも思わなかったであろう。彼にとっての人生の転機は、法科大学院二年目のときであった。まず、のちに最高裁判事となるフェリックス・フランクフルター教授の授業を受講してすっかり夢中になった。そして二年目の終わりに、大学卒業を控えたアリスと結婚した。法科大学院一年目の成績は、イェール大学時代と同様ぱっとしなかったが、二年目と卒業した三年目は急上昇し、アチソンは、法科大学院を首席で卒業したのであった。卒業すると、アチソンはフランクフルター教授の推薦で、ルイス・ブランダイスという、当時米国史上、初めてユダヤ人で最高裁判事になった法律家のもとでアシスタントを務めた。アチソンはこのあとワシントンの大手弁護士事務所に採用され、弁護士として成功した(9)。

アチソンは、少なくとも一九三九年一一月以降、米国は戦後英国に代わって覇権国として世界に対して指導力を発揮すべきであると唱え、また、後述するモーゲンソー財務長官により一九四一年夏の対日禁輸政策が決定的になったことに大きく貢献した。彼は、一九四一年初頭に経済担当の国務次官補へ就任する前までは、ワシントン在住の民主党支持の弁護士として活躍しながら、センチュリー・グループの創始者の一人になったり、連合国支援委員会のメンバーとしても活動していた。センチュリー・グループは、前章で紹介したアレン・ダレスが中心メンバーの一人であった。このほか、同グループには、第二次世界大戦終結後は、孤立主義を克服した「アメリカの世紀」を創出すべきであると一九四一年二月に唱えたジャーナリストで『タイム』誌のオーナーであったヘンリー・ルース、実業家のウィリアム・クレイトン、ハーヴァード大学の学長でのちにマンハッタン計画の中心メンバーとなるジェームズ・コナンもいた。

米国防衛委員会（Committee to Defend America）では、共和党支持者でカンザス州出身のウィリアム・アレン・ホワイト委員長が代表するような米国による軍事支援まで唱えるような強硬論者は少数派であった。この委員会には、スティムソン、コロンビア大学のニコラス・バトラー、元ニューヨーク州知事でローズヴェルト大統領の側近ハーバート・リーマン（第11章で取り上げる一九四四〜四七年に存在した米国政府が難民保護と復興を戦災地で行うUNRRAの委員長）とマコーミックの宿敵フランク・ノックスが所属していた。なお、アチソンは、一九四四〜四五年は議会と国際会議担当の国務次官補、一九四五年八月には国務次官、一九四九〜五三年は国務長官と、一二年に及ぶ外交官の人生を歩んだ(10)。

2　対東アジア外交の分岐点

（1）日中全面戦争とモーゲンソー財務長官

満洲事変勃発時、フーヴァーは米国大統領として、日本の軍事行動を厳しく非難する一方、ソ連の拡張主義と国民党による統一後の中国の安定を疑問視していたため、スティムソン陸軍長官が提唱した対日経済制裁をちらつかせて日本を牽制する政策を選択せず、スティムソンが行ったいわゆる不承認宣言にとどまらせたのであった。こうしたフーヴァーの対日姿勢の根底には、セオドア・ローズヴェルト以来日本を極東における最も強力で文明化したパートナーとして評価し続けていた認識が存在していた。また、第一次世界大戦終結後の米国世論の平和志向と孤立主義志向もこのような対日姿勢をとらせた重要な要因であった。ラモントは、満洲事変勃発時に日本政府が米国に披露した事変の正当性を語る文書を、親友であった井上準之助蔵相を支えるべく、起案していた。

米国政府の対東アジア政策の変調は、一九三七年七月以降に見られるようになった。日中が全面戦争に突入すると、米国は、西太平洋と東アジアにおける日本の影響圏を認めず、また、中国を支援する政策に転換していったのである。フーヴァーに圧勝して政権を発足させたフランクリン・D・ローズヴェルトは、国内経済の立て直しを最優先課題としており、対東アジア政策については、中国問題について前政権と同様、不関与政策を進め、その結果、一九三七年までは結果的には東アジアと西太平洋における日本の影響圏を黙認していた。

ただし、既述のようにローズヴェルト政権では大統領の側近で財務長官のモーゲンソーが政権発足間もない時期から、米国余剰農産物対策もあって麦と綿を中国が買い付けるための借款供与を行いはじめていた。また、財務省と中国は、一九三五年末以降は、中国銀とドルの交換協定を結んで、米国の銀買い占め政策（一九三四年）で疲弊した中国の外貨準備高の改善を支援した。米国は、日本を牽制する意図もあって一九三四年ソ連の国家承認も行った。日英米が中心となって一九二一年以来推進されてきた海軍軍縮条約が一九三六年以降、無条約時代に突入するようになると、米国政府は、一九三七年春にローズヴェルト政権の急激な財政均衡政策への転換がもたらした大不況対策を直接の理由に、一九三八年以降、国内景気回復の方策の一つとして建艦を本格的に推進し、同時に空軍の増強にも力を入れはじめた。それから、当面は、西太平洋における日本の軍事的優位をくつがえせないことを承知で、グアム島などの要塞の増強に着手したのであった。

政権内では、対中シフトを推進するモーゲンソー財務長官と国務省極東部顧問スタンリー・ホーンベックと、極東政策における「中立」を主張するハル国務長官と駐日大使グルーとの綱引きとなった。後者を後押しした重要な背景要因は、米国世論が極東情勢については圧倒的に日本ではなく中国に同情的であったものの、その同じ世論は、極東情勢への米国関与に圧倒的に反対であったからであった。ホーンベックは水面下で、九カ国条約違反国であった日本に対して道義的な対日禁輸を訴えるよう、民間団体「日本の侵略行為に加担しないよう呼びかける委員会」（Committee for Non-Participation in Japanese Aggression）と、上院議員キー・ピットマン（中国での銀買い占めをもたらした法律の制定に貢献したネヴァダ州選出の上院議員）に働きかけた。こうした動きは、日米通商航海条約の廃止を呼びかける運動に展開していって、ピットマンは、一九三九年七月にこれを実現させた。

日中全面戦争突入後、モーゲンソーはどのような役割を果たしたのであろうか。ニューディール政策下の経済外交で台頭したのが、モーゲンソー率いる財務省であった。ローズヴェルトのハイドパークの私邸の隣人であったモーゲンソーは、ユダヤ系アメリカ人であった。彼の父親も実業家で、第一次世界大戦中は駐オスマン帝国大使を務めていた。一九一五年オスマン帝国によるアルメニア人の大量虐殺が起きたとき、帝国政府に外交的圧力を加えたり、オスマン帝国内の米国領事館や米国系伝道教会と連携して、被害者の保護に奔走した。父のモーゲンソーは、こうした活動を詳細に米国政府に報告したり、日記に記録した。当時、息子のモーゲンソーは、大使であった父親を補佐していた。(11) この経験から、国際政治における道義を重視した父親から当時青年であったモーゲンソーが大いに影響を受けたのは間違いない。ワシントン体制が崩壊した後の米国は、モーゲンソーが銀買い占め政策を進めたことでもたらした中国経済危機の後、中国へ非軍事目的の経済援助を開始した。

そして、盧溝橋事件後、モーゲンソーは、このような非軍事目的の対中援助をさらに積極化していった。そして、南京において日本軍が行った虐殺事件後、道義的な対日経済制裁を推進しはじめたのであった。これは、もちろん、ローズヴェルト大統領の了解のもとで推進された。

米国政府は、日本へ米国製の航空機やその部品が輸出されないよう、これら該当品目を一九三八年後半までに輸出許可制の対象にすることで、日本が買い付けられないようにした。一方モーゲンソーは、一九三八年一二月に米国政府系金融機関（米国輸出入銀行）による対中融資を実現させた。モーゲンソーは、一九四〇年一二月、中国に対し、米国空軍パイロットが中国空軍の傭兵として、米国製中国機を操縦しながら日本軍を攻撃することを提案したのである[12]。

クレア・シェンノルト大佐率いる元米空軍パイロットが、操縦するP40戦闘機の傭兵チーム（米国志願グループ）の編成に着手したのは武器貸与法が連邦議会で一九四一年三月に可決された後である。同年四月に発動された大統領令により、米軍パイロットを中国へ傭兵として派遣することが可能となった。ただ、同チームが実際に訓練を開始したのは同年一一月で、実戦を始めたのは、日米開戦後であった。

（2）ローズヴェルト大不況と日本の修正門戸開放主義

こうした対中シフトの流れは存在していたものの、均衡財政主義者のモーゲンソー財務長官の助言も手伝って、ローズヴェルトは一九三七年春に、財政政策を赤字から均衡に転換した。このローズヴェルトやモーゲンソーの大失政の直前、失業率の水準は一九二九年の大恐慌発生以前ほどではなかったものの、ほかの経済指標は、大恐慌発生前の水準を示すようになっていた。一九三七年八月の産業生産指数は一一七であったが、一九三八年五月には、これが七六に急降下していた。この時期の研究の権威である歴史学者のW・ルクテンバーグによると、米国経済史上最悪の下げ幅であった。一九三七年一二月、米国有力紙『ニューヨーク・タイムズ』の景気指数は、数カ月で一一〇から八五へ下がり、一九三五年の水準に戻ってしまった。この時期鉄鋼生産は、三カ月で稼働率八〇パーセントから一九パーセントに急降下した。一九三八年三月全米の失業者数は、四〇〇万人を突破した。経済指標のフェデラル・ボード・インデックスは、七九に下がり、これは、大恐慌最悪期よりわずか一〇ポイントしか高くなかった。ニューディールが行った、道路、ダム、灌漑といった公共事業は、工業化の進んだ米国東部や中西部と比べて開発が遅れていた米国南部、テキサス州をはじめとする南西部、そしてカリフォルニア州をはじめとする西部に経済的恩恵をもたらしていたが、こうした事業は、一九三七年夏に始まったローズヴェルト不況を防げなかった。ローズヴェルトとモーゲンソーは、ケインズ経済政策に再び政策転換を行ったものの、米国経済は、大恐慌以前の水準になかなか戻らなかった。ローズヴェルト政権とニューディール政策を救ったのは、欧州における第二次世界大戦の勃発で、米国の対欧州輸出がブームになったおかげであった。米国経済が大恐慌以前の水準に戻ったのは、一九四一年八月であった。(13)

大不況にあえぐ米国の極東における一番の貿易相手国は日本であった。第二次世界大戦の勃発に伴う中立法の緩和と自国船と自前払い方式導入による交戦国への対応において、この新方式の想定対象であった大西洋での制海権を握る英仏は、独伊と比べて有利であった。しかしこの新方式の導入にあたり、中国への波及効果は想定されていなかった。新方式は、中国沿岸部と西太平洋を支配し、世界有数の輸送船団を抱える日本に圧倒的に有利であった。

この時期、米国ではかつて鮎川と日産・GM合弁交渉でGM側の担当者としてそれに関わったグレーマー・K・ハワードが、鮎川と世界観を共有しうるような議論を、自身が秋に刊行した本のなかで披露していた。ハワードは、米国が「日本の東洋における非西洋地域での道義的、経済的および優越的地位」を認めるべきであると主張したのであった。ただし、米国は日本のオーストラリアとニュージーランドへの侵攻は認めないとハワードはつけ加えていた[14]。ハワードは、世界をドイツ率いる欧州大陸、英国率いる大英帝国、ソ連率いるソ連邦、イタリア率いる地中海圏、米国率いる西半球、そして日本率いるアジアに勢力圏を分け、これら勢力圏の中心的国家が協力関係を構築して新世界秩序を形成すべきであると主張した。ハワードは、ハル国務長官が一九三四年以来推進しようとしていた最恵国待遇を基本にした互恵通商ではなく、これら地域ごとの二国間で、個別事情に沿って通商協定が締結されるべきであると論じたのであった。ハワードは、最恵国待遇による互恵通商はかえって国際貿易拡大の阻害要因になると見ていた。米国の関税が高止まりであり続けるのか、低下していくのかについては、「米国民の総合的利益」に基づいて判断すべきであると曖昧であった[15]。

このように、日独伊三国同盟締結後であっても米国経済界内には、鮎川や日本の経済界が提唱していた修正門戸開放主義を受け入れる見解は存在していた。しかも、このような見解は、米国内の孤立主義志向の政治家や政治運動に根強く存在していた。

一九四〇年一〇月四日、シカゴ外交評議会の講演会で、ウッドは、日本との貿易の継続を強く主張した。彼は、一九四〇年秋に行った演説で、米日貿易は、米中貿易の五倍から六倍の金額であり、もしも蘭領東インドを日本が支配下に置いたとしても、日本は深刻な外貨不足のため、東南アジアから米国も必要としていた戦略物資である錫やゴムを米国に売るであろうとした。「我々が日本を必要としている以上に、日本は米国を必要としているのであり、（中略）もしも日本と戦争となった場合、我々は、ボリビア産の錫を買えばよく、天然ゴムの代わりに合成ゴムを使えばよいのである」と論じたのであった[16]。

この時期のウッドは、ローズヴェルトが一一月の大統領選で共和党候補ウィルキーに勝利した場合、次のような展開になることを予想していた。第一次世界大戦期のウッドの戦友であり、また、対英国支援論者でもあったニューヨーク市大手弁護士事務所共同経営責任者ウィリアム・ドノヴァンに、ローズヴェルトの三選目の可能性は高く、その場合米国政府は対英国支援を深め、その結果、翌年の半ばから九月頃までに、米国は欧州へ派兵しているであろうと論じた。ウッドは、米国参戦となった場合、米国政府と太いパイプを持つドノヴァンに実戦部隊に参加できるよう斡旋を依頼していたのであった[17]（ドノヴァンは、一九二四年から五年間共和党政権の司法相検察次長を務めた。一九四一年秋より、コロンビア法科大学院時代以来の友人であったローズヴェルト大統領の要請で、米国政府が始めた諜報機関情報調整委員会の委員長に就任し、同委員会が戦略情報局に発展すると同局のトップになった）。

翌月の五日、ローズヴェルトは、米国政治史上初めて三選目に出馬して勝利した。勝利の一因は、再選された場合米兵を海外に派兵しないと選挙戦中明言したことにあった。その約二週間後ニューヨーク市の主要紙『ニューヨーク・ポスト』は、同紙が孤立主義志向の社説を展開してきたこともあって、講演会の演説に、キャッスルを招いた。キャッスルは、演説中、日米戦争が勃発した場合、米国は英国支援を行う余裕をなくし、また、東洋で米国の最大の貿易相手国である「東洋で最も工業化しており、また、進歩的である」日本を失うことになると論じたのである。後者については、日本が米国の輸出品目の主力農産物であった綿の最大の大口顧客であることをキャッスルは指摘したのであった[18]。

連邦議会には、多数の孤立主義志向の議員がアメリカ・ファースト委員会の静かなるパートナーとして存在していた。第二次世界大戦勃発後、孤立主義者で共和党のリーダーでもあったロバート・A・タフト上院議員は、彼が師事していたフーヴァー同様、対外経済への依存は戦争に巻き込まれる危険性を高めるという理由で、米国経済の自給自足を高めることを主張した。また、対日経済制裁についてはフーヴァーと同様反対であった。タフトは制裁が日本の南進をさらに促しかねないことを憂慮したものの、日本が対米宣戦布告をするとは日本の真珠湾攻撃まで想定していなかった。むしろ米国の欧州参戦の可能性が高いと大多数のアメリカ人と同様に思っていた。タフトは、反共主義に基づきフィンランドへの経済支援（フーヴァーの対フィンランド人道援助とは別のもの）を支持する一方で、西半球の防衛強化と自給自足圏の確立という点ではフーヴァーと見解が一致した。

ローズヴェルトが英国の支援に傾くなかで、フーヴァーはそれに反対して世論へ直接訴えたほか、水面下ではタフトなどを介して議会に働きかけた。例えば、武器貸与法案をめぐって一九四一年初頭に議会の内外で激論が交わされたとき、フーヴァーはタフトが同法案に提出した修正事項を書き上げるのを手助けした。二人は、同法案を英国向けの融資に限定させることで、米国経済が英国の戦争遂行に組み込まれていくことに歯止めをかけ、また、大統領の英国経済援助に関する権限を大幅に制限しようと狙った。この修正案は否決されたが、西半球の自給自足圏・防衛圏確立を狙うタフト、フーヴァー、ウッドなど孤立主義者と呼ばれていた人々の多くは一九四一年に入ると対英援助を限定的には認めたのであった。

ウッドとキャッスルのこうした日米貿易継続肯定論に対して、ローズヴェルト政権は、対日経済制裁を強化していく傾向であったし、また、東南アジア産の錫、タングステン、マンガン、天然ゴムといった戦略物資が日本の支配下に置かれることは、米英にとっては避けたい事態であると見ていた。というのも日本は米英にこれら戦略物資を売らないと考えていたからであった。国務省のホーンベックは、米満貿易について、間違った見識を持っていたが、日本は、東南アジアを支配下に置いた場合、米英に対して、満洲や北支で行ったのと同様に、貿易で排他的差別行為を行うであろうと考察した。[19] ローズヴェルト政権は、枢軸国が計画経済と権威主義に基づき、米国の資源アクセスを阻み、米国の資本主義と民主主義にとって脅威となると判断しはじめていたのであった。[20]

モルガン投資銀行のラモントは、一九四一年七月下旬から八月上旬に実施された対日全面経済制裁に至る米国政府による一連の制裁措置を、日独同盟締結後、支持していた。彼は、それでも日本は、欧州における戦局を冷静に見極めながら、最終的には、日本は三国同盟を離脱し米英側につくのではないかと、一九四一年一一月、著名なジャーナリストであったウォルター・リップマン宛の同月一三日付の書簡で述べていた。ラモントは、米国は対日経済制裁を緩めるべきではなく、また、中国も日本と妥協すべきでないと論じた。ラモントは、自身が誤った見方をしているかもしれないが、日本は、勝ち組に加わることで、太平洋地域における影響力を維持し、また、二流か三流の国へと没落していくことを避けるべく、表立っては勇ましいことを言いながら冷静に国際政治動向を見極めようとしているとリップマンに論じていた。ラモントは、日米外交でノックス海軍長官の発言が日本を刺激していて、ハル国務長官に任せるべきであるということもリップマンに語っていた[21]。

3　モーゲンソーと対枢軸国経済戦争

しかし、ローズヴェルト政権が日本軍の一九四一年七月下旬の南部仏印進駐の前に実施した対日全面禁輸と進駐後に実施した在米資産凍結は、前者を実施するか否かを検討した閣議で大統領が指摘したリスクを、回避不能にするような事態を結局招いてしまった。すなわち、この閣議に出席していた財務長官モーゲンソーが書いた日記によると、大統領は、日本のさらなる南進を止めさせるべく対日全面経済制裁を実施した場合、日本がさらに暴走するリスクがあると論じていた。この閣議のあと、モーゲンソーは、国務省内で経済担当の国務次官補であったアチソンが、対日全面経済制裁は、日米戦争に発展しかねないと論じていたことも記録していた。

モーゲンソー日記を読んでいくと、米国がなぜ事実上対日全面禁輸を八月に実施してしまったかということについて新たな視座を得られる。つまり、以下の事柄が浮上する。

①これら対日措置は、すべての枢軸国に対して行う全面禁輸と在米資産凍結措置の一環として行われた。

②日本については、日本の南部仏印への進駐が濃厚となった七月中旬、閣議で、ローズヴェルト大統領はこれら対日政策が日本の南進を勢いづかせないように留意すべきであると論じ、この点について病気療養中のハル国務長官に代わって国務長官代行であったウェルズ国務次官とモーゲンソー財務長官も同感であった。

③モーゲンソーは、アチソンも同感であったと日記に記していた。

④こうした対日経済制裁をある程度柔軟に行うことが当初想定されていたにもかかわらず八月後半、全面的な対日

禁輸に事実上なってしまったのは、すべての枢軸国の在米資産の監視・管理と、対日輸出許可も管轄する全枢軸国への米国からの輸出を監視する財務省の部署が、機能不全に陥ってしまったからである。

⑤九月に入るとローズヴェルト政権の北大西洋における対応は対独潜水艦部隊に対する事実上の戦争へと傾斜していってしまった。

⑥枢軸国から離脱しない日本に対して、仏印における日本の軍事力増強は、英豪蘭の東南アジアにおける軍事力を欧州方面へ転出できないという点で独伊に貢献していたため、経済制裁を全面的なままとしてしまった。

⑦仮に米国政府が日本に柔軟な姿勢を示したかったとしても財務省内の経済戦争を担当する部署は、前述のごとく機能不全であった。(22)

日本が南部仏印へ進駐した時期、一九四一年三月に上下両院にて激論の末に可決された武器貸与法に基づき、ローズヴェルト政権は、まず英国への援助を実施し、次いで四月下旬以降、中国に対してそれを行いはじめた。そして、六月に独ソ戦争が勃発すると、四月に日ソ中立条約を締結していたソ連に対して、約一カ月、事態の推移を見守りながら、すなわち、ソ連がドイツの猛攻を凌げる可能性を見極めながら、対ソ軍事援助を実施する判断をローズヴェルトは行ったのであった。ソ連に対しては、米国内世論と議会内の共産主義警戒論を考慮して、武器貸与法に基づいた援助をただちに実施せず、別の手法で行った。中国に対しては、一九四〇年秋以降、米国のパイロットを傭兵として派遣する承認を行っていたが、前述のようにこの傭兵空軍部隊が活動を開始したのは一九四二年に入ってからであった。また、武器貸与法に基づく対中援助は、対英国、対ソ援助の規模と比べてはるかに少なかった。

ローズヴェルト大統領もハル国務長官も対日全面禁輸については、日本が必要としていた石油について、日米関係の推移を見ながら、許可制で若干対日輸出を行う余地を残す意図があったと言われている。これがなぜ全く行われなくなってしまったのであろうか。それは、モーゲンソーとアチソンが対日強硬論者であったことが直接の理由ではない。E・S・ミラーは、アチソンが対日原油輸出を全く行えないように行政手続きを実行してしまったことを指摘している。確かにその通りであるが、ここで先行研究が見落としている重大なことがある。一九四一年春以降、財務省は、日本を含めた枢軸国のすべてを対象に行うこととなっていた全面的な経済制裁を実施していたことである。ハル国務長官は、モーゲンソー財務長官が同法を日本にも適用することについて慎重であった。しかし、この法律に基づく制裁の実施は、一斉に開始された。

この法律は、枢軸国に対して輸出を行うことについては許可制の余地を残していたが、ここで障壁となったのが、許可を審査する担当者の承認人事の手続きが八月に入ってから大幅に遅れてしまったことであった。モーゲンソーの日記によると、この部署を担当していたペールに、独伊など枢軸国と内通しているスパイがペールの部局に採用されぬよう、新規採用者の身辺調査を入念に行った上で採用しているか尋ねたところ、ペールは、春以降、彼の部局の仕事量が加速度的に増えはじめたため、採用後にこうした身辺調査を行っていると述べたのであった。モーゲンソーは、ただちに、採用前にこれを実施することを命じたため、ペールの部局における許可制の手続きは停止状態に陥ってしまった。

こうしたことが財務省内で生じていた時期、第一回米英首脳会談がニューファンドランド島沖で行われた。ローズヴェルトは、チャーチルが強く求めた対日最後通告を拒み、これに替えて、英米による厳重な対日非難にとどめたのであった。チャーチルはこの会談で、大統領が、米国が欧州情勢に軍事介入できるとすれば、それは、大西洋における何かしらの事件があった場合に可能であろうと述べたと、帰国後の閣議で語っていた。

それでも当時の米国世論において、対英援助は、戦争のリスクを冒してでも行うべきであるとするのが多数派であった。九月以降、米国大統領は、北大西洋で米独が軍事衝突してまで、英国向けの船舶を米国海軍が護送することを行ったが、世論の多数派はこれを支持していた。一方、対日経済制裁についても世論の多数派は、日本と戦争になりうるリスクを承知で行うことを是認していた。しかし、米国が宣戦布告して参戦することについては、一九四一年秋の段階でも圧倒的に反対が多数であった。米国内のこうした参戦に反対するムードは、連邦議会が一九四一年八月に徴兵制の延長を一票という僅差で可決したこと、また、中立法の核心的部分（米国船籍の商船を非武装にしていることと戦闘海域に入るのを禁じていたこと）を一一月一三日に一〇票という僅差で可決したことが象徴していた。

英米首脳会談の開催が発表された直後にギャラップ社による世論調査が八月一九日に公表された。それによると、「あなたはただちに米国がドイツに宣戦布告して参戦することに賛成しますか」という質問に、二〇パーセントが賛成、七四パーセントが反対、五パーセントがどちらとも言えないと回答していた。この二週間後に公表された同社による同じ設問に対する調査結果は、賛成が二一パーセントとなった以外は、反対とどちらとも言えないと回答した数字は八月一九日のそれらと変わらずであった。

しかし、一〇月五日の同様の質問に関する同社の調査結果は、三〇パーセントが参戦回避、七〇パーセントが参戦リスクを冒してでもドイツの屈服を推進すべきと回答していた。これは、九月四日に米軍がアイスランドを占領して対英援助を進めはじめた日に、その沖合で米海軍駆逐艦グリーア号がドイツの潜水艦に攻撃された事件が背景にあった。この事件は、グリーア号とこの潜水艦の追跡をともに行っていた英軍機が潜水艦を攻撃し、それに反撃した潜水艦がグリーア号を攻撃したのである。この事件の一週間後、ローズヴェルト大統領は、米海軍に北大西洋においてドイツ海軍に対して必要なら発砲を許可した。ギャラップ社の世論調査結果は、米国世論の多数派がこれを支持していることを示した。

こうした世論の変化は、アメリカ・ファースト委員会の勢いが弱まってきたことにも反映された。九月一一日、同委員会の指導者の一人であったチャールズ・リンドバーグは、アイオワ州のデモイン市におけるアメリカ・ファースト委員会の集会で、彼が同委員会とともに四月以降唱えてきたように、米国は西半球の専守防衛に徹すべきであって、ドイツ軍は、欧州から米国本土を空爆できる能力はないと発言した。ただこの講演で、リンドバーグは、英国、ユダヤ人、現在の米国政権、そしてより重要でない勢力として、米国内の一部の資本家、親英派、そして大英帝国の繁栄が米国にとって好ましいと考えている知識人が、米国を英国側に立って参戦させようと画策していると強調したのであった。この講演は、全米で、リンドバーグは反ユダヤであるという印象を与え、そのため、アメリカ・ファースト委員会も反ユダヤ団体であるという悪いイメージを広めることになってしまった。ただし当時ローズヴェルト大統領やモーゲンソー財務長官が英国と連携しながら参戦に向けた準備を進めていたことを考えると、「一部のユダヤ人」と限定していれば、このようなイメージダウンを米国社会で招かなかったかもしれない。

再び世論調査を見ると、日本とただちに戦争すべきかという八月五日に公表された世論調査結果では、七八パーセントが反対、二二パーセントが賛成であった。ただ、九月七日、ギャラップ社は日本と戦争になるリスクを冒してまで日本がさらに強大化しない方策を取るべきか、という質問に対する世論調査結果を公表したが、それによると、六七パーセントは賛成、一九パーセントは反対、一四パーセントは分からないと回答していた。一一月一四日に公表されたこれと同じ質問に関する同社調査（期間一〇月二四日から二九日）では、六四パーセントが賛成、二五パーセントが反対、一一パーセントが無回答であった。そして調査期間が、ハル・ノートが発表されてから真珠湾攻撃前の期間にあたる一一月二七日から一二月一日の調査で、ギャラップ社は、近い将来米国は日本と戦争するであろうかという質問に対して五二パーセントはそうなると答え、二七パーセントはそうならないと回答した（二一パーセントは無回答）。これは一二月一〇日に公表されていた[23]。

以上、世論に敏感であったローズヴェルトは、次の三つの動向に影響を受けていた。①世論の多数派は、米国参戦とはならない範囲内で対英援助を支持、②米国の参戦には圧倒的多数が反対、③対日全面経済制裁を米国世論の多数派が支持、である。

近衛文麿首相の日米首脳会談が流産したのは、八月から九月にかけての米側の政策面での大きな変化のなかで、対日政策が後手に回ってしまったためであった。ローズヴェルトが、七月の閣議で対日全面経済制裁が日本のさらなる暴走を招かないようにする必要性を意識していながら、日本の陸海軍を「ジリ貧」論へ追い込んで行った過失責任は米国側に明らかにあった。このようなジリ貧論は、海軍軍縮無条約時代突入以降、加速しはじめた米国の建艦に対して焦燥感を強めた日本海軍を、一九四一年一〇月末、日米戦争やむなしという見解に完全に傾けてしまった。[24]

太平洋戦争の起源を研究する学者たちの大半は、日本の対米戦争の時計の針が開戦に向かって動き出す事態を招いたのは、一九四一年七月下旬の日本軍による北部仏印から南部仏印への進駐であったと見ている。八月九日、カナダのニューファンドランド島沿岸部の沖合で開催された米英首脳会談で、ローズヴェルト大統領とチャーチル首相は日本の南進と北進を封じ込める政策を推進することで一致した。[25]

それまでは、米英首脳は、日本との関係改善を模索していた。しかしながら、障害となったのが、日独伊三国同盟と日中戦争であった。武器貸与法は、英国に対する支援としてただちに適用されたのみならず、五月六日以降、中国に対しても同法に基づく軍事援助が行われるようになった。そして独ソ戦が始まった六月二二日以降、ソ連に対して同法に基づく対ソ軍事援助が行われるようになった。前述のように、米英首脳会談では、大西洋憲章が発表されたのみならず、重要決定事項として、米英による対ソ軍事援助と日本のこれ以上の南進を行わせないことが合意されていた。チャーチルは、この会談で、米英による対日最後通告を働きかけたものの、米国大統領はこれを退けていた。それでも米国政府は、日本に対して厳重な警告を通達していた。[26] ローズヴェルトは米英首脳会談でチャーチルに、米国の参戦の可能性について、(チャーチルの帰国後の閣議によれば) 語っていたようである。それは、北大西洋でドイツの潜水艦部隊と米国商船隊・海軍との緊迫した関係から、ドイツ側による発砲で生じた何かしらの事件を通じ現実となることをローズヴェルトは想定していた。

日本が一九四〇年九月二二日、フランスのヴィシー政権に圧力を加えることで北部仏印に進駐したさい、米国は対日経済制裁を強化した。一〇月一六日以降、すべての米国の屑鉄は対日禁輸となった。この経済制裁は、七月二日に大統領が署名した輸出管理法に基づく措置であった。同法は、米国大統領が国防に必要と判断した物資を輸出許可制または禁輸対象にすることができた。その結果、まずは航空機部品を輸出許可制としてから約三週間後の七月三一日、この日以降は屑鉄製品の一部、航空燃料、そして潤滑油が輸出許可制の対象となった。九月二七日の三国同盟締結は、もちろん米国の対日強硬派のさらなる台頭を招き、また、ローズヴェルトは、日中戦争と独伊による欧州での戦争を明確に一体的に捉えはじめた。

日本軍の北部仏印進駐について、日本政府は、重慶に対する軍事作戦を行うために必要であったと説明していたが、英米蘭は、この説明は日本の動機の一部分に過ぎず、日本の南部仏印進駐は、日本が主張していた対中戦争のためではなく、いよいよ南方を攻略する足固めをしはじめていると見ていた。

七月二八日、日本軍は、ローズヴェルト大統領が野村駐米大使に提案した、日本が仏印から撤退する見返りに、インドシナの中立化と仏印の資源への関係国による均等なアクセスを可能にする構想を無視し、南部仏印へ進駐した。

この事態は、次のような結果を招いた。まず、ハル国務長官は、同年春以降進めていた日米交渉がこのような日本のさらなる拡張主義に終わったことで対日不信感をさらに強めた。また、大統領は、日本の南部仏印進駐の直前であった七月二五日に、日本の在米資産の凍結を命じたことに加えて、八月一日、対日全面禁輸の実施を指示したのであった。八月の米英首脳会談では、両国による日本への厳しい警告が送られ、東南アジアの英領植民地からの戦争遂行に必要不可欠な資源を英国存続の生命線と見ていた英国の立場を米国は支持したものの、英国が求めていた対日最後通告には至らなかった。[27] この対日全面禁輸措置は、日本政府の指導者たちが予期していない事態であった。そして、それは意図せざる厳しい状況、つまり日米開戦、という結果を招いたのであった。

対日全面禁輸措置について、既述のようにその運用は、当初米国側に実施のさじ加減の余地を残す形で進めることが、大統領、国務長官、そして国務次官ウェルズにより想定されていた。ウェルズは、米軍首脳部が考えていたこと、つまり、太平洋方面の米軍の配備が、フィリピンをはじめとする米国領の防衛に十分な戦力になるまで日本との戦争を起こさない、という見解を支持していた。ウェルズは、日本がすでに得ていた石油輸出許可の実施を許し、今後の対日石油輸出許可を一九三五〜三六年の水準で数週間後再開する政策を推進しようとしていた。ローズヴェルト大統領は、ウェルズの見解に同調していたが、対日全面禁輸措置は、ただちにウェルズが想定していたような米国政府の裁量を除外する完全な全面禁輸となってしまった。これは、政権内の対日強硬派であった、アチソン経済担当国務次官補、ホーンベック国務省極東部顧問、モーゲンソー財務長官、ハロルド・イッキーズ内務長官がこの問題の主導権を握ってしまったからであった。

ハル国務長官も、対日禁輸の実施は、事案ごとに行われるという見解であった。しかし、国務省のアチソンと財務省の中堅幹部たちは、そのような例外を設けない全面禁輸を実行したのであった。国務長官がこの事態に気づいたのは、英米蘭がそれぞれの国にある日本の金融資産を凍結して石油をはじめとする戦略物資を日本に売らなくなって数週間過ぎてからのことであった。大統領がもともと全面禁輸を願っていたのか、それともハルやウェルズが望んでいたような柔軟な対応を考えていたのか、これは、まだ未解明の課題である。(28)

米国政府が、在米日本資産を凍結した上に対日石油供給を完全に禁止してしまったことは、ローズヴェルト政権の対日政策の手を大幅に制約する結果を招いた。三輪宗弘もミラーも対日経済制裁を徹底的に推進したのは、大統領と国務長官ではなく、アチソン、財務長官モーゲンソー、そして内務長官イッキーズであったと考察している。(29)

このような対日石油禁輸の状況下「満洲国」における日本の人造燃料政策は一一月の段階で日本のエネルギー需要を支える上で完全に当てにならないことが判明していた。在奉天米国総領事館は、このことを、満洲における計画経済の行き詰まりとともに把握していた。(30)

満洲で石油を確保できないなか、日本は、蘭領東インドより石油を中心とする戦略物資を確保することを目指した。一九四〇年九月から英米蘭がそれぞれの国の日本資産を凍結した翌年夏まで、日本は、最初に高碕達之助が師事していた阪急電鉄の創業者小林一三が交渉団を引き連れて蘭領東インド政府と交渉し、そのあとは、芳沢謙吉（犬養内閣の外相）が交渉を担当した。(31)

一九四一年六月二二日に独ソ戦が始まると、米国政府は、日本の行動により敏感になった。というのも、米国政府は、英国を支える上で、ソ連が有用であると判断していたからであった。米国は、ソ連がドイツの猛攻撃に持ちこたえ、かつ存続できることが判明するまで、対日交渉では時間稼ぎをすると同時に日本が南進も北進もしないよう封じ込める必要があると判断していた。

近衛内閣は、日ソ不可侵条約を四月に実現させた松岡洋右外相を更迭すべく、内閣は総辞職をした上で、松岡を除いた新内閣を成立させたのであった。松岡は独ソ戦開始時、内閣でソ連を攻撃することを主張していた[32]。近衛は、内閣改造後、日米首脳会談を実現させるべく努力した。ローズヴェルト大統領は、当初日米首脳会談を行うことに関心を示したが、ハル国務長官の慎重論に押されて、この話は立ち消えとなった。このため近衛首相は行き詰まり、一〇月中旬内閣は総辞職した。

4　ローズヴェルトと昭和天皇

当時、上院議員（ユタ州選出）であったエルバート・トーマスは、近衛内閣の崩壊と一〇月一八日に発足した東条英機内閣が意味するものは日米戦争であると察した。トーマスは、モルモン教の宣教師として夫婦で一九一二年までの五年間の滞日経験があり、日本語が堪能であった。

東条内閣が発足した米国時間一〇月一七日、ローズヴェルト大統領は、国務省が作成した天皇宛メッセージをグルー大使宛に打電するのを見送った。当日大統領とハル国務長官が読んだグルーからの電報によると、近衛前首相の説明では、東条首相は、近衛内閣の対米対話姿勢を継承し、陸軍内では穏健派であるということであった。ローズヴェルト政権は、東条内閣の出方を様子見する判断をした。ローズヴェルトが見送った天皇宛のメッセージは、日本の南進と北進を行わないことを要請する内容であり、対日経済制裁を緩和することについての言及がなかった。興味深いことに、大統領は、この天皇宛のメッセージが一九三七年一二月一二日、揚子江で起きたパネイ号事件のさい、大統領がグルーを介して天皇に事件収拾のための大統領の要請を伝える指示を行ったとき以来であると位置づけていた。日米関係に重大な危機が生じたとき、ローズヴェルトは、日本の元首である天皇に働きかけることで事態の打開を図る発想を、一九三七年一二月以来持っていたのであった。W・ハインリックスの解釈を適用して考えると、天皇宛のメッセージを見送った一〇月中旬、独ソ戦はドイツの対ソ猛攻撃の時期と重なり、日本の南進も北進も誘発したくなかった米国は、日本への姿勢を緩める余裕がなかったと言えよう。しかし、一〇月の後半は、日本が対英米蘭戦争を決断した時期であった。

首相後継の推薦に当たった木戸幸一内大臣は皇族内閣を待望する動きに応ぜず、陸軍を抑えるには天皇に忠実な東条陸相しかいないと苦肉の策をとり、東条内閣が成立した。東条首相は天皇の御意思を体し、日米交渉が一一月中に妥結することを条件に、開戦決定を一時棚上げして交渉を再開することに同意し、野村大使を補佐して最後の日米妥協を模索すべく来栖大使を派遣するに至った。対米強硬派の東条は、天皇が九月上旬の御前会議で意思表示したように、日米戦争回避を強く望んでいることを知っており、もしも日米交渉が戦争回避につながった場合、国内でそれに反対する不満分子を抑えるだけの実行力を持っていると思われていた。しかし米国政府は、東条内閣が戦争回避を望んでいるのかどうか懐疑的であった(33)。

一九四一年の日米交渉で根本的な問題となったのが、日本がハルがたびたび提案してきたハル四原則に同調しなかったことであった。この四原則とは、領土保全、内政不干渉、機会均等の原則に基づく経済的機会、そして平和的手段による秩序の変更であった。ハルは、日米がこの四原則に同意した上で交渉を行うことを、同年春の日米交渉、日米首脳会談の模索、そして同年一一月から一二月の日米交渉のいずれも初期段階で主張していた(34)。米国は、領土保全と経済的機会均等によって構成されていた門戸開放の原則を、一九四一年の日本に厳格に適用していた。

日米開戦までの日本外交の米国人脈は、共和党系、しかもローズヴェルト政権と敵対関係にある右派に依存している傾向が強かった。野村大使がアドバイザーに登用したラウル・デスヴェアニンはその好例であった。野村と来栖が、大統領に直接アクセスすることができる民主党系有力者（後述するバルーク）に接触できるようになったのは、ハル・ノートが両大使に提示されたあとのことであった。寺崎英成が、一九四一年三月に二等書記官としてワシントンの日本大使館に着任したとき、彼の任務の一つは、米国内孤立主義の指導者の開拓を行いながら、これらを通じて日本に有利な米国世論の形成を狙う活動であった。ニューヨーク市の日本総領事館はすでにそのようなプロパガンダ活動を行っていた。寺崎は、アメリカ・ファースト委員会の有力者であったミズーリ州出身のジャーナリストO・K・アームストロングと接触していた。アームストロングは日米戦争回避論者であった。アームストロングは、アメリカ・ファースト委員会の指導者リンドバーグと前年から不仲にはなっていたものの、十分利用価値があると判断していた[35]。

米国は、一九四〇年秋に日本政府の外交最高機密電文の解読に成功していた。このため、一九四一年の日米交渉は、米国側が日本の外交電報を事前に読みながら進めていく展開となっていた。大統領と国務長官は、一一月五日の御前会議で、一一月二五日までに日米間で外交上の妥協が成立しなかった場合、両国の関係は断交とする決定を下したことを把握していた（この期限は、後に、東京から野村宛の日本時間一一月二二日の電報で、一一月二九日に変更となった[36]）。日本政府は、一二月に日米開戦となることを野村と来栖に伝えていなかったため、米国政府は、日米開戦の時期については把握していなかった。しかしながら、米国政府の高官たちは、東京とベルリンの間で交わされていた日本外交暗号電文の解読を通じて、日米が一二月一日以降、戦争に突入する可能性が高いことを、こうした情報が入ってこない野村と来栖と比べてよく認識していた。

東郷茂徳外務大臣は、野村駐米大使を支援すべく、来栖を特使として派遣した。ハルをはじめとする米国政府高官は、来栖特使が甲乙二つの暫定協定案を携さえてワシントン入りすることを日本外交最高機密暗号解読（マジック）により把握していた。甲乙両案には、仏印からの日本軍撤退の代わりに対日禁輸措置と在米日本資産凍結の解除が盛り込まれていた。甲案は、米国に日本主導の東アジア国際秩序を承認させる内容であった。甲案では米国が重視する中国撤兵および三国同盟空文化についての言及はなされていなかった。乙案は、日米が直面していた三国同盟や日中戦争といった根本的問題の解決を図ることを回避し、専ら米国による対日石油供給の一定量の再開を狙う内容であった。野村は、一一月七日ハル国務長官に甲案を提示したが、国務長官はこれを即座に却下した。その三日後、大統領もハルと同様甲案を却下したのであった。ローズヴェルトは、野村に日本は仏印と中国より撤退しなければならないと論じたのであった。

甲案が米国側により明確に拒否されるなか、日本政府は、来栖がワシントンに到着する直前であった一一月一七日、乙案を野村に打電した。東郷外相は、野村に対して、乙案が日本が提示する最後の案で、これに基づいて両国間で妥協が成立しない場合、日米両国の関係は断交となるかもしれないと伝えたのであった。このことをマジックで把握していたローズヴェルトは、国務長官に米国の暫定協定案のガイドラインを米国時間一一月一七日に示した。それは、対蔣介石援助を継続し、また、日本の南進と北進を牽制し、仏印からの撤兵に日本が応じれば石油など日本が必要とする資源の供給再開を模索する内容であった。

野村は、ハルが乙案を却下することを恐れ、乙案に修正を加えた。すなわち、一一月一八日に野村がハルに提出した内容は、乙案を、本省の了解を得ることなく修正して、日本の南部仏印進駐前の状況に戻す代わりに、米国が対日石油供給量を復活させ、また、在英米蘭の日本資産の凍結を解除することを狙った。ハル国務長官は、米軍首脳が日米開戦を、アジア・太平洋地域における米軍の戦力が一九四二年春に十分に確保されるまで回避したがっていることを知っていたため、野村の暫定協定案に関心を持った。

野村が勝手に暫定協定案を修正したことに怒った東郷は、野村に乙案をただちにハルへ示すことを命じた。野村が二〇日にこれを行うと、国務長官は、米国政府内でこれを検討し、また英中蘭豪の各大使とこのことについて相談すると野村に伝えた。

乙案は、中国撤兵のデリケートな問題に触れないで仏印撤兵にしぼった暫定的了解案を骨子としていた。乙案では東南アジアへの侵攻を恐れる米英蘭に対し、南部仏印に進駐した日本軍がタイやマラヤ、シンガポール、蘭印（インドネシア）へ矛先を向けずに北部仏印へ撤兵する約束をし、東南アジアにおける現状を維持する了解との引き換えとして、米国は日本が欲する石油その他の禁輸物資を解除して米国と蘭印からの対日石油輸出一定量を日本に保障するというのが骨子であった。

対日戦を回避するためのぎりぎりの譲歩としてか、対日戦備増強の時間稼ぎとしてか、米国側はかなりこの案に関心を示して、三カ月ないし六カ月の期限を付した暫定合意にして延長条項も考慮に入れた対案を出すべく国務省が内部検討を開始し、その旨を在日のグルー大使に伝える電報を打ってそれが日本政府により解読されたため、日本側の期待は高まった。

ただし、ハルは、日本側の期待が高まらないよう野村と来栖に暫定協定成立が厳しいことは、伝えていた。ハルは、九月上旬の北大西洋で米独海上軍事衝突が始まっていたことを一一月二二日に、米国が暫定協定案を検討しているさなか野村と来栖両大使に説明していた。また、独ソ戦の推移を注視していて、ソ連の動向について慎重ながら楽観論もこのとき披露していた（実際は、モスクワでの攻防は予断を許さない情勢で、これが節目を迎えたのは真珠湾攻撃の前日であった）。この会談で、ハルは、米国が対日関係についてこうした動向のなかで捉えていることを示唆していた。また、石油を民需用として譲歩することも困難であることを伝えていた。

野村は、石油供給再開が難しいことをハルが示唆したことについて、本省に伝えていなかったようである。これは大きな問題である。野村は、これを伝えたら日本側の態度が硬化することを恐れていたのであろうか。ハルは、日本が枢軸国からの離脱を明確にすることを迫っていた(37)。日本が日独伊三国同盟から離脱することを明言しないなか、ハルは、大統領の承認のもと、暫定協定ではなく、いわゆるハル・ノートを日本に提示した。

蔣介石は暫定取決めが重慶に対する進攻停止を約束せず、北部仏印の日本軍が雲南を攻略する危険が排除されないまま、暫定協定案が成立すれば中国は見捨てられ蔣介石政権は崩壊の危機に陥るとの訴えを米政府・議会に対して行い、これにローズヴェルトも動かされ、日本政府が交渉妥結の最後の望みをかけた暫定協定案は葬られたのである。ハル・ノートが突然出された理由は蔣介石の哀訴以外の諸説があるが、その前日に日本軍の仏印向け大輸送船団が航行中との情報（のちに誤報と判明）がスティムソン陸軍長官からローズヴェルトとハルにもたらされたことがローズヴェルトの不信感を増幅し、暫定期間中にも大兵力を移動させるのではないかと恐れて暫定協定の撤回に至ったという見方も時系列から説明ができる。日本軍が仏印への兵力増強に努めて作戦準備を完了し次第、攻撃をマラヤ、シンガポール、タイ、ビルマや米領フィリピンまで仕掛けてこないかと疑い、フィリピンをはじめとする東南アジアの西欧植民地が一挙に失われた場合に、米国の対日宥和政策が日本軍の攻撃を助長したと連合国や米国世論に非難されることを米政府が恐れた可能性は否めない[38]。

一一月二六日は、ハル国務長官がハル・ノートを野村・来栖両大使に手渡した日でもあり、日本海軍の連合艦隊が、千島列島・択捉島ヒトカップ湾を静かにハワイの真珠湾を目指して出発した日でもあった。ハル・ノートはローズヴェルト大統領の承認のもと両大使に手渡された。ハル・ノートでは、以下の要求が日本に対して行われていた——中国からのすべての日本の軍隊と警察の撤退、米英蘭中泰日の六カ国が不可侵条約を結ぶ、仏印の中立を確認する、仏印の資源への機会均等の原則に基づくアクセスを認める、日本は蔣介石政権を中国の唯一の政府であることを認め、中国のほかの政権への日本の軍事的、政治的、経済的援助を行わない、三国同盟における日本の独伊に対する義務を履行しない。日本がこの要求に従えば、米国は、日米貿易を再開し、在米日本資産凍結解除を行い、そして新たな互恵原則に基づく日米通商航海条約の交渉を行う用意があると伝えたのであった。

日本は、米国国務省の機密暗号電文を解読できていたため、米国政府は、野村・来栖両大使に暫定協定案を示す可能性が高いと期待を抱いていた。東条首相と東郷外相を含む日本政府関係者は、米国政府が駐日米国大使グルーに宛てた暗号電報を解読することでそう思っていたのであった。しかしながら、ハル・ノートが日本政府に提示されたため、日本政府関係者は落胆した。一一月三〇日、東郷外相は、野村大使に打電し、米国政府がハル・ノートにより交渉態度を急変したことに抗議するよう命じたのであった[39]。トーマス議員は、ハル・ノートが提示されたことを聞くと、日本との戦争は簡単に勝利できないと公言した。これは、米国マスコミで厳しい批判を受けた。

ローズヴェルト大統領は、マジックによる解読文書を読んでおり、そのため、日本の真意に懐疑的であった。一方、野村・来栖両大使は、開戦間近であることを全く知らなかった。彼らが知っていたことは、一一月二九日が日米交渉による妥協の期日であったことのみであった。一一月二八日、マジックは、東郷外相から野村・来栖宛の電報を傍受した。それによると、日米交渉は、事実上断絶となることは必至であることを伝えていた。しかしながら、外相は両大使に対して、日米関係が断交となった印象を米国政府に与えないことを要請していた[40]。

日米関係はハル国務長官がハル・ノートを両大使に手渡した一一月二六日以降最悪の事態へと向かう。この日、両大使は、東京へハル・ノートを打電したあと、独自の案を送信したが、その内容は、大統領と天皇が戦争回避のため日米の平和を訴える電信を交わすことであった。来栖大使は、特使としてワシントンに着任後、大使館の部下である寺崎から、イーライ・スタンレー・ジョーンズ牧師が大統領に対し、平和を訴える電信を天皇へ送ることを働きかけていることを聞いた。そこで来栖としては、まず大統領に日米協力による太平洋の平和を訴える電信を天皇に送ってもらい、それに対して天皇が友好的で前向きな返信を行うというシナリオを希望したのであった。ハル・ノートを本国に伝えたさい、野村と来栖は、米国大統領と天皇が、日米双方は戦争を回避したい旨を伝える電報を交わすことで、高まる緊張を緩和できると本国政府に助言した。

米国大統領と天皇が親電を交わす構想は、来栖が、近衛内閣が崩壊する直前にそれを回避すべくローズヴェルトが天皇に親電を送るかもしれないという噂を耳にしたことが発端であった。来栖がワシントン入りすると、寺崎は、この構想が、トーマスや社会的影響力のある牧師スタンレー・ジョーンズによりいまだ唱えられていたことを知った。一二月三日、スタンレー・ジョーンズ牧師は、寺崎と数日前に会談したことを踏まえて、ローズヴェルト大統領に面会した。スタンレー・ジョーンズは、大統領に、太平洋における平和を維持することを願っている旨の親電を天皇に送ることを助言した。

両大使は、また、この案を本省へ送ると同時に、七月に大統領が提案したタイとインドシナを含めた中立化構想に類似した、タイ、インドシナ、蘭領東インド諸島を含む地域の中立化案を東郷外務大臣に提示した。(41) しかしながら、東郷外相、東条首相、嶋田繁太郎海相、木戸内府は、協議の結果、両大使の案は受け入れられないと判断し、二八日に両大使に宛てて返信した。むしろ、東郷外相は、両大使が本省の指示通りに動かず、勝手に外交を展開していることに立腹していた。(42)

こうした動きはあったものの、一二月一日、日本政府は、米英蘭に対して戦争を行う決定を下していた。マジックは、一一月二九日大島浩ドイツ大使が東郷外相宛に打電した内容を読み取っていた。それは、ヒトラー総統とリッベントロップ外相が、大島に働きかけた内容を伝えていた。その内容とは、ドイツは日本が米国にただちに攻撃を行うことを望んでおり、その場合、ドイツは、米国に宣戦布告を行うというものであった。マジックによると、リッベントロップがモスクワでのソ連軍との戦闘でドイツ軍が芳しくないことを大島大使に隠しながら、ドイツは、ソ連に対して一九四一年に勝利する観測を伝えた。こうした大島の打電に対する東郷外相の返答は、日本政府は、ハル・ノートが要請していた日独伊三国軍事同盟の解体を受け入れられないと大島に伝えるものであった。八月以来、日本は米国政府に対して日独伊三国軍事同盟は米国に自動的に宣戦布告を義務づけるものではないと説明していた。

東郷外相が送った大島宛の電報九八五は、ヒトラー総統とリッベントロップ外相に秘密裏に、日本と米英との関係はもはや修復できない状況であるため、思ったより早く日本と米英との間で武力衝突を通じて戦争に突入する情勢にあるということを伝える指示を行っていた。

電報九八六で東郷外相は、大島がヒトラーとリッベントロップに、日本は南進を優先しているが、もしもソ連が米英との関係を強化する傾向を強めるのであれば、北進するつもりであるということを伝言するよう指示したのであった。

東郷は、これら二つの電報を野村・来栖両大使には送っていなかった。マジックが解読していたこれら電報は、ハワイの海軍および陸軍の現地軍最高責任者にも送られていなかった。真珠湾奇襲後の論争では、こうした機密情報がハワイ島の現地軍司令官に伝わっていれば、日米交渉により戦争回避はもはや望めないと判断してハワイ島の警戒態勢を高めていたであろうという議論が現れることとなった(43)。

両大使は大統領およびハル国務長官と一一月二七日に会談していたが、日本がハル・ノートを却下したことをハルに伝えたのは一二月一日の会談においてであった。この時、一一月三〇日に米国紙に報道された東条首相の英米批判演説も話題になったようであるが、この報道を知ったハルは、ジョージア州のウォームスプリングスで静養中の大統領へ連絡し、大統領は休暇を切り上げて同地を三〇日午後に出発し、一二月一日の朝にワシントンに到着した。ハルが大統領に連絡をしたのは、インドシナにおける日本軍の動向に関する新しい情報に加えて、マジック暗号解読により日本の外交交渉が間もなく終了することを察知していたため、前述の報道を重視したからであろう(44)。

一方、来栖は、ローズヴェルトがワシントン入りする前に、前述の大統領と天皇が親電を交わすという構想を推進するため、スタンレー・ジョーンズ牧師とバルークに打診していた。他方、大統領も、天皇宛の親電を送ることについては、ジョージア州へ行く以前から検討しており、すでに出発前に国務長官に天皇宛のメッセージと米国議会宛のメッセージの草案をそれぞれ作成するよう指示していた。大統領は日米が戦争に突入するかどうかを見極めつつあり、いまだに孤立主義色の強い議会によって束縛を受けたくなかったため、日米戦争の可能性が近いことを議会に知らせることはなるべく回避したかった。天皇宛の親電という構想については、スタンレー・ジョーンズ牧師はこの年の秋以来唱えており、彼以外にハーヴァード大学フォッグ美術館館員のラングドン・ワーナーとイェール大学教授朝河貫一が共同で提案していた。

大統領がワシントン入りした三〇日に、両大使は、日本側代表を近衛元首相か石井菊次郎、米国側代表をヘンリー・ウォレス副大統領かローズヴェルトの側近ハリー・ホプキンズとし、東郷外相の乙案およびハル・ノートを討論するためのサミットの開催を外相に提案したが、本国はこれを無視した。しかし、このような状況下で新たな展開があった。一二月三日の正午過ぎになってスタンレー・ジョーンズ牧師がローズヴェルトと密かに会い、会談中に大統領は、天皇宛の親電を駐日米国大使グルー経由で送ることを決意した印象を牧師に与えたのである[45]。

結局、ローズヴェルトの天皇宛の親電が送られたのは、一二月六日の夜六時に大統領が日本軍の動向に関する最新の情報を得てからであった。この時、大統領は日本が間もなく対米戦争に踏み切るであろうと考えていた。大統領はこれより以前に親電を送ることを検討したことが度々あったが、日本の外交暗号解読から得た情報によって日本の真意を疑っていたハル国務長官は、親電を遅らせるよう進言していたし、大統領自身も日本の真意には懐疑的であったのである。彼らは、マジックや現地からの報告などに基づき、日本はタイ、マレー半島、フィリピンを攻撃する可能性が高いと見ていたが、ローズヴェルトは、仮に親電を送った場合、日本側の返答を促す目的から、この事実をマスコミに公にするつもりであったが、その場合、世論は日本のタイ侵攻と英国植民地攻撃、場合によっては米国植民地フィリピン攻撃による対日戦争の可能性が間近であることを察知するため、連邦議会や世論に対して大統領自身どう説明すればよいのかというジレンマを突きつけられていたのである。親電の内容自体は、具体的な提案を含まない、一般的な和平論にとどめるものであった。大統領府が作成した天皇宛親電の冒頭の部分は、ワーナーがトーマス上院議員や国務省・大統領府関係者などに見せた朝河の親電案の影響を受けていたが、この親電に、何か政策的提案があったとするならば、インドシナを中立地帯にし、日本が武力による南進を止めることを昭和天皇に訴えていることであった。

大統領は親電を送ることで、米国は弱腰であるという間違った印象を日本に与えることはもとより望まなかったのであろう。あるいは、戦争となった場合、米国は日米交渉で最後まで最善を尽くしていたという記録を残しておきたかったのであろうか。それとも、時間稼ぎのための方策としての天皇宛親電を模索していたのであろうか。モーゲンソー財務長官は、ハル・ノートを日本に渡すことを決定した大統領が対日宥和政策を推進しなかったことを高く評価し、ハル・ノートが事実上の対日最後通告であると一一月二七日に解釈していた。マジックの情報にアクセスできなかったモーゲンソーは、日本の仏印界隈の兵力増強が急速に行われており、東南アジアにおける戦争が差し迫っているということを、大統領、ハル国務長官、陸海軍長官ほど認識していなかった。しかし、米国陸海軍の首脳は、ハル・ノート提示後あと三カ月ないと対日戦争に対応するフィリピンなどの太平洋地域における防衛準備は完了できないと判断しており、先送りを望んでいた(46)。

このような状況を考えると、ローズヴェルトが、この親電ではなく、国務省が作成していた親電案を打電していたならば、日米戦争は先送りできたのであろうか。国務省案は、次の通りであった。①日米を含む関係国は、太平洋地域における一切の軍事行動と軍事力行使を三カ月凍結するよう日本が望むのであれば、米国大統領はそれを実現すべく関係国と日本との調整役を果たす、②日中戦争を三カ月停戦にする、③米国を含む日本以外の関係国がこのことについて協議入りしていくインセンティブを与えるために、日本は、インドシナの兵力を七月二六日の水準に低下させ、また、この地域における軍事力増強を三カ月行わない（南部仏印からの撤兵については言及がないのでこのことは曖昧）、④援蔣ルートは維持し、蔣介石政権に対して米国は、若干の軍事援助を継続する、⑤①から③に応じるのであれば米国は日本と蔣介石政権との和平を仲介する用意があり、日本と蔣介石政権が望むのであれば、双方がフィリピンで和平を直接話し合う斡旋を行う。ローズヴェルト政権は、こうした冷却期間を設けながら日本が平和的に対外拡張をしながら経済機会と資源を得ていくことを促そうとしていた。対日経済制裁の緩和について言及はなかったものの、冷却期間を設けることでアジア・太平洋地域における恒久的平和の確立を話し合うなかでそれが進められる意味合いを込めていたと言えよう。

ローズヴェルトが、この国務省案を選択しなかった理由は、①モスクワで、ソ連の対独総攻撃が始まったものの、まだドイツ軍の退潮が確実になったという状況ではなく、また、②東郷—大島間の暗号電報解読によると日独伊三国同盟離脱の意思を日本が持っていないことから、そして③何よりも日本の対米外交が偽装工作である印象を強めると同時に日本の英蘭植民地、タイ、場合によっては米国植民地や南太平洋の軍事拠点への攻撃の可能性が差し迫っているとの認識を持っていたことによる。その結果、ローズヴェルトは、野村と来栖が模索していた、ハル・ノートから暫定協定に近づくような内容への軌道修正を踏み込んだ形で探求しなかったのであった。それでも、東南アジアの中立化を天皇親電に盛り込んだのは、米国内と中国から対日宥和の批判を招いたり、中国のABCD離脱と対日単独講和を招くことでABCD対日包囲網が崩れ、日本の南進と北進を容易にさせる事態を生じさせるという可能性はあるが、その範囲内で、できれば日米開戦を先送りしたいという望みがごく僅かながら託されていたことは否定できない(47)。

5　フーヴァーと天皇宛親電に至る経緯への関与

(1) デスヴェアニン

中立法が一一月一三日事実上廃止された直後、ローズヴェルト大統領は、ハル国務長官に日米暫定協定案の作成を指示していた。これは国務省内で日米包括協定案とともに検討されていたが、財務長官のモーゲンソーは、この国務省の動向を踏まえて、部下のホワイトに日米暫定協定案の作成を指示していた。ホワイトは、次のような考察と提案を行った。日米が戦争となった場合、双方に大きな禍根を残すだろう。日本は敗北し帝国を失う。また、この大日本帝国崩壊でアジアは新たな混乱を迎えよう。一方、米国は、日米戦争を回避できれば、欧州における独伊を潰すことに専念できる。米国は太平洋方面の海軍の大半を大西洋へ移動することが可能となる。

その上で、ホワイトは以下のような案を作成した。

①日本は日独伊三国同盟から離脱し、ドイツの技術者やプロパガンダ担当者をすべて追放し、二〇年間有効な日米

相互不可侵条約を結ぶ。
②日本は蔣介石政権を認め、中国から撤兵する。
③米英日は、中国における治外法権撤廃に応じる。
④ソ連が満洲との国境から兵力を撤収させるのであれば、日本はそれに応じる。
⑤日本の中国におけるプレゼンスは、満洲事変勃発前に戻す。
⑥日本はインドシナとシャムから撤兵する。
⑦中英蘭比の四カ国と日本は相互不可侵締結交渉を行う。
⑧インドシナを多国間による委員会の監督下に置く。
⑨日本は米国に対して生産した戦争物資（兵器）の最大四分の三までそのコストを上乗せして売却する。
⑩日米は通商条約を締結し、日本に最恵国待遇を付与する。
⑪日本は、英中に最恵国待遇を付与する。
⑫米国は日本とアジアからの移民を受け入れるべく、現行の移民法を改正する。
⑬米国は日本に総額二〇億ドルのクレジット供与を二〇年間にわたり年二パーセントの金利で実施する。
⑭日米が折半で五〇〇万ドルの基金を設けて円ドルのクロスレートを安定化する。
⑮日本は中国に一〇億円の融資を二パーセントの金利で行う。
⑯米国は日本が必要とする資源へのアクセスができるよう支援する。(48)

ホワイト案はあくまでもたたき台に過ぎず、しかもその内容は対日強硬論というよりは対日宥和論であった。デヴィッド・スター・ジョーダンやフーヴァーが支持するような内容であったと言えよう。

開戦前夜、ニューヨーク市駐在の西山勉財務官は、おそらく渡米前鮎川から得た情報に基づき、デスヴェアニンを訪ねた。西山は一九四〇年から開戦まで日米外交に度々深く関わり、一九四〇年六月における日本の財界人招請によるジョン・オライアン将軍の訪日では、その人選で決定的な役割を果たし、[49]一九四一年一月には米国人で親日派のマックスウェル・クライマンと共同で日本へ非公式の使者を送ることを試み、[50]同年の二月から三月は井川忠雄の日米外交（井川、岩畔豪雄大佐、ジェームズ・A・ウォルシュ司教、ジェームズ・ドラウト神父による外交）を手助けした。[51]デスヴェアニンは、ウォール街の弁護士でもあり、ビジネスマンでもあった。彼は一九一四年にニューヨーク大学法律学校を卒業したあと、国際経験豊かな弁護士となる。すなわち、メキシコ政府と駐米メキシコ大使館の特別法律顧問（一九一八～一九年）、駐米キューバ大使館と在米キューバ商務委員会の法律顧問（一九二〇～二一年）、キューバ国銀行整理委員会のニューヨーク州法律顧問（一九二四～二五年）、そして対欧州・対南米融資交渉を行っている米国の銀行家たちの法律顧問（一九二六～二九年）といった経歴を築いたのであった。

西山がデスヴェアニンを訪問した理由は、彼の弁護士としての実力と政財界人脈に期待するところがあったからである。デスヴェアニンは、ニューヨークの政財界や言論界では顔が広く、例えば彼の自宅で行われた夕食会や夜の懇談会によく現れた来客には次の人々が含まれていた——元ニューヨーク州知事アルフレッド・スミス、元ニューヨーク州知事でデスヴェアニンが一九三八年まで一八年ほど勤めた弁護士事務所の共同経営者であったネイサン・ミラー、USスチール社社長エドワード・ステテニアス、デュポン財閥のピエール・デュポン、電力会社社長で一九四〇年の大統領選の共和党候補となったウィルキー、『ウォール・ストリート・ジャーナル』紙記者トーマス・ウッドロック、『ニューズウィーク』誌記者レイモンド・モーリー、コラムニストのリップマン。こうした会合では時の政治問題がよく論議されたが、[52]スミスとモーリーはローズヴェルトとその政権、およびそのニューディール政策の批判者として知られていた。[53]また、モーリーとリップマンは米国の対日外交については穏健派として知られていた。[54]そして、デスヴェアニン自身、この二つの考えを支持していたのである。まず彼の対日姿勢であるが、彼は一九三八年から四一年春までの約二年間、大手鉄鋼会社クルーシブル・スチール社の社長に就任しており、この間一九三八年から三九年冬にかけて鮎川の満洲重工業へ鉄鋼を輸出することに強い関心を示していた。また、ニューディール反対論者である彼は、一九三四年に有力政財界人により結成された反ニューディール団体アメリカン・リバティー・リーグの役員を務めたことがある[55]。そして、一九三六年にフーヴァー元大統領に初めて自己紹介の書簡を送ったさい、ニューディールが「その考えと傾向が根本的に全体主義である」という考えで意気投合した[56]。デスヴェアニンは、一九四一年春以降は、弁護士事務所の共同経営者として弁護士業に専念するが、彼の顧客には三井物産ニューヨーク支店と横浜正金銀行ニューヨーク支店が含まれていた[57]。このような関係から、西山財務官と接するきっかけが生じたものと思われる。そして、西山の紹介によるものと思われるが、一九四一年の夏以降、駐米日本大使館の法律顧問を務めるようになったのである。

そして、フーヴァーが日米交渉におけるデスヴェアニンの活動を知るようになるのは一九四一年一〇月中旬頃であるが、西山の依頼で同月二七日にウォルドーフアストリアホテル内のフーヴァー邸で三人は会談している。この会談が持たれたのは、フーヴァーが悪化する日米関係を懸念していたことがもちろん一番大きな理由であるが、デスヴェアニン自身が一九四〇年の暮れ頃からフーヴァーとの親交を深めることに努力していたという個人的関係も見逃せない[58]。

デスヴェアニンは日米交渉における有力な後援者を求めていた。彼は野村大使の依頼で一九四一年夏以降、日米交渉に関わるようになり、これを無償で引き受けていた。野村が彼に接触したのは、駐米日本大使館の法律顧問であったフレドリック・ムーアが高齢で、健康が優れなかったことが理由となった。このようないきさつで重大任務を引き受けたデスヴェアニンであるが、国際経験の豊かなフーヴァーをアドバイザーにしながら日本大使館の顧問になることを希望したのである[59]。以上の経緯でフーヴァーは日米交渉におけるデスヴェアニンの最大の後ろ盾となったのである。二七日の会談の翌日、フーヴァーは二五日付で招待状が送られてきていたデスヴェアニン宅主催の夕食会に出席することを決めた。

このようにしてフーヴァーは、ワシントンの駐米日本大使館やホワイトハウスが察知しないままで、日米交渉に関接的な接点を持つようになる。彼はデスヴェアニンに対して、「米国が日本と戦争をするような事態は愚行であ」り、「それは英国の敗北を意味するかもしれない」と、話している。さらに、自らは表面に出ないことを示唆しながら、デスヴェアニンに次のように語った。「問題は、今の政権がこの虎〔日本のこと〕に噛まれることなく脅したり、つねったり、針をさすことができない、ということを悟らせることである」。フーヴァーは、米国の対日経済封鎖が日本の東南アジア進出を招いたと考えたのであり、事態をこのまま放置すると、日本は「自殺行為であると認識していても対米戦争に踏み切る」と確信していたのである。

一一月二一日、デスヴェアニンはニューヨークでフーヴァーと夕食をともにする予定であったが、突如ワシントンへ赴くことになった。二日後、デスヴェアニンはフーヴァーに電話で、日米交渉は大変危険な状況に入っていることを告げた。フーヴァーがデスヴェアニンから聞いた内容は、以下の通りである。つまり、「野村・来栖両大使が解決を誠心誠意に模索しており、彼らは海軍と文民を代表し、戦争回避を強く希望していた。……〔両大使〕は日本の体面を守りながら解決しなければならない窮地に陥っていた。彼らの論旨は、緊張緩和のために即刻に手を打たなければならないというものであった。彼らはハルが戦争へと仕向けていると考え、ローズヴェルトはしり込みしていると考えていた」。このことを聞いたあと、フーヴァーは次のようにデスヴェアニンに進言した。「果たして日本がすべての軍事行動を六カ月凍結することに同意するか〔デスヴェアニンは〕〔両大使に〕聞くべきである。この同意のあとに対日経済封鎖の一部を民需向けに解除し、そしてハワイかどこかで五カ国会議〔日米英中蘭〕を開催し、太平洋の平和のための解決策を見出す」。もしもこの案に日本が同意するのであれば、フーヴァーあるいは彼の友人が「ローズヴェルトと会い、大統領の手柄として提案するように進言する」ことをフーヴァーは考えたのである。フーヴァーは、現在の日米交渉が、国務省ではなくローズヴェルトによって推進されることを切望した。フーヴァーは、英国が対日戦争回避を希望し、彼が考えるように進展すれば、同国はローズヴェルトに対日関係の改善を打診するであろうと考えたのであった。[61]

(2) バルーク——もう一つの日米交渉

先述のように、大統領が天皇宛の親電を送ることを決定するに至ったいきさつには、来栖が試みていたスタンレー・ジョーンズ牧師から大統領への働きかけが存在したが、それはもう一つの構想と関係していた。それはバルークを介して、国務省を迂回しながら大統領と戦争回避の交渉を続けることであった。バルークは、第一次世界大戦中に米国が戦時経済に移行した際、戦時経済を企画・運営する戦時産業局の長官として一躍有名になった財界人であり、ローズヴェルトに敬遠されてはいたものの、無視できない存在であった。

バルークの回顧録では、バルークが、モーリーから電話を受けたのが一二月二日であった。モーリーは、旧知のデスヴェアニンがバルークと会いたいと申し入れていることを伝えた。この時点で、バルークはおそらく背後にウィルソン政権時代以来の友人であるフーヴァー元大統領がいることを知っていたのであろう。それゆえ、バルークは、同日デスヴェアニンと会ったと思われる。来栖・デスヴェアニンと彼との会談は一二月三日に行われた（これらの日付はフーヴァー文書や来栖の回顧録とは異なる）。なお来栖の回顧録は、来栖・バルーク会談を成立させたのはデスヴェアニンのみならず西山の役割があったことも指摘している。バルークによると、大統領は来栖・バルーク会談を許可し、バルークは大統領の天皇宛親電を求める旨を含んだ覚書（ローズヴェルト文書では確認できない）を提出した。モーゲンソーの一二月三日の日記によると、大統領は、来栖がバルークおよび他のルートを通じてローズヴェルトに影響を与えようとしていたことをよく認識していたが、日本側の真意には懐疑的であった。大統領は、日本軍がインドシナ方面で海軍と空軍の増強を図っていたことを憂慮し、そのことについて一二月二日、ウェルズ国務次官を通じて野村・来栖両大使に照会する一方で、英米が日本の南進にどう軍事的に対応すべきか英国と相談していた。

来栖によると、来栖・バルーク会談の冒頭ではバルークが最近の日米交渉について質問攻めを行ったが、バルークによると、全体としては来栖の方がかなり多く話した。来栖によると、バルークは、ハル・ノートを読んだあと、両国は戦争に突入する可能性が高いと考えたが、それでも日米戦争の回避を試みたかったようである。ただ、バルークは日独伊との二正面戦争となっても最終的には米国は勝利できることを信じていたと、来栖は記述している。バルークは、米国内における戦争準備のための生産力がまだ不十分であったため、なおさらその必要性を感じていたようである。他方、来栖は大統領による天皇宛親電による緊張緩和を希望した。

一九四二年二月にデスヴェアニンの記憶に基づいて記され、フーヴァー文書に残されているバルークと来栖の会談内容は、下記の通りである。

①日米共同委員会により、日本軍の中国からの緩やかなペースでの撤退を行う。そして、他の欧米諸国と同様に、日本の駐屯基地を三、四カ所認め、その場所、規模は日米の合意で決める。

②日独伊三国同盟については、米国がドイツに宣戦布告をした場合、日米戦争とならないことを日米が覚え書きで約束する。

③日米通商航海条約の復活による日米貿易の再開と米国の対日経済封鎖の解決。

④上記三事項は、参加国が同意した中立の場所で国際会議により解決され、この会議で結論が出るまでは、対日経済封鎖と日米の軍事的緊張には過渡的な措置をとる。

⑤米国の対日経済封鎖の過渡的な措置として、非軍需物資の輸入を一定量日本に許す。

バルークの回顧録によると、来栖が希望したことは、大統領の天皇宛親電、米国による日中和平の斡旋、ホプキンズのような人物を対日特使として送るといった事項を、国務省抜きで大統領と話すことであったという。さらに、バルークは、フーヴァー文書と異なり、来栖が会談の場で話した内容をデスヴェアニンが手書きし、これを覚え書きにしたと回顧している。この手書きの覚え書きをバルークは回顧録で紹介しているが、フーヴァー文書で紹介されている覚え書きの内容とは下記の点が違っている。

①対日経済封鎖の緩和がバルークの回顧録にある覚え書きでは言及されていない。

②日本が中国で駐屯地を置ける場所は、日米共同委員会が決めるのではなく、バルークの回顧録では、日中米の軍

事専門家である。

③インドシナ問題の解決は日中戦争の解決を前提とするが、フーヴァー文書にはそのような言及がない。

来栖の回顧録では、一二月三日の夜バルークと大統領は会食しており、これはスタンレー・ジョーンズ牧師が大統領と日中に会談した同じ日にあたる。会食の席でバルークは、大統領から日米交渉について「よい感触を得た」ことを来栖に伝え、バルークと来栖は一二月一〇日にまた会うことを約束したという。他方、バルークの回顧録にはこのような記述はなく、来栖・バルーク会談のあとに、ローズヴェルトの秘書であったエドウィン・ワトソン将軍に会談の要旨を口頭で伝え、六日に天皇宛の親電が送られたことのみを記している。

親電は、日本時間一二月七日午前一一時に打電され、同日正午には東京中央郵便局に届いていた。しかし、日本の軍部の謀略により、真珠湾の奇襲攻撃前に天皇には届かなかった。駐日大使グルーは、親電が送られることをサンフランシスコからのラジオ放送によって知り、首を長くして待っていた。結局グルーの手元に届いたのは七日の夜一〇時半で、天皇への謁見が許されたのは、奇襲攻撃開始後であった。グルーは、本来この親電を天皇に謁見した上で手渡すはずであったが、東京中央郵便局に届いた親電は、陸軍の横やりにより、グルー大使への配達が、意図的に遅らされたのであった(62)。トーマス上院議員は、日米戦争中、天皇がローズヴェルト大統領の親電を日本軍による奇襲攻撃後まで意図的に見せられていなかったことを示す「かなり確かな証拠がある」と論じていた(63)。

開戦前、日本国内でバルークの日米交渉への関与について認識していた者がいたとすれば、それは、ストロースがきっかけをつくった日米交渉の担い手の一人、井川だけであったかもしれない。一二月一日に、井川は、日米交渉の仲間であったウォルシュ司教より「ノースカロライナの選び抜かれた偉大な愛国者だけが最悪の事態を回避できる。緊張緩和の進展を期待する」という電報を受け取っていたようである。バルークはサウスカロライナ州出身で、隣州のノースカロライナ州出身ではない。しかし、ニューヨーク市近郊在住の司教は、当時ワシントンで野村・来栖両大使と連絡を取り合っていたドラウト神父とは懇意で、また、ニューヨーク市在住の西山財務官と司教は井川を介して面識があった。これらの人間関係を考えると、西山かドラウト神父からバルークのことについてウォルシュ司教が聞き及んでいても不思議ではない。司教は井川に対し一一月二七日の電信でハル・ノートは日米の一般合意を目指す友好的な意図であると説いたのである。しかしながら、一二月一日に司教がバルークのことを井川に伝えていた同じ頃、ハル・ノートを最後通告と見なした日本政府は、開戦の最終決定をしていた(64)。

6 日米妥協の可能性——一二月上旬の野村・来栖

野村大使は本省宛に一二月六日に電報(第一二七二号)を打って、ローズヴェルト大統領に有力者を通じて行った、ここまで見てきたような側面工作を報告した。来栖の回想録では日付が三日とあり、電報が報告していた日付より一日早いが、既述のようにA工作はジョーンズ牧師、B工作はバルークにより行われたものである。

A工作は、一二月四日両大使の依頼を受けたある人物が、ローズヴェルト大統領との昼食にさいして、日米戦争を回避すべく大統領が日中戦争終結の仲介役を果たすべきであると大統領に助言したことであった。B工作は乙案に対して米国ハル・ノート案の日本に対する無害な部分を加え、ハルの同意を取りつけ次第「新ニ米案トシテ提出セシメントシツツアリ」と楽観的な報告を最終段階で行った。この妥協案の作者は来栖自身であり、それをローズヴェルトの逆提案として日本政府に提示させ、日本とのぎりぎりの妥協点を見出そうと必死で米国大統領に訴えた大きな賭けだった。両大使は、ハル国務長官は教条主義的な印象を与えるが、実際の問題解決については、原則を柔軟に適用できる人物であることを強調していた(65)。

しかしながら、東郷外相はこの電報内容を無視した。東条首相、東郷、嶋田海相、木戸内大臣は、大統領と天皇が親電を交わすことは不可能であると判断していた。彼らは、日本がハル・ノートを受け入れるような姿勢を示せば国内で反乱が起きることを恐れていた(66)。

一一月七日、ローズヴェルト大統領は、閣僚たちとの会議で、もし日本軍が東南アジアの英国あるいはオランダの植民地を攻撃した場合、米国民は、自国政府が日本と戦争することを支持するであろうと自信を示していた。一二月一日、ローズヴェルトは、駐米英国大使ハリファックス侯爵に、もしもそのような状況になった場合、米国は参戦するであろうと述べた。しかしながら、フーヴァー元大統領やアメリカ・ファースト委員会の活動が物語っていたように、彼らの活動が反映していた米国世論の参戦支持はいまだ不明であった。ローズヴェルト大統領のこのようなジレンマを救ったのが、米国時間一二月八日、日本海軍によるハワイ島の米国太平洋艦隊本拠地真珠湾への奇襲攻撃であった。大統領は、米国議会における対日宣戦布告の可決が一票の反対のみで決定されたさい、日本の真珠湾奇襲攻撃の日を「汚辱の日」と形容して、米国民に戦争遂行への協力を愛国心に強く訴えながら要請したのであった。ヒトラーとリッベントロップは、大島ドイツ大使に対して、日本が米国を攻撃した場合、ドイツも米国に宣戦布告すると再三にわたって語っていたが、日独伊三国同盟は、第三国が日独伊の少なくとも一国を攻撃した場合、日独伊は共同対処する義務があるのみであったため、日本による米国攻撃では、ドイツの三国同盟発動の義務はなかった。しかしながら、一二月一一日ヒトラーは、ローズヴェルトが長らく求めていた事態を行った。ドイツが米国に宣戦布告したのである。これにより、一九四一年一月以来ワシントンで英米の将校たちが練ってきた極秘の戦争計画は実施されることとなった。ローズヴェルトはヒトラーの宣戦布告に応じた。米国の一番の戦略的優先順位は欧州における独伊の打倒であった(67)。

日米は一一月下旬に暫定協定を結ぶ余地があったのであろうか。米国時間一一月二六日の朝、日本政府は、駐米大使館に、暫定協定の話し合いを進められた場合、航空燃料を含む石油の供給再開を要請するよう指示する電報を送っていた。一一月一日の段階では、日本政府内では、航空燃料年間一〇〇万トンを求める案が検討されており、この日本側が要求した石油供給量は非常に大きかった。しかしながら、一一月二六日、野村・来栖両大使には、ハル国務長官から暫定協定案ではなく、ハル・ノートが手渡されていた。もともと米国が前日まで検討していた暫定協定案は、日本が検討していた石油供給量をはるかに下回る量であった。しかも航空燃料の対日輸出は禁止されており、また、石油の用途も民需用のみに限定するというものであった。

ハルは、一一月二二日、自宅で来栖および野村と会談したさい、米国は暫定協定案を英豪蘭中と協議中であると話した。そのさい、この案には、日本の軍部へ石油供給を再開することは検討されていないものの、民需用に若干の石油供給を再開することは検討されていることを打ち明けたのであった。しかしながら、ハルは、この暫定協定を日本に提案するためには、日本が平和を求めている明確な意思表明が必要であると思い、これについては懐疑的であった。

暫定協定案成立の見込みは、日本が希望していた石油供給量のことを考えると、もともと絶望的であった。ハルは、二二日の野村・来栖との会談で、日本の南部仏印進駐は、日米交渉が行われているなかで実施されていたことから、まずは、ハルが春以降提唱してきた一般原則に日本が同意しなければ、また、日本が平和を希求する明確な意思表示を示さなければならないと強調した。野村と来栖による本省宛の電報には、不思議なことに、仮に暫定協定が成立したとしても限定的に再開される対日石油供給は民需用に限るとハルが言ったことを報告していない。

ハル国務長官は、南部仏印から北部仏印への撤退という、東郷が、この会談の二日後グルーに強調した日本側の最大の譲歩を重視していなかった。むしろ仏印全土に日本の軍事力が増強されていることがＡＢＣＤ陣営にとって脅威であることを論じていた。米国海軍の大半は太平洋方面に拠点を置いており、米国側としては、北大西洋におけるドイツへの対応にこれを回せない点においても日本は独伊に貢献していると示唆していた。また、援蔣ルート打ち切りをあらためて拒んだ。

前述の国務省が作成していた天皇親電案が日本の仏印兵力を七月二六日の水準に三カ月凍結することを書いていたのは、米国側が日本の南部仏印と北部仏印の区別を日本のように重視していなかったことを反映していたのではなかろうか。日本側がこの区別を重視したのは、北部仏印へ撤収することで、米国の事実上の対日全面禁輸以前の状況に少しでも戻りたいという狙いが込められていた。

さらに、米国の暫定協定案では、米国政府が、石油の対日供給の継続を更新するかどうか毎月決定しながらこれを三カ月まで行うという内容であった(68)。H・ファイスが一九五〇年に指摘しているように、日本軍の兵力の展開について日米で妥協が成立できない状況に加えて、石油については、日本は備蓄していた石油を温存すべく、米国より年間四〇〇万トンの石油供給、また蘭領東インドより年間一〇〇万トンを要求しようと考えており、この量を米国政府は到底受け入れられなかったであろうと指摘している(69)。

ハル・ノートに基づいて野村・来栖両大使は、対米交渉を続けようとしていたが、これは現実的に可能であったのか。例えば、「満洲国」の問題であるが、駐満洲国大使梅津美治郎（終戦時の参謀総長）は、満洲国から外務省本省に、ハル・ノートが求めている中国からの撤兵は、満洲を対象にしているのか聞いてきたが、本省はこれに返答しなかった。ハル・ノートは、日本に対して南満洲鉄道の権益の放棄を要求していなかった。ゆえに、米国が満洲を以前の状態に戻そうとしていたとしても、それは、日本の満洲における鉄道の権益を軍事的に守る国際合意を覆すことを意味していなかった。米国が日米暫定協定案を検討していたさい、満洲国を承認することを考えていたかもしれない。しかしこのような提案は行われなかった。しかも米国は一九四〇年以降は厳格な門戸開放の原則を満洲に適用していたことを考えると、満洲国に関するそのような検討がなされていたとしても、それはどのような政策上の選択肢があるかを検討していた次元での取り扱いに過ぎず、米国政府がそれを真剣に検討していたとは考えられない(70)。

またハル・ノートは、中国からの日本軍の撤兵について具体的な期限を設けていなかった。東条首相は、中国からの撤兵について反対していたが、撤兵行程表については何らかの合意が成立する余地があったのではないかという見方がある。しかしながらこれに対して、日本は中国で複数の傀儡政権を樹立しており、一九三九年一月以来、蔣介石率いる重慶の政権と話し合いを拒んできた事実があった。

モーゲンソー財務長官は、ハル・ノートが事実上の対日最後通告である印象を持っていたが、彼はマジックへのアクセスができず、大統領、国務長官、陸軍長官、海軍長官、陸軍参謀総長、海軍軍令部長のように東南アジアにおける戦争が差し迫っていることを把握していなかった。二七日、ローズヴェルト大統領とハル国務長官は、野村大使に米国がなぜ暫定協定案を提示せず、一般原則的なハル・ノートの提示にとどめたのかについて丁寧な説明を行っていた。ローズヴェルトは、国際情勢は、民主主義陣営対ファシズム陣営の対決であるという認識に基づき米国世論は枢軸同盟国である日本に対して全面的経済制裁を強く支持しており、日本が明確に侵略でなく平和を望んでいる行動をある程度示さないと、これを緩められないと論じた。大統領は、日本の南部仏印進駐や最近の侵略的意思表示を批判し、日本は枢軸国陣営から離脱しなければ、最後にはほかの枢軸同盟諸国と同様敗北すると断言した。大統領は、日中戦争の終結のため双方が会談することを斡旋しえることは示唆したものの、日本とABCD陣営の関係は危機的状況であると指摘したのであった。それでも、大統領は、日本にも平和を望む勢力がいることを認識しており、事態の打開を最後まであきらめないと野村・来栖に語った。

ローズヴェルトが、マジックに基づき米国における日本の外交官たちとの話し合いを偽装工作と疑いながらも、来栖・バルーク会談を容認し、また、天皇宛の親電を送ったのも、米国が参戦するとすれば対欧州戦で、日本との戦争は、できれば回避、少なくとも対日戦への態勢が整う三カ月先まで先送りしたかったからであった。J・トーランドが紹介しているように、ハル・ノートが日本に提示された後、米国陸海軍首脳は、フィリピンやハワイなどの前線の司令官に日本からの攻撃が近く行われるかもしれないことへの警告は行っていたものの、日米開戦を三カ月先送りしたがっていた。

ハル・ノートは、日本の指導者層のなかにいた英米と戦争を行うことに反対していた人たちが、英米との対決を唱える軍部を抑え込むことをできなくさせたと言えよう。元駐英大使で戦後首相となった吉田茂は、東郷外相に、ハル・ノートを事実上の最後通告であると解釈すべきでないと助言していた。というのも吉田は、ワシントンで野村・

来栖が一二月上旬独自に動いていたように、日米交渉の出発点にできると考えていたからであった。

しかし、木戸内大臣の一一月二九日の日記が記しているように、もはや天皇周辺の英米穏健派の声が、戦争を唱える声を抑えられるような情勢ではなかった。彼らにとって一九三六年の二・二六事件の記憶はいまだ鮮明なものであった。昭和天皇が終戦の翌年春、御用掛になっていた寺崎をはじめとする側近たちに回想しているように、もしも開戦に反対していれば、反対派は血腥いクーデターで殺され、より過激な政権が誕生していた可能性もある。一二月四日、大統領と国務長官には、グルーからの電報により、日本政府内では、ハル・ノートを最後通告とみなす見解が支配的であることが報告されていた。[71]

おわりに

在米大使館の野村・来栖大使は、従来の外交史では東郷外相に比して必ずしも評価が高くなかったと思われるが、本章では彼らを中心として行われた日米開戦回避の極秘工作に焦点を当てた。ハル・ノートが提示される前後から来栖大使は、野村大使の了解のもとでローズヴェルト大統領と天皇との親電交換による戦争回避の必死の工作を繰り広げ、一二月早々にハル・ノートと日本の最後提案の乙案とを何とか折衷することによって流産した暫定協定を蘇生させるような案を模索し、ローズヴェルトに内々に提示していたのである。在米大使館は戦争回避の工作を最後まで断念せず、一二月一日に「局面打開のため首脳会談再検討方意見具申」によって、米副大統領かホプキンズ顧問と近衛公爵による首脳レベル会談をホノルルで開く最後の訴えをしたが、これも日本政府に拒否された。来栖は帰国後、木戸内大臣に「米国側はとかく天皇さえ煩せば何事でも出来ると考えているので困る」と文句を言われたほどで、重臣であっても軍部の意向を恐れて天皇に対し開戦を急ぐ政府決定をもう少し遅らせるか、白紙に還元するような決断を求めることは到底できないような国内政治情勢だったのである。

このような急迫した国内事情を把握できなかったワシントンの日本大使館は日米戦争が起これば日本の敗戦必至との判断に立ち、本省の意向に逆らっても一一月三〇日に来栖・寺崎は全米宗教界に影響力を持つスタンレー・ジョーンズ牧師にアプローチして、ローズヴェルトが天皇に親電を打つよう懇請し、同師は一二月三日に大統領と会見してその伝言を伝えたのに対し、ローズヴェルトはそれに謝意を表明し前向きだったとされていることは、本件工作者らを鼓舞したと思われる。これ以上に極めて重要な動きとして一一月三〇日に来栖は西山財務官とニューヨーク三井物産顧問デスヴェアニンの助力により、対日宥和論を唱える共和党前大統領フーヴァーを活用して、フーヴァーと同意見の民主党の有力者でローズヴェルトにも近いバルークに会い、天皇が親電を受け取れば日中和平仲介を大統領に依頼するとの提案を一二月二日にメモ案で手交していた。来栖の工作の重要性を察知したバルークは、事前にローズヴェルトに意向を打診し、来栖と会見しその提案を受領して大統領に伝達することについて了解を得た上で、来栖と会う慎重さであった。来栖が独自に大胆な提案をした内容で注目されるのは、日本の最終提案の乙案と異なり、中国からの撤兵に言及しながらそのペースを緩やかに行うこととし、モンゴル国境と北支の駐兵は日米中三国間合意事項として米国の介入を認めたことである。駐兵問題についてフーヴァーに宛てたデスヴェアニンの報告では「日米合同委員会の設置に基づき行う」との表現が記録され若干の食い違いがあるが、乙案が中国撤兵を棚上げした暫定合意であり、甲案が基本的に日中間の問題は米国を排除する意図で起案され米国の介入を認める条件がなかったのと比較して、ハル・ノートに少しでも歩み寄る姿勢が来栖提案に看取され、さらに中国問題の全般的解決を図る日米中三国会議開催中は中国に対し軍事行動を凍結することを提議していた点が来栖案の重要な議歩であり、これで蔣介石の強い反対を抑えようとしたと思われる。

対日戦争はアジアの勢力均衡を覆しソ連共産主義の拡張に有利な状況を現出するとの持論をかねてから抱くフーヴァーは、ウォームスプリングスで休暇中のローズヴェルトに首府への帰還を促し、日本側の緊急のアプローチに応えるように影で尽力していたことも来栖工作の成果として注目されよう。

このような日本側の奔走がローズヴェルトの注目を浴びる一方で、これはあるいは日本の対米戦争準備完了までの時間稼ぎの陰謀かもしれないとの疑念をモーゲンソー財務長官に漏らしたとも伝えられる。マジック解読電報の情報を重視するローズヴェルトにしてみれば、日本政府はもはや米国の説得を諦めたことが分かっていたはずであるから、この発言は不可解である。対日戦争を対独戦争とできれば切り離して当面は英国の窮境を救うために対独戦に軍事力を傾けたいのがローズヴェルトの本音だったと言われており、極度の緊張下で判断が揺れ動く心境がこのようなローズヴェルトの疑心暗鬼の発言をもたらしたのかもしれない。不幸にして大統領が天皇に宛てた親電は、参謀本部が東京電報局で差し押さえたため開戦を食い止めることができず、東郷外相がグルー米大使から親電を受領して天皇に上奏されたのは開戦直後であった。

かくして命を賭した来栖の極秘妥協案は、日米戦争回避に失敗した幻の提案として歴史上忘れ去られたのであった。しかも戦争末期にローズヴェルトは他界したのでローズヴェルトの親電発出の真意は語られないまま歴史の幕が閉じた。

しかし外交史の封印された真実として、大統領親電に米国の対日譲歩案を盛り込ませることによって最後の段階で日米暫定了解を何とか作り上げ、天皇の意思によって軍部を抑えて、土壇場で戦争を回避しようとする破天荒な外交工作がワシントンで開戦前夜まで続けられていた事実は特筆すべきである。

修正主義的歴史学者が言うように、ローズヴェルトが日本を挑発して対米開戦させるように持ち込み、裏口から米国が対独開戦にたどり着けるような陰謀を企てたとの説は今や完全に少数説として信憑性が失われている。ローズヴェルトは二〇世紀のマキャベリの化身という人物像をうちたててそのような外交史を描くことは面白いが、史実からは乖離している。実際にはローズヴェルトはヒトラーを恐れて対独戦争を急いでいた一方で日本を過小評価して、日本が本気で米国に立ち向かってくる力があるか最後まで疑問視していたと見る米国の学者も多い。さらにローズヴェルトはヒトラーがソ連の抵抗にてこずれば日本の対ソ開戦を切望し、松岡外相辞任後は対ソ戦に消極的になった日本を口説いて何とか対ソ攻撃に引きずり込む陰謀を企んでいると警戒していたのであって、あくまでも日本をドイツから引き離すために三国同盟の自動参戦条項を無効にするような要求を日本政府に提示し続けたことは、日本軍部がヒトラーに操縦されているとの誤解を有していたと思われるほどである。この点で日本を挑発し過ぎればドイツの思惑に米国が乗せられることになってしまうのであり、日本との戦争をローズヴェルトが強く望んでいたとの見方はあまりにも短絡的である。チャーチル英首相も最後の瞬間まで米国が日本との戦争に踏み切るか疑問視していたのである。

もしも日米交渉が一二月七日以降も続けられていたら、日本の軍部も独ソ戦の形勢がソ連に有利になってしまったことを悟っていったかもしれない。一九四二年一月中旬までに、マーシャル・ズーコフ元帥率いるソ連軍は、モスクワからドイツ軍を、彼らがモスクワ制圧のために始めた台風作戦の出発地点まで押し戻していた。この時点の日本軍は、東南アジアを破竹の勢いで制圧していくことに成功していた。日本にいたソ連のスパイ、リヒャルト・ゾルゲは、そのスパイ網の一員であり、近衛首相のブレーンの一人でもあった朝日新聞記者尾崎秀実から、九月六日の御前会議で承認された「帝国国策遂行要領」が北進ではなく南進を決定したことを知らされていた。この情報は、一〇月上旬ソ連に打電された。この情報をもとに、スターリンは、一〇月一二日、満ソ国境から兵力四〇〇万人、航空機一〇〇〇機、戦車一〇〇〇台をシベリア鉄道によりモスクワ防衛のため移動させたのであった。この移動は、ソ連の首都防衛の成功のみならず、欧州における戦争の流れを変える重大な転換を招いた。(72)

日本は米国にとっては、根本的な脅威ではなかった。ただし、日本の南進は、ハルが野村と来栖にたびたび語っていたように、英米蘭の兵力をこのためにアジア方面により割かなければならないため、独伊と戦う英蘭、そしてこれを大西洋で支援している米国を妨害していた。ハルとローズヴェルトが日本の枢軸国からの明確な離脱を最後まで要請していたのは、日本の南進が欧州における枢軸国の勢力拡張に貢献していたためであった。また、ハルは、一二月一日、野村と来栖に語ったように、中東・北アフリカのリビアにおける英国軍対独伊軍の戦況、そして、独ソ戦が、英国とソ連側優位にそれぞれ好転しはじめている模様であるとわざと楽観論を論じたのであった[73]。

前者については、フェラーズに関する拙稿[74]で考察しているように、翌年になると夏にかけて戦況は英国に不利な情勢が続いたが、既述のように、独ソ戦は、一二月五日ソ連によるモスクワにおける対独総攻撃が始まり、大きな節目を迎えていたのであった。ハルは、日本がドイツに呼応して南進のみならず北進することを牽制する、本章の冒頭で考察したローズヴェルトの世界戦略を実践していたと言えよう。しかも前述の東郷と大島間の電報を読んでいた大統領やハルは、日本に日独伊三国同盟を離脱する意思がないことを知っていたし、北進を来春より早める可能性もあると判断していたことから、一二月一日にドイツが始めたモスクワ総攻撃を固唾をのんで見守っていた。

米国の太平洋地域におけるフィリピンをはじめとする軍事拠点の防衛のため、最新鋭の爆撃機Ｂ17が十分に配備されていたとしても、この機種は、海洋航行中の軍艦を爆撃するには重大な欠陥を抱えていたことが日米開戦以前から米国政府により把握されていた。中国における門戸開放も米国にとっては死活的利益ではなかった。しかしながら、米国は、アジア・太平洋地域が日本の主導下に置かれることを受け入れることはできなかった。もしも米国が日本と一一月下旬に妥協していたならば、日米暫定協定案に反対した中国や、同案に抵抗した英豪蘭の反応が物語ったように、日本封じ込めのために米国政府が築いたＡＢＣＤ包囲網が解体される結果を招いたかもしれない[75]。

日米双方が戦争を三カ月先送りする判断を下していたら、国際政治はどのような展開となっていたのであろうかという疑問がいまだに存在している。また、チャーチルも米国の参戦は望んでいたが、アジア・太平洋地域の植民地は失いたくはなかった。こうした疑問は冷戦時代、ポスト冷戦時代の現在でもたびたび取り上げられており、いまだ十分な回答に至っていない[76]。特に、ローズヴェルト大統領が、天皇宛の親電内容を国務省が提示していた案で送り、かつそれが天皇に一二月七日夕刻に届いていたならば――、なおさらこの歴史上の「もしも」を考えさせられる。しかしマジックやほかの手段により得た情報に基づき、ローズヴェルトは、日本のタイやマレー半島への攻撃が差し迫っていると考えており、そのため、野村と来栖が模索した、ハル・ノートから日米暫定協定へ修正していく流れに追い風となるような天皇宛親電の内容にはならなかった。

フーヴァーによると、開戦後、司法省はデスヴェアニンの日本大使館との関わりを問題視し、彼の起訴を検討したが、デスヴェアニンの依頼によりバルークが司法長官フランシス・ビドル（グロトン校、ハーヴァード大学と同大学法科大学院卒）を説得することで、事態は回避された。バルークは、デスヴェアニンが起訴された場合には、自らが最初の被告弁護の証人になると主張したという。[77] ただ、開戦直前に日米交渉に彼自身が関わりを持っていたことについては、フーヴァーと同様沈黙を守ったのである。彼がこれを公にすることを検討しはじめたのは一九四九年に入ってからである。当時フーヴァーは、開戦直前における日米交渉と自らの関わりについて回顧録を書いていたが、バルークは、この回顧録で具体的な言及のない形で彼の日米交渉への関与があったと記述することを許した。開戦前の日米交渉におけるフーヴァーとバルークの役割を一九四一年一二月一一日から知っていたフーヴァーの側近キャッスルは、バルークの姿勢が和らいだことに驚いた。この回顧録は完成しなかったものの、バルークが自らの関わりを公にしたのは講和条約締結後の一九五一年一二月七日であった。また、来栖がバルークの関与を自身の回顧録で紹介したのは一九五二年である。さらに、フーヴァーの役割が明らかになったのは、彼の死後、フーヴァー文書が研究者に対して一九七〇年代初頭から開放されてからであった。そして、フーヴァーとその遺族が刊行を禁じていた、ローズヴェルト外交を痛烈に批判する回顧録が刊行されたのは二〇一一年であった。しかし、この完成版には、草稿段階に存在していたフーヴァー、バルーク、デスヴェアニンの、真珠湾奇襲攻撃直前までの天皇親電をめぐる日米外交への関わりについては、資料を含めて一切の言及がなかった。[78]

グルーは、近衛首相が懸命に行おうとした日米首脳会談を側面支援した自身の行動を詳細に記している。一九四二年八月下旬、グルーは、自身の回想録でも触れているように、もしも日米首脳会談が一九四一年八月か九月に行われていれば日米戦争は回避できたとする報告書をハル国務長官へ提出していた。この内容は、ハルの逆鱗に触れ、いまだにこの文書の所在が分からない。一方グルーは、省内に留まり、しかも昇格していった。[79]

大戦終結後、ホワイトは、戦前共産党員から転向した『タイム』誌記者ウィティカー・チェンバーズの戦前と戦後の政府関係者への通報により、第二次世界大戦前からソ連のスパイたちに機密情報を提供していたという疑いの目が向けられ、一九四八年八月、米国下院非米活動委員会の公聴会で自身への嫌疑に反論し、その三日後に心臓発作で死去した。ホワイトは、ブレトン・ウッズ体制の三本柱のうち、国際通貨基金と国際復興開発銀行の設立の立役者であり、戦時中米国政府内で、ドイツを戦後工業国ではなく農業に限定させた国として復活させてゆくとした、モーゲンソー計画の起案者でもあった。一九四五年四月のローズヴェルト大統領の突然の死去に伴い、後ろ盾を失ったモーゲンソーは失脚したため、その側近であったホワイトも政権内で失脚した。

ここで米国の道義的外交は、枢軸国の戦争犯罪を裁き、国内改革を実行していく方針ではあったものの、枢軸国であった国々に対する経済外交政策は、反共主義と表裏一体の関係にあった米国主導のブレトン・ウッズ体制の構想に、こうした国々を組み込んでいくことが優先されていく流れが形成されていった。しかも、モーゲンソーとホワイトが失脚していくなかで、ブレトン・ウッズ体制の内実は、アチソンや政権内のウォール街出身者たちが、ウォール街の要望を反映させて、社会主義経済圏との当面の共存という観点から国家管理色の強い経済政策を世界的に維持するというよりは、様々な経済管理政策はあくまでも暫定的なものであって、中長期的には、競争と市場原理に立脚した制度を米国の影響下の世界へ定着させていくという流れになっていった。

米国政権内では、フーヴァーと世界観を共有する保守派が外交・安全保障政策で主導権を握るようになった。彼らは、ソ連による共産主義の世界的拡大を危惧し、日独伊が米国主導のもとで工業国として復活してゆくこととなった。日本の戦後経済復興は、ホワイトを中心とする財務省関係者と英国のジョン・メイナード・ケインズが提唱した国際通貨基金による外資流入管理制度および外国為替管理制度のもとで可能となった。(80)

第7章　共和党右派とマッカーサー大統領候補擁立運動

――一九四一～四四年

共和党右派の大統領候補の流れは、ハーバート・C・フーヴァー大統領（カリフォルニア州が活動の中心地）、ロバート・A・タフト上院議員（オハイオ州選出）、バリー・ゴールドウォーター上院議員（アリゾナ州選出）、ロナルド・レーガン大統領（元カリフォルニア州知事）という順番で捉えられている。共和党右派は、フランクリン・D・ローズヴェルトが推進したニューディール政策について、大きな中央（連邦）政府による経済と社会への介入を拡大させるという観点から反対で、外交政策では、ローズヴェルトが三期目以降推進した国際政治への対応に批判的であった。彼らは、支持基盤を北東部の中心に置く共和党穏健派と比べて、支持基盤の中心を中西部と西部に置き、ローズヴェルトの米国参戦後の外交政策に歩みよる共和党穏健派と対立したのであった。共和党右派は、タフトが一九五二年の共和党大統領候補指名争いで共和党穏健派が擁立したドワイト・D・アイゼンハワーに敗れるまでの一二年間、同党の主導権を得た共和党穏健派が支持するトーマス・デューイやウェンデル・ウィルキーをはじめとする政治家への対抗馬として、カリスマ性の弱いタフトを本命として支持していた。ただし、一九四四年と一九四八年の大統領選挙では、共和党右派は、一般有権者の間でも知名度が抜群でカリスマ的イメージの強い軍人ダグラス・マッカーサーを共和党内の妥協策としての大統領候補に擁立する運動を展開したのであった。一九四四年では、共和党右派が本命候補として注目していたタフトが上院議員としての再選を選択したことが背景にあった。共和党右派は、タフトが共和党大統領候補として支持したタフトの地元の州知事ジョン・ブリッカーについては、タフト以上に大衆的アピールに欠けていたため、候補として擁立することに消極的であった。マッカーサーを支持するグループは、一九四〇年夏の共和党大会のさいに、一位デューイ、二位タフト、三位ウィルキーという初回の大統領候補選定投票結果以降、何回も再投票を行った末に三位のウィルキーが指名にこぎつけた苦い思い出があり、一九四〇年の大会と同様の紛糾した事態を打開できうる人物として、マッカーサーに目をつけていたのであった。

1 日米開戦とマッカーサー――「英雄」への道

マッカーサーは、日米開戦前から、米国世論に多大な影響力を持つ出版社タイム・ライフの創業者ヘンリー・ルースとその妻クレア（イリノイ州生まれで一九四三年から四年間コネチカット州選出下院議員）のような共和党穏健派にも人気があった。夫婦そろってマッカーサーを敬愛していたが、共和党大統領候補選出については、彼らは一九四〇年はウィルキーを、一九四四年はデューイを支持したのであった。クレアは、ヘンリーよりはるかに熱烈なマッカーサー信奉者で、一九四一年秋マニラで彼女はマッカーサーへの単独インタビューを行っていた。このインタビュー記事は、ヘンリーの強い後押しのもと他の編集者の反対を抑えて、その一部は『ライフ』誌一二月三日号と、残りは日本の真珠湾攻撃の時期にあたる『ライフ』一二月五日号に掲載されたのであった。一一月三日号が刊行された一一月七日、ローズヴェルト大統領はウィンストン・チャーチル英首相にフィリピンにおける米軍事力の増強、シンガポールにおける英軍事力の増強、そして中国への米国軍事援助の増強は、日本と英米との間に起きうる戦争を数カ月延期させることに貢献しようと伝えていた。

一二月五日号は、カバーにマッカーサーの顔写真を載せ、しかも刊行直後に日米開戦となったことから大変な反響を呼んだ（因みに、真珠湾攻撃直前、『タイム』誌のカバーは、ディズニーのアニメ映画のダンボが予定されていたが、急遽ハズバンド・キンメル太平洋艦隊司令官の顔写真となった）。ルースの会社は、一一月一五日にサウスカロライナ州で行われた陸軍大演習にさいしての、ジョージ・C・マーシャル陸軍参謀総長が一二月一日から一〇日の間に日本はアジアのどこかを攻撃するであろうと述べた極秘のオフレコ会議にほかの一部のマスコミとともに出席しており、この情報をもとにこうした編集方針をとったのであった。日米開戦直後、ルースの会社は、コレヒドールで奮戦するマッカーサーの様子を伝え、またそれ以降もマッカーサーを英雄視する報道を続けたのであった[1]。

一九四一年一〇月の段階では、米国陸軍のマーシャル参謀総長やゲロー作戦部長は、日米開戦となった場合、日本軍は、タイ南部やマレー半島を攻撃し、フィリピンへの攻撃はないと判断していた。この考えは、同年一一月下旬もそうであった。ただしこの段階で、ローズヴェルトとコーデル・ハル国務長官はありうると判断しており、一一月下旬に両者は、マーシャルとゲローにそう伝えたのであった。この会談を踏まえて米国陸軍省は、マッカーサーに、フィリピンへの日本軍攻撃の可能性に対応できるよう指示し、日米開戦となった場合、フィリピンから台湾へ偵察飛行などを行うよう指示したのであった。この指示とあわせてレインボー計画五に基づく準備が命ぜられた。マーシャルは、マッカーサーが唱える、フィリピンの主要な島々を防衛するために、日本軍のこうした地域への上陸阻止を推進する国防構想からの転換を一一月二七日命じた。

陸軍省は、一〇月にレインボー計画五に基づくフィリピン諸島の軍事作戦をマッカーサーに命じていたが、マッカーサーは、陸軍省に対して持論のフィリピン防衛計画に基づく軍事作戦を強硬に主張したのであった。その結果、マーシャル陸軍参謀総長は、マッカーサーに同調し、陸海軍統合会議の承認を得ると彼に返答した。マッカーサーは、マーシャルからの返答を待たずに、在比米陸軍と比陸軍を、ルソン島北部、ルソン島南部、およびヴィサヤとミンダナオなどルソン島より南の主要な島々に配置した。日米開戦前、ルソン島の米比陸軍は、全米比陸軍の半分を少し上回る規模となった。マーシャル陸軍参謀総長は、一一月二一日、マッカーサーに対し後者のフィリピン国防計画の承認を与えていたが、二六日、大統領と国務長官から、日米交渉は間もなく中断され、日米開戦となった場合、日本はフィリピン諸島を攻撃するであろうと連絡されて以降、フィリピン諸島への攻撃はないと判断していたものの、レインボー計画五へと方針を転換したのであった。

マッカーサーは、一九四一年一〇月以来、フィリピンの防衛準備を着実に進めており、さらなる軍事支援をマーシャルに要請していた。フィリピンにおける米国の軍事的能力はまだ貧弱ではあったものの、マッカーサーはその実態を覆い隠してマーシャルに報告し、マーシャルもマッカーサーの報告を信じ込んでいたふしがある。

ただし、マーシャルもマッカーサーも、一一月下旬の段階で、日米戦争は、一九四二年の春まで起きないと判断しており、日本軍は、米国領土攻撃を避けて英蘭領土（東南アジア）を先に攻撃すると見ていた。両者は、一九四二年春までにフィリピンにおける空軍力を十分に準備するだけの時間はあると見ていたが、一一月下旬を境に、マーシャルはローズヴェルトとハルの考えを共有しはじめた。一方、マッカーサーは、マーシャルから日本軍の攻撃の可能性があるとの情報を受けて、三五機到着していたB17をルソン島からミンダナオ島へ速やかに移動するよう、一一月上旬にマッカーサー直属の空軍司令官として着任したルイス・H・ブレレトンに命じたのであった。日米開戦の前日、同空軍司令官の歓迎会が盛大に行われた段階で、B17爆撃機の約半分の一七機は、ミンダナオ島のデルモンテ飛行場へ移動されており、日本軍からの攻撃の圏外となった。

問題は、残りのB17がルソン島中部マニラ近郊のクラーク空軍基地に残っていたことであった。また、最新鋭の迎撃機P40をはじめとする戦闘機の大半はルソン島の各飛行場にあった。B17の離着陸が可能であったフィリピンの飛行場は、当時クラークと、ミンダナオ島のデルモンテ飛行場のみであった。後者は、そのための滑走路の整備拡張がまだ一部しか完成していなかった。

真珠湾での奇襲攻撃が始まった後、台湾を覆った濃霧により作戦開始が遅れたものの、日本軍は、台湾南部から約一九〇キロメートルのフィリピンのバタン島の飛行場を奪取した。ここを拠点にクラーク空軍基地をはじめとするマニラ周辺の米空軍の拠点を急襲することとなった。マッカーサー側が真珠湾の奇襲攻撃の第一報を知ったのは、奇襲攻撃が始まってから約二時間後の午前三時過ぎであった。午前五時に作戦会議が開催されたさい、ブレレトンは、リチャード・サザーランド参謀長に台湾およびその近海における日本軍の輸送船団への攻撃を進言した。サザーランドがこのことをマッカーサーに伝えたかどうかは、いまだ議論の残るところがある。いずれにせよ、サザーランドから、攻撃を行うかどうかの判断をすべく、台湾への偵察飛行が許されたのは、日本海軍機一〇〇機余りがクラーク空軍基地を午後一二時三五分に急襲する直前であった。

仮に偵察が行われ、B17が出撃したとしても、B17が、台湾はともかくとして、海上の日本海軍に効果的に爆撃できたかは疑問である。というのもM・シャラーが指摘するように、B17は、爆撃の性能に様々な技術上の問題を抱え、特に船舶への爆撃では役に立たないことが判明していたからであった。陸軍省は、それでもB17の空軍力を買いかぶっていた。航続距離二〇〇〇キロメートルのB17を、当時最新鋭の戦闘機であったP40とともにフィリピンへ大規模に投入するフィリピン空軍力増強計画は、それが一九四一年七月に決定されて以来、計画のペースは鈍かった。それでも、日米開戦時、在比米国空軍力は、ハワイを凌ぎ、米国本土外では最強を誇っていた。七四機の中長距離爆撃機（うち三五機がB17）、一七五の迎撃機（うち一〇七機がP40）、そのほか五八機の旧式機を保有していた。日米開戦直前になるとハワイ島からB17を一二機急遽振り替えたり、最近開発されたばかりのB24爆撃機のフィリピンへの投入などフィリピンにおける空軍力の増強が最優先課題の一つとなっていた。

日本海軍航空隊による、ルソン島クラークおよびイボ空軍基地の奇襲により、一二月八日、在比米軍の空軍力は壊滅的打撃を受け、ルソン島における制空権は、日米開戦の初日で日本軍に奪われたのであった。コレヒドール島要塞などと違い、クラーク空軍基地を守備する高射砲に警戒態勢をとることを基地の司令官が行わせていなかったこと、それからレーダーも稼働していなかったことも災いした。ほかの空軍基地は、高射砲すらなかった。

このあとマッカーサーは、米国からの物資の支援と、ハワイでほぼ無傷であった米国航空母艦による来援を期待した。しかし前者についてては、マーシャルからは尽力しているという返電が来るのみであった。日米開戦直前ハワイ島からフィリピンへ向かっていた戦争物資を満載した商船は、マッカーサーの要請にもかかわらず、米国陸軍省の判断で、急遽オーストラリアへと向かった。また、マーシャルの要請にもかかわらず、米国海軍は空母による増援を却下した。それどころか、米国海軍は、在比米国東アジア艦隊を、マッカーサーがフィリピン防衛協力を要請したのにもかかわらず、同艦隊のトーマス・ハート提督とマッカーサーが犬猿の仲であったことも手伝って、オーストラリアへ撤退させた。一二月一〇日の日本軍の空爆で同艦隊は、すでに大打撃を蒙っていた。

ハート提督自身、米比軍が本間雅晴率いる日本陸軍の攻撃で総崩れとなるなか、英蘭海軍と合流すべく南方へ去った。ハート提督は、秋に何度もマッカーサー率いる米比陸軍との合同作戦の打ち合わせを打診していたが、マッカーサーは、海軍の陸軍への干渉を警戒し拒んでいた。それでもハート提督は、日米開戦の場合、アジア艦隊を英蘭海軍と合流させるべく南方へ去るという開戦前の海軍省からの指示を覆そうとしたが、それは実現されず、海軍省の命令に従った。

マッカーサーが一九三五年以来、その国防構想の中核に位置づけていた、フィリピン人の国防予備軍は、その兵力のほとんどが訓練不足であったため、兵力では圧倒的に優勢であったにもかかわらず、日本軍の前で総崩れとなって、ほとんど役に立たなかった。フィリピン国防軍は、アイゼンハワーが思っていた通り、やはり張り子の虎であった。

一二月二四日、マッカーサーが二二日に陸軍省に示した判断に基づき、ルソン島の米比軍は、バターン半島とコレヒドール島要塞への集結を開始した。物資の搬入はこれに先立ち始まっていた。日本軍は、一二月一九日の段階でこのことを把握していた。しかし、二二日から本格的な上陸作戦を開始していた日本軍は、コレヒドールへの物資搬入の意味するところを十分に考えず、攻撃を行わなかった。まずはルソン島におけるジョナサン・ウェインライト少将率いる北部ルソン島軍と、ジョージ・M・パーカー准将率いる南部ルソン島軍との戦闘、それからフィリピンのほかの主要な島々の攻略を優先した。この結果、米比軍は、バターンとコレヒドールへの移動とこれら地域での戦闘準備の時間稼ぎができた。南北ルソン島軍のバターン半島への移動がうまく行えたことは、幸運であった。

しかしながら、食糧、弾薬、医薬品などの戦争物資、特に食糧の搬入は不十分であった。理由は、マッカーサーの国防構想のため、こうした物資がバターンとコレヒドールに集中することなく、フィリピン全土に分散していたことが考えられる。また、マニュエル・ケソンが、この状況を打開したいマッカーサーの部下たちによる、民間からの買い付けや日本企業の在庫の接収に反対したこと、さらに、ケソンが、バターン半島と北部ルソンを結ぶ鉄道の運営を米軍の管理下に一時的に置く措置に反対したことも籠城戦を準備する上での食糧・医薬品・弾薬不足にかなり影響した。

マニラは、マッカーサーの判断をケソンが受け入れて、一二月二六日、日本軍からの攻撃を回避すべく、無防備都市と宣言された。この直後、日本軍がマニラ市内へと入った。二四日、マッカーサーは、コレヒドールへ行くことをためらっていたケソンを説得し、ケソンとその家族は、マッカーサー一家とフランシス・セイヤー高等弁務官一家たちとともにコレヒドール島の要塞に渡った。

日米開戦直後、太平洋戦線で米軍が敗北と撤退を重ねるなかで、マッカーサーが指揮するフィリピンのコレヒドールにおける三カ月以上にわたる籠城戦による奮戦は、米国民に数少ない希望を与えた。米国参戦後の最初の英雄の誕生であった。日米戦争開始時における、クラーク空軍基地に関するマッカーサーの責任問題はうやむやになった。米国政府は、米国内の戦意高揚にマッカーサーを利用した。もっとも、バターン半島へは一度も行かなかったこと、また、フィリピンを脱出していったことは、バターンとコレヒドールに残された兵士たちの間で不満を引き起こした。マッカーサーは、日本による空爆がコレヒドールに行われたさい、部下の進言を受け入れず、また、ヘルメットもかぶらずにコレヒドール要塞の壁の外側から戦闘を眺める傾向があった。無謀な行為にも見えるが、本人からすれば空爆の状況確認と、戦う米比軍の兵士たちとともにいたいという意思表示であったのであろう。一九四二年二月の空爆で自宅に爆弾が直撃したときは、庭から空爆を眺めていたため、かえって命拾いをした。

バターンとコレヒドールの戦いは、大統領の命令により、マッカーサーとその側近たちがオーストラリアへの脱出を三月一二日に行い、その後は米比軍の降伏という結末を迎えた。バターン半島とルソン島の米比軍は四月九日、コレヒドール島の米比軍は五月五日に降伏した。こうした降伏後、捕虜収容所への過酷な行進は、多くの死をもたらし、米国内では「バターン死の行進」と報道された。

マッカーサーのオーストラリアからの巻き返しは、米軍の太平洋戦線の巻き返しのストーリーとして、米国内のマスコミは盛んに取り上げ、マッカーサーは米国内で根強い人気を保った。バターンとコレヒドールで死闘が繰り広げられるさなか、有力共和党右派の上院議員（ミシガン州選出）アーサー・ヴァンデンバーグは、二月上旬家族宛の書簡で、もしもマッカーサーが生還したならば、彼を一九四四年の大統領選における共和党大統領候補に擁立しようとの考えを述べたのであった。ヴァンデンバーグは、デューイやウィルキー、特に後者を敵視していた。

戦時下における軍人を大統領候補に擁立する政治運動には先例があった。南北戦争のさなか、リンカーンの再選を阻止するため、リンカーンに解任された連邦軍総司令官ジョージ・B・マクリーランを一八六四年の民主党大統領候補に擁立する動きがそれであった。

マッカーサーの場合、戦後も共和党右派が擁立運動を継続したことは特異である。同派は、一九四八年の共和党大統領候補指名争いにおいて、彼らが本命候補として考えていたタフトと、共和党穏健派が支持する候補との間で、指名争いが膠着状態になった場合、マッカーサーを担ぎ出すべく政治運動を続けていた。一八八〇年生まれのマッカーサーは、当時としては大統領候補者にするにはかなりの高齢であった。マッカーサーは、共和党右派の重鎮フーヴァー大統領により当時最年少の陸軍参謀総長に抜擢され、フーヴァーに近かったことが、共和党右派と彼との人脈の原点であった。マッカーサーを擁立する運動の支持基盤は、共和党右派が人脈面で密接に関わった政治団体アメリカ・ファースト委員会（米国の対欧州戦争関与をめぐる、参戦前の米国内で交わされた激論における不介入派を代表する最大組織）の中心メンバーとそのシンパを中核としていた。一九四八年の共和党大統領候補指名争いでは、マッカーサー擁立運動が挫折していくなかで、共和党右派はタフトを支持した（タフトは、一九四八年の指名争いでも、一九四〇年のそれと同様、二位であった）。

マッカーサーは、政治的野心があり、特に終戦後の擁立運動では大統領候補になることに関心はあったものの、こうした運動を、自身が直面する軍事的・政治的課題を後押しするための米国政権に対する圧力として利用していった。共和党とパイプが太く、また、共和党の大統領フーヴァーの指名で参謀総長になっていた太平洋戦争の英雄マッカーサーは、民主党政権下では、ただでさえ政権から疎んじられるリスクがあった。そうした自身の影響力を確保し、維持するためには、国内政治で民主党政権に対して彼を擁護する支持基盤は有用であった。

次節では、一九四四年と一九四八年の大統領選挙に向けて共和党右派が展開したマッカーサー擁立運動を分析する。このことを通じて当時の米国政治における共和党右派の動向を解明する。同時に、マッカーサーの大統領擁立運動に対する認識も検証する。史料としては、マッカーサーの側近ボナー・フェラーズの文書を重視している。フェラーズとキャロル・リース下院議員との盟友関係から判明することは、一九四八年の大統領選に向けたマッカーサー擁立運動（第9章）は、ドイツ敗戦直後、つまり太平洋戦争末期に始まっていたのであった。このことは、これまでの研究で解明されていないことである（先行研究では、D・C・ジェームズが一九四六年後半、H・B・ションバーガーとM・シャラーが一九四七年一〇月中旬と指摘している[2]）。最後に、結論で述べるが、先行研究は、マッカーサーは、マッカーサーの大統領になる意欲を誇張しており、ロバート・ウッドの文書はその点を裏付けている。マッカーサーは、戦時中も対日占領期も、米国政府に対する影響力あるいは主導権を確保するため、共和党右派による擁立運動を有用であると判断していたのであり、大統領になることについては、あくまでも副次的なものとして位置づけていたのであった。

2 戦時中のマッカーサー大統領候補擁立運動

一九四二年にカイロから帰国したフェラーズは、陸軍士官学校同期のなかで比較的早く准将に昇進した。そして約八カ月で一九四一年以来親密な関係にあったウィリアム・ドノヴァン戦略情報局長の下での勤務を終え、オーストラリアはブリスベーンのマッカーサーのもとへ向かった。出発前にフェラーズは戦前のアメリカ・ファースト委員会の会長ウッドと同委員会最大の有力支援者の一人であったシカゴ・トリビューン社主のロバート・R・マコーミック大佐に会った。

ウッドは、米国陸軍航空部隊のコンサルタントの仕事でオーストラリアを五月に視察し、マッカーサーに大統領候補となるよう口説いたのであった。ウッドは、マッカーサーの黙認のもと、帰国後マッカーサー大統領候補擁立運動をヴァンデンバーグとともに推進した。

一九四二年の中間選挙で、共和党は下院で四七議席、上院で一〇議席増やした。また、知事選の結果は、二六州で共和党の知事誕生となった。そして、連邦議会では、一九三八年に成立した共和党と南部民主党の政治的協力関係がさらに強まり、このグループは一方では大統領の軍事・外交政策を警戒しながらも支持する姿勢を示し、他方でニューディールがもたらした国内政策を破壊していこうとした。

ウッドは、一九四二年末に、マッカーサーの広報担当官に就任したフィリップ・ラフォレット（元ウィスコンシン州知事で同州の有力なアメリカ・ファースト委員会メンバー）にマッカーサーの有能な政治顧問として働くことを期待すると伝えていた。このようにウッドは、マッカーサーを大統領候補に擁立することをラフォレットにも示唆していた。この時期、水面下では、主にイリノイ州とウィスコンシン州で、マッカーサーを大統領候補に擁立する民間団体の結成が進められるようになった。ウッドとヴァンデンバーグは、こうした民間団体が派手にマッカーサー擁立運動を行うことを警戒する一方、二人は一九四三年四月以前から密かに連絡を取り合いながら静かに政治運動を開始していたものと思われる。

こうした動きを察知してか、一九四三年四月上旬、ヘンリー・L・スティムソン陸軍長官は、以前から存在していた軍人の選挙戦立候補禁止令をあらためて発表した。その直後、ヴァンデンバーグはこのことを公に批判した一方、マッカーサーは一九四三年四月、ヴァンデンバーグ上院議員に書簡を送り、大統領候補になる関心を明示することなく今後の指導と鞭撻を仰いだが、この書簡がきっかけとなってヴァンデンバーグは、六月にマッカーサーの諜報担当責任者であったチャールズ・ウィロビーが訪米した際、彼にマッカーサーとの大統領選関係の連絡係になることを命じたのであった。(3)

一九四三年八月の段階で、マッカーサー大統領候補擁立運動の中核は、ヴァンデンバーグ上院議員、ウッド、新聞社社主マコーミック、同ロイ・ハワード、同フランク・ガーネット、元共和党全国委員長ジョン・ハミルトン、『ロサンゼルス・タイムズ』紙記者カイル・パーマー、ペンシルヴェニア州の共和党有力者で大富豪（石油王）のジョゼフ・N・ピューであった。このなかで特に重要なメンバーが、ヴァンデンバーグ、ウッド、マコーミックであった。フェラーズもその人生において（一部を除く）この中核メンバーと深く関わるのであった。

このメンバーやほかの共和党右派は、ヴァンデンバーグの呼びかけで九月にミシガン州のマキナウで開催された共和党の会議に出席した。ヴァンデンバーグは、一九四四年の大統領選挙と戦後を見据えて、共和党内の右派と穏健派（ローズヴェルト外交に同調する国際派）との融和を図る狙いがあった。ヴァンデンバーグをはじめとする共和党指導者たちは、戦時下の大統領に勝利することはほとんどありえないと考えていたが、ヴァンデンバーグは、外交政策について、ローズヴェルト政権が推進しようとしていた多国間の枠組みのもとでの戦後の国際社会における米国の指導力発揮にある程度同調することを示して、同党の孤立主義のイメージを払拭させ、政権担当能力を有権者にアピールしようとしていたのであった。

この会議には、ヴァンデンバーグが敵視していたウィルキーのほか、ハロルド・スタッセンのような党内で最もローズヴェルト政権寄りの政治家や、ジェラルド・ナイ、ウィリアム・ボーラ、ハミルトン・フィッシュのような党内で最も反ローズヴェルト政権の政治家は欠席していた。会議では、タフト、デューイ、共和党州知事、共和党全国委員長ら四三名の有力な共和党政治家が主要なメンバーとなった。タフトはこの会議の共同議長をヴァンデンバーグとともに務めた。ローズヴェルトと非常に仲が悪かったフーヴァーは会議に出席しなかったものの水面下でヴァンデンバーグが会議前から策定していた国内と外交政策の綱領案のとりまとめに関与していた。

共和党右派は、会議に出席し、暫定綱領案を支持したものの、この会議で作成された党の暫定綱領が、①大統領が進める、戦後国際秩序維持のため国際組織の立ち上げを推進する政策に同調したこと、それから、②この会議中共和党右派が敵視する同党国際派ウィルキーの国際派のライバルであるデューイが、会議の開会時に、恒久的な英国との同盟関係を成立させた後に中ソとの同盟関係も成立させる戦後構想を支持したことに反発していた（②は暫定綱領に挿入されなかったが、『シカゴ・トリビューン』紙の社説でマコーミックは、デューイを痛烈に批判した。①は、一九四四年の共和党大会で党の政策綱領に挿入された）。フーヴァーは、こうした同盟関係を戦後推進することに否定的な見解を当時持っていた。

フェラーズは、この共和党右派の動向を踏まえて、九月七日付の覚書で、フーヴァーとマッカーサーに、米国は戦後も英国との関係を友好に保つ必要性は説いたが、米英同盟関係は、むしろ平和の維持ではなく、次の戦争の要因となると論じた。フェラーズは、デューイのような米英同盟論者は米国の国益を損なうと批判し、米国は、戦後も軍事力を維持しながら、同盟関係にとらわれない自由な行動を保てる状況を追求すべきであると説いたのであった。フェラーズは、デューイが共和党大統領候補となった場合、ローズヴェルトに負けるであろうと論じたが、戦時中の大統領選挙で野党の候補者が再選を目指す大統領に勝利するのは絶望的であるという空気が共和党内に充満していた。フェラーズは、現在の共和党にはともかく強い指導者が必要であると説いた。これはマッカーサーの心をくすぐることを念頭に置いたもので、フェラーズの持論でもあった。

マッカーサー擁立運動グループは、ヴァンデンバーグが八月にウィロビーに知らせたように、この運動を静かに進めることで、マッカーサーが面目を失うリスクを回避し、一九四四年夏の共和党大会で勝負に出る戦略をとっていた。彼らは、共和党内の候補者選びがウィルキーとデューイの競争を中心に展開していることをよく知っており、マッカーサーが共和党大会で大統領候補に指名される唯一のチャンスは、この両者の勢力が大会で拮抗して紛糾し、マッカーサーを妥協策として担ぎ出す以外なくなる場合だろうと考えたのであった。マッカーサーを支持するグループは、中西部、特に農村地帯に多かったものの、当時の世論調査では、国民全体としては、大統領候補としてマッカーサーに関心を示す人は少数しかいなかった。一九四四年初頭の世論調査では、ローズヴェルト大統領がウィルキー、デューイ、マッカーサーいずれに対しても圧倒的に優勢であった。

とはいえ一九四三年九月のギャラップ社の世論調査ではローズヴェルト対マッカーサーの大統領選が現時点で行われた場合、前者への支持が五六パーセント、後者が四四パーセントという結果であったため、ローズヴェルト政権側はマッカーサーの政治的野心とその国内政治・国内世論への影響力を警戒した。ところで、九月のケベックでの米英首脳会談では次の点が確認された。①対仏上陸作戦がイタリア上陸作戦より優先順位の高い作戦であること、②アジア・太平洋方面では、太平洋艦隊の中央太平洋作戦を重視する、③英国のルイス・マウントバッテンを総司令官とする東南アジア方面軍を創設する、④新しく実戦で使用されるようになったB29長距離爆撃機をマリアナ諸島と中国で建設される飛行場へ配備して日本の本土を爆撃する。この会談結果を知ったマッカーサーは、九月下旬記者会見を行い、南西方面軍がないがしろにされていると非難したのであった。この発言はそれ以前から根強く存在していた連邦議会内、マスコミ、世論に存在していたマッカーサー支援論を再び勢いづかせ、ヴァンデンバーグ上院議員を喜ばせた。こうしたマッカーサーの存在感は、英米間の対仏上陸作戦のタイミング、アジア・太平洋方面に関する英国や中国との調整、対欧州戦をめぐる米ソの調整に微妙な影響を与えたことに加えて、ローズヴェルトが当初検討していたマーシャルを対仏上陸作戦の連合軍総司令官へ任命することをやめさせる一つの背景となり、代わりに北アフリカとイタリア上陸作戦を推進してきたアイゼンハワーを任命するに至ったのであった(4)。

一九四四年一月にスティムソン陸軍長官は、陸軍の六四歳定年をマッカーサーに適用しないと発表し、その直後に二つ目の殊勲章をマッカーサーに与えたのであった。二月には、大統領は、現役の軍人が本人が求めない選挙の結果、政治的役職に選ばれた場合、その役職に就任できると発表したのであった。こうしたことは、マッカーサー支持者たちを喜ばせ、彼らが推進する運動が奏功していると考えたのであった。

ところが、マッカーサーを大統領にする会（中西部の一部の州、カリフォルニア、ミズーリ、ウェストヴァージニア、マサチューセッツ、ワイオミングの各州、一部の大都市で結成）が問題を起こした。ウィスコンシン州の有力なマッカーサー支持者で、ウッドとラフォレットが警戒していたランシング・ホイトは、独断で、四月四日のウィスコンシン州の共和党候補予備選にマッカーサーを候補者登録してしまったのである。結果は、デューイの圧勝で、最下位となったウィルキーはこれを踏まえて選挙戦から脱落したため、ヴァンデンバーグやウッドが想定していた大前提が崩壊したのであった。ヴァンデンバーグはこの会の結成がかえって撹乱要因になると警戒していたが、その予想は的中したのである。しかも、マッカーサーの氏名が予備選に候補者登録されていなかったとしても、デューイは圧勝していたであろう。ヴァンデンバーグが恐れていたマッカーサーの面目丸つぶれの事態であった(5)。

第8章　第二次世界大戦の終結とフーヴァーの政治的復活

ポツダム宣言では、無条件降伏について皇室の廃止を意味しないことが間接的な表示にとどまったが、無条件降伏の意味をめぐる議論は、一九四五年七月の前半米国政府内でも取り沙汰されていた。上院の共和党のリーダーであるウォーレス・E・ホワイト院内総務（メイン州選出）は、ハーバート・C・フーヴァーと同様米国政府が日本と交渉による和平を推進した場合、支持することを示唆する発言を六月と七月に行っていた。(1)

七月二日、上院議会でホワイト上院議員は米国民も日本人も無条件降伏の意味が分からないため、その定義が必要であるという発言を行った。この発言のあと、民主党の保守系上院議員で元アメリカ・ファースト委員会の強力なシンパであったバートン・ウィーラー（モンタナ州）(2)は、ジョゼフ・グルー国務次官と議会で数名の上院議員を交えて話し合った。この会談の結果、議員たちはグルーの主張に同意し、無条件降伏は何を意味し、何を意味しないかをはっきり説明する宣言はもうしばらく待つこととした。グルーは、大統領、陸軍長官、海軍長官も彼と同様これ以上あまり先延ばしすべきでないという点では同感であると上院議員たちに説明したのであった。

ウィーラーは、グルーに後日共和党の議員グループはタイム・ライフ社のヘンリー・ルースと会談することを告げた。グルーは、ルースも無条件降伏修正論者であったことをよく知っていた。ルースは、五月から六月にかけて太平洋艦隊に同行してフィリピンや日本沿岸部を視察していた。彼は前線の米国海軍のトップたちと面談した。また、マニラではダグラス・マッカーサーとの四時間に及ぶ会談を行ったのであった。(3)

ルース率いるタイム・ライフ社は、米国の第二次世界大戦参戦前フランクリン・D・ローズヴェルト政権の対英援助政策と対中援助政策を支持していた。この点、マッカーサーを支持する傾向にあり、またローズヴェルト政権の国内政策と外交政策に批判的な、ロバート・R・マコーミック率いるシカゴ・トリビューン社、ロイ・ハワード率いるスクリップ・ハワード社、ウィリアム・ハーストの新聞社などとは敵対関係にあった。(4) ルースは視察旅行で得た情報を総合して、日本はもうすでに敗北しており、かつそのことを認識しているという結論に至った。ルースは六月二四日に帰国した直後、グルーと意見交換を行った。(5)

ボナー・フェラーズ、フーヴァー、グルーが戦後世界秩序におけるソ連の影響力の拡大を懸念していた五月、ルースも同様の見解を示していた。彼は戦時中ローズヴェルト政権がソ連を同盟国として紹介し、米国内で親ソ感情を強めようとしたプロパガンダから距離を置く編集方針を、『タイム』誌と『ライフ』誌で進めようとした。そうすることで戦後の米ソ対立の可能性を示し、それを米国世論に伝えようとした。例えばソ連のポーランドをめぐるヤルタ協定違反を報じ、戦後の欧州やアジアにおける拡張を封じ込める必要性を論じようとしたのであった。もっとも、それは社内の編集陣の慎重論によりルースの思惑通りには必ずしも進まなかった。しかし、ルースは反ソ連・反共産主義、無条件降伏修正論（天皇の処遇は戦後日本の国民が決めるべきであるとする見解）を社内外で広めていった。ルースは日本はすでに敗北しており、そのことを自覚しているという持論を展開していた。ルースはこのことをグルーとの会談やジェームズ・フォレスタル海軍長官との面談でも話したと思われる。ルースは、天皇の戦後の処遇を含めた対日心理作戦の重要性を強く認識していた。彼はフーヴァーやフェラーズと同様、ソ連の参戦前における日本の降伏を望んでいたのであった。(6)

連邦上院議会では七月上旬の共和党院内総務の発言に続いて、共和党の有力議員が七月一二日と一三日に無条件降伏の明確な定義をハリー・S・トルーマン政権に求めた。一二日、インディアナ州選出有力上院議員ホーマー・ケーウハートは、無条件降伏は日本政府の破壊を意味せず、降伏の条件は、武装解除、征服した地域の返還、戦争犯罪人の引き渡し、戦争賠償の支払いに限定すべきであると公言した。一方、二三日、ネブラスカ州選出の有力上院議員ケネス・ウェーリーは、ポツダム会議出席中のトルーマン大統領に無条件降伏の正確な意味を日本に提示することを勧告した[7]。

フェラーズは、こうした国内政治の空気を察知していた。また、ルースと意見交換を行った海軍関係者と同様、なによりも最前線からの対日動向の考察に基づき、無条件降伏という概念そのものに批判的になっていた。七月二一日、フェラーズは、自身の対日認識および無条件降伏の理解について、著名なジャーナリストでフェラーズを幼少期から知るフレージャー・ハントに以下のように述べていた。

日本はすでに大敗北を喫しております。この勝利は奇妙なものとなりましょう。日本は、陸戦では敗北していない約五〇万人の兵力とともに願わくば降伏するでしょう。（中略）ジャップの陸軍は空軍と海軍・商船隊を喪失しております。日本は、あたかも〔ボクシングのチャンピオン〕ジョー・ルイスと戦おうとしている盲目で足を切断された男のようなものです。

故セーラー・キング〔ローズヴェルト大統領のこと〕の無条件降伏という言葉は今現在生きている我々にとって最も不幸な言葉であると確信しております。これによりドイツは六カ月から一〇カ月長く戦い続け、我々は気をつけないと日本との戦争を無制限に長引かせることとなりましょう。日本人は敗北していることを知っております。彼らに征服した領土を返還させるよう強制することは難しくはないでしょう。彼らはそれらをすでに失っております。我々が要求している日本の空軍と海軍の廃絶は容易に確保できます。それというのも、海軍の船は海底に沈んでおり、空軍はすでに敗北して無力化されております。我々が要求している重工業の破壊はすでに達成されております。それでは何が平和の障害となっているのでしょうか。それは間違いなく「無条件降伏」という言葉です。これは我々と日本との間には意味に齟齬があるのです。

極限の状態ではすべての人間は超自然的なものに注目いたします。原始的な人々は迷信とおまじないに依拠いたします。高度な文明と教育を背景とする人々は彼らの宗教を拠り所といたします。日本人はこの試練で彼らの宗教と天皇に依拠しなければなりません。私は天皇を支持するつもりは全くありません。彼は野蛮な軍隊の大元帥であり、彼がその代償を払うことについて個人的には満足を得ることとなりましょう。しかし、天皇を追い払うため一人の米兵を犠牲にしたり、また、無条件降伏は彼らの王朝を廃止することであるため、これに抵抗する彼らに我々が戦闘を継続することについて私は反対です。カトリックのシンボルが法王であるように、天皇は日本の宗教のシンボルにすることで、日本人自身が選択する宗教を残させるのです。天皇が日本による戦争にどの程度貢献したかということは、法王がイタリアを戦争に導いたとする見解と同じぐらいの次元です。天皇を日本の精神力のシンボルとして残し、軍国主義者たちを追い払い、日本が選択するリベラルな政府をつくることを要求するというのは如何でしょうか。信教の自由をその一つとして〔故ローズヴェルト大統領が〕提唱してきた我々の四つの自由は一体どうなったのでしょうか。戦後において日本は世界の国々のなかで最もコントロールしやすい国となりましょう。日本はその豊かな帝国を剝奪されます。日本の本土には資源が皆無に等しいことはよく知られていることです。我々が日本に対する戦略物資の流れを統制できれば、我々は日本を、戦争を開始できる国として恐れる必要は二度とないのです。それではなぜ誰かが無条件降伏は天皇の廃止を意味すると解釈したため、何百何千の命を犠牲にしてまで戦闘を継続して天皇を抹殺する必要があるのでしょうか。いったん戦争が終わり戦闘が終結を迎えてから王朝を廃止することはまだしも、〔それ以前に〕政策として天皇を廃止することは、我々に対する〔日本民族の〕団結を促し、戦争を長引かせ犠牲者を無限に増やすこととなり、私からすればこれは犯罪だと思います。(8)

1　ドイツ降伏と日本の無条件降伏をめぐる米国内論争

一九四五年五月七日、ドイツは連合国に無条件降伏した。翌日、米国大統領トルーマンは、その演説のなかで対日無条件降伏は日本人の皆殺しや奴隷化を意味せず、日本軍の無条件降伏を意味すると言明した。この演説は、戦時情報局長官エルマー・デーヴィスとの打ち合わせに基づくものであった。しかし、これは単にデーヴィスによる助言のみが背景とはなっていなかった。ローズヴェルトが急死した四月一二日の約一カ月前に海軍諜報部副部長で対日作戦責任者であったエリス・ザカライエス海軍少将は、「対日占領を行うための戦略計画」と「オペレーション計画Ⅰ-45」(対日心理作戦戦術計画)をおそらくそれらの依頼主であったフォレスタル海軍長官に提出した。三月一九日、これら計画はフォレスタル、海軍艦隊総司令官アーネスト・キング大将、戦時情報局長官デーヴィスの承認を得ていた。これら計画のなかでザカライエスは無条件降伏の定義の明確化の必要性を訴えていた。

そして、これら計画を踏まえて無条件降伏の定義を明確化する大統領声明文の案が、おそらく戦時情報局からホワイトハウスへ送られたが、ローズヴェルト大統領はこのことを検討する前に急死したのであった。大統領の死後は陸軍省オペレーション局、合同情報委員会、合同作戦スタッフで無条件降伏の定義を明確化する必要性が議論された。

トルーマンが大統領に就任した後の四月下旬、戦時情報局長官デーヴィスは無条件降伏の定義の明確化を大統領に進言した。デーヴィスは、国務省と統合参謀会議からこの問題に関する見解を得た上でこの話を進めていたのであった。統合参謀会議は、日米の死闘が繰り広げられていた沖縄戦の終結後にこの演説が行われることを望んでいた。しかし、大統領首席補佐官ウィリアム・リーヒー提督は、沖縄戦がすぐに終結するような状況でないことから、デーヴィスの提案はもっと早く実現されるべきであるとの判断を示した。

トルーマン大統領は、ドイツ降伏に伴う談話を発表した大統領記者会見で、日本に対する無条件降伏について言及した。その二時間後ザカライエスはこの演説の要旨を伝える対日放送を戦時情報局のラジオ放送で行い、以後毎週一回日本語と英語の対日放送を行った。[9] ザカライエスと彼が所属する海軍諜報部対日作戦課は、サイパン島の戦い（一九四四年六月一五日～七月九日）と硫黄島の戦い（一九四五年二月一九日～三月二六日）がそれぞれ終結した時点で、日本国内で敗北を意識する傾向が存在していることを、米国側は複数の日本国内からの情報としてキャッチしていたと、一九四六年に出版した回想録で述べている。[10] また、ザカライエスは、天皇と親密な鈴木貫太郎の首相任命は、日本の指導部内で和平派が台頭していることを意味していたとも同書で回想している。[11]

フェラーズがジャーナリストのハント宛に前掲の書簡を送ったほぼ同時期、ザカライエスは、ワシントンからフェラーズが支持するような対日心理作戦を展開していた。ザカライエスは、七月二一日の日本へ向けた戦時情報局のラジオ放送で、無条件降伏は、大西洋憲章の枠組みにおける文脈で捉えるべきであると論じ、この対日放送で、同憲章には国民の政治体制の選択を尊重する文言がある、として間接的に無条件降伏は天皇制の廃止を意味しないことを示した。この放送内容は、同日それと同じ匿名の投書記事（実際はザカライエスが執筆）が『ワシントン・ポスト』紙の協力で同紙に掲載されたばかりでなく、同日の各紙の夕刊や翌日の『ニューヨーク・タイムズ』紙、『ワシントン・ポスト』紙など多くの米国内新聞で放送内容が紹介されたのであった。ザカライエスによると、原爆投下前およびソ連の対日参戦前の時点で、この七月二一日放送に対する良好な反応を七月二四日に日本国内から得ていた。

米国政府の日本外交機密暗号解読（マジック）が解読したところでは、七月二五日の東郷茂徳外相の佐藤尚武駐ソ大使宛の電報（マジックは翌二六日に報告）で、東郷が、ザカライエス放送について考察していた。[12] この電報のなかで東郷は、無条件降伏が天皇制の廃止を意味していないことを示すものであると伝えている。

フォレスタル海軍長官は七月一三日の日記に、日本が和平を求めている信憑性の高い事実を、傍受して解読された電文により初めて把握することができたとし、以下の東郷外相と佐藤駐ソ大使のやりとりを記している。東郷は①天皇は日本の国民と人類にこれ以上犠牲が生じないように和平を確保することを強く望んでおり、②駐ソ大使佐藤に対してできればソ連政府首脳がポツダム会談に出発する前、できなければ同会談よりソ連首脳が戻った直後にこのことを伝えることを要請し、また、③連合国側が無条件降伏を強調する限り戦い続けるであろうと述べたのであった。こうした東郷外相の電文に対して、佐藤大使は、東郷の提案は非現実的であり、ソ連は英米とすでに共同歩調をとっていると指摘したが、東郷は佐藤に対して和平に関する仲介をソ連に要請するよう指示したのであった。七月一五日のフォレスタルの日記では、佐藤が本省の了解を得る前に、V・モロトフ外相の部下であるルソフスキー外務次官と会い、日本からの特使派遣の可能性について話したことを記していた。佐藤大使はできればソ連外相がポツダムへ出発する前に彼とJ・スターリンに面会したかったのであるが、外務次官は特使を受け入れるかについては返答を避けたのであった。フォレスタルは、佐藤大使の日本が置かれている状況に関する分析に強い印象を受けており、「怜悧で現実的」と記していたのであった。佐藤大使は、ソ連が日本のために仲介役を買って出ることに期待するのは非現実的であり、領土面でのソ連への譲歩では到底ソ連を動かすことはできないと指摘したのであった。佐藤大使からすれば事態は日本そのものが消滅しかねないところまで来ていたのであった。フォレスタルは、佐藤大使は日本がすでに敗北していることを認識しており、本国政府がそのことと日本は世界の国々に友好国を全く持っていないことを認識すべきであると論じていると見ていたのであった。フォレスタルは、七月二四日の日記で、佐藤大使は日本がただちに無条件降伏を受け入れることが天皇と国家を救う唯一の道であると指摘していたのに対して、本国政府は連合国側が無条件降伏を要求する限り徹底抗戦を行う判断を下していると記したのであった[13]。

米国政府では、五月から七月にかけてスイスの戦略情報局欧州支部長アレン・ダレスが、日本側から和平を模索する動きを把握していた。五月には、駐スイス海軍武官藤村義一中佐、六月から七月にかけてもう一つのグループ（駐スイス陸軍武官岡本清福中将と国際決済銀行の日本人行員二人および駐スイス公使加瀬俊一）が、別々の仲介者を通じて和平を念頭に置いた接触をしていたのである。しかし、藤村の試みは、海軍内では、米内光政海相とその側近高木惣吉少将がダレスとのさらなる接触に関心を示したが、海軍軍令部は、これは敵の謀略であると反対したため、五月下旬、米内は藤村にこれ以上の接触を禁じたのであった。岡本らによるダレスとの接触は、日本の対ソ外交推進のため、無視された[14]。

2 フェラーズの日本に対する認識

太平洋の前線では、ザカライエスと同様の見解の持ち主がいた。フェラーズ准将であった。彼は、このザカライエス放送と歩調を合わせていた。彼は、五月八日から八月四日のザカライエスの戦時情報局放送と補完関係となる対日心理作戦を展開した。彼はマニラ会議の議事録でもザカライエス少将の対日放送の開始に言及していたのであった。フェラーズは、その放送をマニラでも行ったり、その放送内容をビラとして日本に投下する活動を指示していた。

フェラーズが率いた心理作戦部は、ザカライエスの海軍諜報部より踏み込んだ分析を行う傾向があった。同部署は、一九四四年七月にフェラーズが執筆した『対日対応』(*Answer to Japan*)という内部閲覧に限定した報告書を刊行していた。同書では、「天皇であり国家元首として認識されている裕仁は、戦争責任を避けられない」と指摘していた。しかし、フェラーズが実際に論じていたことは、次の通りであり、それは、天皇の戦争責任は形式的なものであることを暗に示すものであると同時に、開戦の責任は、軍部と東条英機にあることを以下のように強調していたのである。①開戦の責任は軍部と東条首相兼陸相(フェラーズは間違えて一九四一年一〇月に陸相就任としているが、実際は首相兼陸相であった)にあり、東条の首相兼陸相就任は、戦争を意味し、駐米日本大使が推進した日米交渉による妥協を不可能なものにしていた、②軍部は天皇に対してのみ責任を負うが、天皇には権限はなかった、③権力を掌握した軍部が開戦決定を行い、そのような決定に反対する保守勢力は暗殺されたであろうし、天皇も仮に開戦に反対していたとしても軍部を抑え込めなかったであろう、④日本の国民は、軍部に騙されて戦争に突入したが、仮に真実を知っていたとしても、国民の精神構造が国家に盲目的な忠誠心を抱くようになっていたため、軍部に対して反乱を起こすようなことはありえなかった[15]。

心理作戦部の天皇制に関する取り扱いは、一貫した政策によって推進され、その心理作戦は、以下の特徴があった。①日本に対する本土空爆を行い、強化することにより、軍部の威信を低下させるなかで、天皇・穏健派政治指導者・国民と軍部を離間させ、前者が後者の政権を転覆させ、天皇の詔勅により、米国の対日要求を受け入れる形で終戦にこぎつける、②鈴木内閣は日本政府内で和平を模索しはじめる可能性があるという点で東条内閣と小磯国昭内閣と違うことを、同内閣発足直後の一九四五年四月一二日に認識していた、③三月二九日のマッカーサー宛の覚書で、フェラーズは、ソ連の日ソ中立条約延長の通告期限である四月二四日までにソ連は通告延長をしない可能性が高く、その場合、間もなく起きるドイツ降伏の後に、ソ連の対日宣戦布告の可能性があると考察し、このような事態と米軍の本土空爆がピークを迎えて日本の国民が国家存亡の危機に直面していることを実感するなかで、日本政府内の和平派は、軍部を抑え込むように行動するであろう、④この覚書でもう一つ論じたことは、日本国内の穏健派指導者は、国体護持が明示されるのであれば、喜んで占領地からの撤退と軍国主義者たちの追放に応じ、米国に運命をゆだねるであろう、⑤さらに強調したことは、戦後のアジア秩序再構築を米国主導で行う必要性であり、その際、日本は中国やソ連よりは、米国との経済関係強化を望むであろうし、米国もそれをすべきであるということであった。

フェラーズのこうした対日見解を示す書類は、鈴木内閣に対するフェラーズの認識を除き、彼がダグラス・マッカーサーの了解のもとで五月七日（つまりドイツが降伏した日）から八日（つまり、グルー国務次官とフォレスタル海軍長官がヘンリー・L・スティムソン陸軍長官より原爆開発計画を知らされた日）にマニラで開催された対日心理作戦会議で披露した。この会議は、マッカーサーの管轄区域の米軍の対日心理作戦の代表者により区域内の対日心理作戦の共通の目標と政策を決めるものであったが、フェラーズのこうした見解は、会議で異論を唱える出席者はいなかったので、代表者たちに受け入れられたと言ってよいであろう。

3 フーヴァーと米国政府内の政策論争

そして、フェラーズの対日見解を示す前述の心理作戦関係の書類とマニラ会議の議事録は、「対日心理作戦基本軍事計画」(*Basic Military Plan for Psychological Warfare Against Japan*)という表題の冊子にまとめられ、そのうち一冊は六月上旬に一九三九年以来親密な関係にあったフーヴァー元大統領の手元に届いた。フェラーズは、六月三日付のフーヴァー宛の書簡で、対日戦争終結を早めるために展開中の対日心理作戦に関する同冊子を同封したことをフーヴァーに述べているが、フーヴァーは六月一四日付のフェラーズ宛の書簡で対日心理作戦の動向に対する関心と敬意を伝えていた。なお、このマニラ会議の議事録では、心理作戦におけるフェラーズの相棒であったシドニー・マシビアー大佐は、出席した心理作戦担当者たちに、日本の戦闘行為を終結させることができる唯一の存在は日本人の崇拝の対象である天皇であり、この観点から天皇を処刑することは間違いであり、むしろ天皇を利用しながら、天皇に戦闘を中止させる命令を出させることが重要であると強調していた[16]。

太平洋戦争末期、天皇制を廃止しないことを示しながら、天皇を利用する形で日本の降伏、武装解除、占領改革を推進するという、無条件降伏を実質的に変更する検討は、同時期米国の政権中枢部でも検討されていた。一九四五年四月に急死した民主党のローズヴェルト大統領とは互いに憎悪する関係にあった共和党のフーヴァー元大統領と民主党のトルーマン大統領との会談が実現したのは、ソ連の支配地域の拡大の懸念と反共産主義で見解が一致するスティムソン陸軍長官、グルー国務次官、そしてフォレスタル海軍長官の支持が背景として存在していた。フーヴァー自身この思想を共有しており、五月一五日に彼はスティムソンにドイツ降伏後のいまこそ米英中が連携して中国の蔣介石を介して日本との早期和平を目指すべきであると論じた。それは、アジアの戦後秩序におけるソ連の影響力を最小限にとどめさせ、また、日本が資本主義国として戦後発展するよう、米国主導の秩序を目指すものであり、また、戦争終結を一八カ月短縮させることで米兵五〇万人から一〇〇万人の命を救うのみならず米国の資源を節約できると進言した。つまり、フーヴァーはヤルタ協定のなかの秘密事項（ソ連のドイツ降伏後二、三カ月以内の対日参戦）は知らなかったものの、四月にソ連が日ソ中立条約の延長を破棄する対日通告は公の情報として知っており、長期化する太平洋戦争が主要な対日戦闘が米国の経済力と人命の犠牲により終結したところで、ソ連が参戦すると考えられ、そのさい起きるソ連のアジアにおける影響力拡大を強く懸念したのである。そして、五月二八日にトルーマンに戦後欧州の食糧問題について意見を求められて一二年ぶりにホワイトハウスを訪問したフーヴァー（第一次世界大戦後の欧州復興政策の中心的存在であった）は、同問題についてコメントする一方、対日政策にも言及し、大統領の関心を呼んだ。フーヴァーは、大統領との会談内容を当日、日記に記録し、また、大統領の要請に基づき五月三〇日にトルーマンに覚書を提出した。これらでフーヴァーが論じたことは、先日スティムソンに述べたのと同様、ソ連のアジアに対する影響力の拡大が何ゆえ米国にとって不利益であるかについて述べる一方、①四月七日に発足した鈴木内閣は穏健派であり（五月三〇日の覚書で取り上げられている）、日本は国体護持を望んでいることから、②米国と英国、そしてできれば中国とともに対日共同宣言を行い、早期講和を達成させる確率は非常に少ないがこれを推進すべきで、③その対日宣言の内容は、日本の軍部の無条件降伏の要求とともに、（間接的な言い回しで）無条件降伏は天皇制の廃止ではないことも示す必要性があり、また長期間（おそらく一世代）にわたる日本の非武装化を盛りこむという進言であった。[17]

フーヴァーと会談した二八日の午後、トルーマンは、今度はグルーから、無条件降伏は軍部に適用されるものであり、天皇制の廃止を意味するものでないことを日本側に少なくとも間接的に示す演説を行うべきであることを進言された。同時に同趣旨の覚書を渡され、大統領は、このことを翌日スティムソン陸軍長官、ジョージ・C・マーシャル参謀総長、フォレスタル海軍長官などの出席による会議で検討するよう命じた。しかしながらこの会議では、グルーやその側近ユージン・ドゥーマンが提言する「連合国は日本の将来の政体を決定する意思がない」と大統領が日本に示すことは、「ある軍事的理由」により否決された。その理由の一つは、沖縄戦が進行中であるため、このような提言のタイミングとして現状は不適切であるという見解に、出席者は反論しづらかったのである。一方、トルーマン、スティムソン、グルー、マーシャルは、もう一つの理由が原爆開発計画が進められているためとは分かっていたが、フーヴァーと違い、このような計画をグルーと同様に知っていたフォレスタル（スティムソンは、対日原爆投下をいつ、いかなる方法で行うべきかを大統領に勧告する暫定委員会に国務省と海軍省の代表を必要としたことから、五月八日に二人に対して原爆開発計画の説明を行っていた）は、それでもグルーの提言を支持していたのである。

この約三週間後、太平洋戦争で最も凄惨であった沖縄戦が終結に近づいた。フーヴァーは、グルーの五月下旬以降の動向を把握していなかったものと思われるが、トルーマンは、グルーなどに対しフーヴァーの五月三〇日大統領宛覚書についてのコメントを要請した。六月一二日、大統領の要請で開催されたグルー、フォレスタル、スティムソン三者協議では、フーヴァーが五月三〇日大統領宛の覚書で示した、日本の無条件降伏は天皇制の破壊を意味しないことを日本に示す必要性に同意見であるという点で一致し、スティムソンはこの点について最近マーシャル参謀総長も同じ見解に達していると述べた。翌日グルーは、六月一三日の大統領宛覚書で、フーヴァーが覚書で述べていた国体護持を日本に示す重要性を再確認し、六月一五日、一六日、一八日の会議で同趣旨を強調した。六月一八日以降終戦まで、この天皇問題に関する取り扱いの中心人物はグルーからスティムソンに変わるが、六月二九日のギャラップ社の天皇に関する米国内世論調査が物語るように、七パーセントのみが天皇の免罪もしくは天皇を利用することによる占領を支持し、三三パーセントは天皇の処刑を望み、三七パーセントは天皇の訴追、終身刑あるいは流刑を望んでいた。このような状況下で、新しく国務長官に就任したジェームズ・バーンズは、世論に敏感であることも貢献して、五月二八日大統領宛グルー覚書に反対したディーン・アチソン（天皇に対して厳しい見解が圧倒的多数であった連邦議会で連絡係を担当）およびアーチボルド・マクリーシュ（アチソンのイェール大学時代の友人で著名な詩人であった）両国務次官補を支持し、国体護持を日本に明示することに反対する姿勢を七月三日、グルーとの会談で明確にした。トルーマンもバーンズも米国内世論と日本が国体護持以外の要求を色々と行うことを警戒したのである。こうしてポツダム宣言には、国体護持は明示されず、間接的なものにとどまったのである。[18]鈴木内閣の発足は、たしかに日本国内における穏健派の巻き返しであった。陸軍としては、陸軍主導の内閣をつくり、沖縄戦が有利に進まなかった場合の本土決戦に備えるとともに、陸海軍を陸軍主導のもとに統合したかったのであった。また、硫黄島が陥落した一九四五年二月、最高戦争指導会議では、ソ連の対日参戦の可能性を指摘していた。[19]

この時期、天皇は、重臣たちに戦況について意見を具申させていたが、即時和平を英米に申し入れることを主張したのは近衛文麿のみで、天皇自身は、決戦で勝利して和平を有利に確保するという、一撃和平論者であった。近衛が天皇に提出した上奏文は、当時海外の報道へのアクセスが厳しく制限されているなかで、海外の報道を参考にしながら行ったものであった。[20]天皇自身、沖縄戦が決戦ではなく、持久戦となったことに不満であった。軍部は、無条件降伏は国体の破壊につながると主張していた。[21]

フェラーズがフーヴァーに資料を送った背景にあったのは、フーヴァーが、ソ連の対日参戦前に日本との和平にこぎつけることで、欧州でソ連が勢力拡大に成功した事態をアジア・太平洋地域で繰り返さないよう考えていたからであった。このようなフーヴァーの見解は、一九四五年五月『朝日新聞』の一面でも紹介されたほどであった。当時米国内外では報道されていなかったが、五月中旬フーヴァーはトルーマン大統領と会談してこの持論を展開し、日本に対して無条件降伏は天皇制廃止を意味するものではないことを示すべきであると進言していたのであった。フーヴァーは、そうすることで日本の降伏を促すことができるかもしれないと考えていた。

フォレスタル海軍長官の日記（五月一一日）によれば、ドイツ降伏直後の五月一一日、駐ソ米国大使アヴェレル・ハリマンが彼に語ったように、ソ連が最も恐れていることは英米が対日和平をソ連参戦前に行うことであった。この恐れは、英米にとってのソ連が対日参戦を回避するという事態への恐れ以上のものであった。[22]

4　日本の国内動向

一方、日本政府内では、ドイツ降伏後、ソ連の参戦回避と好意的中立の確保を目的とする日ソ交渉が議論されはじめた。最高機密である外交交渉の政府内情報伝達を厳しく制限したい東郷外相の提案により、戦争指導会議構成員会議が発足した。同会議は五月一一日から一四日にかけて開催され、ソ連の参戦回避と好意的中立は同会議の構成員（首相、外相、海相、海軍軍令部長、陸相、参謀総長）により合意された。ソ連を仲介として英米と和平交渉を行うという鈴木首相の提案は見送られたが、対ソ交渉の三つ目の目標に加えられていた。

六月上旬以降、広田弘毅元首相とヤーコブ・マリク駐日ソ連大使との間で七月上旬にかけて会談が重ねられていった。しかしながらこの会談にあたって、日本側は交渉の目的が先ほどの二点にとどまり、ソ連を英米から離間するには甚だ不十分であった。そもそも、ソ連の指導者スターリンは、日本側が対ソ交渉で用意していた「土産」については、全く関心がなかった。[23]

六月二二日、異例の天皇の発意による御前会議において、沖縄戦での敗北を踏まえて、天皇は戦争終結を指示した。このような状況となったのは、六月上旬の段階で陸軍は本土決戦を強力に推進していたものの、六月一八日の戦争指導会議構成員会議で五月に合意された三つ目の対ソ交渉目標が再確認されたことによる。ただし、これを推進する時期は、日本が戦力を維持している間に有利な条件で和平を達成させるという考えであった。天皇は、①本土決戦に向けた準備状況の国内視察を行った長谷川清大将と、満洲と中国方面の戦力状況の視察を行ってきた梅津美治郎参謀総長の報告に基づき、国内の本土決戦準備状況は甚だ不十分で、勝ち目はないと判断したのであった。長谷川の報告は、国内の準備状況が遅れているというものであったし、梅津の報告は、国内より装備はまだよいものの、大会戦を戦うには武器弾薬と戦力が不十分であるという悲観論であった。天皇は、米国内の天皇制をめぐる世論や議論を含む米国の対日占領政策動向についての極秘冊子を読んでいたようだが、これを読んで天皇が早期戦争終結で天皇制を維持できる可能性が高いという考えを持つようになったのかについては、まだ検証の余地があろう[24]。

六月二二日の天皇の指示を受けて、東郷外相は、モスクワの佐藤大使に打電を行った。両者のやりとりは米国側に傍受されていた。ポツダム会議開催前の七月前半、米国は、日本が近衛元首相を特使としてモスクワへ派遣することを暗号解読により把握しており、日本のソ連を介した和平の模索を察知していた。ただし、日本から発せられてくる公のメッセージは、本土決戦を唱える強硬姿勢であった。東郷外相と佐藤大使の秘密電報のやりとりからでも、東郷の、国体護持が保証されない場合は本土決戦を行うという決意が伝わってきたのであった。

近衛特使派遣の構想を進めるなかで、七月一二日天皇と近衛は会談しているが、鈴木多聞が指摘するように、この会談内容については、和平の最低条件や、交渉を行った近衛がどのようにして日本国内で交渉結果を受け入れさせるのかなどに関して不明である。具体的な交渉内容がないまま日本政府が近衛特使をソ連に派遣しようとした理由は、和平の最低条件に関して、国体護持を除いて、政府内の合意がなかったからである[25]。

鈴木貫太郎が一九四五年一二月戦略爆撃調査団が作成した鈴木尋問調書のなかで語ったように、軍部が強硬論であったため、和平の模索を行うことは表立ってはできなかった。同調査団に対して鈴木は、本土決戦に十分備えていたし、また、兵器の生産も地下で行えるよう準備していたことを述べている。興味深いことに、この尋問では、ソ連の対日参戦が日本の降伏に与えた影響については質問が行われていなかった。鈴木は、原爆投下がなくても、空爆と海上封鎖で、日本が音を上げていたであろうと論じていた[26]。

ただし、この場合の降伏の時期については、鈴木はこの尋問調書で指摘していないが、終戦の時期、政府内で懸案となった本土決戦準備状況が遅れていたほか、食糧不足が深刻化していたことを忘れてはならない（ただし、D・M・ギアングレコは、日本国内が飢餓の寸前であったとする見方は、戦略爆撃調査団の要旨報告、米国陸軍航空隊史、日本国内指導者層の一部の見解を根拠にしており、誇張されていると主張している[27]）。

なぜ鈴木首相が、和戦両論、しかも和平については、軍部が同意しえる対ソ交渉を推進したのかについては、そうすることで陸軍が陸相を引き揚げて倒閣に至る事態を回避したものと考えられる。また、本土決戦を辞さない覚悟を内外に示すことで、国内が厭戦気分になって秩序が乱れることを回避し、さらに、強硬姿勢が英米に対する揺さぶりになればより有利な条件で和平にこぎつけられるかもしれないとも考えていたのであった。また、波多野澄雄が指摘し、そして、鈴木が戦略爆撃調査団に語っているように、天皇に対し国家の非常事態への実質的判断を仰いだのであった。これは、鈴木も瀕死の重傷を負った二・二六事件の時に前例があった[28]。

八月一〇日と一四日の「聖断」であるが、これは、ポツダム宣言受諾の唯一の条件は、それまで軍部が主張していたほかの条件が捨てられ、国体護持が保証されれば降伏するという天皇の決断が下されたものであった。国体護持を唯一の条件とする議論で賛成派と反対派が拮抗するなか、鈴木首相が天皇に判断を仰いだのである。

これが無条件降伏の修正であったのかどうかは曖昧である。日本側はそう信じていたが、一〇日の「聖断」のさい、天皇大権が維持されるかどうかを日本政府は、米国政府にスイスを介して照会したが、米国政府の返答は曖昧であった。しかし、このいわゆるバーンズ回答で国体護持は可能とした首相、外相、海相の考えを天皇が支持し、天皇大権についての平沼騏一郎枢密院議長の見解を支持する陸相、参謀総長、海軍軍令部長の見解は天皇により抑えられたのであった。天皇による「聖断」で戦争を終結させるシナリオは一九四四年夏、重光葵外相（当時）や近衛元首相らにより描かれていたが、これがようやく現実のものとなった[29]。

日本陸軍内では、米国の対日上陸作戦が始まるであろう秋までの数カ月間、米国の九州上陸は行われないと判断していた。このため、鈴木多聞によると、陸軍内ではソ連との軍事同盟締結を検討する動きがあった。これは、米ソ対立が戦後起きるであろうという情勢判断を踏まえて進めようとした動きであった。小代有希子の研究は、鈴木論文の刊行前に米国の学術誌で発表されているが、小代論文も鈴木論文も、日本国内では一九四四年秋以降、ソ連の対日参戦の可能性が取り上げられていたと指摘し、これに対し日本政府内では、米ソ対立に活路を見出そうとする動きが存在していたと論じている。[30] 小代論文に対しては、B・バーンスタインによる批判があり、それは、当時の日本政府の政策決定者たちはこのような見解を持っていなかった、すなわち日本の終戦外交は、ソ連の参戦回避が大前提として存在していたとするものであった。[31]

駐スウェーデン陸軍武官の小野寺信少将がロンドンのポーランド亡命政府から得たヤルタ協定の密約（ドイツ降伏後のソ連の対日参戦をスターリンがローズヴェルトに約束したこと）の情報がいつ参謀本部に知らされたのか、など不明な点が多いが、それがこのことを論じている小野寺夫人の回想録の通りであったとしても、日本国内では対ソ交渉に舵が切られていたことを覆せなかったのではないだろうか。また前述のごとく、陸軍内ではソ連の対日参戦の可能性は認識されていた。[32]

一九四五年初頭から春にかけて、日本陸軍はソ連の対日参戦の可能性についてどのような情報に基づいて検証し、なぜ英米との直接交渉を模索しなかったのであろうか。陸軍は、米軍上陸時には勝利できると強気であり、ソ連の対日参戦には負けると弱気であった。それは前者については沖縄戦までの記憶（米国が日本に近づくにつれて相手方の被害を多くしていった）、後者についてはノモンハンの記憶が底流にあったからであろう。[33]

5　米軍の動向とフェラーズ

一九四五年五月のマニラ会議の直後、フェラーズは、友人のジェシー・サムナー下院議員（元判事）宛の書簡で①欧州ではソ連が東欧とバルカン半島諸国を影響下に置くなかで、英国とソ連は、主導権を争いはじめており、欧州における平和の確立は夢物語になりつつある、②対日戦争にソ連が参戦した場合、ソ連は東アジアにおける海軍力がほとんどないことから日本本土上陸は不可能であり、このことは中国についても同様である、③英国は米国が対日占領を行うにあたり小規模な英国軍か英連邦軍の派遣を要請するであろうが、英国のアジアにおける主たる関心は東南アジアと南アジアである、④そうすると、日本降伏後の対日占領はマッカーサー率いる米軍により行われることになり、それらにより占領政策をうまく実行することで、血腥かった米比戦争終了後フィリピン人たちが米国に好感を持つようになったことと同様に、日本人の親米志向を勝ち取ることを狙うつもりであると論じたのであった。[34]

ただ、この書簡を送った時点では、マッカーサーが対日占領の最高司令官になる予定は全くなかった（決まったのは、日本のポツダム宣言受諾後の八月一五日）。四月三日、統合参謀会議は、オリンピック作戦（九州上陸作戦）に向けて準備に着手するよう、太平洋方面の陸海軍のトップ二人に指示した。この指示とあわせて、統合参謀会議は太平洋戦争遂行の管轄については、マッカーサー元帥が全太平洋方面米国陸軍を、チェスター・ニミッツ提督が東南アジア戦域の一部を除いた全太平洋方面米国海軍を指揮することとなっていた。マリアナ諸島とインド・ビルマ・中国方面に拠点を構えるB29を中核とする空軍は、引き続き統合参謀会議の直属となっていた。オリンピック作戦実行の場合、マッカーサーが陸戦を、ニミッツが上陸作戦を担当する予定であった。

注目すべきことは、オリンピック作戦が想定した九州の上陸地点については、日本側は的確に予測していたことである。しかも米国側の準備状況について一〇月頃と予想し、米国側が決行日としていた一一月一日をほぼ想定していたのであった。米国側は、ウルトラによる日本陸海軍暗号解読、マジックによる日本外交暗号解読により、六月から終戦までの時期の日本陸軍の九州における増強が、米国側が想定していた規模をはるかに上回っていることを知った。[35] このため、長崎原爆投下後から八月一三日までの時期、マーシャル統合参謀総長は、オリンピック作戦決行時に数発の原爆を上陸前に上陸地点に使用する必要があると判断していた。[36] また、米国陸軍上層部は、同時期、オリンピック作戦決行の場合、生物化学兵器の使用も検討していた。[37] こうしたマーシャルの考えは、当時フェラーズが指摘し、最近M・ガリッキオも述べている、米国社会内で急速に高まってきて厭戦ムードが背景にあった。またこのムードが背景となって、六月から七月にかけて、米国議会内やマスコミでは、無条件降伏の定義を日本に明示すべきとの声が強まったのであった[38]。

フェラーズは、五月二一日付の故郷イリノイ州リッジファームの知人、H・M・スティーリー郡判事に宛てた書簡で日本の士気と無条件降伏について次のように述べている。

日本の士気は低いです。日本国内では焦燥感が募るばかりです。トルーマン〔大統領〕の日本に対する無条件降伏に関する〔五月八日の〕演説は、すばらしいものであり、心理作戦計画者たちにとっては勝利でありました。彼は、無条件降伏は軍部のみに適用されるものであると定義したことで日本に「逃げ道」を与えたのです。ご存じのように日本国内には軍の指導者たちへ不満を持つ人々が多いのです。この保守的なグループは我々と同様一刻も早く軍閥を追放したいのです。（中略）

米国の人々は、太平洋戦争を支持しないでありましょう。両親たちは息子たちが早く太平洋方面から帰還することを望んでいますが、彼らを非難することができましょうか。我々が直面しているこの恐ろしくて無益な戦争にようやく幕が降りるとき、それは我が歴史における最高の日となりましょう。

フェラーズは、米国が日本本土へ徹底的に空爆を行い、そして日本の船舶をほとんど沈めてしまった上で対日上陸作戦を行った場合、日本が米国側の条件を受け入れて降伏する確率は最大五割であると考えていた。フェラーズは、四月に就任したトルーマン大統領について好意的な見解を持っており、彼が五月上旬の演説で無条件降伏は日本人の隷属化を意味せず、日本の軍部の無条件降伏を意味することを示唆した点を高く評価していたのであった。この書簡でフェラーズが、リッジファームに高速道路が通らないことに憤慨し、判事にこのことについて働きかけていたことは、彼がいかに米国内の社会にアンテナをはっていたかの証左であった。しかし、より重要なことは、彼が当初の無条件降伏についての政権の取り扱いが心理作戦が想定した方向性をたどっていると評価していたことである[39]。

ポツダム宣言における無条件降伏についても、フェラーズは、同様に高い評価を与えていたが、ウルトラとマジックによる解読を通じてマッカーサーは、日本の対ソ交渉を把握していた。[40] マッカーサーは、この情報を米国政府高官たちと同時期に知った。チャールズ・ウィロビー率いる連合国軍最高司令官総司令部参謀第二部（G２）が対日占領期に編纂した『マッカーサー・レポート』によると、総司令部は極秘電報を使い日本が駐ソ連大使館を通じて和平を模索していたことを把握していたと指摘している。[41] このためマッカーサーは、日本がポツダム宣言を拒絶するかもしれないと、悲観論をフェラーズに述べたのであった。

五月二一日付の書簡を送った翌日、フェラーズは友人のサムナー下院議員に欧州ではソ連がポーランドとオーストリアでその影響下にある政権を樹立し、バルカン半島の諸国とドイツもその運命にあるようななかで、英国とソ連の対立が潜在的に生じていると論じていた。フェラーズは半年前にサムナー宛の手紙で論じていたように、米国、英国、西欧が同盟関係を構築する流れが強く、これは戦後ソ連と戦争になる要因となると憂慮していた。ドイツ降伏後この懸念は現実化しつつあるようにフェラーズは受け止めていた。彼は戦後平和を維持するには、一九四三年に論じていたように、米国が英国と同盟関係を築くことはやむをえないと考えていたのであった。彼は、米英中ソによる秩序維持の協調関係が必要であると考えていた。既述のようにフェラーズは、五月二二日サムナー宛の書簡で欧州での戦争と違い、太平洋戦争は米国にとって連合国からの制約が少なく、対日占領は、実質的に米国単独となろうと指摘した。仮にソ連が対日参戦したとしてもそれはユーラシア大陸においてであり、日本本土への上陸はできないとフェラーズは考えていた。フェラーズは、中国軍も対日上陸を行う軍事的能力はなく、英連邦は一握りの英連邦軍の作戦参加を求めてくるであろうと考えていたのであった。[42]

八月六日広島に原爆投下が行われたあと、フーヴァーは、このような行為は、第一次世界大戦における毒ガスの使用と同様、「自分の良心に背く」現象であると嘆いた。[43] フーヴァーがこのような見解を示した同じ頃、マニラにいたフェラーズは、八月七日の妻宛の書簡で、まだ原爆による被害規模の報告を受け取ってはいないものの、原爆が戦争終結を導く可能性があることを述べ、事態はまだ流動的であるとしつつも、戦争終結への期待を明かした。[44] この日、八月二日に初めて空軍司令官カール・スパーツから原爆の存在を知らされていたマッカーサーは[45]、前述の暫定委員会委員カール・コンプトン（マサチューセッツ工科大学学長）より、マンハッタン計画の詳細と将来の原爆使用についても知らされた。このときフェラーズは、同席していなかったであろうが、マッカーサーの副官としてコンプトンの来訪は間違いなく把握していた。

マッカーサーやフェラーズが七月二六日のポツダム宣言について知ったのは、民間ラジオ放送を通じてであり、マッカーサーが同宣言の全文を入手したのは八月一二日であった[46]。フェラーズは、七月二七日の妻宛の手紙で、マッカーサーがフェラーズほど宣言を評価せず、日本はおそらくこれを拒絶するであろうと述べたとしている。フェラーズは、同宣言が、国体護持を間接的に表現したと読み取り、自身が率いてきた心理作戦部のこの問題に関する政策は、ポツダム宣言と合致していることを強調した[47]。

フェラーズもグルーやフーヴァーと同様の国体護持論者であったが、グルーの五月二八日の覚書と違い、戦後の日本の民主化の可能性には彼らと比べて相対的に楽観論者であったようである。ところで、国体護持に関するマッカーサーの見解であるが、ポツダム会議前にそれに関する動揺が見受けられる。七月一二日、マッカーサー主催の英国軍の訪問団の夕食会の席で、マッカーサーが日本は「和平を話し合うことを非常に望んでいる」が、事態はポツダム会議の結果を待つところであり、「日本軍の大元帥である裕仁を倒したい」と述べたことをフェラーズが記録している[48]。この発言は、上陸作戦前に天皇の聖断で降伏を促したいとはいえ、作戦開始後は事態がより混乱するため皇室の利用価値が低下する可能性が高いと考えたからであろうか。このようなマッカーサーの動揺を反映したのか、フェラーズの心理作戦部は、ポツダム宣言が発表される数日前の七月二二日に *The Emperor of Japan* という報告書を提出した。これは、米国内と英ソ中における、天皇の戦争責任問題と天皇を処刑すべきかについての主要な論点を整理し、戦後の天皇の取り扱いに関する議論を行う上で必要な材料を提供することを主眼としていた。ただし、心理作戦部の無条件降伏の修正という従来路線の転換は行っていない。ここでは、冒頭の部分で、天皇は戦争責任を回避できないと記してあるものの、これは、心理作戦部が唱えてきた後述する形式上の責任というニュアンスであった[49]。

フェラーズは、七月二八日の鈴木首相の発言（ポツダム宣言についてノーコメントのつもりで「黙殺する」と七月二八日午後の記者会見で発言し、戦後原爆投下とソ連参戦の正当化に利用された）後である七月三〇日の妻へ宛てた手紙で、日本国内では、軍部の威信は低下する一方で、和平への動きは少しずつ強まっているので、日本上陸作戦開始後、後者が前者より強くなろうと述べた。また、ソ連が終戦直前に参戦するのではないかと推察した[50]。

この時点では、フェラーズはヤルタ協定のソ連の対日参戦を含めた秘密条項を知らなかったはずである。というのも、マッカーサー自身、この事実を知ったのは、八月二日にポツダムより派遣された米国軍事代表団との会議においてであり、フェラーズは、マッカーサーと同代表団との間で長時間にわたってソ連の対日参戦について話されていたことを記録している[51]。

八月三日、フェラーズは、日本がポツダム宣言をもとに連合国と和平を話し合うかどうかで政府内で模索と混乱が起きており、日本の降伏はあと数日かもしれないと期待する一方で、上陸作戦開始後の一二月までないかもしれないとも日誌に記録した[52]。同日付でフェラーズが率いる心理作戦部が刊行した報告書「日本と我が同盟国ロシア」では、次のことが指摘されている。当初、報告とは裏腹に七月二九日の時点で日本政府は無条件降伏受諾をいまだに検討中であること、ポツダムにおける対日最後通告について同盟通信が日本はこれを完全に無視すると述べたものの、その後日本からの放送ではトーンダウンし、ポツダム宣言を無視すると述べながら、日本はすでに確立された方針に沿い大東亜戦争の完遂に努力する政策を推進するとコメントしたこと、果たしてこれは日本がポツダム宣言を受諾する可能性を残しているのかどうかは不明であること、以上である[53]。

八月五日、フェラーズは、次のように記している。「明日朝九時半B29爆撃機が横浜より南の工業都市に巨大な爆弾を投下する。関係者は、この爆弾の破壊力の凄まじさで日本が戦争継続の無意味さを悟ることを期待している。この効果について知ることは、興味深いものとなろう[54]」。フェラーズが知っているということは、当然マッカーサーも知っていたはずである。そして、八月六日の午後、マッカーサーは、広島原爆投下のニュースが伝わる数時間前にマニラでオフレコの記者会見を行った。前述のようにマッカーサーはすでにヤルタ協定のソ連の対日戦参加に関する秘密合意を知っていたのであるが、マッカーサーは、①事態は流動的であり、日本の降伏が予想されているより早くなる可能性がある、②日本海軍は壊滅し、陸軍は巨大で兵隊の抵抗は粘り強いものの、陸軍の東アジア全域の情報網は寸断されており、また、分散されていて、武器弾薬不足のため国民を効果的に武装化できないでいる、③天皇は名目上の指導者であるが、軍部の手先ではない、④ソ連の対日参戦計画は、戦況の行方が現在よりもはるかに予測できない時期から策定されており、ソ連の参加を歓迎し、満洲方面で日本軍を釘付けにすることを望む、⑤仮にソ連の参戦が戦闘状態がほとんど終了後であった場合でもソ連は講和会議において米国などと同様の条件を得られるはずである[55]、とした。

マッカーサーは、戦後、原爆投下不要論を展開するとともに、ソ連の対日参戦は太平洋戦争終結に不要であったと論じるようになるが、彼は、太平洋戦争の海軍司令官ニミッツ提督やほとんどの戦争計画策定者と同様、対日上陸作戦を展開する場合、ソ連の参戦は必要であると主張し、例えば一九四五年二月二八日フォレスタル海軍長官との会談で、日本上陸作戦を行うにあたり、ソ連が参戦し満洲で日本軍を釘付けにすることは必要不可欠であると論じた[56]。また、フェラーズと比べてマッカーサーは、もっと醒めた目で軍事情勢を見ていた。沖縄戦で彼の部下であった中将が戦死した六月一八日、彼は、マーシャル統合参謀総長に、九州上陸前のソ連参戦を要請したのであった。そうすることで、中国方面の日本軍は日本国内へ移動できなくなるからである。

6　天皇の「聖断」の影響

終戦の直前、フェラーズが准将から少将に昇進する千載一遇の機会が到来した。八月九日ソ連の参戦に伴い、マッカーサーは、フェラーズを対ソ軍事使節団の団長に抜擢し、その役職から考えて少将に昇進させることが妥当であるという電報をマーシャル参謀総長に打電したのであった。日本上陸作戦が前提であったこのフェラーズのシベリア派遣は日本の予想以上に早い降伏で立ち消えとなる。

当時、総司令部内には、この人事構想でフェラーズがマッカーサーの周辺から去ることを歓迎する見解も存在していた。マッカーサーのバターン号の操縦士であったウェルドン・E・ローズの八月九日の日記によると、ローズは、フェラーズを個人的には好きであったものの、フェラーズの野心が倫理観を歪曲させてしまった結果、フェラーズは他のマッカーサーの取り巻きと同様元帥が聞きたいようなことだけを告げるイエスマンとなり元帥の判断力を危うくさせる存在であると批判した。ローズは、かつて一九三七年秋にアイゼンハワーがその日記に記したようにマッカーサーには真実を正確に語れる部下が必要であると分析したのである。フェラーズは、シベリア行きになった場合、ローズに担当操縦士として同伴することを依頼したが、ローズはこれを断った。(57)

結果的には、マッカーサー、フェラーズ、そして米国政府内の政策決定者たちの想定以上に早い時期に日本の降伏が実現した。八月六日広島への原爆投下、八日のソ連の対日参戦、九日の長崎への原爆投下の直後にあたる八月一〇日、天皇の「聖断」により、ポツダム宣言を受諾する用意がある旨が中立国スイスを介して英米側に伝わったのであった。ここで議論され続けられている争点は、日本政府の降伏の判断に至る決定打は、二回の原爆か、それともソ連の対日参戦かあるいは両方かということである。いずれを決定的と論ずる場合でも原爆投下とソ連の対日参戦の両方が重要であるとしている。これを前提にしながらも、原爆投下が日本を降伏に至らしめたより重要な要因であるとする見解が存在する一方、[58] ソ連の対日参戦を重視している見解もある。[59] 波多野澄雄は、本土決戦準備を本気で進めていた陸軍にとってソ連の対日参戦はより重要な要因ではあるものの、他の政策決定者たちにとって原爆のショックは大きく、原爆とソ連の対日参戦は同じくらい重要であるという中間派である。[60] これらの議論につけ加える見解として、天皇の降伏の判断は、本土決戦の準備状況が不十分であったことにあるとするものがある。これは、『昭和天皇独白録』で記述されている。[61]

また、ポツダム宣言に対する鈴木首相の「黙殺」発言について、この言葉が海外に発信されて、しかも「ノーコメント」ではなく「無視」と米国が捉え、原爆投下の決定に影響したわけであるが、フェラーズの心理作戦部は、この見解がトーンダウンしていく動きを七月下旬把握していた。また、日本に原爆投下を行う方針は、ドイツ降伏後すでに決まっていたのは事実であるが、それでも無条件降伏を「黙殺」するという政府内の見解は、一九四三年のカイロ宣言以来存在しており、そのニュアンスは、「無視」であった。[62]

この「黙殺」発言を検証するさい、もしもポツダム宣言で無条件降伏は、立憲君主制を否定するものでないことが明示されていたならば、このような発言に至らなかったのかという疑問はなお残る。長谷川毅が指摘するように、ポツダム会議では、この見解を明示する草稿が統合参謀会議で当初検討されたが、統合参謀本部とときには同じ程度に政策判断に影響を与えられる合同戦略調査会議がその文言を削除し、全軍の無条件降伏という表現にとどまったのであった。[63]

最後に、米国の原爆投下にソ連を牽制する狙いはあったのであろうか。最近の研究動向は、B・バーンスタインが論ずるように、それは副次的なもので、米国側は早く戦争を終結させて、米兵と、結果的には日本側の死傷者を抑えたい見解に基づく判断であった。それでも、牽制という議論は、ソ連がヤルタ協定に基づき、千島列島まで占領したのはともかくとして、戦争終結後の満洲での占領継続とその重工業関係施設のソ連への撤去や、中国共産党勢力の満洲における勢力拡張支援のことを考えると、また、米英がソ連に要求した東欧での選挙を行わなかったことを考えると、あまり重要な議論ではないかもしれない[64]。

ソ連参戦後の八月九日、長崎への原爆投下が行われ、日本のポツダム宣言受諾が中立国スイスとスウェーデン経由で連合国に打電されたのは八月一〇日である。同日、心理作戦部は、ソ連の参戦に関するマスコミ対策について次のようなガイドラインを作成していた。①二度の原爆投下とソ連の参戦により日本の敗戦は確定しており、対日心理作戦とマスコミは、日本に対してただちに降伏するよう呼びかけるべきである。②無条件降伏は民主的な原則に基づいた新しい日本の出発を可能とする。③ただちに降伏しないと日に日に死者がいたずらに増えるだけであることを、恐怖心を煽らずプロパガンダを行う。④ソ連の軍事力の強さを強調する。⑤日本は海と空から完全に封鎖されており、その孤立ぶりは、マッカーサーが南西太平洋やフィリピンで行った島伝いの飛び石攻略作戦の大規模な再現である[65]。

こうしたソ連に関する心理作戦部の取り扱いとは違い、フェラーズは終戦の直前からソ連の参戦を日本の敗戦をもたらした要因としては無視しはじめていた。八月一二日、フェラーズが妻に宛てた手紙では、日本の降伏は、マッカーサーとニミッツが日本軍に勝利したあとに、原子爆弾、空軍力と、心理作戦によりもたらされたと論評した[66]。

トルーマン大統領は、八月八日頃の判断に基づいて、英中ソの同意を取り付けた上で、マッカーサーを連合国軍最高司令官に八月一五日任命した。ガリッキオの最近の著書が指摘するように、海軍は、八月八日から九日にかけてマッカーサーの最高司令官就任に反対した。九州での日本軍増強に対応するオリンピック作戦の変更は不要であるとマッカーサー側が主張していたのに対して、海軍軍令部長キングはオリンピック作戦にも反対する方向へ傾きつつあった(ニミッツ提督は、五月以来キングに対して私信で九州上陸作戦不支持を表明していた[67])。天皇の「聖断」のタイミングは、マッカーサーやフェラーズの軍歴も変えた。

昭和天皇の運命は、ニミッツ提督のようなマッカーサーと比べると政治力のない軍人が対日占領政策の総司令官に任命されなかったことで大きく変わっていくこととなる。ニミッツのような海軍の関係者が、陸軍を主力とする占領軍を統括することはたしかにありえなかったであろう。しかし、別の陸軍の軍人が対日占領軍の総司令官になった場合、マッカーサーほど政治力を発揮できず、その結果その裁量権は急速にワシントンに抑えつけられることとなったであろう。仮に、その人物が占領政策に天皇を利用しようと考えていたとしても、天皇の取り扱いは、ワシントンの政策決定者たちに左右されることとなったであろう。

7　マッカーサーと対日占領

マッカーサーは、参謀長やフェラーズなどを同行させて厚木に着陸したが、着陸後の武装解除が順調に進んだことは天皇のおかげであると、天皇の利用価値を改めて再認識した。この間、米国内外における、天皇を戦犯として裁くべきであるという見解に戦時中と同様反対していた。フェラーズは、九月六日に妻に宛てた手紙で、米国内の天皇に対する厳しい見解については気にするべきではなく、むしろ、天皇を利用する形で占領に利用するのが最善の策であることを論じた。もっとも、日本の政治体制改革の結果、新しい政治体制のなかで天皇がどのような位置を占めるのかは分からないと、妻に漏らしていた(68)。

フェラーズ率いる心理作戦部の活動は、日本の敗戦に伴い解散となるが、その組織構成員は、対日占領政策における連合国軍最高司令官総司令部参謀第三部（G3）、つまりのちの民間教育情報局で活躍することになった。フェラーズは終戦の日にあたる八月一五日の「日本における情報流布」という表題の覚書で、このことについて言及し、日本の民主化、軍国主義の除去、日本の戦時体制から平時体制への秩序だった移行を助長したり支援するために日本のラジオ、報道機関、新聞を有効利用していく方針を示していた。このような方針はすでに五月のマニラで開催された心理作戦会議で取り上げられていた。フェラーズは、日本における情報流布を、総司令部の検閲を続けるなか、なるべく早く日本人に任せる方針も打ち出していた。彼は「日本における情報流布」を、マニラから日本へ出発する直前に会った戦略諜報局長官ジェームズ・ドノヴァンにも九月中旬送っており、この活動に日本の「リベラル派」（つまり日本の軍国主義に反対していた人々）を利用していく方針であることを伝えていた。ただし、フェラーズの言う「リベラル派」には共産主義者は含まれていなかった[69]。

フェラーズの終戦時における妻宛の書簡を反映するような、九月一二日の総司令部が新聞記者団に発表した声明文は、おそらくフェラーズが作成したものであろう。そこでは日本を無条件降伏に追いやったのは、米国側の陸海空軍の連携によるものであったと論じられた。注目すべき点は、総司令部声明文では、この連携により日本は原爆投下とソ連参戦前にすでに敗北していたと強調したことであった。日米開戦のさい日本は米国側より陸海空軍をうまく連携させていたが、米国の生産力は日本より性能の良い上陸用の様々な機材を大量に生産することで戦況を変えていったのであった。また、日本側の指導者の無能さは日本の敗北を早め、現在の日本は衣食住もままならない、そこそこの経済的回復すら非常に長くかかり困難な有り様であると指摘したのであった[70]。

フェラーズによると、彼とマッカーサー元帥は、東京到着後、米国大使館内の双方の宿舎が近かったこともあって、ジーン・マッカーサー夫人が九月一九日に来日するまで毎日午後一一時から午前零時まで話し合っていたそうであるが、残念ながらその会談内容の記録はない。果たして天皇問題は話されたのであろうか。マッカーサー夫人が東京に到着する直前、フェラーズは、マッカーサー夫妻の間に一九三八年二月に生まれた息子のアーサー・マッカーサーの家庭教師の候補をみつけてある旨を伝えていたのであった[71]。

フェラーズの軍事秘書日誌によると、本土上陸の前に沖縄に立ち寄った夜、マッカーサーは、以下の対日占領政策の概要をフェラーズに披露した。①日本軍の武装解除、②武装解除した日本兵を復員させる、③重工業を非軍事部門に限定させる、④学校教育に対する思想統制は行わず、ただ公民教育を行わせる、⑤自由な選挙を行う、⑥労働組合を結成させていく、⑦こうした政策は、大日本帝国政府を介して実施させていく。

一方、翌日の本土上陸と占領の始まりが無事に行われるのかマッカーサーは心配していたようである。マッカーサーの緊張した面持ちは、翌日那覇を離陸して厚木へ向かう機内でマッカーサーの操縦士ローズにも気づかれていた。[72]

フェラーズは、八月三〇日マッカーサーにバターン号で同行して厚木に着陸した。フェラーズは、おそらく着陸前に次のような文章を綴った。「上空からの日本は美しい。厚木はいい飛行場。問題予想せず」[73]。

到着した最初の晩、横浜のニューグランドホテルにマッカーサーの一行は投宿した。ここに到着するまでマッカーサー一行の車列は日本兵が警護する道路をスムーズに走ったのであった。フェラーズは、沿道から通り過ぎるマッカーサー一行を見守るみすぼらしい身なりの横浜市民たち、閑散とした横浜港、木炭で走るバス、五月二九日の空襲で焼け野原となった横浜市を目撃したのであった。フェラーズは、ホテルに到着後さっそく旧友の河井道と一色ゆりの家を探そうとした。ホテルにいた通訳がたまたま河合を知っており彼女たちが無事であることを確認でき、とりあえずほっとしたのであった。フェラーズはこの通訳に彼女たちの家を探すよう依頼した。フェラーズの到着直後の日本人に関する印象は友好的であるが静かであるというものであった。ホテルについては、トイレットペーパーとタオルが不足していることが気になったようである。ホテル自体はまずまずと評価したようであった。彼は到着後なにか事件が起きることはないであろうと判断していた。[74]

マッカーサーは、ホテルの手配で将校たちとは別に食事をとることとなっていたが、マッカーサーはこれを断り将校たちとともに日本での最初の食事をともにした。マッカーサーのバターン号の操縦士であったローズ大佐によると、このホテルは米国であれば三流であると評し、その晩マッカーサーや彼を含む将校たちがホテルで食べた夕食は、悪臭が漂う魚の揚げ物と新鮮なぶどうのみであった。マッカーサーは、将校たちにこの食事がいまの日本が精一杯努力して出せるものであるがゆえ、日本に対する誠実な対応を示すべくなるべく出された夕食を食べるように指示したのであった。ローズ大佐によると沖縄を飛び立ったあと厚木に到着する直前までマッカーサーは多くの時間を操縦室で過ごしていた。ローズ大佐は、飛行中マッカーサーが緊張した様相であったものの、いままでになく嬉しそうであったと日記に記している。マッカーサーは、バターン号が富士山に差し掛かる直前、いったん操縦室を出て行ったが、ローズ大佐がその指示に従って富士山が見えたところでそのことを元帥に伝えると、元帥はそれ以降厚木に着陸する直前まで操縦室にいたのであった。若い将校時代以来見ていない富士山が見えて元帥は感無量であったようである。ニューグランドホテルでの夕食時、マッカーサーは少し疲れていたようであったが、珍しく上機嫌で冗談すら飛ばしていた。例えば夕食中将校の一人が、日本人は元帥が来日していることを好ましく思っていないのではないかと質問すると、「まあ、招待されて来ているわけではないからね」と答えたのであった。また、元帥にふさわしい住宅を確保できないのではないかと誰かが質問すると、元帥は、「十分な住宅の確保のため皇居から天皇陛下をお引越しさせるようになったら大変お気の毒なことであろう」とコメントした。(75)

八月三一日、フェラーズは、妻に、日本政府と日本の国民は友好的で誠意をもって占領軍の受け入れと武装解除を進めていると、日本側の対応を高く評価した。フェラーズは、あれだけ徹底抗戦を唱えていた日本軍が、すんなりと六五〇〇万人の武装解除を行っていることは、歴史上顕著な勝利と降伏のドラマであり、これには、彼の心理作戦部が大いに貢献したと自画自賛した。(76)

七〇〇万人の日本兵が降伏したのは奇跡である。日本上陸作戦を行っていた場合どれくらいの代償を払ったのであろうか。中国〔の混乱〕を米国が解決すべきであるという理想主義者たちのことについて考えてみよう。天ちゃん〔Charlie Mac Hirohito〕にこのことを委ねておけばよかったのに。天皇については、あとになって浮いた存在になるかもしれないが、現在利用価値がある。(77)

九月二日、米国政府はトルーマン大統領の承認のもと、国務省・陸・海軍協力委員会勧告文書を、アメリカの対日占領政策に関するマッカーサー連合国軍最高司令官への一般指令として送った。同指令では、天皇と日本政府の権限は連合国軍最高司令官マッカーサーに従属し、最高司令官に占領政策実施のための大幅な裁量権を与えたのであった。これはマッカーサーが強く望んだ要請に沿う指令であった。日本を再び国際秩序を乱す国とせず平和な国として国際社会に復帰させるための、日本の武装解除、軍国主義の除去、封建主義・権威主義の政治体制の改革、民主化の推進などの政策の実施は、日本政府と天皇を利用して行うという、直接軍政ではなく間接統治により実施することが指示されていた。そして、もしもこのような統治方式が満足に機能しない場合、総司令官は、日本の政府機関やその人員の変更あるいは直接軍政も実施でき、また、日本の国民が天皇制を廃止することを望むのであれば、そのような判断に介入しないという趣旨のことも明記されていたのであった。[78] 直接軍政については、グルーをはじめとする国務省内の穏健派を含めた対日政策決定者たちがその立案過程の初めから想定していた方式であったが、日本の予想以上に早い降伏に直面したなかでジョン・J・マクロイ陸軍次官補の主導によりこのような変更となった。[79]

一般指令第一号がマッカーサーに送られた同日、東京湾に停泊中のミズーリ号で日本政府の代表団は、マシビアー大佐が迎える舟艇に乗り込み、マッカーサーを頂点とする連合国の代表団と何千人もの将校や一般兵士・水兵たちが見守るミズーリ号の甲板に乗り込んだのであった。降伏文書の調印後、マッカーサーは日本と全世界に向けた記念すべき演説を行って降伏文書調印式は終了した。

米国陸軍が占領地行政に広範な権限を行使することが大統領により許されるようになったのは、一九四三年一一月以降であり、米国政府が定めた基本方針に基づいて具体的な政策を実行するにあたり、それをいかに実行するかについては、現地の米軍最高司令官の裁量に委ねられるようになっていた。

降伏文書が調印された翌日、マッカーサーはいったん軍政を敷く予定であった。調印式終了の数時間後に連合国が直接軍政を翌日から行うことを知った日本政府は抵抗し、これも手伝って間接統治となったのであった。なぜこのような事態となったのかは依然不明である。大統領からマッカーサーに送られた一般指令の受け取りのタイミングと関係しているのであろうか。

おわりに――東京裁判開廷前後と天皇宛親電人脈

フーヴァーは、第11章で考察する世界食糧調査団の団長として一九四六年に極東国際軍事裁判（以下、東京裁判）開廷の直前に訪日しているが、その前からフェラーズを通じて日米開戦に関係する日本側の史料を集めていた。フェラーズは、この時期、吉田茂外相の指示で連合国側と天皇の間の連絡掛を担当していた寺崎英成より近衛文麿手記のコピー（和文タイプ二巻本）――寺崎によるとこれは天皇の御文庫にあったものを天皇の許可により貸与することになったとのこと――を入手し、総司令部でただちにマイクロフィルムに撮影したのちに返却した。また、フェラーズは、近衛手記に関する以上の情報を三月二一日にフーヴァー元大統領に報告した。そして、四月上旬フーヴァーが食糧問題で欧州を視察中に心理作戦報告書と近衛手記の英訳の一部をフーヴァーに郵送したのである。また、近衛手記の和文タイプ二巻本のマイクロフィルム版は三月二九日にスタンフォード大学のフーヴァー研究所へ郵送された。

フェラーズは、フーヴァー研究所とフーヴァーのため、近衛手記の原本を近衛家より入手し、また、米国でその英訳版を出版する版権を得ようと努力したが、これは米国のタイム・ライフ社がその版権を得てしまった。フーヴァーは、木戸日記の英訳版については、フェラーズの心理作戦報告書を入手したことで、終戦までの二週間の記録を得たわけであるが、一九四六年五月二一日のフーヴァー宛書簡でフェラーズは、木戸日記の英訳の一部（一九四三〜四四年の一部）を郵送している。そのさい、フェラーズは木戸日記の原本のマイクロフィルム撮影は、五月初めに開廷した東京裁判に同日記が利用されている関係で遅れることを伝えたが、フーヴァーかまたはフーヴァー研究所がこの日記の英訳版の版権を得るべくフェラーズは七月の後半に木戸幸一と木戸の弁護士たちと交渉した。木戸は、米国における版権を、フーヴァーに譲ることに積極的な見解を七月二一日の木戸日記に記載しているが、東京裁判が進行中であったため、慎重な返答を行うことにし、今後もしも英訳出版を行う場合、版権を譲る相手として優先的に考えるという程度にとどめた。

フーヴァーと、彼の母校であるスタンフォード大学に第一次世界大戦直後にフーヴァーが設立したフーヴァー研究所は、敗戦後の日本で歴史史料収集に強い関心を持っていた。同研究所は、一九四五年九月に歴史史料収集を目的とする東京事務所の開設を行い、フーヴァーは、これら史料のなかに彼が執筆中であったフランクリン・D・ローズヴェルト大統領が推進した外交政策を厳しく批判する上で有用なものが発掘できることを間違いなく期待していた。近衛手記の英訳が総司令部の翻訳部門により完成されたのは、一九四六年六月一〇日であり、フェラーズはこれが完成した直後に早速フーヴァーに郵送したのであった。[80]

こうしたフーヴァーとフェラーズの関係もあり、フーヴァーの一九四六年五月訪日のさい、マッカーサーの命令でフェラーズはフーヴァーの滞日中常時付き添うことになった。フーヴァーは、フェラーズが貴重な史料を送ってくれていることに謝意を述べるとともに、こうした史料収集が日米の将来を展望したり、相互理解を促進する上で重要であることを強調した。また、フェラーズは、「使われた史料」で天皇独白録の英訳をフーヴァーに見せたようであるが、フーヴァーは、天皇の責任問題を追及する声が国際社会でまだ盛んに唱えられているため、万一天皇が戦犯法廷に出廷する場合を除いて現時点において公表すべきでないと主張した。

そして、フェラーズはフーヴァーの依頼で、フーヴァーの離日後、鈴木元首相に会い、フェラーズは帯同した通訳を通じて、フーヴァーが、一九四五年四月の鈴木氏の首相就任は、日本が和平を望む対外的シグナルであったと言っていたと伝え、鈴木は感激して伝言を聞くが、当時の日本政府は、米国がそう見てくれていたとは把握していなかったとフェラーズにコメントした。フーヴァーは、滞日中フェラーズに、前述の一九四五年五月下旬にトルーマンに対して進言したこと（鈴木内閣の出現は、天皇が連合国に対して和平を模索していることを意味していると語り、大統領は、日本の降伏を促すためには国体護持を日本に明示すべきであるとを提言したこと）を紹介した。そして、フーヴァーは、トルーマンが会談中ノートをとりながら（実際そうであったかは不明）この提言に沿ったスピーチを国務省に準備させたが、国務省でソ連の手先となっていた勢力はソ連の対日参戦を望んでいたことから、これは準備されなかったと信じていた（フーヴァー提案の実際の顚末の概要は前述の通りである）。フーヴァーとしては、一九四五年五月下旬前後の日本国内の和平をめぐる動向を知りたかったのである。なお、フーヴァーは滞日中三回（五月四日に三時間、五日と六日に各一時間）にマッカーサー元帥と二人だけで会談しているが、そのなかでフーヴァーは五月下旬のトルーマンとの会談について話しており、二人は、もしもこの提案に沿って国体護持を日本に明示していれば、日本との和平は達成されたであろうと意気投合し、マッカーサーは、そうしたことで、戦争継続による犠牲、原爆、ソ連の参戦を避けられたであろうと指摘したのであった[81]。

フェラーズ・鈴木会談については、寺崎が天皇に伝えていた可能性が高く、寺崎日記では五月一四日に「フェラーズ、鈴木前首相、共産党　御文庫にて長く話す」と記載されている[82]。フーヴァーの話が伝わっていたからこそ、皇室の、以下で見る翌月に行ったグルーへの対応についても説明がつくのである。

フーヴァーの訪日の翌月、昭和天皇は、吉田首相と寺崎による斡旋のもと、天皇宛米国大統領親電のテーマと関係する二人の米国人と会談していた。一人は、ランドン・ワーナー、もう一人は、エルバート・トーマス上院議員の友人ケネス・コールグローヴであった。この会談は、連合国軍最高司令官マッカーサーが、会談自体が公にならないことを条件に承認したのであった。

昭和天皇がこの二人と会談した直接の理由は、①ワーナーが京都市を原爆投下対象候補都市リストから外した立役者であったとされる報道が当時の日本で行われていたためであり、そして、②コールグローヴが、渡日前に知り合いのグルーから、終戦時のグルーの天皇問題をめぐる対日無条件降伏論争における役割について聞いており、その詳細を牧野伸顕と吉田経由で天皇も知らされていたためであった。コールグローヴがトーマスについて昭和天皇と話していたと後日トーマスに報告していることから、寺崎がトーマスとコールグローヴの交友関係を把握していたものと思われる。なお、この会談におけるトーマスに関する話題は、戦時中トーマスが推進した対日政策・放送についてであった。

コールグローヴのグルー宛報告によると、昭和天皇は、グルーに対して次の四点を伝言するよう話したという——①日米が戦争になってしまったことを遺憾に思う、②グルーが日米開戦回避に尽力したことに満足している、③一九四二年のグルーの離日時に適切な儀礼がなされなかったことを申し訳なく思う、④米国帰国後にグルーが推進した寛容な対日政策に感謝している[83]。

皇室は、この後グルー夫妻に贈り物を送った。これは、公にならないことを条件にマッカーサーが承認していた。天皇はグルーに漆の机を、皇后はグルー夫人に金銀の模様のついた漆の箱を送った。これらは、G２のウィロビーが、マッカーサーの指示で、G２の印がついたマホガニー製の箱に入れてワシントンの米国陸軍省に送られた。そこからは、極東委員会の委員長フランク・マッコイの秘書ジョンソンへ送られた。彼女は、グルーの国務省次官時代の秘書で、この箱は、グルー夫妻がニューハンプシャー州からワシントンへ戻って受け取るまで、マッコイ委員長の金庫に保管されていた。グルーは、天皇陛下と皇后陛下からの贈り物を受け取ることについて、これが送られたことを最初に知らされたとき、躊躇したが、送り返すのは失礼であるし、また、もう国務次官のような公職についていないことから受け取ったのであった。また吉田首相は、グルーへの絹製品の贈答品をコールグローヴに託し、グルーはコールグローヴの帰国後これを受け取っていた。このことについては、コールグローヴは、吉田とグルーの戦前の親交を知っていたことから、マッカーサーの了承を仰ぐことなく吉田の依頼を快諾して行っていた。

ワーナーとコールグローヴの昭和天皇謁見、そして昭和天皇夫妻のグルー夫妻への贈答品は、マッカーサーの承認のもとでまだ天皇の取り扱いが最終的に判明していない東京裁判が開廷した時期に行われた。これがもしも公になっていたならば、天皇を訴追したり少なくとも法廷で尋問すべきであるという連合国内あるいは世界の世論に根強く存在していた見解を勢いづかせた危険性が高かった。というのも、戦時中グルーは皇室存続論者としてこうした見解を持つ勢力から強く批判されていたからであった。

天皇とワーナーおよびコールグローヴの会談は単にグルーやワーナーの終戦時の活動を労う趣旨だけではなかったように思われる。フーヴァーが鈴木内閣についてフェラーズに話していたことは、寺崎から天皇に伝わっており、このことがなかったなら、おそらく天皇は、グルーへ謝辞を伝えるに至らなかったかもしれない。ここでは、フーヴァーは、真珠湾奇襲攻撃前の日米関係と同様、水面下で影響を与えていたと言えよう。

マッカーサー自身、連合国軍最高司令官になれたのは、終戦が予想より早かったためであり、彼は、終戦時における天皇の「聖断」と天皇の命令による短期間の大日本帝国軍の武装解除を高く評価していた(84)。そうであったからこそ、米国の予想より早く日本が降伏したことに貢献した天皇の要請を了承したのであった。しかしながら、こうした一連の出来事は、第一義的には終戦に深く関わった天皇とグルーの個人的関係を通じて日米友好関係を再確立させていくことではあったが、二義的には以下のことがあった。まず昭和天皇が日米戦争勃発までのグルーの戦争回避努力に謝辞を述べ、また、トーマスとワーナーの戦時中の米国内における対日活動を評価していることを前者についてはコールグローヴに、後者については、ワーナー自身に述べている。また、ワーナーとコールグローヴの天皇謁見を斡旋したのがハル・ノートに日本は柔軟な姿勢を示すべきであると論じ、終戦時早期の和平を近衛とともに推進しようとした吉田首相であり天皇宛親電をめぐる日米外交に深く関わった寺崎が、その吉田と天皇のパイプ役であったことをあわせて考えると、天皇がワーナーとコールグローヴと会談したのは、天皇親電により日米戦争回避ができなかったことについての遺憾の意の間接的意思表示であったように思われる。間接的意思表示にとどまったのは、東京裁判が開廷したばかりであったこと、また、仮にローズヴェルト大統領の天皇宛親電が一二月七日あるいは、一一月の終りから一二月六日にかけて陸軍により妨害されることなく天皇に届いた場合、果たして宮中が開戦の少なくとも延期に至るだけの影響力を行使しえたかという微妙な問題が存在していたからであった。

第9章　戦後のマッカーサー大統領候補擁立運動

1　水面下で続いたマッカーサー大統領候補擁立運動

戦時中の、ダグラス・マッカーサーを共和党大統領候補に擁立する運動は、一九四八年の大統領選に彼を候補として再び担ぎ出す可能性を残していた。ドイツ降伏後にあたる一九四五年六月三〇日、キャロル・リース下院議員はマッカーサーを共和党大統領候補として擁立する運動を一九四六年の中間選挙後に推進していくことに強い関心を示した。また、同年五月、ロバート・ウッドはマニラでマッカーサーと会談しているが、そのさい、一九四八年に共和党政権が誕生した場合、少なくとも陸軍長官になる心構えでいるよう進言していたのであった(1)。

そして、九月二〇日、リースは、降伏文書調印式におけるマッカーサーの演説は米国民の圧倒的多数が高く評価していると述べるとともに、次の四点を強調した。①マッカーサーの兵力削減に関する発言は事実を伝える意図であり、政治的発言でなく、米国民と議会はこの発言に好感を抱いている、②マッカーサーの一時帰国のタイミングは米国議会が開催中に行われるべきであり、そうすることで議会は彼が議会で演説を行えるよう準備ができる（一〇月一〇日に議会は両院合同の場でこの演説が行われることをマッカーサーに要望している）、③対日占領が始まった当初、米国内ではマッカーサーが日本に対して甘いのではないかという批判が存在していたが、占領軍が日本の非軍事化を効果的に進めるなかでこうした批判も下火になり、また、最近の戦犯容疑者の逮捕は、マッカーサーの迅速な対日占領政策の一つとして米国内で好印象を与えている、④マッカーサーは、反ニューディールと国益重視の米国外交を推進できるホープであり、米国民の間に根強い人気があることから、水面下で一九四八年の大統領候補擁立運動を準備すべきである。

このリースの書簡は、ハリー・S・トルーマン大統領が九月一七日にマッカーサーの戦時中の功績をたたえるため一時帰国を要請した直後に送られたものであるが、マッカーサーは、この要請と一〇月一九日の大統領の同様の要請について、日本における任務に忙殺されているために一時帰国ができない旨を伝えていたのであった。また、対日占領用の米軍兵力削減について、マッカーサーは九月一七日に、現在の非軍事化などの対日占領政策が間接統治を通じて円滑に進めば二〇万人まで削減できると公言したのであった。この発言は、ドイツの降伏以降、米国内で急速に強まっていた米兵の帰還を要望する社会的圧力に拍車をかけ、国務次官ディーン・アチソンなどからマッカーサーが政治問題に口出ししたという批判を招いた。

この発言を行うにあたり、マッカーサーとボナー・フェラーズは、ウッドがフェラーズに託したマッカーサー宛の九月四日付の書簡を読んでいた。ウッドは、国内における平時体制へただちに移行する社会的・政治的圧力に注意すべきであるという忠告をしていた。というのも、もしもマッカーサーが対日占領に兵力増強を要望した場合、それは彼の失脚につながりかねない状況となり、むしろ日本の非軍事化後の対日占領政策用の兵力の規模は二〇万人から三〇万人で済むのではないかと助言していたのであった。ウッドは、ドワイト・D・アイゼンハワーが指揮しているドイツ占領地域の兵力は二〇万人未満で十分ではないかとマッカーサーに述べ、フェラーズに対しては対日占領は、比較的小規模な陸軍、機動的で効率的な海軍と空軍の投入で済むのではないかという助言を行ったのであった[2]。八月下旬の時点でフェラーズは近い将来帰国したい意向をリースに述べていた。フェラーズはマッカーサーの政治的野心を満たすための画策を米国内で行う仕事を探しはじめた[3]。

フェラーズはリースに、マッカーサーは、占領当初は連合国軍の捕虜や抑留民の解放を混乱なく行う必要があり、米軍が日本軍を圧倒できるだけの兵力を日本に上陸させるまではデリケートな対応をせざるをえなかったと元帥を弁護した。また、米国のマスコミが早く東京に乗り込めなかったのは、東京内外の治安の確保にやや時間がかかったためであったと指摘した。そして、こうした事態に対し、米国のマスコミの一部が元帥が日本に甘い対応をしていると批判するに至ったことは的外れであると批判したのであった。また、間接統治による占領がうまくいった場合六カ月以内に二〇万人まで削減できるという元帥の公言は、間接統治を選択した米国政府の見解を肯定する内容に過ぎないと指摘した。

そして、フェラーズは個人的見解として、マッカーサーは、決して自ら共和党大統領候補を欲するような姿勢を示さないが、共和党がマッカーサーを大統領候補に決めた場合、本人は公僕になることを要請する米国民に応じるであろうと考察した。フェラーズは、マッカーサーが共和党大統領候補に選ばれた場合、大統領選に勝利することは可能であり、その場合は、ニューディール路線の終焉と、より国内改革重視の政策志向になろうと考えていた。(4)

日本降伏後もフェラーズは引き続きマッカーサーの軍事秘書を務めた。フェラーズは、一九四五年一一月から四六年初めまで一時帰国をしたが、ハワイから東京までの旅程は、マッカーサーのバターン号に搭乗できる好待遇であった。(5)これには、フェラーズの米国内政治動向の情報収集が関係していた。東京に到着後、フェラーズは報告書を作成した。この報告書作成にあたり会談した相手は、マッカーサーを政治的に支持する人たちが中心であった――ハーバート・C・フーヴァー元大統領、フーヴァーの側近で共和党全国委員会補佐官・元外交官ヒュー・ギブソン、共和党有力者リース下院議員、共和党有力者ケネス・ウェーリー上院議員、共和党有力者ジョゼフ・マーティン下院議員、共和党の下院議員ジェシー・サムナー、共和党の下院議員クラレンス・ブラウン（オハイオ州）、シアーズ社会長ウッド、『シカゴ・トリビューン』紙社主ロバート・R・マコーミック、終戦時までマッカーサー広報担当官であったフィリップ・ラフォレット大佐（元ウィスコンシン州知事）、マッカーサーを信奉するジャーナリスト（フレージャー・ハント、コンスタンティーン・ブラウンなど)、労働組合の有力指導者ジョン・L・ルイス、このほか、フェラーズは、トルーマンの首席補佐官ウィリアム・リーヒー提督、ウィリアム・ベントン国務次官補と会談していた。フェラーズは、ニューヨークでウォルドーフアストリアホテルに滞在中のフーヴァー元大統領に会い、フーヴァーが米国はフランクリン・D・ローズヴェルトにより第二次世界大戦参戦に導かれたとする開戦前のローズヴェルト外交を批判する書物を執筆中であることを報告書で紹介していた。

フェラーズは共和党も民主党もマッカーサーが一九四八年の大統領選に出馬するかどうかについて注目していると報告書に記した。共和党の候補者は、マッカーサーを除くと、ロバート・A・タフト、アーサー・ヴァンデンバーグ、ハロルド・スタッセン、トーマス・デューイ、ジョン・ブリッカーであることを紹介した。民主党の政権内の勢力は、ローズヴェルト死去後その権力基盤を維持している人たちはトルーマンが続投することを望んでいるものの、トルーマンは二期目を望まないであろうと指摘した。ジェームズ・バーンズ国務長官が民主党の大統領候補になれるかは国際情勢の展開(米ソ友好ムードの維持の可能性)次第であろうと考察したのであった。ヘンリー・ウォーレス商務長官は、南部民主党が彼を支持していないため民主党候補になることは不可能であると論じた。(6)

職探しの最中、フェラーズはリース下院議員が共和党全国委員会委員長に就任したことを知り、四月四日に早速祝辞と政策提言を兼ねて書簡を送った。フェラーズは、現在の共和党にとって引き続き危険な勢力は、米国北東部を中心とする共和党穏健派であり、暗にアメリカ・ファースト委員会の勢力基盤を肯定するかのように、党の精神はエイブラハム・リンカーンの出身地である中西部から派生しなければならないと説いたのであった。軍事政策については、軍事教練(一年間の軍事教練を一定の年齢の男性を対象に義務化する)は、コストパフォーマンスの点で無駄であり、むしろ米国が推進すべき政策は、①収入が比較的よいやや小規模なプロの軍人による軍事組織の形成であり、②米国の軍事力は、科学と産業と軍部を融合させたシステム(のちにアイゼンハワーが大統領の任期終了時に警鐘を鳴らす軍産複合体)を構築すべきであり、③近い将来音速を超えるであろう空軍力の増強が有用である、と指摘したのであった。

リースはフェラーズが対外戦争退役軍人会（Veterans of Foreign Wars：VFW）の広報担当部長に就任すべく七月に帰国する可能性が高いことを歓迎し、帰国後ただちに共和党全国委員会の仕事を手伝うことを依頼したのであった。リースはＶＦＷにおけるフェラーズの身分は安定しており、この仕事と自分の仕事は様々な接点があるであろうと予想していた。リースはまた、彼の周辺にはマッカーサーを一九四八年共和党大統領候補として有望視している人々が多いことを指摘した。五月上旬、マッカーサーは、フェラーズが見せたリースからの過去二通の書簡を興味深く読んだ。フェラーズによると、マッカーサーは①自分は、解任されない限り対日占領政策を完成させる意向であり、それまでは帰国するつもりはない、②対日占領が成功するには占領期間が短く済むことが肝要であり、占領期間は三年から五年であろう、③自分は大統領候補になることに関心はない、とフェラーズに語った。③について、フェラーズは、もしも共和党が大統領候補に就任することを求めた場合、公僕となる要請を元帥は断りきれないのではないかと質問したところ、マッカーサーは肯定した。この最後の点と①について、フェラーズは全米最大級の労働組合アメリカ労働総同盟傘下の有力な組合、全米鉱山組合委員長ルイス宛の書簡でも同趣旨のことを伝えていた。アメリカ労働総同盟の実権を掌握していたルイスは、マッカーサーの熱狂的支持者であった。リース共和党全国委員長は、有力労働組合ＣＩＯ（Congress of Industrial Organizations, 産業別労働組合会議）がＰＡＣ（Political Action Committee, 政治活動委員会）を通じて政治的影響力を拡大している以上、共和党自体、従来の経済界重視から労働組合の票を取得することにも目配りをする必要があると論じていた。フェラーズはこうしたことをよく承知していた。マッカーサーもルイスと政治的に連携することに関心を示していた。(7) 帰国後のフェラーズはマッカーサーの政治的野心に応えるべく動き出していた。

2　マッカーサー大統領候補擁立運動の展開

マッカーサーが一九四七年三月に早期講和を唱えた直後、有力者たち——イリノイ州のウッド、マコーミック大佐、ウィスコンシン州ミルウォーキー市のランシング・ホイト——は、マッカーサーを一九四八年共和党大統領候補に擁立することを検討しはじめた。ウッドはホイトに、マッカーサーは、自身の氏名が指名候補者名簿に載せられることは反対しないであろうが、かといって自ら手を挙げることはないであろうと指摘した。(8) 六月一六日、ウッドは、現在の共和党内の動向は、ニューヨークを中心とする共和党穏健派に支持されているデューイ対タフト上院議員とオハイオ州知事ブリッカー、そして西部共和党員という対立構図となっていると指摘したのであった。ウッドは、一九四三年五月に米国航空隊のコンサルタントとしてブリスベーン入りし、マッカーサーと会談して帰国してから一九四四年の時期マッカーサーを大統領候補に擁立することに熱心であったことを回想した上で、マッカーサーは戦時中の前線の司令官としてこの擁立運動に乗らなかったことは正しい判断であったと指摘した。ウッドは、一九四八年はマッカーサーは年を取りすぎていると考えていたが、現在の共和党の対立構図からして、そしてウッドが複数の有力上院議員と話したところ、そろそろ妥協策としての候補者を考えておく必要があり、その人物こそマッカーサーであると断言したのであった。ウッドは、タフトとブリッカーは大衆へのアピールという点では問題があると判断していた。しかしマッカーサーからはなしのつぶてであった。

一方、トルーマン大統領は、この動きを察知していたようである。トルーマンが書いていた七月二五日付の日記（二〇〇三年に該当部分が公開）で、トルーマンは、マッカーサーが共和党大統領候補として出馬する可能性について、アイゼンハワー参謀総長と話していた。トルーマンは、マッカーサーは、翌年夏の共和党全国大会直前に凱旋帰国してそこで共和党大統領候補の指名を受けるかもしれず、その場合、同大会の後に開催される民主党全国大会の前にアイゼンハワーが民主党大統領候補として名乗り出るべきであると奨励したのであった。トルーマンはその場合、自分は喜んで副大統領候補として共に出馬しようと述べたのであった。アイゼンハワーはこの誘いに乗らなかったが、当時のトルーマン政権の支持率の低迷とマッカーサー大統領候補の可能性は、トルーマンを動揺させていたと言えよう。[9]

一〇月中旬、マッカーサーはウッドに対して、マッカーサーが前年五月上旬フェラーズに語った内容と同趣旨のこと、つまり、前述のウッドが三月にホイトに指摘した内容と同趣旨のことを述べた。[10]ウッドは、六月一六日付と一〇月一七日付のマッカーサー宛の書簡で、できれば一九四八年四月のウィスコンシン州予備選挙前に米国市民の前に姿を現すため一時帰国する必要があることを指摘したが、マッカーサーは拒んだ。[11]それでもウッドは、一一月六日のマッカーサー宛の書簡で、できれば三月、あるいはウィスコンシン州予備選挙の前後にあたる四月あるいは五月に一時帰国を望んでいることを再び伝えた。その一方で、ウッドは、一九四三年から四四年のときと同様、擁立運動の全国的組織化には慎重で、共和党大会よりどんなに早くても三カ月前まで全国的な組織運動を始めるのを待つべきであると論じた。ウッドは、前回と同様、早すぎる全国的運動はマッカーサー攻撃に火をつけるだけであり、現在はウィスコンシン州に限定した展開で十分であると判断していた。さらに、そもそも、マッカーサーは妥協の候補者なので、妥協を行う事態になったさい、全国運動を早く行っていると、タフト支持者の支持を集めづらくすると指摘したのであった。マッカーサーは擁立運動についてはウッドたちにまかせると返信したものの、三月か四月に帰国することは自分が政治的機会主義者であるという批判を招き、また、自分の良心にも反すると拒否した。しかし、こうしたマッカーサーの見解に対して、ウッドが一一月二五日シカゴで開催した会議で、ウッド、フェラーズ、ラフォレット、ホイト、ハンフォード・マクニーダーをはじめとする参加者たちは、ラフォレットを除いてマッカーサーの一時帰国を望んだ。また、マッカーサーは共和党大会で候補者選定が難航した場合の政治的な妥協の候補者であるという点では、一名を除き、ウッド、フェラーズ、マクニーダー、ホイト、ラフォレットたちは賛成であった。ウッドは一二月上旬こうしたことをマッカーサーに伝えた。当面の課題は四月上旬のウィスコンシン州予備選でどの程度の結果となるかであった。(12)

ウッドがシカゴで会議を行った同時期、マッカーサー擁立運動のもう一人の要人が極東へ向かった。一九四七年一一月、全米最大級の新聞王マコーミック大佐は、その本拠地シカゴから数週間のアジア視察旅行へ向かった。この旅行におけるマコーミックの最大の狙いは、マッカーサーと東京で会談し、きたる一九四八年秋の大統領選挙に共和党大統領候補として出馬する準備に協力を要請することにあった。しかし前述のごとく、マッカーサーは共和党大統領候補になるよう積極的な姿勢を示すことはなかった。マコーミックにとっての第一候補はタフトであったが、タフトのカリスマ性の欠如を危惧したマコーミックは、リスクヘッジとしてマッカーサーに一九四三〜四四年の時と同様注目したのであった。マコーミックは、マッカーサーに日本にいながらも一九四八年四月六日ウィスコンシン州で行われる共和党大統領候補選出予備選挙を念頭に、同州の有権者に共和党大会での大統領候補指名の打診に応ずるシグナルを送るよう助言したのであった。(13)

3　マッカーサーの静観姿勢

マッカーサーは、このようなシグナルを、前述のごとくフェラーズやウッドのような有力者には示していた。そして、ウッドに以前語った内容を一九四八年三月上旬公表したのであった。こうすることで、ウッドやウッドにそのような公表を求めていた支持者を満足させたのであった。

マッカーサーは、ウッド、そして前述のごとく一九四六年五月上旬にフェラーズに語っていたように、選挙には自ら名乗り出ることはなかったが、自分の氏名が予備選挙に候補者として登録されることについては黙認し、もしも共和党大会で指名を受けた場合は大統領候補になるという姿勢を三月九日公表したのであった。[14] 三月九日の『ワシントン・ポスト』紙では、そのようなことを間接的に示唆するマッカーサーの発言が報道された。[15]

四月六日マッカーサーの出身地で行われた共和党ウィスコンシン州予備選で、マッカーサーは惨敗した。フェラーズが四月下旬マッカーサー夫人に書簡で伝えていたように、マッカーサーが共和党全国大会開催時あるいはそれ以前に一時帰国して一般有権者に姿を見せない限り、マッカーサー元帥が共和党大統領候補の指名を受けるのは無理であろうと論じたのであった。ただし、もしもタフトが共和党大会で指名を受けなかった場合、リース共和党全国委員長、そして場合によってタフトは、マッカーサーの指名に動くのではなかろうかと推察した。フェラーズは、水面下でマッカーサーを大統領候補に擁立しようとしている有力者たちに披露できるような私信を送ってもらえないかという強い要望が、マッカーサー擁立運動グループ内にあることを述べた。そのような私信には、もしも大会で大統領候補となる指名を受けた場合それを断らないということを明確に示すことが望まれていたのであった。[16] だがマッカーサーはそのような私信は送らなかった。

ウッドは、ウィスコンシン州予備選の惨敗の一因は組織化が不十分であったためと指摘した上で、こうなったにもかかわらず、マッカーサーが仮に圧勝していたとしても共和党大会で、タフト、デューイ、スタッセンが主導権を握れない状況下ではじめて妥協の候補者マッカーサーの可能性が台頭すると論じた。ウッドは、マッカーサーの一時帰国は不要で事態を静観していればよいと助言した。しかし、翌週ウッドは周囲の圧力により、五月に一時帰国するよう催促したのであった。ウッドは、その場合、他州にはマッカーサーを候補者として登録していないので大統領候補になる野心があると批判を受ける心配はないと論じた。マッカーサーは再び一時帰国の要請を拒んだ。[17]

一九四八年五月に入ると、マッカーサー擁立運動は、元帥が帰国しない状況下ですっかり下火となった。擁立運動の中心メンバーの一人であったジェームズ・ヴァン・ザント下院議員は、ペンシルヴェニア州の共和党代表団たちが推薦するマサチューセッツ州の上院議員ジョゼフ・マーティンを後押しする流れに完全に乗っていたのであった。[18] 六月下旬にフィラデルフィアで開催された共和党全国大会で、党はデューイを共和党大統領候補に選出した。タフトは、一九四〇年の共和党大会と同様、二位であった。[19] マッカーサー夫人はフェラーズ宛の手紙にこの一件が終了したこと自体に夫婦そろってほっとしていると心境を綴った。[20]

マッカーサーが、ウィスコンシン州予備選で、同州共和党主流派が支持したスタッセン元ミネソタ州知事に大差をつけられて二位となってしまったのは、彼が一時帰国を果たせなかったという要因以上に次の問題点があった。まず、ウィスコンシン州の共和党主流派が、ホイトやラフォレットと反目関係にあった。それから、ラフォレットの兄を一九四六年の同州共和党上院議員候補予備選挙で破って上院議員になったばかりのジョゼフ・マッカーシーは、同州予備選でマッカーサー不支持を表明していた。また、彼は他の同州共和党主流派と同様スタッセンを支持したのであった。こうしたことがウィスコンシン州内におけるマッカーサー擁立運動の弱さを物語っていた。最後に、H・ションバーガーが指摘しているように、世論は、戦時中も戦後もマッカーサーに強い敬意を抱いていたものの、大統領候補としては彼を有力視していなかったのである。[21]

4 革新主義とマッカーサー

マッカーサーを頂点とする連合国軍最高司令官総司令部（GHQ）が、日本の民主化と軍国主義の除去を目指すべく広範囲の社会、経済、政治、法制に関する改革を推進できたのは、彼と彼のスタッフが革新主義とニューディール時代の影響を受けていたことと無縁ではなかろう。マッカーサーの世代と米国内政治の指導者たちは、一九世紀末から第一次世界大戦まで展開された革新主義の時代の洗礼を受けていた。この国内の社会改革運動は、政治（例えば腐敗の摘発と民主主義の促進と強化）・社会（例えば貧富の差の是正、女性や子供の権利向上）・経済（例えば大企業の市場経済への影響力拡大を消費者社会に合致した状況にする、労働組合を容認していく）の改革を、都市部の新興の中流階層の男女が中心になって富裕層や労働者とも連携しながら推進していったのであった。マッカーサーの有力な支持者であったラフォレットは、マッカーサーの祖父が州知事を非常に短期間であったが務めた出身地ウィスコンシン州の元知事であった。ラフォレットの父親ロバートは、革新主義時代の代表的存在で、州の独占企業的地位にあった鉄道会社を規制していった上院議員であった。ラフォレットは、父親の政治的・思想的継承者でもあった。また、全米最大の発行部数を誇る『シカゴ・トリビューン』紙の社主で超保守主義のマコーミックも革新主義運動の支持者であった。この運動は一枚岩ではなく、連邦政府の社会や経済問題への介入の度合いについて、また、問題解決の優先順位についても多種多様であった。ただし、全体としては中央政府の機能拡大と問題介入には抑制的であり、むしろ地方自治体と民間の役割を重視し、また、労働組合運動については、それを通じて社会主義・共産主義の台頭を封じ込めるという点では、ローズヴェルトが推進したニューディール政策とは対照的であった。ニューディールは、大恐慌という国家非常事態に対処すべく中央政府の機能拡大と社会と経済問題への積極的介入を推進し、米国の元来保守的な政治風土であるがゆえに拡大しにくい社会主義・共産主義を容認する姿勢を示していったのであった。大企業の適正規模については、この二つの時代、特に革新主義の時代は大企業容認論と大企業解体論が激しくぶつかり合ったが、フーヴァー元大統領のような革新主義者やニューディールの独占禁止政策の終着点は、ルイス・ブランダイス最高裁判事が主張したような大企業の中小企業への解体ではなく、独占禁止法を適宜適用したり企業活動を監視することで、経済における競争原理が作用することが維持できるのであれば、大企業の存在を容認する考えであった。GHQの将校には革新主義の時代とニューディールの時代の影響を受けた人たちが並存していたのであり、同じ人物のなかにこの二つの時代の影響が並存していた場合も多かったであろう。[22]

革新主義の考えを体現していたフーヴァー元大統領は、一九四五年一〇月にフェラーズを介して、マッカーサーに連合国軍総司令官退任のタイミングを見計らって行うことを勧めていた。[23] 一九四六年五月、トルーマン大統領の要請で世界食糧調査団の団長を務めていたフーヴァーは、東京でマッカーサーと会談を重ねた。そのさい、フーヴァーは、マッカーサーを大統領候補に擁立する動きが国内に存在し、自分は彼が一九四八年の大統領選で勝利できると考えていると語ったところ、マッカーサーは、そのような動きには関心がないと答え、フーヴァーはそれ以上このことについて話さなかった。しかしながらフーヴァーは、マッカーサーが一時帰国した上で、聖書に登場するバプチストのジョンのように、堕落した米国内政治の改革を呼びかける役割を務めることを働きかけ、米国で米国政府や外交問題などについて三回ほど講演することを要請したのであった。マッカーサーは、そのようなことを行うタイミングを教えてくれるよう依頼した。同年一〇月、フーヴァーは、米国中間選挙後に、マッカーサーの一時帰国を要請し、そのさい、五月の東京会談で取り上げたようなテーマに基づく講演を、米国内三カ所で行うことを要望した。しかし、マッカーサーは、対日占領政策の公務に忙殺されており、対日講和の実現までは一時帰国は無理であると返答した。(24) フーヴァーは、タフトを大統領候補に擁立するつもりであったが、マッカーサーを共和党の立て直しに利用することについては積極的であった。一九四七年から四八年にかけてマッカーサーが財閥解体にこだわったことについて、フーヴァーは、米国政府の関係者と同様、これ以上の解体は不必要であり、むしろ日本経済の回復を最優先すべきであるという見解を米国政府内で推進していった。

マッカーサーは、一九四六年の初頭、戦略爆撃調査団の随員として来日した、元アメリカ・ファースト委員会支持者ポール・ニッツェをR・C・クレーマー初代経済科学局長の後任に抜擢しようと試みたことがあった。ニッツェは、ウィリアム・ドレーパー陸軍次官やジェームズ・フォレスタル国防長官と同様ディロン・リード証券会社の幹部出身であった。フォレスタルが日米開戦前に、ローズヴェルト大統領の要請で政権入りを果たしたさい、ニッツェは、フォレスタルの依頼で、ディロン社時代と同様に、フォレスタルの側近を務めていた。このことや、占領がはじまった当初は財閥解体にマッカーサーが熱心でなかったことを考えると、一九四七年から四八年にかけてマッカーサーが財閥解体にこだわった理由は、ションバーガーが指摘するように、占領政策をめぐる米国政府とマッカーサーの主導権争いのほか、独占資本と戦う改革者のイメージを米国内政治に訴えたかったからではなかろうか[25]。マッカーサーは、ニューディールに敵対的なものの、革新主義時代の社会や経済の改革は支持する傾向にあった米国内の自分の支持者たちを、米国政府に対する盾として利用しながら、占領政策の主導権を維持しようとしたのであった。しかしながら、米ソ関係の悪化に伴い、米国政府は、日本の経済的立て直しを最優先すべく、マッカーサーの占領政策における裁量権を大幅に縮小していったのである。また、マッカーサー擁立運動の中心人物であったウッドですら、マッカーサーの財閥解体政策は行き過ぎていると批判的であり、マッカーサーには有能な経済顧問が必要であると懸念していた。しかしマッカーサーは、過度な資本と富の集中を排除していくことは、日本の経済社会の安定と民主化、そして、日本の経済発展に必要であるとウッドに反論した。こうした措置こそ、日本国内の共産主義と社会主義の封じ込めに最も貢献すると主張したのであった[26]。

おわりに

以上考察してきたように、共和党右派は、そのシンボルとしてマッカーサーを、戦時中と終戦後、タフト上院議員を有力視しながら、共和党大統領候補の妥協候補として後押しした。戦時中は、タフトが上院議員再選を選択したため、共和党右派はあえて遠い太平洋の戦地にいたマッカーサーを、共和党内の大統領候補者選びが紛糾した場合の妥協策として、水面下で擁立する動きを展開した。共和党右派は、一般有権者に広く存在していたマッカーサーのカリスマ的イメージを利用しながら、共和党内少数派となってしまっていた右派の影響力を確保しようとした。この政治運動は、マッカーサーの太平洋戦争作戦推進に利用された。マッカーサーにとってこの運動は、米国内政治への影響力の確保と、米国内政治情勢の情報確保というメリットがあった。むしろ、戦時中だからこそ、こうしたことにこの運動の意義があった。戦後の場合、この政治運動はマッカーサーの占領政策に利用される側面が重要であった。それと同時に、対日早期講和が達成された場合の、マッカーサー帰国後の人生とも密接に関連していた。前述の一九四六年五月にフェラーズがリースに手紙で伝えていたように、もともと対日占領は短いほうが望ましいと判断していたマッカーサーであったが、マッカーサーの早期講和論発表のタイミングは、M・シャラーやションバーガーが指摘するように、大統領選を射程に入れていたことは、上記で紹介したフェラーズとリースやマッカーサーとウッドのやりとりなどからもうかがえる。しかしながら、これら同じ資料からは、マッカーサーがこの終戦後の政治運動を当初から静観しており、決して能動的に働きかけていなかったこともよく分かる。この点、シャラーとションバーガーは、マッカーサーの一九四八年の選挙での大統領になる意欲を誇張していたと言えよう。つまり、本章は、シャラーが論じたような、マッカーサーが、一九四七年から四八年にかけて財閥解体を積極的に推進しようとしたこと、また、早期対日講和論をトルーマン宣言の直後にあたる一九四七年三月一七日に行ったことが、一九四八年大統領戦出馬を第一次的に考えていた結果という見方ではなく、D・C・ジェームズの見方、つまり、早期講和論を論じた時点でマッカーサーは、一九四八年の大統領選出馬を決めていたのではない、という見解に近い。本章とジェームズの違いは、マッカーサーの大統領選挙出馬への姿勢は、あくまでも一九四八年共和党大会で右派と穏健派双方が受け入れられる妥協候補として立候補することを要請された場合のみに応ずるというものであり、マッカーサーがそのような見解を一九四六年五月にフェラーズとフェラーズ経由でリース共和党全国委員長に示していた、ということである。ジェームズは、前者については、明確な考察を行っておらず、後者についてはこの事実を発見していない。マッカーサーは、前述のごとく一九四六年五月フェラーズに語ったように、占領は三年から五年で終えるつもりであり、日本経済の立て直しを除き、日本で進めた主要な改革を終えたことから、米国政府に対日占領を終結させることを促したかったのであった。マッカーサーは、米国政府内で早期講和の可能性が検討されていたことを早期講和を唱える前から非公式に知っており、それもあってか、あるいは彼の裁量権に対する彼自身の認識のためか、本国政府と事前の相談をすることなく早期対日講和を呼びかけたのであった。マッカーサーが共和党大統領候補決定につながるから早期対日講和を主張したとは到底考えられない。占領が長引くほど占領者と被占領者の間で軋轢が増えていく歴史的傾向があることを、マッカーサーは、フィリピンの占領統治を行った父親の経験で知っていたこともあって、よく自覚していたのであった。[27]

マッカーサーは、自分が妥協候補としてウッドやマコーミック大佐たちに担ぎ出されていたことを、戦時中も戦後もよく認識していた。また、軍人としての職務もよく自覚していた。マッカーサーが大統領候補擁立運動に受動的であったこともあって、この政治運動は、母体が反ニューディールのアメリカ・ファースト委員会の関係者とシンパを中核としていた特徴があったものの、政策綱領というものが存在しなかった。ただし、擁立運動は、革新主義の政治思想の流れを汲んでいたということは言えよう。共和党右派は、反ニューディール路線というイデオロギーを持っていたが、マッカーサーが共和党大統領候補となるには共和党穏健派との妥協以外の方策がなかったため、政策綱領をそもそも持てなかったのである。

大統領選挙では政治運動が幅広い支持を得られる社会運動へと発展していった場合、大統領指名争いにおいて、また指名を獲得した場合、大統領選挙が有利に展開する。フランクリン・D・ローズヴェルト、ロナルド・レーガン、バラク・オバマは、それぞれが大統領選挙選で勝利を得るにあたり、彼らを押す幅広い支持を得た社会運動が存在していた。マッカーサーの場合、バリー・ゴールドウォーターやタフトと同様、政治運動が幅広い支持を得なかったばかりか、幅広い支持を得た社会運動にも進展しなかった。

アメリカ・ファースト委員会の関係者の多くが、冷戦期までの米国内の外交論争で政治やマスコミの世界で活躍し、米国外交の主流派の見解に挑戦することで、米国外交の流れに一定の影響と制約を与えた。日本の真珠湾奇襲攻撃による米国の参戦で、米国内の外交論争における深刻な対立は表面上は氷解し、終戦後は米ソ対立に起因する反共産主義が、ウッドロー・ウィルソン的な流れとアンドリュー・ジャクソン的な流れの緊張を緩和することになった。

それでも、一九四九年、北大西洋条約機構を具体的に立ち上げるうえで、トルーマン政権が一九四九年に推進した同機構加盟国への軍事援助をめぐる国内政治論争は、民主党政権に対してのみならず、(反共産主義の観点から民主党に協力していたヴァンデンバーグのような、共和党右派からの転向者を含む)共和党穏健派に対する共和党右派の批判を招いた。一方、一九四九年夏に中国の内戦で、国民党軍が共産党軍に敗北することがほぼ確実になっていたなかで、米国政権が、対中政策の失敗を国民党政権の無能ぶりに結びつける白書を発表すると、共和党は、国民党政権を見放すべきではないと政権批判で団結した。フーヴァーやタフトをはじめとする共和党右派のトルーマン政権が推進する外交政策に対する批判は、朝鮮戦争勃発後、特にマッカーサーが一九五〇年一一月に北朝鮮軍を鴨緑江まで追い詰めた結果、中国共産党軍の介入を招いた後に、頂点に達した。また、共和党右派の国内政治と外交論争における勢力の挽回は、一九五〇年二月以降マッカーシー共和党上院議員(ウィスコンシン州選出)が国内の赤狩りをエスカレートさせる現象と相乗効果を生んだ。

共和党右派は、一九五二年の共和党大統領候補にタフト上院議員を選出することに失敗し、挫折した。これとともに、日本からの帰国後、リース共和党全国委員長の特別補佐を務め、また、タフト上院議員の安全保障アドバイザーを務めていたフェラーズの役割は、アイゼンハワーのタフトに対する勝利という結末を迎えることで、幕を閉じたのであった。これは、フェラーズのアイゼンハワーとの一九三〇年代以来の因縁めいた関係に一つの決着がついたことでもあった。(28)

第10章　共和党右派と共和党穏健派・リベラリズム支持派との攻防

1　一般軍事教練問題

ダグラス・マッカーサー大統領候補擁立運動に深く関与する一方で、ボナー・フェラーズは、一九四七年から次期共和党大統領候補と注目されていたオハイオ州選出上院議員ロバート・A・タフトの軍事政策アドバイザーを務めるようになった。これは彼のキャロル・リース共和党全国委員長とその後継者の補佐役に加えての仕事でもあった。一方、対外戦争退役軍人会（VFW）広報部長の仕事としては、一九四六年九月から四七年五月にかけて東海岸、中西部、南部で安全保障、対日政策、米国外交などについて一八回の講演を行っていたが、おそらく以下で紹介するフェラーズと一般軍事教練（Universal Military Training：UMT）の件で、VFW内で孤立していくこととなり、共和党全国委員長特別補佐と評論活動に専念していくこととなった。フェラーズは一九四八年春VFW広報部長の役職を辞任している。(1)

フェラーズは一九四三年の陸軍省陸軍空軍本部防空課長シドニー・グリフィン少佐との意見交換の時点では、戦後軍事教練を一般市民に行うことについては、あまり深くこの問題を考えていなかったのか、反対していなかった。ところが、この件が終戦の直前から政治問題化し、タフト上院議員のような共和党右派、民主党左派、労働組合（アメリカ労働総同盟、産業別組織会議など)、タフト上院議員と良好な関係にあったノーマン・トーマスのような社会主義者などが反対派、政権、財界、民主党と共和党の国際派、VFW、退役軍人協会、予備役将校協会、ナショナル・ガード協会が賛成に回る激論に発展していくと、フェラーズは、一九四六年四月のリースに宛てた書簡で明らかにしたように、リースをはじめとする共和党右派の立場と全面的に一致する見解を示すようになった(第9章)。フェラーズは一九四七年三月、マッカーサー夫人宛の書簡で、UMT制度導入は不要であり、今後の戦争は陸軍を主体とするのではなく、空軍主体となることを強調したのであった。

一年程度の軍事教練を成年男子一八歳に義務づける制度を導入する論争は、一九四五年一月フランクリン・D・ローズヴェルト大統領が戦後の安全保障政策の一環として軍事教練制度を導入することを議会に要請したことがきっかけとなって、この問題を審議したり公聴会を開催する連邦議会の特別委員会がその数カ月後に発足したことにさかのぼる。ハリー・S・トルーマン大統領をはじめとするUMT導入賛成派の大半は、ドイツの降伏に伴う米国内の非軍事化の圧力が政治的に手がつけられなくなる前に連邦議会でUMT制度導入を可決させたがっていた。大統領をはじめとするUMT制度導入賛成派は、戦後の米国の安全保障の確保のために、よく装備された米軍を運営する小規模なプロの軍人を補完できる、大規模なマンパワーをUMTにより確保しようと目論んでいた。

UMT制度導入をめぐる議論は、一九四八年春まで続いたが、これは政治文化論争に発展していった。賛成派と反対派は、自分たちこそ米国の建国以来の理念と今後米国が歩むべき最善の方策を唱えており、相手方の主張が間違っていると主張したのであった。賛成派は、米国は独立戦争以来、有事のさい民兵が軍事組織の重要な担い手を務めており、UMTはこの自由を守る伝統的手法の延長線上にあると論じた。彼らは、米国の成年男子はこの訓練を通じて心身の鍛錬、民主主義を守る重要性に関する学習、教育の機会を得られると指摘した。賛成派は、連邦議会が平時の徴兵制、そして軍人に対するシビリアン・コントロールの緩和には応じないであろうと考え、そうしたなかUMTが、終戦後の米軍の世界的展開維持のための最善の方策であると判断したのであった。賛成派からすると、UMTこそ軍事費を低く抑えるのであり、また、民主主義の維持には平時における常備軍を大規模に維持すべきでないという建国以来の教えに合致すると主張したのであった。

こうした賛成派の見解は間違いであると反論したのがUMT反対派であった。彼ら、特に左派の人たちは、UMTを実行するための費用は高くつき、こうしたことに税金を使用するよりは一般教育や社会福祉に使用すべきであるし、若い世代の教育は教育機関、教会、家族を通じて行うべきであると論じたのであった。また、反対派は、UMT制度を導入すると、権威主義と上意下達を受け入れる意識が社会的に広まることで米国の軍国主義化と非民主化を助長するのみならず、絶えず即時兵力に転用できる大規模な人口を維持することとなり、これこそ建国以来の教えである平時における常備軍を大規模に維持すべきでないという教えに反すると論じた。さらに、反対派は軍事費の面で賛成派が言うような節約効果はなく、むしろ軍事教練の制度導入により軍事支出は増えることになるのみならず州政府の権限と地域社会の絆を弱め、連邦政府の権限を不当に強めると論じたのであった。国論を真っ二つに分けたこの議論は、あたかも日米開戦前の対欧州介入・不介入を再現する様相を呈していた。たしかに、賛成は介入派が多く、反対は不介入派が多かった。この問題は一九四六年の中間選挙で共和党が連邦議会の上下両院で多数派を一六年ぶりに奪取したことも手伝って、公聴会や報告書の作成などに費やされる時期が延々と続いた。一九四七年春から夏にかけて反対派の一人であった『ニューヨーク・タイムズ』紙軍事問題編集者ハンセン・ボルドウィンは、議会公聴会、『ニューヨーク・タイムズ』紙、『リーダーズ・ダイジェスト』誌で、UMT制度導入と平時の徴兵制は不要であると論じたのであった。というのも今後の戦争は、空軍、ミサイル、原爆に依存することとなり、有事における兵力は訓練された退役軍人で十分に対応できるからであるとボルドウィンは主張したのであった。

一九四八年二月、チェコスロヴァキアにおいて政治クーデターが発生、西側が支持していた連立政権の崩壊と共産党による政権の完全な掌握をきっかけに、トルーマン政権はUMT制度導入に決着をつけようとした(2)。こうしたUMTをめぐる議論が展開されるなか、反対派の議論を集約して連邦議会で論じたのが一九五三年肺癌のため急逝することなったタフト上院議員であった（ただし、反対派の左派はタフトが個人主義・市場原理主義・小さな連邦政府と州権を重視していためタフトに批判的で、また労働組合はタフトが可決を推進したタフト・ハーレー法が労働組合の勢力を抑圧するものであることからタフトに敵対的であり、一方右派はタフトが民主党の主流に同調し過ぎているという不満があった）[3]。タフトは、一九四七年から四八年の第八〇回連邦議会で、彼が一九四五年以来、強く推進してきた連邦政府による教育費と貧困者用公営住宅拡充への支出を可能にするそれぞれの法案を上院議会で可決させることに成功した。しかし、上院と同様多数派であった下院の共和党はこれらを否決した（タフトは、公営住宅に関する法律については一九四九年に実現することができた）。また、タフトは、連邦政府が健康保険制度を導入することは連邦政府の州政府に対する権限を不必要に強めることから反対し、トルーマン政権が推進しようとしたこの制度導入の阻止に成功したが、その一方で連邦政府が各州の医療施設を改善していくことを支援する政策については支持したのであった。

軍事教練についてタフト上院議員の演説内容と考えにアドバイスを行い重要な影響を与えたのがフェラーズであった。このとき、フェラーズがタフトに最初に連絡を行ったのが一九四七年七月二一日付のタフト宛の書簡によるものであった。フェラーズはカイロ時代の友人で訪米時アラブ連盟事務局長を務めていたラーマン・アブドラ・アザム・パシャがタフトとの面会を希望したため紹介した。フェラーズは、アザムがキレネイカ（リビヤ）でイタリアと二〇年にわたってアラブ人の同胞たちとともに戦い、現在アラブ人とイスラム世界の指導者として中東がソ連と米国との緩衝地域になることを模索しており、彼のこの考えは傾聴に値するものであるとした。アザムは七月一七日、国務省でジョージ・C・マーシャル国務長官と中東担当のロイ・ヘンダーソンと長時間会談しており、フランスの北アフリカ植民地の独立、リビアの独立、パレスチナへのユダヤ人難民受け入れ支持、ユダヤ人のパレスチナにおける国家建設反対、イスラム教徒主導のパレスチナ国家建設とその国家におけるユダヤ人の文化と宗教の尊重、エジプトの強化と同国における英国の影響力の低減、米国の仲介によるエジプトと英国の協力関係の構築といったことを訴えたのであった。

2　タフトとパレスチナ問題

タフトは、父親のウィリアム・H・タフト大統領の影響を受けて、ユダヤ人にパレスチナの居住地を約束した一九一七年のアーサー・バルフォア英国外相の宣言を若い頃から支持しており、一九四四年連邦議会でロバート・ワグナー上院議員（民主党）とともにパレスチナにユダヤ人の居住地を拡大することを明確に支持していた。これは一九四四年の共和・民主両党の政策綱領にも掲げられていた。タフトは、フェラーズのようなアラブ人・イスラム世界・石油利権・反帝国主義に目配りしようとしていた見解には同調しなかった。フェラーズは、中東地域はイスラム教の影響が強いため、宗教を否定する共産主義国家が誕生することは考えにくいと考えていたが、中東地域の宗主国である英仏に対する反発を煽るためソ連のこの地域への影響力の拡大はありうると考え、米ソ戦争が起きた場合、この地域の油田が共産主義陣営の手中に入らないことと、この地域での米空軍基地の確保が肝要であり、こうした観点からイスラム圏の人々が親米的であり続ける必要性を痛感していたのであった。アザムが訪米中、フェラーズは、彼を中央情報局（CIA）長官ロスコー・ヒレンケッター提督と面談させた。長官はパレスチナ問題について米国は静観して、ユダヤ人とイスラム教徒との間で問題の打開をはかるべきであると大統領に進言していると述べたが、フェラーズは大統領がこのような進言に耳を傾けるのか懐疑的であった。フェラーズはアザムのパレスチナ問題に関する論説を執筆する手助けを行ったが、原稿はある主要な雑誌から却下されてしまった。

一九四八年五月にパレスチナのユダヤ人たちが武力でパレスチナ人とアラブ人を鎮圧しながらイスラエルを建国したさい、トルーマン大統領はただちに実質的国家承認を行ったが、タフトはこれを支持した。この建国により大量のパレスチナ人の難民が発生したが、タフトがこの問題を直視、パレスチナ人たちの居住地を確保することで彼らやイスラム諸国の反イスラエル感情を緩和させていく必要性を唱えはじめるのは急逝直前にあたる一九五三年になってからであった。

ところで、アザム・パシャをタフトに紹介したさい、フェラーズは全く初対面のタフトへの自己紹介も兼ねて、自分はマッカーサーの軍事秘書を一九四六年まで三年間務め、共和党全国委員長リースと元ウィスコンシン州知事フィリップ・ラフォレットは自分のことをよく知っていると述べた。フェラーズが広報部長を務めるVFWは、九月上旬にオハイオ州クリーヴランドで開催された大会で、米国の国防政策の最優先課題として世界最強の空軍を陸海とは別の組織として創設する決議を可決し、この趣旨に沿って米国世論に対して啓蒙活動を行ったり、大統領の諮問委員会である航空政策委員会（Air Policy Board）や連邦議会の航空政策委員会（Air Policy Committee）に働きかけを行う活動を開始した。

フェラーズは、一九四七年一〇月二一日首都ワシントンで行った講演のなかで、彼の中東に関する見解を述べるとともに資本主義圏の崩壊を目論むソ連共産主義の世界的挑戦に立ち向かう必要性を示した。その一方、米国がソ連と戦争となった場合、ナポレオンのロシアからの敗退、ヒトラーのソ連からの敗退が物語るように、ソ連の地理的位置づけと厳寒は陸上戦において連に有利に働くと指摘し、米国陸軍は到底ソ連の陸軍のマンパワーと兵力を犠牲にする覚悟には太刀打ちできないと論じた。フェラーズは米国海軍は世界最強であり、これと英国海軍の連携は、ソ連の海軍力が弱小であるため世界の海を支配できるものの、ソ連との戦争のさい、ソ連の鉱山や工場を有効に破壊できないと指摘した。フェラーズは、ソ連に対抗するためには、また、第三次世界大戦を防止するためには、終戦後米国が削減した大戦終結時世界最強であった空軍を早急に復活させる必要性があると強調した。こうした国防政策を米国内で議論した上で内外にこの戦略を隠さず明確に示すことでソ連を牽制し、さらに現在ソ連二万機に対して米国二〇〇〇機という状況を最新鋭の航空機の大量導入によって覆し、ソ連に対して米国に戦争をしかける無益さを悟らせることで平和を確保できるとフェラーズは信じた。フェラーズはこの講演で、米国は空軍力で日本を降伏に至らせたと強調し、日本に対する非軍事目標への原爆の投下は自衛のためではなく、このような前例を米国がつくってしまった以上、諸外国が核保有国になるのは時間の問題であり、戦争となった場合核戦争になるであろうと、米ソ核戦争の可能性を指摘した。米ソが戦争にならないためにはソ連が対米戦争をする気を起こせないくらい圧倒的な空軍力の強化が必要であるとフェラーズは説いたのであった。

一〇月中旬、タフトは、フェラーズが論ずるように、米国が世界における完全な制空権を維持できる空軍力を確保することの重要性に全く同感である旨を、タフトが父親と並んで最も敬愛するハーバート・C・フーヴァー元大統領に述べた。フェラーズの空軍力の重要性に対する見解のほぼすべては、タフトの議論に反映されていたと言えよう。

タフトは、フェラーズと知り合った頃から戦後における米国の安全保障は、原爆を含めた最先端の科学技術の維持と発展に基づいた世界最強の空軍力の拡充を主体とすることで、第二次世界大戦時と比べて比較的小規模な軍隊により確保できると論じた。タフトは、政権が推進しようとしていた陸海空軍の予算配分をなるべく均等に行うのではなく、陸海軍の予算を削減すべきであると論じた。彼は、フェラーズが主張するように海軍と陸軍が空軍のサポート役に回るべきであるとまでは論じなかったが、フェラーズと同様、陸海空軍の任務の重複をなくしていくべきであると主張した。両者はまた、空軍力の増強に伴う装備と内外の基地に必要な支出は増えるものの、全体としては、軍事費の効果的な削減は可能であると論じた。米国は兵力の面ではソ連の兵力に圧倒的に差をつけられており、この差をUMT制度の導入と、これと並んでトルーマン政権が導入を試みている平時の徴兵制でまかなうことは不可能であると論じたのであった。タフトは、軍事教練は現在の軍事技術の進歩を認識していない時代遅れの制度であるのみならず、この制度導入は財政・自由経済競争・民主主義に圧迫をもたらし、米国内の自由と米国の安全をかえって損なうと論じたのであった。第八〇議会は史上二番目に長い議会終了延期戦術で閉幕したが、閉幕に伴う兵力問題の決着は、UMT制度導入の却下と、タフトが一九四〇年と一九四四年に反対したものの今回は賛成に回った米国史上はじめての平時における徴兵制の導入であった。彼やUMT反対派からすれば、徴兵制はまだ州と地元の裁量に委ねられ、UMTが想定しているような連邦政府主導ではなく、また人員規模の面でもはるかに抑えられているため、ましであると判断していたのであった。兵力の確保は、職業軍人に加えて、既存の予備役訓練プログラム（ROTC）およびナショナル・ガードのほか、徴兵制により確保されることとなった[4]。

UMTが三月から四月にかけて連邦議会で議論されるなか、ジェームズ・フォレスタル国防長官は、三軍の予算配分に苦慮した。彼は議会と空軍からの圧力に屈し、空軍の拡充に従来より目配りしながら三軍への配分を全体として当初より増やすことに応じてしまったのであった。これはトルーマン大統領の議会のみならず国防長官に対する不満をつのらせることとなった[5]。

3 共和党右派――一九四五～五〇年代

（1）中国問題と超党派的外交の終焉

第二次世界大戦終結後、共和党右派の国内政治と外交論争におけるその影響力の挽回は、一九四九年に節目を迎える。当時の国際情勢の背景は、国共内戦における蔣介石率いる国民党軍の敗北が決定的となり、同年秋中国大陸は、中華人民共和国となり、中華民国は台湾に押し込まれる惨憺たる状況となった。この間、トルーマン大統領とディーン・アチソン国務長官は、『中国白書』を発表し、国共内戦における国民党の敗因は、同党の腐敗と政策にあったとした。白書が出版されると、国民党を見捨てようとしていた民主党を、共和党右派のみならず、中国国民党と長年懇意であった大手出版社タイム・ライフ社社長で、米国で多くの購読者を抱える『タイム』誌や『ライフ』誌を刊行してきたヘンリー・ルースとその妻クレア・B・ルース（一九四七年まで四年間コネチカット州選出の下院議員）は強く批判した。またミネソタ州選出の下院議員（一九四三～六三年）ウォルター・ジャッドを代表とする共和党穏健派もトルーマン政権、特に赤狩りで揺れる国務省の長官を務めるアチソンに猛烈な政治攻撃を加えた。同年春の北大西洋条約機構（ＮＡＴＯ）の設立について、タフトのように西欧をソ連の影響力の拡大から守る方法は、米国によるモンロー主義の西欧への拡大という宣言のみで十分であるとする少数派を除き、共和党も民主党とともに上院議会で同機構の条約を批准していた。しかしながら、この条約を実効性のあるものにすべく、大統領とアチソンが西欧への軍事援助を、マーシャル・プランに上乗せする形で進めると、共和党右派のみならず、共和党穏健派の反発を招いた。タフト上院議員は一九四九年七月に行われた、欧州・カナダ・米国の同盟条約である北大西洋条約の批准に反対したのであった。タフトは、一九四七年九月に締結された西半球の防衛を目指すリオ条約は、締結国が攻撃を受けた場合、それへの対処についてほかの締結国が協力すると述べるにとどまっているのに対し、北大西洋条約第五条は締結国が攻撃を受けた場合はほかの締結国は集団的自衛権を行使することが明確にうたわれている軍事同盟であると論じ、自衛権を容認する国連憲章第五一条に違反するとも主張した。タフトはこの条約の第三条は米国が西欧に軍事援助を与えるものであるとも指摘したのであった。こうしたタフトの反対もむなしく、北大西洋条約批准後同盟国へ米国が軍事援助を行うこととする修正条項と条約そのものはそれぞれ上院の圧倒的多数により可決された。タフトは九月に北大西洋条約締結国に対する援助を減額しようとしたが、これも失敗に終わった。このような状況下で、中国問題は、米国参戦後約八年間続いた共和党と民主党の超党派的な外交を分裂させた。(6)

フェラーズは、ソ連が原爆実験に成功したことで、欧州大陸に米陸軍を投入し、また、軍事援助を行うことは軍事作戦上、また、経済的にも無駄であると考えていた。彼は西欧はソ連に対抗する意思が弱いと判断しており、また兵力ではソ連に米国と西欧は対抗できないと断言したのであった。こうした状況を踏まえて、フェラーズは、米国は世界最強の空軍と十分な陸海軍の必要性を唱え、軍事予算配分は空軍を最優先にすべきであると提唱した。このような空軍整備が軌道に乗ってから、米国は、対ソ心理作戦、西側に亡命したロシア人などを利用して真実をソ連圏に伝えるべきであると主張した。そうすることでフェラーズが推進した対日心理作戦が貢献した大日本帝国の崩壊と同様、ソ連の崩壊を生じさせることに貢献できると指摘した。米国は長距離爆撃機と核兵器でソ連に十分に軍事的に対抗できると論じていた。彼はこうした見方を連合国軍最高司令官総司令部参謀第二部（G２）担当責任者チャールズ・ウィロビーと共有していた。彼らはユダヤ人たちがドイツを戦乱の地にしようとしているとする反ユダヤ的見解でも意気投合していたのであった。フェラーズはウィロビーに自身の国防政策、対ソ政策、対西欧政策について述べた二つの論評を送っており、ウィロビーのフェラーズに対する一〇月二三日の書簡はフェラーズの論評に全く同感であることを伝えている。(7)

米国の対日政策をより保守的な方向へ転換させた、いわゆる逆コースに影響を与えた米国人たちは、一九四八年に対日評議会――いわゆるジャパン・ロビー――を結成した。このグループは、超党派的なＮＰＯではあったが、共和党右派との関係では、同委員会の有力メンバー、ウィリアム・キャッスルを介してフーヴァーがアメリカ・ファースト委員会の時と同様静かなるパートナーであった。こうして、一九四九年の後半には、共和党右派は、ジャパン・ロビーのみならず、国民党の擁護を米国の国益の観点から論ずる米国対中政策協会（America China Policy Association）を代表格とするチャイナ・ロビーとも接点を持つようになっていた。(8)

（2）赤狩り

朝鮮戦争勃発の直前、タフトを代表とする共和党右派が外交政策でトルーマン政権と対立していた点は、中国国民党政権の台湾への敗退をめぐる政権攻撃に加えて、一九四九年一月トルーマン大統領が一般教書演説のなかで述べていた第三世界への経済援助であった。タフトのような共和党右派のほか、発展途上国への経済援助を行うことに肯定的な共和党穏健派ですら、政権が推進しようとしたニューディール流の大規模な連邦政府主導の国際的公共事業には反対であった。この議論は朝鮮戦争により先送りとなったのであった。(9)

一方、朝鮮戦争前から国内でエスカレートしはじめた政治現象は、共産主義者あるいはその容疑をかけられた人々に対する弾圧的な追及運動、すなわち赤狩りであった。一九五〇年一月、トルーマン政権は国家安全保障委員会（Ｎ

SC）の機密文書68の草案でも提唱されていた従来の原子爆弾よりはるかに破壊力のある水素爆弾の開発を決定することを秘かに決定した。爆弾の実験は一九五二年に成功した。こうした極秘決定を行った政権は、国内政治では、中国国民党支持を声高に叫ぶ共和党の攻撃に加え、ソ連に機密情報を漏洩した疑いで連邦議会の調査対象となっていた国務省の高官アルジャー・ヒスが偽証罪で有罪判決を言い渡されたことで、政権は国務省内の共産主義者とそのシンパを擁護しているという攻撃も受けるようになった。これを率先して行ったのが、一九四六年ウィスコンシン州の上院議員選でフィリップ・ラフォレットの兄ロバートを破って上院議員となったジョゼフ・マッカーシーであった。彼は二月九日ウェストヴァージニア州ウィーリング市で行った演説で、国務省に二〇五人の共産主義者がいると宣言した。マッカーシーにはその後、この数の根拠についてマスコミから問い合わせが殺到し、人数を八一人、五七人、そして「たくさん」と形容するようになったのであった。

共和党右派や保守派のなかにはチャールズ・リンドバーグやラフォレットのようにマッカーシーの政治的糾弾の手法に批判的な少数派は存在し、後者はマッカーシーを危険人物視していたのであった。しかし、タフト、ロバート・ウッド、フェラーズといった共和党右派は、マッカーシーが一九四八年の共和党大統領候補者選定でマッカーサーに反対し擁立したハロルド・スタッセンを支持していたり、また、トルーマン宣言、マーシャル・プラン、北大西洋条約、またNATOへの軍事援助を支持していたにもかかわらず、マッカーシーの赤狩りを支持したのであった。タフトは、マッカーシーの赤狩りの手法がエスカレートするにつれて彼を公でない場で批判することはあったし、ウッドはマッカーシーの人となりを疑問視していたが、彼らとフェラーズは大勢の米国人と同様赤狩りの参加者となった。

フェラーズとしては占領期から国務省出身者にソ連のシンパがいるのではないかと確信していたので願ってもない事態であった。フェラーズは一九五〇年四月タフトに宛てたメモで、戦時中、中国共産党の本拠地延安で同党と接触のあったジョン・エマーソンは、戦時中、重慶にいた外交官ジョン・P・デーヴィスやジョン・サーヴィスと同様、共産主義者ではないかと疑った。フェラーズは、占領初期、エマーソンがアチソンの政治顧問を介してマッカーサーに九州の米軍が共産党主催の集会を妨害したと抗議したり、また、東京で共産党員と接触しているという噂があり、さらに、長い米国亡命生活後ソ連支持者になり最近GHQに逮捕された大山郁夫とエマーソンの関係を調査すべきであると論じた。フェラーズは、このほか共産主義の容疑が過去にかかっていたサーヴィスに対する最近の昇進人事に疑問を呈したのであった。昇進人事という点でフェラーズが槍玉に挙げたのは、一九四七年入省で極東担当国務副次官補であったリヴィングストン・マーチャントで、この昇進は不自然ではないかと論じた。フェラーズがこのほか槍玉に挙げた人物は、極東委員会（FEC）に提出されたFEC230を支持しており欧州局勤務のエドウィン・マーティンと一九四七年四月の訪日調査後マッカーサーを批判する覚え書きを書いたR・H・ウィトマンであった。

フェラーズはタフトにこのようなリストを送る一方、G2のウィロビーに、国務省の研修をワシントンで受けている日本人六〇名に対して、親中と反米を煽る内容を教えているという噂があり、また、退役軍人庁内に共産主義者たちがおり、彼らは戦時中日本兵の拷問により死亡したフィリピン兵の遺族に対する年金支払いを打ち切ったと論じたのであった。[10]

（3）防衛政策をめぐる論争

前述のように、朝鮮戦争勃発により、トルーマン政権は、一九四九年後半に作成され一九五〇年初頭に完成した政策綱領であるNSC68が唱える政策を実現させることになった。すなわち、一九四九年のソ連の原爆実験の成功に対抗すべく、核兵器の戦力強化と陸海空軍の量質両面での拡充のため防衛費の飛躍的増加を推進し、そして、ソ連を中心とする共産主義の拡大抑止を、米国の死活的利益が絡む地域に限定させるのではなく、そうでない地域も含めて従前より徹底的に行うというものであった。トルーマンは機密文書名については言及しなかったが上記の内容に言及した演説を一九五二年六月ミズーリ州で行った。この演説をフェラーズはタフトに紹介しているが、フェラーズとタフトは、こうした大統領の発言を信じなかったようである。[11]

これに対して、タフトに代表される共和党右派は、当時NSC68の存在は知らなかったものの、軍事予算の抑制と軍事組織の強大化による国内の民主主義の圧迫を防ぐという観点から、米国の防衛政策は、①広範な国民の軍事教練を伴わない限定的な徴兵制度、②動員兵力の規模に上限を設ける、③空軍と海軍の戦力を主軸とする国防戦略を推進することを主張し、これらは、トルーマン政権や後任のドワイト・D・アイゼンハワー政権も受け入れることとなった[12]。

共和党右派は、西半球の防衛を米国の安全保障の中心に置きながら、その防衛線は、米軍の海軍と空軍が配備されている英国と日本までにすべきであると主張していた。また欧州と朝鮮戦争における米軍の投入については、後者でマッカーサー率いる米軍主導の国連軍が一一月下旬以降、中華人民共和国の軍隊の介入で中朝国境沿いから押し返されるなかで、米軍の撤退が望ましいことを主張した[13]。

米国内ではユーラシア大陸への米軍投入を疑問視する声が一挙に噴出したのであった。米国はなぜ韓国を守る必要があるのか、また、北大西洋条約機構を構成する西ドイツも再軍備を拒み、また、周辺諸国も西ドイツの再軍備を許そうとしないのになぜ米国が率先して西欧の再軍備の手助けと米軍の駐留を西欧で行う必要があるのであろうか。

このような疑問点を最初に投げかけた重要人物は、ジョゼフ・ケネディ元駐英国大使であった。ケネディは、一二月一二日に行った演説で、米国はユーラシア大陸から撤退すべきであり、その安全保障は西半球の専守防衛で十分であると論じた。ケネディは西欧の共産主義と戦う意思と能力を疑い、仮に全欧が共産化しても米国の安全保障の脅威にならないと論じたのであった。

一二月一九日、トルーマン大統領は西欧に比較的規模の大きい米軍の派遣を行うと公表したが、その翌日、ケネディが提示した問題点をフーヴァー元大統領がラジオ演説で全米に問いかけたのであった。フーヴァーは、ケネディと違い、全欧の共産主義化の容認論ではなく、また、西半球以外にも米軍の駐留は米国の安全保障政策上重要であると指摘したが、ケネディと同様、ヨーロッパ大陸や朝鮮半島といったユーラシア大陸に反共主義のために米軍を派兵することは、愚かな行為であると論じた。フーヴァーは、一〇月に行った演説と同様西欧に共産主義に立ち向かう強い意志があるのか疑問視しており、自助努力により反共ダムとなる軍隊を編成することを呼びかけたのであった。フーヴァーは、日本の独立と再軍備を唱え、米軍はユーラシア大陸に沿って、日本、台湾、フィリピン、英国に米海軍と米空軍を主体とする米軍を駐留させたり、これら国々へ軍事援助を行うことを容認した。また、フーヴァーは核兵器の配備により米国の安全を確保することを容認した。フーヴァーの演説を聞いたタフトは、フーヴァーの演説内容を支持すると表明した。

フーヴァーが展開する議論は、ユーラシア大陸で中ソと戦闘を行う可能性があるにもかかわらず、米陸軍を西欧へ派遣することに反対している側面があった（ただし、フーヴァーは翌年二月の演説では西欧への軍事援助を容認する姿勢に転じていた）。アイゼンハワーは大統領の要請で秋にＮＡＴＯの総司令官就任に応じ、政権が推進しようとする西欧への米軍の派遣を取り仕切ることとなった。フーヴァーの演説後の一二月下旬、アイゼンハワーはタフトにＮＡＴＯへの米軍派遣についての見解を求めるため、欧州赴任前に国防総省で極秘に会談した。このときアイゼンハワーは、もしもタフトがアイゼンハワーが同調を求めている原則である米国とＮＡＴＯ諸国との集団的自衛権と対西欧軍事援助を支持することに応じた場合、会談後共和党大統領候補に擁立されることを拒否する声明文を発表する準備もしていた。このことをタフトは知らなかった。彼は、大統領の米軍の対欧州派遣は議会の承認が必要で憲法に反すると指摘した上で、若干の師団を送ることを容認するとしながらも、その姿勢は、アイゼンハワーがマーシャル国防長官に内々に進言していた一〇～二〇個師団を送る考えとは明確に違うことを思い知らされたのであった。このアイゼンハワーが考えていた派遣規模は、トルーマンも想定していない規模であったが、この会談後、アイゼンハワーは携行していた声明文を破り捨て、一九五二年の大統領選挙出馬に可能性を残して欧州へ向かったのであった。

タフトは、アイゼンハワーとの会談の約二週間後にあたる一九五一年一月五日の議会演説で、フーヴァーが唱えたことを継承し発展させた米国の安全保障構想を示したのであった。タフトは、フーヴァーと同様、ユーラシア大陸に陸軍を投入する危険性を訴え、この演説の二日後マッカーサーの軍隊は日本と台湾まで引き帰すべきであると論じた。また、蔣介石の中華人民共和国への武力攻撃に米国が軍事援助を行うことに賛成すると意見表明したのであった（ただし、米国の核攻撃を含めた対中攻撃には反対であった）。タフトは、五日の演説で、米軍は西半球の防衛を中心に考えるべきであるが、英国、北アフリカ、日本、台湾、フィリピンといった国々と地域を米国の海軍と空軍の防衛の対象にすべきであると主張した。つまり、米国は、ユーラシア大陸の周辺に点在する島々を中心に米国にとって戦略上重要と思われる地域を米国の空軍力と核兵器で守る必要性を説いた。タフトは、ソ連は米国との戦争は考えていないものの、その影響下にある国々を動かして拡張主義を地球規模に推進していると指摘し、ＮＡＴＯへの武器の提供を支持した。そしてタフトは、西欧がソ連の影響下に入っても米国にとって致命的ではないという見解を二月二六日の連邦上院議会で示したものの、当時上院議会でケネス・ウェーリーが提出していたすべての対欧州米軍派遣は議会の了承を必要とするとの決議には異論を唱え、アイゼンハワーが米国政府に求めており、すでに大統領が承認していた四個師団一〇万人の米陸軍派遣に応じた。ただし、これは、今後これ以上の対欧州派兵を必要とした場合、議会の了承を必要とするという条件を加えての話であった。四月二日、タフトは上院でこのような修正をウェーリー決議に加えることに成功し、その一〇日後ウェーリー決議そのものの審議を先送りさせた。このあとタフトは全部で六個師団の対欧州派遣までは応じる姿勢を表明した。このような陸軍の対欧州派遣を容認したことはフーヴァーの一二月の演説と異なるところであった。また、タフトはフーヴァーと違い西ドイツの再軍備についてはソ連を不必要に刺激することから当初反対であった。しかし、後述する外交政策に関する著書ではこれを認めるようになった。最後に、タフトは、共産圏へのプロパガンダおよびスパイ工作は強く支持したのであった。[14]

このように見ると、共和党右派は、対ソ封じ込め政策については穏健であるような印象を受けるかもしれないが、欧州における封じ込め政策については、米国政府と議会民主党が後押しするＮＡＴＯを米国および米軍の負担で構築し強化していくことには反対であったものの、朝鮮戦争については、一九五〇年夏以降、米国政府が承認し、マッカーサー主導で推進した朝鮮半島の軍事的手段での統一を熱烈に支持していた。そして、米軍の形成が不利になるなかで、米軍の朝鮮半島からの撤収を希望したとはいえ、マッカーサーを見捨てることはなかった。むしろ、この希望と、マッカーサーへの支持という矛盾する見解が同居していたのであった。

(4) マッカーサーの解任

トルーマン政権は、マッカーサーが主張する、蔣介石の国民党軍の中国大陸侵攻の許可と同軍の朝鮮戦争での利用、そして旧満洲（中国東北部）の軍事拠点の空爆——場合によっては原爆投下——という方法による中国軍の殲滅という見解に直面した。トルーマンは、国民党軍の利用にはすべて反対したものの、旧満洲への爆撃については、原爆投下の可能性も含め模索しはじめていた。一方、議会では、共和党右派は、原爆までは言及しなかったものの、旧満洲への空爆と国民党軍の中国大陸侵攻および朝鮮戦争での利用を主張し、マッカーサーを政治的に支援した。

そして、一九五一年春になって朝鮮戦争での妥協（三八度線での現状維持）を検討しはじめたトルーマン大統領は、注意を与えたにもかかわらずマッカーサーが中国への空爆を公言したことを契機に、憲法上大元帥である大統領のシビリアン・コントロールを維持することを大義名分に、マッカーサーを解任した。マッカーサーの公言の直前には、マサチューセッツ州選出の共和党右派の上院議員マーティンがマッカーサーが送ってきた個人書簡を議会で披露しており、これがトルーマンの神経を非常に逆なでした。この書簡で、マッカーサーは、国民党軍の利用と旧満洲の空爆を主張し、「戦争には勝利に勝るものはない」と主張していたのであった。この時期、共和党内の抑え役であったアーサー・ヴァンデンバーグ上院議員が急逝したことは、こうした共和党右派を勢いづけさせる一因であったかもしれない。

四月九日、陸軍長官を団長とする国防省スタッフがマッカーサーを訪問した。陸軍長官との会話からワシントンでマッカーサーの書簡が巻き起こした政治的嵐について知らされた。マッカーサーは不吉な予感がした。間もなく東京で大きな辞任劇が起きるという噂が東京にいる外国人特派員の間を駆けめぐった。天皇の退位が考えられない以上、マッカーサーが辞任するのではないかという見方が特派員たちの間で取り上げられた。米国時間四月一〇日の夜、マッカーサーを賞賛し続けてきた『シカゴ・トリビューン』紙のワシントン特派員ロイド・ノーマンは、この噂を国防総省の高官たちに照会した。このあと米国東部時間一〇時半過ぎ、トルーマン大統領はマッカーサーの解任を伝える電信を東京へ送ったが、一説によるとノーマンの問い合わせが国防総省の関係者をパニックに陥れ、これがホワイトハウスに波及し、トルーマン大統領の決断を早めさせたという。翌日、トルーマンはこの決断を公表した。

四月一四日のギャラップ社による米国世論調査の結果は、六六パーセントが大統領のマッカーサー解任を評価しないというものであった。少なくとも一一の州議会はマッカーサーを賞賛し、トルーマンを非難する決議を議論し、テキサス州とウィスコンシン州の議会はそのような決議を可決した。マッカーサーの解任は連邦議会内の共和党右派の政権批判を勢いづかせた。マッカーサーは、自身の解任を、四月一一日の昼食会開催中マッカーサー夫人の世話役を務めていたシドニー・ハフ大佐がラジオで聞き、そのことをマッカーサー夫人に伝えたことではじめて知ったのであった。夫人がこのことをマッカーサーの耳元でささやくと、マッカーサーは一瞬沈黙したが、そのあと大声ではあったがやさしい感じで「ついにこれで帰れるんだ」と語ったのであった。トルーマンから解任を知らせる電報はラジオ放送でこのことを知ったあとに届いた。政権のこのような失態は、マッカーサー旋風にはプラスとなった。

解任後、マッカーサーは、家族とともにのんびり船を利用して帰国するつもりであった。しかし、米国からは、マーティン下院議員とジャーナリストのフルトン・ルイスが早急に帰国することを強く勧めたのであった。彼らは時がたつにつれ政権擁護派がマスコミなどを通じて巻き返すと確信していた。ルイスは、一〇日の夜からマックスウェル空軍基地に出張中のボナー・フェラーズに連絡をとった。フェラーズは一〇日夜、『シカゴ・トリビューン』紙のワシントン支局長ウォルター・トローハンからの問い合わせで、マッカーサー解任の噂は聞いていた。フェラーズは、ルイスとマーティンに対してですらマッカーサーが電話に出ないのであるのなら、自分では到底無理ではないかと考えた。このとき、共和党全国委員会からフェラーズに対してフーヴァー元大統領に連絡するよう要請がきた。フェラーズはマッカーサー夫人に連絡をとり、ルイスとフーヴァーたちが飛行機で帰国する重要性を力説したことを知らせたのであった。マッカーサーは夫人のそばで別の受話器でフェラーズに知らせずに黙って聞いていた。マッカーサーは飛行機による帰国を決断すると同時に、フェラーズに対して、フーヴァーに帰国するにあたりどのような対応をすべきか助言を求めているとフーヴァーに連絡させたのであった。

このあと、四月一三日にかけてフェラーズは何回かマッカーサーとフーヴァーとの間の電話連絡係を務めた。フーヴァーはハースト系の新聞社(カリフォルニア州が本拠地)と新聞王ロイ・ハワードにサンフランシスコにおけるマッカーサー歓迎の準備を依頼した。一方、『シカゴ・トリビューン』紙社主のロバート・R・マコーミック大佐は、部下のワシントン支局長ウォルター・トローハンに議会に働きかけさせて、四月一九日に連邦上下両院の前で演説を行わせる予定を実現させたのであった。フェラーズはこの話が実現するであろうということや、演説はサンフランシスコとワシントンで行う予定である旨心得ておくことをフーヴァーからの伝言として伝えた。これら演説の内容についてフーヴァーは、マッカーサーのとった軍事政策が平和を確保するためには正しかったことをワシントンの連邦議会の演説で力説すべきであると助言した。また、フーヴァーは、マッカーサーが第三次世界大戦を起こそうとしているという議論を自ら否定すべきであると論じていた。そして、蔣介石を中国大陸へ侵攻させることを米国が支援したとしても、それは米軍を中国大陸に上陸させることを意味しないと述べるべきである、とフーヴァーはマッカーサーに助言した。このほかフェラーズは、一三日の電話連絡で、マッカーサーの凱旋を祝うパレードがシカゴとニューヨークでも企画されており、後者についてはサンフランシスコから首都へ向かう途中寄るのではなく連邦議会での演説のあとに行う予定であることを伝言した。フーヴァーは、マッカーサーが帰国後、事務機器会社レミングトン・ランド社と年棒一〇万ドルの契約を結ぶのではないかという噂には不満で、マッカーサーがこれを承諾した場合マッカーサーの世間的な威信を低下させるので拒否すべきであるとフェラーズ経由で伝言し、むしろ雑誌『コリエー』がマッカーサーの回想録について、同額以上の契約で連載企画を申し入れる希望があることをマッカーサーの側近でフェラーズの宿敵コートニー・ホイットニーに伝言したのであった。

マッカーサー一行は、日本政府関係者と記録的な群衆が見送る日本をバターン号で出発後、ホノルル、サンフランシスコでやはり記録的な大規模な群衆に歓待されたのち、共和党右派の斡旋で実現した議会での帰朝講演で歴史に残る名演説を行った。フーヴァーはこの演説終了直後、マッカーサーを聖パウロの化身と絶賛したのであった。この演説はトルーマンの検閲の対象になりそうになったが、マッカーサーはこれをつっぱね、政権は引き下がった。この演説内容の一部はフーヴァーとフェラーズの助言によるものであった。フェラーズは一九四五年の日本の降伏調印式終了後マッカーサーが行った演説の執筆を手伝ったが、連邦議会の演説内容と国内政治情勢についてマッカーサーに助言できたことはフェラーズのマッカーサーに対する最後の奉公であった。ニューヨーク市主催のパレードは推定七五〇万人という記録的な観衆が彼を歓迎したのであった。米国政府は、解任されて却って勢いづいた熱狂的なマッカーサー旋風に押されるがごとく、マッカーサーを終身元帥の処遇のままにする判断を下した[15]。

マッカーサーの凱旋帰国の数週間後の五月上旬から約一カ月間、マッカーサーの解任に至る経緯を調査する非公開の調査会が議会で行われた。民主党側は、元帥を丁重に扱いながら、解任の理由が正当なものであったことを裏付けることに専念したのに対して、共和党は、民主党への反論を審議中推進するというより、むしろ国共内戦での国民党の敗退に審議を集中させて民主党を攻撃したのであった[16]。

（5）タフトとアイゼンハワー

朝鮮半島におけるレジーム・チェンジは困難な情勢となったが、共和党右派は、一九五二年の大統領選でタフトを擁立し、選挙で勝利することで国内におけるレジーム・チェンジを狙った。タフトは、一九五一年の米軍の西欧駐留を消極的に認めていたが、朝鮮戦争に関して、共和党右派の強硬論を引き続き貫いていた。一方、東欧とソ連については、秘密工作による共産主義政権の不安定化と願わくば政変による民主化を推進する持論を展開した。

タフトの生涯唯一の著書で、その外交政策を語る本は一九五一年一一月に刊行された。そのなかで、タフトは、予防戦争には反対で、国防予算を抑えることも論じた均衡財政論者であることを明確に述べた。また、タフトは、戦前から生粋の反共主義者であったが、一九四八年以降ソ連の脅威を強く意識するようになって当初反対であったマーシャル・プランを支持するようになったと述べ、この計画は西欧経済の復興を短期間で達成させたことに大きな意義があったと評価したのであった。タフトの世界観は、フェラーズが主張するような米国が世界最強の空軍力を確保し維持しながら、これと核兵器によって、米ソ戦争勃発のさい西半球はもちろんのこと、世界のほとんどの空域の制空権を確保しながら共産圏上空の制空権を掌握し、ソ連の通信・産業施設といったその心臓部に対して核兵器の使用を含めた空爆で一気に壊滅的な打撃を与えるという考えであった。しかし、タフトがフェラーズと違ったところは、こうした米国の軍事力の維持を、英国、カナダ、オーストラリアという同盟国の空軍と海軍を連携させて確保するという発想が存在していたことであった。タフトとフェラーズは、空軍力と核兵器を均衡財政の原則に基づいた予算配分上、最も重視し、既存の世界最強の米国海軍の維持についても同感であり、さらに、陸軍の規模の現状維持も容認していた。しかし、フェラーズは戦前から終戦後までタフトが抱いていた強い対英不信をいまだに捨てていなかったのであった。

タフトは、NATO、日米同盟、ANZUS条約、米比条約を受け入れており、ユーラシア大陸周辺の島と地域（英国、北アフリカ、日本、台湾、フィリピン、インドネシア、オーストラリア、ニュージーランド）に、米国空軍と海軍、さらには空軍基地を守るための陸軍をこうした地域に派遣することを原則支持し、また、こうした国々や地域へ軍事援助を行うことも支持していた。しかしながら、ヨーロッパ大陸、中国、朝鮮半島、ましてやソ連といったユーラシア大陸を構成する地域へ米国陸軍を派遣することは、前述の西欧への四個師団の派遣のような場合を除いて行うべきではないと論じた。このこと自体、全体の対欧州軍事政策を見直すまでの暫定的措置であるニュアンスを残していたのであった。タフトは、ユーラシア大陸への米陸軍の平時の投入には原則反対であった。その理由は、共産圏の陸軍と米陸軍およびその同盟国が正面衝突した場合、相手方の兵力の規模は米国側のそれに大きく差をつけるものであるためであった。また、仮に戦時にユーラシア大陸に米陸軍を投入する場合は、勝算が高い場合のみに限定すべきであると論じた。タフトは、西欧の生産力がソ連の影響下に入ってしまった場合は米国にとって危険であることは認めたが、ソ連がこのような目標を達成するにはまずこれらの国々を侵略せねばならず、その場合米国はＮＡＴＯの義務により軍事介入を行い、これら地域は戦場と化し、仮にソ連が戦争の結果西欧を支配下に置いたとしてもこれら地域の生産設備は長い間利用不可能となろうと指摘したのであった。(17)

フェラーズは、タフト上院議員の安全保障問題の顧問を一九四八年以来、務めていた。トルーマン政権は朝鮮戦争が中国共産党軍の介入により三八度線で膠着状態となった一九五一年、兵力の拡充のためＵＭＴ制度の導入を再び試みたが、前回と同様、賛成派と反対派の真っ二つに割れ、先と同じ議論が展開されて再び導入に挫折したのであった。(18)フェラーズは、ＵＭＴや対西欧や日本への陸軍配備について、これらが不必要であり、また、米国の国益を損なうことをタフトに積極的に助言した。フェラーズは、国防総省内の予算編成をめぐる動向についての情報を、タフトのほか、フーヴァー元大統領、ウェーリー上院議員、ウィスコンシン州選出下院議員ローレンス・スミスにも提供していた。タフト、フーヴァー、フェラーズは、ＮＡＴＯ軍は兵力と装備の面でもっぱら米国に依存しており、仮に同盟国が米国の期待に応えるような兵力と装備、さらに士気を確保したとしても、ソ連が率いる東側諸国の兵力に圧倒的に差をつけられていることを問題視していた。彼らにとってさらに重大なことは、ソ連が核兵器を保有している以上、ソ連が近い将来、米国本土まで核兵器を投下できる能力を有した段階で、西欧を迂回して一気に米国本土へ原爆投下を行えることであった。タフト、フーヴァー、フェラーズは核兵器と世界最強の戦略空軍をつくることで、米ソ間に戦争が勃発したさい、ソ連の心臓部を圧倒的破壊力で攻撃できる必要性を強調していた。彼らは、米国の軍事政策を空軍主体とすればＵＭＴは不要で、また、現行の徴兵制などで十分であると論じたのであった。(19)

フェラーズは、こうした軍事面での助言をタフトに行うほか、一九五二年の共和党大統領候補指名を得ようと目論んでいたタフトに、一九五〇年からNATO司令官に就任していたアイゼンハワーを共和党大統領候補に担ぎ出そうとする動きについての報告を一九五一年三月以降はじめていた。フェラーズはタフトが一〇月一六日に共和党大統領候補に出馬表明するとその勝利を確信していることを伝え、軍事面でのアドバイスに加え、アイゼンハワーの動向について入手した情報を伝達していたのであった。[20]

タフト陣営はマッカーサー支持者たちの票も共和党大会でタフトに流れてくると確信していた。タフトの副大統領候補にマッカーサーを後押しする動きもあった。しかし、アイゼンハワーが三月一一日のニューハンプシャー州予備選で五〇パーセント対三八パーセントでタフトに勝利すると、フェラーズはタフトとマッカーサーのパイプ役であったが、フェラーズもフーヴァーもマッカーサーにはあまり近づかなくなったのである。[21]

アルバート・ウェデマイヤー中将はタフトを大統領候補に擁立することを推進する市民団体の中心メンバーとして一九五二年春活動した。フェラーズは前述のごとく軍事関係やアイゼンハワーに関する情報をタフトに提供していたほか、タフトが四月にミシガン州で行った軍事問題に関する演説執筆の手助けを行ったのみならず、この演説でタフトが以前から主張していた、空軍を主体とした安全保障政策の見解をやはり推薦する、退役した将軍たちのタフト支持を確保していったのである。[22]

朝鮮戦争勃発以来、日本で兵站司令部三区のうち南区を担当していたウェストポイント陸軍士官学校の同期で親友のカーター・クラーク准将にフェラーズは、一九五二年二月、次のような政治分析を送った。①タフトは共和党の大統領候補として選出され、大統領となろうが、②アイゼンハワーは依然タフトのライバルとして脅威であり、ウォール街（金融街）から資金を潤沢に集めている、③万一アイゼンハワーが共和党大統領候補に就任したとしても大統領選挙では民主党大統領候補（おそらくトルーマン大統領）には勝てないであろう、④トルーマン政権は、アイゼンハワーには勝利できると考えているであろうが、タフトが共和党大統領候補となることを恐れている、⑤マッカーサーは自ら共和党大統領候補となることを求めることはなく、タフトに一〇〇パーセント忠実であり、やがてタフトを積極的に支持するであろうが、⑥もしも共和党大会で大統領選出が暗礁に乗り上げてマッカーサーに指名が行われるようになった場合マッカーサーはこれを受け入れ大統領選で勝利するであろう。[23] 共和党大会の直前、フェラーズはクラークに、タフトが選出されるであろうが、ウォール街と国際派の支持を得ているアイゼンハワーは手ごわく接戦となるであろうと状況を分析していたのであった。[24]

アイゼンハワーが周囲からの熱烈な勧誘もあって共和党大統領候補になる決意を固めたのは、二月一一日頃であった。二月八日、タフトやフーヴァー元大統領をはじめとする一八人の有力な共和党指導者たちは、NATOからの米軍の引き揚げを求める声明文を発表した。アイゼンハワーはこのことと一月にトルーマン大統領が提出した予算案が大幅な赤字であったことが気になっていた。二月一八日、アイゼンハワーは英国国王の葬儀に出席したさい、側近たちと会談し、四月上旬にNATO軍編成の進捗についての報告書をまとめてから同機構の総司令官を退任する方向に傾いていった。四月上旬、アイゼンハワーは、NATO軍編成の進捗状況について極めて楽観的なでっちあげの報告書をまとめ、トルーマン大統領に提出した。アイゼンハワーもトルーマン政権もよく知っていたように、西欧諸国の軍備面と兵力の充実化の道のりは非常に遠く、もっぱら米国の兵力と装備に依存していた。政権とアイゼンハワーは米軍を西欧から引き揚げられるような状況ではないと確信していた。このようなアイゼンハワーの振る舞いはフィリピン時代におけるマッカーサーとフィリピン国防軍の創立をめぐって対立したときとは正反対の対応であった。彼は六月一日に帰国し、その翌日大統領に面会した。このあと共和党大統領候補の指名を受けるため選挙戦に身を投じたのであった。外交政策では、アイゼンハワーは、タフトが提唱する朝鮮戦争での強硬姿勢とNATOからの米軍の引き揚げを無責任と批判したのであった。[25]

タフトは共和党全国大会で共和党代表の六〇四票を制すれば共和党大統領候補になれた。七月にシカゴで開催された共和党大会の直前、タフト陣営は五三〇票、アイゼンハワー陣営は四二七票確保していた。タフト陣営はフェラーズが委員長特別補佐を務める共和党全国委員会を支配しており、大会初日の演説はマッカーサーの基調講演をはじめフーヴァー元大統領、マッカーシー上院議員と有力なタフト支持者たちが目立った。

しかし、蓋を開けると、結果は、初回の投票でアイゼンハワー五九五票、タフト五〇〇票となり、この後下位候補者ハロルド・スタッセンを支持していた票がアイゼンハワー支持に回ったことで指名獲得に必要な六〇四票を上回ることとなり、アイゼンハワーが共和党の大統領候補に決まった。この勝利には、アイゼンハワーの選挙マネジャーであったマサチューセッツ州上院議員ヘンリー・カボット・ロッジ・ジュニアが重要な役割を果たした。大会の前からテキサス州とジョージア州はタフトかアイゼンハワーのどちらに票を与えるか割れていた。このような状況下で共和党全国委員会は票をどの候補に与えるかの裁量権があり、ロッジはこのルールを変更しようとしたのであった。ロッジは、大会前フーヴァーが開催しようとした妥協を協議する会合を断り、大会ではこの共和党全国委員会の裁量権を迂回する奇策をひねり出すことに成功した。しかし、これもあやうく水泡に帰す事態が起きた。大会で、タフトがアイゼンハワーにテキサス州の票の配分に妥協案を提案したのであった。タフト二二票に対してアイゼンハワー一六票という妥協案であった。アイゼンハワーは、タフトの提案が寛大であると考えていたが、ロッジはこれが彼の奇策を台なしにするタフトの巧妙な戦術であると見抜いていた。ロッジは、カリフォルニア州選出の上院議員リチャード・ニクソンと協議し、ニクソンはカリフォルニア州はロッジが提案する公正ルール修正条項の可決を支持する方向でまとめることをロッジに約束したのであった。このロッジが提案した修正条項は、六五八票対五四八票で可決され、前述の全国委員会の裁量を回避する投票方式となり、アイゼンハワーの勝利につながったのである。

共和党の多数派は、アイゼンハワーのカリスマ性とより幅広い支持を得やすそうなイメージに賭けることで、二〇年ぶりの政権奪取を切望していた。アイゼンハワーは、投票終了後、タフトに電話連絡し、側近たちの反対を押し切って表敬訪問のため自らタフト陣営の選挙本部が置かれているヒルトンホテルへ向かった。アイゼンハワー陣営のブラックストーンホテルを出て、その向かいにあるヒルトンに入り、九階へ行くと、そこはタフト敗北の知らせで呆然としている者、すすり泣く者、敗北に憤る支持者たちでひしめきあっていた。アイゼンハワーは人混みを押し分けてタフトの部屋にたどりついた。アイゼンハワーは、共和党の主流と右派との間に存在する溝を埋めて党としての一体性を早く確立することで民主党に勝利することを望んでおり、その第一歩としてタフトと和解したかったのである。アイゼンハワーはタフトと今後協力・友好関係を築きたいことをタフトに申し入れた。このあと両者は戸外で待ち構えていた記者団の前に姿を現し、タフトは「まず、アイゼンハワー将軍に祝辞を述べたいと思います。私は彼の選挙活動に協力し、選挙の勝利後、彼の政権に協力いたします」と表明したのである。このあとアイゼンハワーはタフトを「すばらしいアメリカ人」と賞賛してその場を去った。タフトのほうが終始落ち着いており、アイゼンハワーのほうが疲れ気味で興奮していた。

タフトは、アイゼンハワーに協力を表明したものの、この時点では果たしてアイゼンハワーがタフトが信奉する保守主義路線をどの程度受け入れるのか疑問視していた。タフトがアイゼンハワーの保守性が十分であると判断し、アイゼンハワーに完全な協力を表明したのは、九月一一日のニューヨーク州のアイゼンハワーの自宅で行われた会談が終了してからであった。この会談で、アイゼンハワーは、大統領選に勝利した場合、財政均衡、ニューディールがもたらした国家の役割の縮小、閣僚などの政府高官ポストへのタフト支持派の一定の任命を約束していた。タフトは秋の選挙戦に全力投球したのであった。一一月の選挙結果は、アイゼンハワーが民主党のアドレー・スティーヴンソンに圧勝したのみならず、上下両院で共和党が多数派となった（下院は二二一対二一一、上院は、四八対四七）。タフトは新年になってから上院与党のリーダーとなった。共和党は二〇年ぶりに大統領府と連邦上下両院を制したのであった。(26)

アイゼンハワーが共和党大統領候補に選出された直後、フェラーズは共和党全国委員会退役軍人担当の役職を辞任した。(27) アイゼンハワーは、共和党穏健派のジョン・フォスター・ダレスを国務長官に抜擢した。タフトは、一九五三年四月から体調不良を訴え、七月に、すでに数年前から闘病中の妻より先に癌で死去した。共和党右派は、その中心的存在を失った（タフトは、マッカーサーを副大統領候補に打診する構想を大会中検討していたので、もしもタフト・マッカーサーで勝利していた場合、元帥が大統領に昇格していたことになる）。戦後の共和党と民主党による米国の冷戦外交のコンセンサスは回復され、それはベトナム戦争の泥沼化が明確となった一九六〇年代後半まで続いた。

4　ウィリアム・バックレー――赤狩りの時代

一九五二年の共和党大会終結前後、新進気鋭の保守主義の論客で元アメリカ・ファースト委員会の支持者ウィリアム・バックレー・ジュニア（一九二五～二〇〇八）が米国の言論界にデビューした。米国の戦後保守主義の中興の祖と賞賛されているバックレーは、保守的な家庭の産物であった。バックレーの父親ウィリアム・バックレー・シニアは、第一次世界大戦前メキシコで石油により巨万の富を得たテキサス州出身の経済人であった。メキシコ革命で米国の石油利権が国有化される危機に直面すると、バックレー・シニアは反革命のクーデターに加担したが、失敗し、その結果米国へ追放となった。帰国日、彼はコネチカット州シャロンに立地する元州知事の豪邸を買い取り、ここを拠点に六人の子供の英才教育に注力した。バックレー・シニアはケネディ家と同様カトリックであったが、ケネディ家の男子がハーヴァードへ入学したのと同様、バックレー・シニアは自身の息子たちをイェール大学へ入学させたのであった。敬虔なカトリック教徒であり、また、アメリカ・ファースト委員会の支持者であったバックレー・シニアの息子に対する思想的影響は計り知れないものであった。

バックレー・ジュニアはイェール大学入学後、大学新聞の編集委員（のちに編集長）などを通じて、反共主義、自由経済主義、信教の自由を主張した。こうした「布教」活動は、同期でニューディール支持・世界連邦賛同者であったL・ブレント・ボゼルをバックレーの思想・信条にすっかり「転向」させることとなり、二人は無二の親友となったのである。一方バックレーは、ボゼルの影響で、孤立主義から外交政策面で冷戦タカ派に転向した。イェール大学在学中の一九四八年、大学が立地するニューヘイブンに米国共産党の支持も受けていたヘンリー・ウォーレス進歩党候補（元農務長官、元副大統領、元商務長官）が講演のため同市に立ち寄ると、バックレー、バックレーの二人の姉、バックレーの友人一名はこの講演で「原爆をロシアに供与することで我々が平和を望んでいることを証明しよう」というビラを配ってウォーレスの講演の効果を減退させる試みを行ったが、これは警察に制止され失敗に終わった。

ボゼルは卒業直後、バックレーの姉で名門女子大学ヴァッサーの卒業生であったパトリシアと結婚した。卒業直前、バックレーは、卒業生総代として、イェール大学を退職する同大学学長を囲んだ講演会で保守主義者としての有終の美を飾った。彼は、ペンシルヴェニア大学学長スタッセンやコロンビア大学学長アイゼンハワー（両者は一九五二年共和党大会で大統領候補指名争いに参加した）といった来賓の前で、米国の大学が学問の自由を振りかざして、信教の自由（主にキリスト教を想定）と自由経済主義を抑圧していると批判したのであった。

バックレーのこのような批判は、一九五一年に出版された『イェール大学での神と人間』（*God and Man at Yale*）という単著の核心の部分を構成していた。彼はこの本を卒業直後、中央情報局に一時就職してメキシコに勤務してから退職して出版した。この著書は、終戦後、保守主義の古典となったベストセラー、フリードリヒ・ハイエクの『隷従への道』（*The Road to Serfdom*）をはるかに凌ぐベストセラーとなった。この本で、バックレーは、イェール大学が反キリスト教と集団主義の思想に侵食されていると警鐘を鳴らしたのであった。彼は特にイェールの経済学の授業が、企業活動の自由、所有権、小さな政府により維持されている個人主義を否定し、ニューディールや共産主義が推し進める集団主義と大きな政府を尊ぶ考えを肯定していると痛烈に批判した。バックレーは、こうした授業は学問の自由を振りかざして行われていると論じた。

この本の序文には、同書の意義を紹介した戦前から著名な保守系のジャーナリスト、ジョン・チェンバレンの文章が掲載されていた。チェンバレンは戦前アメリカ・ファースト委員会の支持者であったが、一九四〇年一二月から英国が米国の必要とする基地をカリブ海などで譲渡する代わりに英国の対ドイツ戦に戦争物資を供給することに賛同するようになり、表立っては同委員会のメンバーではなくなっていた。それでも、彼は同委員会のシンパであり続けた。戦後、彼は一九五〇年に刊行が再開された保守系の雑誌『フリーマン』(もともとは一九二〇年代に発行)の共同編集長であった。チェンバレンは、バックレーの本の序文で、大学では見解の異なる考えも教えるべきであり、一方の見解を教えないような風潮を批判したのであった。

イェール大学は、バックレーの信頼性を失墜させようと躍起になり、ヘンリー・L・スティムソン陸軍長官の側近でスティムソンと同様イェールのOBであったマクジョージ・バンディーを動かして、雑誌『アトランティック・マンスリー』でバックレーを「屈折していて無知な若者」と評したのであった。それでもバックレーの本は飛ぶように売れ続けた。バックレーは、このあと一九五三年にボゼルと共著で『マッカーシーとその敵たち』を一九五四年に刊行し、出版記念パーティーにはマッカーシー夫妻も出席した。マッカーシーは一九五四年の年末に失脚し、赤狩りの時代は終わるのであるが、バックレーとボゼルはバックレー家と親交のあったマッカーシーが推進していた赤狩りを擁護したのであった。(28)

5　共和党右派の衰退

ウッド、マコーミック、フェラーズ、クラレンス・マニオンなどを中心とするアメリカ・ファースト委員会の残党は、次の政治思想に立脚して行動した——①州権を連邦政府の権限拡大から守る、②それとの関係で、連邦最高裁が人種隔離の公立教育を違憲とするブラウン判決について、黒人の公民権に理解を示したが、それでも南部の人種隔離政策は、州権の観点から容認、③連邦政府の権限拡大に反対していたため小さな中央(連邦)政府志向、④熱烈な反共主義、⑤専守防衛を基本とし、議会の承認なしの政府の戦争行為（特に予防戦争や警察行動）に反対。彼らは、こうした政治思想を実践すべく、フォー・アメリカ（For America）という、共和党右派や南部を中心とする民主党保守派を支持する圧力団体を一九五四年五月に結成し、アイゼンハワー政権に、米国の対外援助の削減を求める要求を行った。フェラーズは、フォー・アメリカの全国委員長を務めた。フォー・アメリカは、一九五四年から五六年の大統領選にかけて、一九五三年から一年間アイゼンハワー政権の国税庁長官を務めたT・コールマン・アンドリューズが、第三政党であった憲法党から大統領候補として出馬したことを強力に支持した。同党は、州権拡大と連邦所得税廃止を政策綱領に掲げており、支持者には、バックレーの父親もいた。州権拡大と連邦所得税廃止を政策綱領の中心に据える思想は、一九六四年マニオンやフェラーズたちが強力に支持したバリー・ゴールドウォーター共和党大統領候補や、一九六七年南部民主党より分派した、反公民権運動の政党、アメリカ独立党に受け継がれていった。後者は、一九六八年の大統領選で、アラバマ州知事ジョージ・ウォーレスを大統領候補に、そして、第二次世界大戦中ドイツと日本に対して爆撃機により大量の無差別爆撃を実行して出世したカーチス・ルメイ元米国空軍総司令官が副大統領候補に擁立されていた。同党は、南部の一部の州で勝利を収め、選挙管理人の四六票と一般投票の一三・五パーセント近くを獲得していた。

フォー・アメリカは、また、共和党右派が中心になって一九五一年以来、上院議会で検討されてきたオハイオ州選出共和党穏健派上院議員ジョン・ブリッカー（一九三九～四五年までオハイオ州知事、一九四六～五八年まで上院議員）提案の、大統領の対外条約締結権限を制約するブリッカー憲法修正条項案を支持した。ウッド、マニオン、フェラーズたちフォー・アメリカの幹部は、この運動を草の根政治運動に拡大することを狙ったが、それは不発に終わった。[29]

この修正条項案は、米国政府が批准した条約のみならず、大統領が他国と交わした行政協定も議会の承認対象とし、外国との条約で米国憲法に修正を迫るものには米国は制約を受けず、すべての条約は国内の連邦政府と州政府で法律として制定されてから初めて有効となるという考えを憲法に挿入する憲法修正条項案であった。連邦議会は、政府案と議会保守派の案を検討したのち、一九五四年二月に一票差で否決した。ブリッカー憲法修正条項案は、州権の擁護と、戦時中から存在していた国連憲章などの多国間条約の米国主権への制約に反発する観点から支持される、米国内の孤立主義志向の発想を如実に物語るものであった。

フォー・アメリカは、マッカーシーの赤狩りを支持する人たちでもあったが、マッカーシー自身一九五四年六月に陸軍を相手に赤狩りを開始しようとしたことを契機に、同年一二月には議会の譴責決議で求心力を失った。一九五四年四月には、マコーミックが死去し、一九五七年にはまだ議員であったマッカーシーも死去した。この頃、フォー・アメリカも内紛や資金繰りから組織として弱体化していた。そして、一九五八年の中間選挙では、残り少ない共和党右派の議員はほとんど敗北していった。

一方、共和党右派の議会外における求心力はマニオンに集まった。彼は、アイゼンハワー政権の一期目が発足した最初の約一年間は、政府間委員会委員長を務め、連邦政府内における違憲行為を監視する立場にあったが、政権内の穏健派により更迭されたため、フォー・アメリカの結成に深く関与した一方、一九五四年秋以降、マニオン・フォーラムという保守系のラジオ番組をインディアナ州サウスベンド市を根城に放送開始した。同番組は、同市の近くにある全米二番目の都市シカゴ市では、『シカゴ・トリビューン』傘下のラジオ局により放送され、全国の保守系ラジオ局で勢力を拡大していった。

一九五八年の選挙の直後、マニオンらは、保守主義運動の資金集めのため、バックレーの義兄でもあり、また、イェール大学の同期で親友でもあるボゼルに、募金運動を展開するよう依頼した。ボゼルやフォー・アメリカは、米国人の大半が自分たちと同じ信条であると信じているが、保守主義運動の立て直しには、特定のイデオロギーや政策にこだわらない米国の圧倒的多数の有権者をいかに保守主義運動へ組織化していくかが重要であると確信していた。彼はこのような組織化の必要性を、一九五五年にバックレーとともに創刊した保守系の雑誌『ナショナル・レビュー』で論じたのであった。[30]

こうしたなかで、一九五八年一二月には極右のNPOであるジョン・バーチ協会が、マサチューセッツ州出身の製菓会社社長ロバート・ウェルチにより設立された。彼は、戦前アメリカ・ファースト委員会のシンパで、マッカーサー元帥を敬愛し、一九五二年にはタフト擁立運動を支援し、アイゼンハワー大統領を共産主義者と批判した。協会の役員にはマニオンが名を連ねており、フェラーズは協会の推薦人だった（フェラーズの総司令部時代の同僚ウィロビー少将、そしてケネス・コールグローヴも同協会のメンバーとなった）。アメリカ・ファースト委員会と比べればはるかに弱小な組織ではあったが、同委員会の残党が主張する、NATOからの米軍の引き揚げ、国際連合を米国への経済的負担と主権侵害の観点から敵視する傾向は別としても、米国内における共産主義者や不穏分子への警戒、対共産主義への勝利という点では、冷戦コンセンサスを共有する側面があった。しかし、ウェルチは、マッカーシーよりさらに一歩進んで、米国の支配階層は共産主義に侵されていると主張し、ローズヴェルト、マーシャル、アイゼンハワーなど国際主義を標榜する人々は共産主義の謀略の担い手であると論じた。ウェルチは、マッカーシーがアイゼンハワー大統領の謀略で失脚したと公言していた。さらに同協会は、米国政府、公共教育機関、教会、マスコミなど米国内の様々な組織が共産主義と共産主義者たちの影響を強く受けており、こうした考えとその支持者たちを追放しなければならないと論じ、マッカーシーの赤狩りの続行を容認する姿勢であったことから、米国政治の主流からはずれていった。ウェルチは、連邦準備銀行、累進所得税制、連邦年金制度、精神衛生治療制度といったものは集団主義を助長する共産主義の謀略であり、こうした制度を廃止すべきであると主張しており、また、黒人の公民権運動は世界的な共産主義革命の一部であるとも主張していた。同協会は一九六四年の時点で郊外に住む白人の中産階級のなかでも比較的上層の人たちにより構成された組織であった。

朝鮮戦争の収拾の手段として、マッカーサー解任後のトルーマン、そして朝鮮休戦協定を締結したアイゼンハワーも締結前に、中国への原爆投下を真剣に検討したことがあった。それのみならず、アイゼンハワー政権の外交政策は、原爆の使用を、フランス軍が一九五四年に北ベトナム軍に追い詰められた時と二度の台湾海峡危機（一九五四～五五年と一九五八年の中華人民共和国による対台湾砲撃）に検討し、また、海軍・空軍・核戦力を柱とする軍事費抑制型の国防政策を推進した。後者については、アイゼンハワーの信念であったと同時に、共和党右派が国内政治における制約になっていたと言ってよかろう。それでも、ゴールドウォーターが一九六四年の共和党大統領候補になるまでは、共和党右派の動きは、米国政治の表舞台では影の薄い存在となった。アイゼンハワー政権での国務長官就任後ダレスが推進した大量報復戦略も一九五六年までに見直され、ソ連への圧倒的な核戦力の優位ではなく、十分な核戦力でソ連に対抗できるという見解は、大統領の意向を反映するものであった。しかしながら、このような姿勢に対する批判は、一九五七年に米国より先にソ連が大陸間弾道弾と人工衛星の打ち上げに成功するという衝撃的な事件により、議会での共和党穏健派やジョン・F・ケネディをはじめとする民主党からミサイル・ギャップと通常戦力の増強という強力な要求として現れた。アイゼンハワーは、通常戦力の増強には応じなかったが、核戦力の増強の圧力に屈した。アイゼンハワー政権は、軍事費を抑制していたという点では後年、特にベトナム戦争突入以降の米国の歴史を振り返って評価されている面がある。しかしながら、軍事費を抑制した分、中央情報局を中心とする秘密工作による政府転覆に依存するところがあり、これは、一九五〇年代の前半はイランとグアテマラで成功した一方、一九五〇年代の終わりのインドネシア、そして、ケネディ政権に計画実行が引き継がれたキューバでは大失敗となっていた。また一九六〇年のコンゴについては成功したと言えよう。東欧諸国とソ連における政変の助長については、一九五六年のハンガリー動乱を静観していたことが示すように、米国は、一九五三年のスターリン死去以後の米ソ緊張緩和を背景として、欧州における米ソ勢力図の現状維持を黙認していた。(31)

おわりに

一九六〇年の共和党大統領候補選定にあたって、フェラーズは、マニオン、バックレー、ボゼルたちとともに、ゴールドウォーターを共和党の大統領候補にするよう共和党員に呼びかけた。フェラーズは現在の超党派による冷戦政策、増税、財政支出とグローバルな経済援助を非難し、ソ連に対して宥和的あるいは弱腰であるとも批判した。そして、このような米国の置かれている状況を打開するには、ゴールドウォーターを大統領に選び、戦略核兵器による攻撃能力の優位性を確保し、また、無駄な国内支出と対外経済援助を削減しながらソ連に対して経済的・軍事的な優位を確保しようと主張したのであった。フェラーズは、空軍予備役准将であり、F106という当時最もすぐれた性能の戦闘機を操縦できるアリゾナ選出のゴールドウォーター上院議員を、タフトの後継者として高く評価した[32]。

一九六〇年共和党大会は、フェラーズたち共和党右派が敵視する、アイゼンハワー政権が推進したソ連との緊張緩和・共存政策（デタント）を支えてきたニクソン副大統領が大統領候補指名を受けた。ニクソンは、フェラーズのようなタフト支持者たちからすれば、一九五二年共和党大会で大統領候補選出ルールに修正を行おうとしたアイゼンハワー陣営のロッジの狙いを実現することに大きく貢献したのみならず、このことによりアイゼンハワーの副大統領となった憎き存在であった。

フェラーズは、異人種間の恋愛と有色人種の公民権を受け入れる人物ではあったが、彼の晩年は、これらを容認しない傾向にあった人たちと政治活動を行っていた。また、米国の安全保障政策、対ソ政策については、タフト擁立運動に挫折したあとから見受けられる傾向として、核兵器の先制使用を辞さないことを主張する現役・退役軍人、政治家などとも共同歩調をとった。終戦直後のフェラーズの原爆に対する見方からすっかりかけ離れた立場をとっていた[33]。

アイゼンハワーとケネディ政権が推進した米ソの勢力図の現状維持に満足せず、マッカーサーの朝鮮戦争が示したような巻き返しを主張したのが、ゴールドウォーター共和党大統領候補であった。彼は、NATOや米国の対外的防衛展開の維持を支持し、むしろ、冷戦の勝利を唱えたのであった。

この点は、民主党上院のリーダーであったマイク・マンスフィールドが、一九六六年以降七〇年代前半まで上院議会で働きかけた、一九六一年以来の持論であったNATO軍からの米軍の一方的な大幅削減とは異なっていた。このような削減は、一九七一年のソ連の提案による欧州における米ソ兵力削減交渉を経て、冷戦終結期の一九九〇年に始まった。

前述のマニオンを中心とする共和党右派再興の草の根運動は、一九六〇年の大統領選で、彼が敵視したアイゼンハワー政権時代の副大統領ニクソンがケネディに敗北したことで、共和党穏健派を擁立することを疑問視する共和党内の雰囲気を拡大するチャンスとなった。共和党右派のイデオロギー的側面においては、ゴールドウォーター運動の底流にあった二つの思想的な流れを、バックレーが編集長を務める『ナショナル・レビュー』誌において、反共主義を枠組みとして融合することに成功していた。この二つの流れの一つは、自然な上下関係に基づく、指導者による権威主義的な社会・政治制度を標榜する社会的・文化的保守主義と、もう一つは自由競争と市場原理を重んずる経済的保守主義であった。前者には、キリスト教原理主義や福音主義を支持する勢力や、当時の南部における人種隔離（人種的上下関係）を支持する勢力が含まれていた。後者については、第二次世界大戦後、米国内人口が北東部・中西部から南西部や西部を中心とするサンベルト地帯にシフトしていくなかで、戦争景気と戦後の経済的繁栄で勃興した、この地帯の新しい産業のビジネスマンや不動産などサービス産業の大富豪などが代表例であった。こうした経済人たちは、前述のシアーズ社のウッドと同様、えてして北東部の経済勢力を敬遠あるいは敵視し、サンベルト地帯の経済開発における連邦政府予算への依存が他地域より高いにもかかわらず、信条としては、小さな中央政府と個人主義を信奉していたのであった。この二つの保守主義の流れは、反共主義と、勤勉なビジネスマンを賞賛するということでまとまり、ジョン・バーチ協会のような極右、あからさまな反ユダヤ主義者や人種偏見主義者を排除したり、彼らから距離を置くように努めながら、軍事予算を例外扱いとする小さな政府、社会福祉の削減、共産主義への強硬姿勢、そして伝統的な宗教的価値観を強調したのであった。(34)

第11章　米国政治の長老フーヴァー
——対ソ政策、世界食糧調査団、行政改革

第二次世界大戦終結後のハーバート・C・フーヴァーのアメリカ外交に対する貢献は、主に三つ挙げられる。一つは、ハリー・S・トルーマン政権の食糧援助問題の顧問として終戦直後から対欧州と対アジアの外交に直接関わったことであった。もう一つは、ジョゼフ・グルー、ウィリアム・キャッスル、ユージン・ドゥーマンなど対日政策逆コースを唱える民間人が中心になって一九四八年六月に結成した対日評議会（American Council on Japan）の結成される以前からキャッスルを介して彼らの静かなるパートナーとなったことである。最後に、一九四七年七月以降四九年までトルーマン政権の行政改革委員長に就任したことにより、冷戦初期の重要課題であった軍事機構改革に深く関わったことが挙げられる（フーヴァーはドワイト・D・アイゼンハワー政権の一期目も同様に行革委員長を務めている）。日米開戦前、終戦時に続いて、トルーマン政権の行政改革における論争で、フーヴァーは、ディーン・アチソン国務長官と政策面で対立した。

1　対ソ政策と世界食糧調査団——日本とドイツの経済的立て直し

フーヴァーは、第一次世界大戦期と同様に、食糧や経済的手段で共産主義の拡張を封じ込めることを主張した。彼

はソ連の拡張を阻止する最も有効な手段は米国の影響下にあった地域の経済秩序の立て直しであると考えた。フーヴァーは一九四六年に食糧問題の視察で世界中を回った。欧州にはこの問題で、一九四六年と一九四七年に一回ずつ訪問しているが、復興援助を行うにあたり彼が重視したことは、援助活動が増税を招くなど米国経済を不必要に圧迫しないことと、援助対象地域が不必要に米国に依存しないことであった。彼は、マーシャル・プランのようなあまりにも大規模で、しかも米国が一方的に支出する援助は、米国の国内経済活動を圧迫するほどに輸出が行われてしまうという見解に基づき、批判したのであった(1)。

フーヴァーは、第8章で紹介したように、第二次世界大戦末期に、トルーマン大統領の要請で、戦後の世界的な食糧問題について助言を求められていた。その翌年フーヴァーが大統領の要請で世界食糧問題の調査を行ったさい、調査団の随員になった人たちは、フーヴァーが第一次世界大戦期から一九二〇年代にかけて行った人道支援活動の仲間たちであり、彼らの多くは、ここで紹介する第二次世界大戦期のフーヴァーの対欧州人道支援活動の試みに関与していた。

フーヴァーは、独ソが一九三九年八月に結んだ同盟によりポーランドへ両国が侵略戦争を始め、第二次世界大戦が始まった際、同年九月下旬、駐米ポーランド大使の彼に対する働きかけに応じ、ポーランド救済委員会を発足させた。同委員会は、第2章で言及したように、フーヴァーの腹心のモーリス・ペイトが中心メンバーの一人として活躍した。同委員会は、一九四〇年から四一年の時期、フーヴァーの腹心で、一九三八年に外交官を退官したヒュー・ギブソンが、ロンドンで同委員会の欧州統括部長となり、在ロンドンのポーランド亡命政権や英国政府などとの交渉を行った。

同委員会の会長には、全米で最も多くのポーランド系米国人が住むシカゴ市周辺の名士チョンシー・マコーミックが就任した。マコーミックは、すでに何度も紹介している新聞王ロバート・R・マコーミックの四歳年下の従弟で、ロバートと同様、グロトン校とイェール大学の卒業生であった。チョンシー・マコーミックは、一九一四年にパリで、マコーミック家のマコーミック・リーパー社とはライバル関係にあったディーアリング社創業一族の令嬢マリオンと結婚した。第一次世界大戦勃発後、陸軍大尉に任官されて食糧などの兵站に従事した。一九一九年にフーヴァーが、ヴァーノン・ケロッグを建国間もないポーランドへ調査団として派遣したさい、第2章に登場したウィリアム・グローヴ大佐のほか、マコーミックが補佐役となって調査団に加わった。マコーミックは、従兄のロバートと並ぶシカゴ市の名士で、シカゴの美術館の理事長のほか、農業機械メーカーであったインターナショナル・ハーヴェスター社（一九〇二年にマコーミック・リーパーとディーアリングが合併して誕生）の役員を一九二六年以降死去するまで務めていた。彼は、ロンドンの亡命政権のイグナツィ・ヤン・パデレフスキ首相を、ペイトと同様、よく知っていた。パデレフスキは、彼らが一九一九年にポーランドにいた時の首相であった。

ポーランド救済委員会の残りのメンバーは、エドガー・リカード、米白交流基金委員長・米国児童基金（American Children's Fund）副委員長ペリン・C・ギャルピン、ポーランド生まれの社会学者でナチズムの研究家セオドア・アベル、米白交流基金の副委員長ハーラン・タック、元上院議員（共和党、コネチカット州）フレデリック・ウォルコットとケロッグ夫人であった。アベルを除き、全員フーヴァーとは第一次世界大戦以来の仲間であった。同委員会のニューヨーク本部にはこのほか米国救済局時代の関係者たちが委員会の活動を支援した。

ウォルコットは、外交交渉関係の活動でギブソンを支え、ケロッグ夫人は、募金活動で大いに貢献した。ポーランド救済委員会は、ロンドン、スイス、フランスで協力者を募り、スイス在住の米国人ビジネスマンのウィリアム・マクドナルドは、ドイツのナチス政権との交渉を行った。一九四〇年春にドイツが北欧諸国を制圧していくと、同委員会は、食糧などの人道支援物資を、ジェノヴァやリスボンから送り出していった。

ポーランド救済委員会の活動については、欧州大陸への海上封鎖を徹底させることを優先したウィンストン・チャーチル首相は協力しなかった。フランクリン・D・ローズヴェルト大統領は、第二次世界大戦が勃発したさい、議会に対して中立法の撤廃を要請し、また、フーヴァーは、議会に中立法が防御用の物資輸出を認めるよう改正されることを望んだが、上院議会は、中立法の撤廃を五六対三六で否決した。フーヴァーを敵視していたローズヴェルト政権は、ポーランド救済委員会の活動には協力しなかった。第2章でも紹介しているように、ペイトは同委員会のため、執念の活動を続けた。(2)

独ソがポーランドを分割したあと、バルト三国のエストニアとラトヴィアは、ソ連の圧力に屈し、併合されていった。リトアニアは、独ソに分割された。フィンランドは、一九三九年冬、ソ連と交戦した。同年一二月、フーヴァーの腹心ルイス・ストロースは、駐米フィンランド大使の要請で、彼をフーヴァーに紹介し、同国大使は、フィンランドへの人道支援を求めた。フーヴァーはこれに応じ、フィンランド救済基金を設立し、募金活動を同月開始した。活動を始めると同時に、フーヴァーは、米国の新聞各社に募金運動への参加を呼びかけ、一四〇〇社が協力した。連邦議会では、タフトたちが、フィンランドへの人道目的の支援としての三〇万ドルの提供を一九四〇年春に実現させた。こうして、同基金は、二五〇万ドルの基金を設けるに至った。基金の運営を行う委員会の会長はフーヴァー、副会長はジョン・J・ホプキンズ、委員長はリカード、副委員長はストロース、委員はギャルピン、元駐英大使ウォルター・ペイジの息子フランク・ペイジ、レイモンド・ソーテル、弁護士エドウィン・シャタック、ジョン・シンプソン、アレグザンダー・スミス、銀行家・米白交流基金理事クレア・トーリーであった。スミスは、当時、弁護士、ニュージャージー州共和党の有力者であり、米国食糧局の元スタッフであった。のちに一九四四年から五九年までニュージャージー州選出の上院議員になった。シャタックはフーヴァーの米国食糧局時代のスタッフで、ベルギーへの人道支援にも携わり、その後、ニューヨーク市の金融街の弁護士として成功した。ホプキンズは、フーヴァー政権期の財務長官のアシスタントで、当時弁護士であった。一九三七年に法務担当として入社したエレクトリック・ボート社が戦後軍産複合体を担うゼネラル・ダイナミックス社に変貌した。ホプキンズは同社の創業者で会長になった。(3)

ローズヴェルト政権は、同基金の活動には敵対的であった。フーヴァーは、友人である米国赤十字社のノーマン・デーヴィス社長に、フィンランドへの救援活動をともに行うことを要請し、赤十字社が医薬品を提供、フィンランド救済基金が食糧を提供する共同作業を行うなど様々な提案をデーヴィスに行った。結局、やはりデーヴィスの友人である大統領がフーヴァーの構想には乗り気ではなかったこともあり、フィンランド救済基金は米国政府と米国赤十字社の支援を受けることなく、孤軍奮闘することとなった。一九四〇年初頭には、国務次官のサムナー・ウェルズが、フーヴァーの活動が、ローガン法に抵触するかもしれないと公言するなど、批判も受けていた。(4)

一九四〇年一一月の大統領選挙終了後、フーヴァーは、ポーランド救済委員会およびフィンランド救済基金の関係者たちとともに、ノルウェー、ベルギー、オランダ、フィンランド、中部ポーランドへの食糧援助を、米国を含む中立国がドイツと英国に要請する圧力団体、「小さな民主主義国へ食糧支援を行う全米委員会」(National Committee on Food for the Small Democracies) を立ち上げた。フーヴァーは同委員会の名誉会長になった。同委員会は、欧州のほかの中立国とともに、英国とドイツに対して、これら五カ国の国内の食糧が占領軍に供出されないこと、また、これら五カ国が中立国から食糧援助を受けられるように英国とドイツが海上封鎖を必要に応じて緩和すること、そして中立国の中立組織が効率よくこれら五カ国で人道支援を行えるようにすること、を要請する活動を行った。同委員会は、一〇〇〇人以上もの米国各界の指導者たちからの支持を得たが、外交政策面では、アメリカ・ファースト委員会と共同歩調をとる傾向もあって、英国への支援を積極的に行う、第6章で紹介したウィリアム・アレン・ホワイトなどからは痛烈な批判を受けた。フーヴァーとホワイトは比較的親しい関係であったが、外交政策では立場がはっきりと異なっていた。同委員会は日米開戦とともに休会することとなった。(5)

ローズヴェルト政権の食糧援助は、まずは、一九四一年春の武器貸与法に基づき、英国、中国、ソ連に対して行われる運びとなった。それから、米国が参戦すると、連合国により立ち上げた合同食糧委員会 (Combined Food Board) と第6章で紹介した連合国救済復興局を通じて、連合国および連合国により枢軸国から解放された地域に対して行った。日本がポツダム宣言を受諾した翌日の八月一六日、武器貸与法に基づく食糧支援を含む物資の提供は廃止された。

フーヴァーは、ドイツが敗北したその日から、全米に向けて、戦争終結後の世界的な食糧不足や飢饉対策に米国が積極的に対処することを呼びかける啓蒙活動を始めた。一九四六年二月、米国農務省海外農業室（Department of Agriculture Office of Foreign Agricultural Relations）は、世界的な飢饉に直面していることについて警鐘を鳴らす報告書を公表した。この報告書では、戦災と、中国、オーストラリア、南米の一部の地域の干ばつにより、中国をはじめとするアジア地域、インド、北アフリカ、欧州で小麦や米の生産が深刻に落ち込んでおり、一九四五年の世界的な食糧の生産は、戦前の水準と比べて一人当たり一二パーセント落ち込み、五億人が飢饉に直面していると分析した。欧州では、通常の生産量と比べて二五パーセント下回っており、日本は米を十分に生産していなかった。ソ連の農業生産量は、戦前の水準を下回っていた。

この報告書は、一九四六年から四七年にかけての世界的な農業生産量は、前年と比べて改善するものの、引き続き戦前の水準を下回ると予想した。一九四六年から四七年の収穫期で、食糧生産に余剰を抱えると報告書が予想した地域・国は、米国、カナダ、英国のほか、南米と中東の一部の地域のみであった。一九四六年初頭、米国だけが唯一戦争中に農業生産量を増やすことができ、しかも生産量は記録を更新していた。米国の農業生産量は、戦前の平均を約三割上回っていた。

トルーマン大統領は、全米向けの演説で、国際社会が深刻な飢饉に見舞われていると指摘し、未曽有の食糧消費を謳歌していた米国市民に、食糧消費を抑制することを呼びかけ、米国の食糧を世界に供出する意向を伝えた。当時の米国は、戦時中の食糧配給は撤廃され、米国人の食糧消費は増える一方であった。当時の米国人の一日当たりのカロリー消費は、三〇〇〇キロカロリーであった。欧州の平均が二〇〇〇キロカロリーで、地域や国によっては一〇〇〇キロカロリーを切っているところも多かったことと比べると、米国の食糧事情がいかに良かったかを物語っている。米国政府は、しかしながら、食糧配給制度の再導入は検討せず、民間の自主的な食糧消費の抑制に頼ることにしていた。

トルーマンは、二月下旬、クリントン・アンダーソン農務長官を通じ、フーヴァーに滞在先のフロリダ州からホワイトハウスへ急遽来るように依頼した。トルーマン大統領との会談の結果、大統領の飢饉対策緊急委員会（President's Famine Emergency Committee）の創設とフーヴァーを団長とする世界飢饉調査団（Famine Survey Mission）の派遣が行われることとなった。

大統領の飢饉対策緊急委員会は、三月一日に正式に結成された。名誉委員長はフーヴァー、委員長はローズヴェルト政権下の農業調整局で頭角を現し、米国連邦準備銀行のセントルイス総裁も務めたことがあったチェスター・デーヴィスが就任した。デーヴィスは共和党出身であったが、一九三三年にニューディール政策の目玉の一つであった農業調整局の生産局長に就任し、その後、同局の農業生産調整の政策の中核部分を担当した。一九三六年一月に連邦最高裁判所が、同局に対して、ニューディール政策のもう一つの柱であった米国復興局と同様、違憲判決を下すと、デーヴィスは、土壌保全を通じた生産調整を行うことで、農業調整局の活動を合憲の範囲内に留めるように工夫した。デーヴィスは、一九三六年に大統領の指示で連邦準備銀行の農業問題担当の理事に就任し、一九四一年にセントルイスの連銀の総裁に就任した。この間、彼は、政府の国防委員会と国防問題諮問委員会の委員を務めていた。一九四三年に国内の供給不足に伴い戦時統制下にあった物価と賃金を抑え込むことが困難になるなか、デーヴィスは、戦時食糧局の長官に就任した。しかし、デーヴィスは、二カ月足らずで辞表を提出した。理由は、穀物や商品市況の価格抑制をめぐる政策対立であった。大統領は、穀物や商品の生産に補助金を提供することで、これらの生産コストが価格を上回る状況の穴埋めを行おうとしたが、デーヴィスは、そのような補助金政策は、税制と貯蓄の政策、それから食糧供給の運営と統制を引き締めない限り有効な手段にならないと説いたのであった。このあと、デーヴィスは、戦時動員・復興局の顧問を務めた。デーヴィスは、大統領の飢饉対策緊急委員会の委員長を務めたあと、一九四七年にアヴェレル・ハリマン商務長官の欧州に対する緊急および復興援助に関する政策提言を行う委員会（Citizens Committee）のメンバーになり、ほかの経済界のリーダーたちとともに欧州の経済復興について政策提言を行う研究機関経済開発委員会（Committee for Economic Development）を立ち上げた。

大統領の、飢饉に対する緊急委員会のコアメンバー、つまり、同委員と調査団員を兼ねた人たちの人選は、フーヴァーが決めたと言ってよいような委員の構成であった。というのも、この委員会は、国内では委員長が食糧の消費の抑制の啓蒙活動や、農業団体や食品加工業界と連絡をとったりする役割を担っていたが、委員会の主たる目的は、世界各地にフーヴァーの食糧調査団を派遣し、この調査団の報告に基づき、米国の国際的な食糧支援を推進することとなっていたからであった。ただ、フーヴァーの活動の翌年の六月に、米国は、マーシャル・プランによる大規模な経済・食糧支援を欧州に対して行い、日本に対しては別枠で食糧支援を行うこととなった。[6]

フーヴァー食糧調査団の団員のほとんどが、フーヴァーの第一次世界大戦期以来の仲間たちであり、また、第二次世界大戦に米国が参戦する前に努力した人道支援活動で苦労をともにした人たちであった。フーヴァー以外のほかの主たるメンバーは、ギブソンが事実上の副団長、ペイト、ギャルピン、タック、デニス・Ａ・フィッツジェラルド、フランク・Ｅ・メイソン、ジョン・Ｂ・マスドン、チャールズ・Ｆ・デルツェルと、ヒューゴー・マイヤーが団員であった。フィッツジェラルドは、トルーマン政権の戦時食糧局や合同食糧委員会の経済顧問を歴任してきた農業経済の専門家であった。デルツェルは、当時スタンフォード大学フーヴァー研究所の職員で、この食糧調査団に同行して第二次世界大戦関係の資料収集を担当した。彼は、集めた資料のうち、イタリアのファシズムに関係する資料をもとにスタンフォード大学で博士論文を書き、ヴァンダービルト大学の教授となりこの分野の大家として活躍するようになった。メイソンは、国際報道畑のベテランで、放送局ＮＢＣの副社長を務めた。フーヴァーの広報担当・著作関係アドバイザーも長年務めてきており、フーヴァーの厚い信任を受けていた。食糧調査団では、広報担当のほか、フーヴァー研究所用の資料収集を担当した。[7]

旅立つにあたり、フーヴァーは、米国民に食べ物の無駄な消費の抑制を訴えていた。フーヴァー食糧調査団は、三八の国や州を訪問した――イギリス、フランス、イタリア、ヴァチカン、ドイツ、オーストリア、ベルギー、オランダ、スイス、デンマーク、ノルウェー、スウェーデン、フィンランド、ユーゴスラヴィア、チェコスロヴァキア、ポーランド、ギリシャ、エジプト、イラク、インド、タイ、フィリピン、中国、韓国、日本、ハワイ、カナダ、メキシコ、パナマ、コロンビア、エクアドル、ペルー、チリ、アルゼンチン、ウルグアイ、ブラジル、ベネズエラとキューバである。調査団は、一カ国平均二日の強行軍で、一九四六年三月から六月に世界を回った。フーヴァーは、この活動によって、戦時中に妻を亡くした悲しみを乗り越え、難聴ではあったものの、若々しく活動した。

食糧援助を欧州とアジアで推進するにあたり、フーヴァーが重視した国はドイツと日本であった。フーヴァーは、米国占領下のドイツ地域に入る前に、ベルギーで、ドイツの米軍占領地域のルシアス・クレイ総司令官の出迎えを受けた。フーヴァーとクレイは、ドイツ国民のほとんどがヒトラー政権の被害者であったことで見解が一致し、早急にドイツにおける食糧や医療の人道支援を拡充する必要があると判断した。フーヴァーは、第一次世界大戦終結後の時期と同様、ドイツ経済の復興を進めないと欧州経済の復興は進まないと考えていた。ただ、この問題は、米英仏がドイツ西部地域を三分割、ソ連がドイツ東部地域を占領していたことから、ドイツ経済の立て直しは、ソ連がドイツの工業設備を戦争賠償として移設させるなど、四カ国で政策合意ができない状況であった。

フーヴァーは、翌年二月にドイツを再び調査団とともに訪問した。帰国後、トルーマン大統領は、ドイツに対する食糧援助に関する報告書・政策提言書を受け取ったが、大統領は、フーヴァーにドイツ経済の立て直しについての意見書を求めた。フーヴァーは、三月七日にこれを大統領に提出した。この意見者によると、フーヴァーは、ドイツの再軍備は禁止するものの、英国と米国の占領地域ではフランスとソ連の占領地域に先行して、ドイツの軽工業と重化学工業の復活を優先させるべきであり、重化学工業の生産設備の国外移設のような賠償を求める行為をただちにやめて、ドイツ工業を復活させて欧州経済の再建に導くべきであると論じた。フーヴァーは、これによりクレイとウィリアム・ドレーパーへの援護射撃をしていたのであった(8)。

フーヴァーは対日占領政策の進展について、彼の大統領時代の参謀総長であったダグラス・マッカーサーに一九四五年一一月に書簡を送っており、日本が深刻な食糧不足に直面していることに懸念を表明すると同時に、マッカーサーが推進していた社会改革を讃えた。フーヴァーが強調したことは、経済的困窮からの脱却を図りながら民主主義を日本で確立することで、そのために日本の生産性向上と経済的自立が必要であると考えた。

一九四六年五月の来日に先立ち、フーヴァーは中国を訪問した。彼は、国民党の腐敗ぶりと対ソ封じ込めにおける貢献を酷評した。ローズヴェルト政権が一九四四年に開始した、戦災地域への大規模な復興と難民保護を目的とし、米国務省の機関として発足した連合国救済復興局（United Nations Relief and Rehabilitation Administration：UNRRA，一九四五年に国際連合発足後はその管轄下に移行）は、ローズヴェルト大統領の方針でフーヴァーに何ら助言などを求めることもなく、ニューヨーク州の元知事ハーバート・リーマンがその委員長に就任していた。ＵＮＲＲＡは、米国が資金、物資、人員の提供で圧倒していたが、同局の予算の半分は中国の支援に回されていた。フーヴァーは、ＵＮＲＲＡの非効率とコストパフォーマンスの悪さを嘆いた。フーヴァーの訪中の翌月から、中国国民党と中国共産党は、内戦となった。ＵＮＲＲＡが終焉を迎えていた一九四七年夏、中国の軍事情勢は、国民党軍が劣勢に立たされるような状況となり、一九四九年秋には、中国大陸では中国共産党による勝利に伴い中華人民共和国が誕生し、国民党は台湾へ逃れた。

日本に到着すると、フーヴァーは、既述のようにマッカーサーと数回会談を行った（五月四日に三時間、五月五日に一時間、五月六日に一時間）が、フーヴァーの終戦末期のトルーマンへの進言にマッカーサーは共感した。マッカーサーは、フーヴァーと同様、占領の早期終了と、日本の非武装化を日本列島に近い島から監視することを主張した。そして彼らは開戦前のローズヴェルトの対日経済制裁などの対日外交を批判し、近衛文麿・ローズヴェルト会談が一九四一年九月に開催されていれば日米戦争は回避できたはずであったと論じた。フーヴァーによると、マッカーサーは近衛が天皇から全面撤退の権限が与えられていたと信じていた。フーヴァーの対日食糧援助は、彼の来日直後に組閣された吉田茂内閣を支援したと言えよう(9)。

マッカーサーは、フーヴァーと同様、連合国戦争賠償委員会米国代表エドウィン・ポーレーの対日戦争賠償案に反対で、日本の重工業と軽工業の復興の必要性についてフーヴァーと見解が一致し、二人はポーレーの厳しい対日戦争賠償案に批判的であった。GHQ内の保守派はこの見解に属しており、彼らはポーレーが唱える工業施設をアジアの戦争被害国へ移す構想のみならず経済学者コーウィン・エドワーズが唱えた財閥解体についてもこれらが極端で非現実的であると批判的であった。一方、大統領や陸軍省もポーレーやエドワーズの見解に反対あるいは無関心であった。フーヴァーが離日する前に、トルーマン大統領はフーヴァーが去った直後に来日を予定していたポーレーとハワイで会談することをフーヴァーに依頼したが、大統領はフーヴァーがポーレーの対日賠償問題に関する考えを変えさせることを期待したようである。ポーレーは、トルーマンの政治的盟友であると同時に、民主党の有力な献金者であったが、対独・対日戦争賠償問題について厳しい見解であったため、大統領は彼をこの問題から外すべく海軍次官への就任を推進していたが、これは一九四六年二月の上院議会で葬り去られていた。フーヴァーはハワイで約三時間にわたり反共主義と米国の対日占領費の軽減の観点から日本の経済復興を優先させるべきで、工業施設の海外への撤去の不必要を説いた。ポーレーは、説得されたかに見え、フーヴァーはマッカーサーにその旨を伝えたが、結局ポーレーの考えは変わらなかった（ポーレーがフーヴァーの見解が正しかったと本人に伝えたのは一九五三年であった）[10]。

フーヴァーの反共産主義に基づく反ソ連の見解は、一九四六年三月までにワシントンの外交政策決定者のほぼコンセンサスになっていた（例外はヘンリー・ウォレス）。この見解は、欧州においてはドイツの復興、アジアにおいては日本の復興という考えに発展していったが、フーヴァーはこの流れの最先端にいたわけである。一九四七年の三月から五月にかけてフーヴァーはドイツと日本の経済復興の重要性を反共と米国経済の占領経費節約の観点から唱えた。トルーマンが、後に有名になったトルーマン宣言の演説を行った翌日の三月一三日、彼は、ハリマン商務長官、アンダーソン農務長官、ロバート・パターソン陸軍長官、ジェームズ・フォレスタル海軍長官、アチソン国務次官との会議で、フォレスタルとともに反共と占領コスト削減に基づきドイツと日本の経済に対する制限を撤廃すべきで、日本における財界人の追放解除を主張したのであった。五月に入るとクリフォード・ストライクを団長とする調査団による前述のポーレー案を修正する報告書が依頼者であった陸軍省に提出された。フーヴァーは、アチソン国務次官が行った、日独をそれぞれ欧州とアジアにおける経済活動の中心地として支援する演説の前日であった五月七日に、ストライク報告書に関する意見をパターソン陸軍長官に述べている。彼は共産主義に対する防波堤としてドイツと日本を重視したが、ソ連を封じ込めるにはこれら二国を含めた自由主義陣営の生産性の向上を通じた経済発展が重要であると強調した。そして、フーヴァーはストライク報告書は工業施設の海外への撤去についてポーレーよりは少なくしたが、それでも不十分であると批判した。一方、財閥解体についてはある程度の解体は必要という見解を示唆した。商務長官時代、巨大資本や非公式なカルテルの形成に決して反対ではなかったフーヴァーからすれば、巨大資本は生産性向上を通じてコストと価格を低下させていれば、その存在を容認できるものであった。ニューディールの反トラスト法の運用がこのような見解と類似していたことを考えると、[11]フーヴァーのような反ニューディールのみならず、ニューディール支持者の多くにも財閥解体は奇異に映ったのである。

ワシントンの外交政策決定者たちは、マッカーサーの占領政策に転換を迫るが、占領地域の司令官の権限は絶大で、大統領や当時アメリカ外交の主導権を国務省から戦時中以来奪い続けていた陸軍省でさえ、マッカーサーに指示することは至難の業であった。フーヴァーはマッカーサーのカリスマ性を米国内における共和党の巻き返しに利用したかったこともあり、彼に好意的な見解を持ち続けていたが、逆コースを彼自身支持していたこともあり、キャッスル、ドゥーマン、グルー、『ニューズウィーク』誌の外交問題編集者ハリー・カーンの活動の静かなるパートナーとなった（これはアメリカ・ファースト委員会の時と似ていた）。また、マッカーサーの共和党大統領候補擁立運動からはやや距離を置き、一九四四年、一九四八年、一九五二年の大統領選においてタフトを同党の候補とする運動を支持した。結局、対日占領政策について、フォレスタルがディロンの社長であった時期、同社の役員であったドレーパー陸軍次官と、国務省のジョージ・ケナンを中心とするワシントンの政策決定者たちがマッカーサーから主導権を奪うのは一九四八年春以降であった[12]。

一九四七年六月、ジョージ・C・マーシャル国務長官は、ハーヴァード大学で、欧州に対する巨大経済復興支援計画を行うことを公表した。連邦議会で、このマーシャル・プランの具体的内容と予算が決まったのは、一九四八年春であった。フーヴァー食糧調査団の貢献は、欧州と日本などにおいて、食糧不足に喘ぐ地域へ食糧支援を拡充し、スピード・アップさせたことにあった。また、フーヴァーは、フォレスタル海軍長官が唱えた対ソ封じ込め政策の具体的対応をトルーマン政権内でいち早く唱えていた。大統領の飢饉対策緊急委員会とフーヴァー食糧調査団は、フーヴァーにトルーマン政権内で政策提言と影響力を行使する重要な基盤を与えていた。こうした政策提言は、彼の一九一九年から二三年までの欧州とソ連に対する豊富な人道、外交、安全保障の経験があったからこそ、踏み込んだものとすることができた。彼の対ソ封じ込め政策は、フォレスタル海軍長官を後ろ盾として一九四七年春以降、対ソ封じ込め論で頭角を現したケナンより、特に第8章で見た終戦時のことを考えると、早くからトルーマン政権内で推進していたと言えよう。ケナンは、一九四六年二月下旬にモスクワの米国大使館からジェームズ・バーンズ国務長官にソ連の拡張主義に対して辛抱強く封じ込める政策の必要性を唱えた長文の電報を打っていたが、彼が国務省内で対ソ封じ込め政策を、同省政策企画室の室長として推進していったのは、一九四七年春以降であった。

2　国防をめぐる行政改革

政策決定者間の反共コンセンサスは、一九四七年三月一二日のトルーマン宣言へと発展していったのであるが、フーヴァーはソ連の封じ込め政策の適用対象地域を拡大発展することには米国の国力の温存・維持・発展に基づき反対で、この見解は、彼が行政改革委員長になってからも強調し続けた。

一九四六年一一月の中間選挙で、第10章で述べたように、共和党は上下両院の多数派を一五年ぶりに制することができた。共和党は、ニューディール政権時代の行政機能のスリム化を求めた。トルーマン大統領は、議会の行政改革の要求に応じ、後者は、行政改革委員会に関する法案を可決し、フーヴァーを委員長とする行政改革委員会が立ち上がった。委員については後述するが、この行革委員会は、フーヴァーが主導して行い、副委員長のアチソン国務次官と彼に同調する数名の反対派が、フーヴァー案に修正を求めるという政策的対立が目立ったが、概ねフーヴァーの考えに沿って行政改革案はまとまった。行革の中心的課題は、ニューディール政策で強大化した米国中央政府の行政機関をスリム化し、また、大統領の権限と機能をどのようにして制度面で効果的にするかであった。

この行革でもう一つ重要な課題であったのが安全保障関係の行政機能の改編であった。第二次世界大戦が終了していたにもかかわらず、米ソ間の対立のため準戦時体制を維持していた米国の安全保障を、軍事機構改革を通じてどのように経済的・民主的にすべきであるかということであった。一九四九年の安全保障国家法は、陸海空軍の独立性を従来より弱める形で陸海空軍の上に立つ国防長官の権限を強化した。このような判断をしたトルーマンは、フーヴァー、フォレスタル、(フォレスタルの証券会社時代の元側近)フェルディナンド・イーバースタット、そして海軍が主張した国防長官の権限強化と三軍の独立性維持の併存(調整型)と、陸軍、空軍、アチソン国務次官(行革副委員長)らが主張した国防長官の権限強化と三軍の一体化(統合型)の両方に配慮した妥協を行ったのであった。議会はトルーマンの考えにおおむね沿った案を可決した。調整型を主張するグループからすれば国防長官と統合参謀本部長の権限が三軍に対して明確に優位となったため、権限集中はシビリアン・コントロールを妨げるのではないか憂慮した(フーヴァーの場合は、第一次世界大戦中の人道活動が権限の分散により推進され、それが活動の成功の秘訣の一つだったと考え、分権化の発想がそれ以降根強かった)。一方、統合型を主張するグループは改革が不十分であったと不満であった。

米国の安全保障の確保について、フーヴァーはロバート・A・タフトに代表される共和党議員が主張するコストパフォーマンスのよい方法を支持し、それは具体的には陸軍ではなく海軍力、空軍力、核抑止力に依存することを主張する見解であった。そして、北大西洋条約機構（ＮＡＴＯ）の発足や朝鮮戦争の勃発に伴い、一九五〇年の終わり頃から五一年初頭にかけて議会の内外で米国の安全保障のあり方をめぐって大論争が起きた。フーヴァーの発言がこの端緒となったが、彼は、トルーマンやアチソンが推進しはじめたグローバルな封じ込め策（ＮＳＣ68）には反対であった。彼やタフトが主張したことは、欧州大陸やアジア大陸の紛争に陸軍の兵力を投入することなく、海軍、空軍、核抑止力を柱としながら西半球の防衛を安全保障の中心に位置づけ、米国の防衛線は英国と日本までは含むとするものであった。彼らは、米国がＮＡＴＯの一方的な負担をしていることにも批判的であった（フーヴァーは朝鮮戦争勃発の時点では日本の武装化は想定していなかった）。朝鮮戦争の戦況が悪くなるなかで展開されたこの論争であるが、フーヴァーやタフトがトルーマンやアチソンに問いかけたのは、米国の対外経済的コミットメントと対外政治的コミットメントについて米国の国力の温存・維持・発展の観点から限度を設けるべきではないかという点であった。この論争はトルーマンやアチソンに代表されるＮＳＣ68推進派の勝利となるが、論争に敗北したフーヴァーやタフトもトルーマン政権やアイゼンハワー政権と同様に、海軍、空軍、核兵器に依存する国防政策を支持し続けたのであった。一方、財政支出の面ではフーヴァー、タフトらの中央集権化への抵抗と均衡財政主義は、両政権の財政政策の制約となり、社会福祉が連邦財政における犠牲となる結果を招いた。(13)

3　大統領府と各省庁をめぐる行政改革

のちにトルーマン自身が誇った、大統領時代の一大成果としての行政改革は、共和党からの要求が発端であった。オハイオ州の下院議員クラレンス・ブラウンは、一九四六年の中間選挙以前から、肥大化した大統領を頂点とする行政機関の縮小と行政組織の効率化に向けた改革について研究を行っていた。ブラウンは、一九四七年一月一〇日、上院議会では、マサチューセッツ州のヘンリー・カボット・ロッジ議員が三日後にブラウンの法案と同様の内容の法案を提出して、上下両院で行政改革を行う委員会に関する法案が、六月下旬に可決された。法案の内容は、超党派的な、幅広い支持を得られるようなものになっていた。連邦予算局は、行政改革委員会と連携して行政改革案のとりまとめに協力することとなった。

行政改革委員会は、一二名の委員により構成された、下院院内総務が四名、上院議会が四名、大統領が四名の委員を任命することとなり、院内総務、上院議会、そして大統領は、それぞれが任命を行うにあたり、共和党と民主党を二名ずつ、また、これら四名については、民間出身と公職についている者を二名ずつ選ばなければならなかった。ゆえに、委員会は、六名共和党、六名民主党で、民間出身六名、公職についている者六名という構成を満たす必要があった。

七月七日、大統領は、アーサー・ヴァンデンバーグ上院議員とともに行政改革委員を発表した。ヴァンデンバーグは、共和党穏健派のジョージ・アイケン上院議員、民主党保守派のジョン・マクレーラン上院議員を選んだ。後者は、行政改革案を審議する連邦上院議会行政機関支出関係委員会（Committee on Expenditures in the Executive Departments）の有力メンバーであった。ヴァンデンバーグは、民間からは、ミシガン大学の政治学者のジェームズ・ポロック教授と民主党保守派のジョゼフ・ケネディを任命した。

七月一六日、ジョゼフ・マーティン下院院内総務は、四名の委員を公表した。一人は、前述のブラウン下院議員であった。彼は、下院議会行政機関支出関係委員会の有力委員であった。もう一人は、民主党のカーター・マナスコであった。マーティンは、民間から、フーヴァーを口説いて委員就任を引き受けてもらった。マーティンは、おそらくこの改革委員会が一世一代の大改革になろうと語ったのであった。もう一人の民間枠は、行政改革委員会で最年少のジェームズ・ロウというフランクリン・D・ローズヴェルト政権の検察官などを務めた有能な法律家であった。トルーマン大統領は、七月一七日に残り四名を発表した。一人は、民主党のフォレスタル海軍長官（まもなく初代国防長官）、もう一人は、民間からつい最近国務次官を退官したばかりのアチソンであった。三人目は、共和党のアーサー・フレミングという官僚機構委員会（Civil Service Commission）の委員であった。トルーマンが選んだ四人目の委員は、製紙業界大手の創業者ジョージ・ミードであった。彼は共和党支持者であった。

政府の行政府の組織に関する委員会（Commission on the Organization of the Executive Branch of Government）の初会合は、一九四七年九月二九日に行われた。この会合で委員長はフーヴァー、副委員長はアチソンになることが決まった。同委員会は、一九四九年五月に最終報告書を連邦議会に提出し、この報告書を受けて、連邦議会は、報告書の具体的内容を実施するための法案、一九四九年行政府組織再編法（Executive Reorganization Act of 1949）を同年六月二〇日に可決した。この法律に基づき、フーヴァー行政改革委員会が決定した政策提言を具体化していき、行政改革は、一九五三年一月に発足したアイゼンハワー政権まで続いた。同政権発足後、第二次フーヴァー行政改革委員会が一九五三年に創設され、第二次行政改革委員会は、最終報告書を一九五五年六月に連邦議会に提出した。一九五五年時点で、第一次フーヴァー行政改革委員会が提言した二七三の行政改革に関する提言項目のうち、一一六項目は完全に実施され、八〇項目は、ほぼあるいは部分的に実施された。第一次および第二次フーヴァー委員会の政策提言は、一九五五年以降もアイゼンハワー大統領在任中に実施されていった。

第二次フーヴァー行政改革委員会は、アイゼンハワー政権内にもう一つの行政改革を提言する委員会がジョン・フォスター・ダレスおよびネルソン・ロックフェラーのグループにより創設されたこともあり、第一次フーヴァー行政改革委員会より限定的な提言にとどまった。

第一次フーヴァー行政改革委員会は、米国の行政改革の歴史のなかで大きな実績を残した。現在に至る行政改革のなかで最後の大規模な改革であった。超党派的にこの委員会は発足したものの、連邦議会の共和党と、南部の民主党、つまり民主党の保守派の意向を色濃く反映した人選であった。また、ブラウン下院議員は、タフト上院議員の一九四八年共和党大統領候補擁立運動に深く関わっていたし、第9章で紹介したように、ジョゼフ・マーティン院内総務は、マッカーサー大統領候補擁立運動に関心を持っていた。ブラウン、マーティン、そして共和党の連邦議員たちは、フーヴァー行政改革委員会がまとめた報告書に基づき、一九四八年の大統領選と連邦議会選挙で勝利を収めてから一気にニューディール政権期に肥大化した行政府を解体し、スリム化しようと目論んでいた。

フーヴァーは、こうした共和党内の動きについては、商務長官時代の側近で、行政改革委員会のスタッフとしてフーヴァーを支えていたジュリアス・クラインから聞いていた。いずれにせよ、フーヴァーは行政改革委員会において次の手法で、絶大な権限を掌握した。この行政改革委員会の政策提言は、フーヴァー委員長が主導して決めていたが、各政策提言について、タスクフォースのチームを編成した。このタスクフォースの構成員は、約三〇〇人の主にビジネスマンによって構成されていたが、彼らと行政改革委員会の事務スタッフは、フーヴァーが決めた。彼らの多くが、フーヴァーの古くからの友人たちであった。例えば、タスクフォースを取りまとめた事務局長は、フーヴァーの信任の厚いシドニー・ミッチェルが担当していた。ミッチェルは、一九二〇年代ゼネラル・エレクトリック社の役員で、フーヴァーやストロースと親交があった。タスクフォースから上がってくる情報は、事務局長経由で直接フーヴァー委員長のみに流れるようになっていた。タスクフォースのメンバーのほとんどと事務スタッフ全員は、フーヴァーからの指示を仰いでおり、フーヴァーの指導力に期待していた。委員会の委員は、タスクフォースから上がってきた要約された情報しか提供されなかった。行政改革委員会の決定は、フーヴァーが完全に仕切っていた。行政改革委員会のスタッフたちは、委員全員を支えるというより、フーヴァー委員長のアシスタントであるという自覚のほうが強かった。

フーヴァー行政改革委員会は、一九四七年一〇月二〇日に、同委員会の目的は単に行政府の構造と運営の効率化を目指すだけではなく、ニューディール政策によって拡大された行政府の経済や社会への介入を縮小させたり、抑制したりするための検討も委員会の目的に追加した。アチソン、ポロックとロウはこの追加された活動に対して、折々に抵抗した。

しかし、一九四八年一一月の大統領選挙で、大方の予想に反してトルーマンが再選を果たすと、同月一一日、フーヴァーは、前年一一月に追加された行政改革委員会の目的は追求しないと宣言、行政改革委員会は、あくまでも行政機関の組織と運営の効率化を目指すことに専念し、ニューディール期に設立された半官半民の企業の解体などは行わないこととなった。一九四九年五月に行政改革委員会の最終報告がまとまるまで、アチソン、ポロック、ロウは、フーヴァー行政改革委員会の保守的な流れに対して抵抗した。トルーマン政権は、予算局が蓄積してきた行政機関に関する統計を含むデータの提供や、各省庁のスタッフをタスクフォースに提供した。最終報告は、トルーマン政権やアチソンたちフーヴァー行政改革委員会内の抵抗勢力にとっても比較的満足できる内容となっていた[14]。フーヴァー行政改革委員会は、中央政府が初めて大規模に経営コンサルタントを利用したことでも画期的であった。三四の政策研究のうち一五は、複数の大手経営コンサルタント会社に委託していた。郵便局の組織改革はその一例であった[15]。

第一次フーヴァー行政改革委員会の提言に基づき、大統領と各省庁の長官の権限は強化された。フーヴァーは、商務長官時代と大統領時代の経験に基づき、これらが、小さな政府志向であろうが大きな政府志向であろうが必要であると痛感していた。各省庁の決定権は、局長や中堅幹部から長官に集中されていった。大統領府では、大統領を事務的に支える事務スタッフの部局の拡充が図られた。国防総省においては、シビリアン・コントロールが強化された。民間企業と競合する政府の経済活動は抑制されたり減らされた。

最後の点は、第二次フーヴァー行政改革委員会で、軍関係の経済組織を削減することで、民間企業への圧迫を減らしていった。しかし、アイゼンハワー大統領が退任したときに警鐘を鳴らした軍産複合体の抑制については全く対応しなかった。そもそも、それは行政改革委員会の範疇外の領域であった[16]。

フーヴァーは、この行政改革委員会におけるジョゼフ・ケネディとの交流を通じて、最晩年彼と大変親しくなり、ジョン・F・ケネディ夫妻とも親交があった。一九六〇年の大統領選挙で、連邦上院議員ジョン・F・ケネディは、僅差でリチャード・ニクソン副大統領に勝利した。イリノイ州は、八八〇〇票差でケネディの勝利となったが、ニクソン陣営内では、もう一度票読みを行うべきではないかという声が上がっていた。そのようななかで、ジョゼフ・ケネディは、次期大統領の息子夫妻とともにフロリダ州のパームズスプリングスに滞在していて、たまたまニクソン夫妻が同州のキービスケーンにいることを知った。ジョゼフは、フーヴァーに電話して、ニクソンにケネディ家のパーティーに来てもらえないか電話連絡を依頼した。フーヴァーは、世界情勢が混沌としているなか、民主党と共和党の指導者が選挙後は、融和する必要があると思い、ニクソンに電話をし、ニクソンにケネディ家からの招待を受けることを勧めた。ニクソンは渋ったが、フーヴァーに口説かれた。それでも念のため、アイゼンハワー大統領の滞在先のジョージア州オーガスタに電話をした。アイゼンハワーもフーヴァーと同じ見解であった。電話を切って間もなく別の電話があった。ケネディ次期大統領からであった。彼は、もしもニクソンの都合がよければ、キービスケーンの滞在先のホテルで会いたいと言ったのであった。両者は週明けの月曜日にニクソンの滞在先で会うこととなった。(17)

フーヴァーは、ケネディが暗殺された翌年、九〇歳の生涯を閉じた。ワシントンでは、リンドン・B・ジョンソン大統領が、葬儀を取り仕切った。(18)

終　章　フーヴァーの生涯とその遺産

米国政府が今日でも推進している紛争地域や災害地域における人道支援は、米国の安全保障戦略ともリンクして推進されている場合が多いが、そのような考え方がどのように米国において形成され、また、米国社会で受容されるようになっていったのか。この流れの歴史的・思想的源流は、ハーバート・C・フーヴァーの総合安全保障的世界観に遡ることができる。本書は、拙稿を含むフーヴァーと共和党右派に関する先行研究を、総合安全保障の枠組みで捉え直した。第2章と第3章では、フーヴァーの安全保障に関する考え方と政治・外交活動を考察した。こうしたフーヴァーの活動を通じて、米国は、資源と社会を総動員する総力戦であった第一次世界大戦以降、国際社会が直面した軍縮、戦災復興、災害復興、飢饉、公衆衛生などの問題に、総合安全保障の考え方に基づく対外政策によって向き合っていたことを解明した。

しかしながら、一九三〇年代、米国が大恐慌の対応に追われ、さらに、その軍事力が他国と比べて突出していった第二次世界大戦参戦後は、総合安全保障の考え方は米国内で後退していった。

二〇世紀初頭の米国は、革新主義の時代であったが、それは科学的知識を、社会科学に基づく組織運営を通じて、有用な資源をいかに有効に、また効率的に利用していくかという命題を、中央政府や地方の政策決定者たち、民間企業・団体の指導者たちが、探求していた時期であった。こうした社会的取り組みは、第一次世界大戦期、中央政府の機能を一時的に拡大させて、南北戦争以来の総力戦に取り組んでいったことで、新たな局面を迎えることとなった。

米国は、軍事大国に一時的に変容したが、戦争への人員と資源の動員は、伝統的に米国の官僚制が日欧と比べて弱かったため、民間のビジネスマンたちに総力戦の組織運営を委ねることとなった。こうした背景のなかでフーヴァーは、ロンドンを拠点に、米国人の帰国難民を支援する民間団体を立ち上げていきながら、ベルギーへの食糧支援を、米国政府・軍、米国の民間企業・非営利団体、現地の政府・軍と非営利団体の協力を確保しながら行った。こうした組織運営は、フーヴァーの社会企業家としての才能を証明した活動であり、これに注目したウッドロー・ウィルソン大統領と彼の側近エドワード・ハウスは、フーヴァーを食糧局長官に任命した。

フーヴァーは、スタンフォード大学時代から、人的ネットワークを構築する才能を発揮し、食糧局長官と米国救済局時代に彼に仕えたロバート・A・タフト、ルイス・ストロース、モーリス・ペイト、ヒュー・ギブソン、クリスチャン・ハーターといった若者たちは、フーヴァーを敬愛し、フーヴァーの国内政治と外交活動を支えたり、推進することに協力した。フーヴァーの米国救済局を通じた欧州、なかでも東欧とロシア革命後のロシアへの人道支援は、軍・官・民が協力して安全保障問題と国造り支援に取り組むにあたり、中央政府と民間組織の関係の重要性、特に危機における連携の底力を、フーヴァーに確信させることとなった。

フーヴァーは、質素な生活様式を重んじたクエーカー教の敬虔な信者であり、またスタンフォード大学時代に地質学を専攻していたことから、資源の保全とその有効利用には多大な関心があった。フーヴァーは、スタンフォード大学学長デイヴィッド・スター・ジョーダンが唱えた経済的相互依存論と軍縮を、難民救済、紛争地域への食糧援助・公衆衛生対策、新興国の国造り支援、資源保全と関連づけ、安全保障政策において実践する考え方と経験を持った米国政界でも特異な存在であった。

こうした考察は、第1章と第2章で行ったが、政治家フーヴァーにとっての最大の危機対応は、大恐慌対策であった。第3章で考察しているように、フーヴァーは、大恐慌の根源は、第一次世界大戦終結後の戦争賠償と連合国の対米債務問題にあると一九三〇年に確信していた。同章で指摘したように、フーヴァーは、この問題については、商務長官就任時は、寛大な対応（相当額の債務の帳消し）が望ましいと考えていたが、当時の米国世論とそれを反映した連邦議会は、そのような対応を許さなかった。そこでフーヴァーは、ドイツの戦争賠償金の減額への方向性を、ロカルノ体制の構築とともに推進していった。また彼は、先進国の海軍の軍縮を後押しした。商務長官でありながら、外交と安全保障に絶大な発言権を持っていたのは、彼が米国救済局を通じた東欧やソ連への人道支援の責任者であり、また、東アジア、欧州など世界各地における豊富な鉱山開発とビジネス経験があったからであった。フーヴァーのソ連に対する人道支援は、新経済計画を掲げたソ連が穏健化していき、共産主義から資本主義を容認する社会主義に移行することを前提に、大勢の人命を餓死と疫病から救ったものの、結果的にV・レーニンとL・トロツキーの政治体制の確立に貢献してしまった。

フーヴァーは、大恐慌がなければ、あるいは大統領在任中、大恐慌から脱することに成功していれば、世界軍縮、資源保全、自由貿易の拡大と米国および世界経済の発展に重点を置き、総合安全保障と関連づけた外交を推進したであろう。大恐慌により、フーヴァーは、総合安全保障の考えに基づいた外交・安全保障政策を行うことが不可能になった。

また、フーヴァーは、スムート・ホーレー法を承認したことで、ブロック経済圏の形成と自由貿易体制の崩壊に拍車をかけてしまった。しかしフーヴァーは、自由貿易体制と表裏一体の関係にあった金本位制の維持を米国単独で必死に行おうとした。大恐慌がなければ、フーヴァーは、第5章で考察したジョン・フォスター・ダレスの世界観と同じ考え方で、経済政策を推進したであろう。フーヴァーの一九二〇年代初頭のソ連に対する対応は、まさしく現状打開派に穏健な対応をしながら、英米仏が主導する体制に組み込もうとする考え方であった。

フーヴァーは、ニューディール政策の生みの親になってしまい、また、満洲事変のような危機に対しては、一九二〇年代の日米英の安全保障の枠組みを維持した。フーヴァー政権も、また、一九三七年夏までのフランクリン・D・ローズヴェルト政権も、スティムソン宣言を日本に適用するにとどめ、西太平洋における日本の覇権を黙認したのであった。

フーヴァーは、戦争や大恐慌のような非常事態においては、中央政府の規模と機能を拡大させることに一定の理解を示していたが、中央政府が、個人の失業と社会福祉に直接対応することには反対で、この点が、彼とローズヴェルトとの違いであった。

生い立ちも政治的経験も大いに異なったフーヴァーとローズヴェルトは、フーヴァーがタフトと並んで共和党右派を代表してニューディールを批判していくなかで、対立を深めていった。両者が政策面で最後の直接対話を行ったのは、第3章で考察したように、フーヴァーがローズヴェルトに対し、総合安全保障の発想に基づいて世界軍縮と戦争債務問題を関連づけ、欧州各国、なかでも英仏と交渉することを受け入れさせようとした一九三三年一月であった。同年三月四日のローズヴェルトの大統領就任式でもって、フーヴァーは、ローズヴェルトの世界から追放された。

ローズヴェルトが英国への軍事的支援を積極化していったなかで、フーヴァーは、共和党右派がその中核を担ったアメリカ・ファースト委員会の静かなるパートナーとなり、ローズヴェルト、ディーン・アチソン、ヘンリー・L・スティムソンなどと外交政策で対立していった。フーヴァーは、日米開戦直前、開戦回避の努力を水面下で試みた。これも、一九三三年のロンドン経済会議におけるローズヴェルトへの働きかけと同様、水泡に帰した。

米国の第二次世界大戦参戦により、第4章で考察した二人の軍人は、それぞれの軍人生活において花開き、第二次世界大戦の英雄になっていった。ダグラス・マッカーサーとドワイト・D・アイゼンハワーは、フィリピン国防軍創設問題で、一九三七年に事実上袂を分かっていた。マッカーサーは、共和党右派の政治思想を強烈に持つボナー・フェラーズに、アイゼンハワーに代えてフィリピン国防軍創設問題を担当させるようになった。これは、この時点ではマッカーサーとフェラーズ対アイゼンハワーの個人的関係にとどまっていたが、日米開戦後、マッカーサーが共和党右派の党内における勢力巻き返しのためのシンボルとしてフーヴァーをはじめとする共和党右派により担ぎ出されると、この流れは、戦後アイゼンハワーが、共和党穏健派に接近していったなかで、フーヴァー、タフト、フェラーズ、マッカーサーのような共和党右派対アイゼンハワー、トーマス・デューイ、ウェンデル・ウィルキー、スティムソン、ダレスのような共和党穏健派の対立構図になっていった。

もちろん、この二つのグループは、それぞれ一枚岩ではなく、フーヴァーや共和党右派の多くは、タフトを同党大統領候補の本命とし、マッカーサーは右派のシンボルおよび代案という位置づけにしていたし、フェラーズは、戦後マッカーサーから離れてタフトの外交・安全保障政策顧問になっていた。加えて、タフトとマッカーサーはその親同士の確執が両者の関係に影を落としていた。共和党穏健派内では、ウィルキーが戦時中急逝する以前は、デューイとウィルキーのライバル関係が同派に影を落としていた。

戦時中フーヴァーが提唱した外交政策は、ローズヴェルトと、第一次世界大戦中から戦間期にフーヴァーと対立したウィンストン・チャーチルにより、拒絶された。フーヴァーが米国中央政府内で復活しはじめるのは、スティムソン陸軍長官の斡旋により、戦後の食糧問題について、ハリー・S・トルーマン大統領がフーヴァーを一二年ぶりに大統領官邸に招いてからであった。

第二次世界大戦終結前、フーヴァーは、ジェームズ・フォレスタル海軍長官、アヴェレル・ハリマン駐ソ大使、ジョゼフ・グルー国務次官と同様、ドイツ降伏後は、日本に対して天皇制存続を認めることで、日本との戦争を早期に終結させて、ソ連のアジアにおける影響力拡大を防ごうと考えた。

第8章で紹介しているように、フーヴァーは、マッカーサーの下にいたフェラーズから日本の動向について情報を得ていたが、フーヴァーが無条件降伏は天皇制廃止を意味しないことを日本に伝えるべきであると、トルーマン大統領に進言したのは、フェラーズからの影響ではなく、フーヴァー自身の対日認識に基づくものであった。昭和天皇が、マッカーサーの容認のもと、グルーへ贈り物をしたのは、おそらくフーヴァーと鈴木貫太郎との会談をフェラーズと寺崎英成経由で聞いたからこそ、公になれば物議を醸すであろうことをあえて行ったものと思われる。

フーヴァーは、第一次世界大戦終結後から一九三三年初頭までの期間、欧州と東アジアの国際政治に平和を確立するための（欧州における）人道支援、軍縮、経済的対策の試みを推進していったが、その後の政治家人生では、前述のごとく、日米開戦時、終戦時、そして日本の天皇問題において、水面下で米国の政策に影響を与える行動を試みた。一方、第11章で紹介しているように、フーヴァーは、トルーマン政権の対外食糧援助問題の中心的な政策推進者になったことで、米軍のドイツ占領地域や対日占領政策において、フォレスタルなどの対ソ強硬派の外交政策を先導していった。彼は、一九四八年の大統領選挙を目指したマッカーサー大統領候補擁立運動を支援し、一九五二年の大統領選を目指したタフトの活動を支持した。タフトの安全保障構想に大きな影響を与えたのはフェラーズであった。朝鮮戦争中の米国内の「大論争」は、アメリカ・ファースト委員会の中核を担っていた共和党右派の世界観と戦前・戦中・戦後の人的ネットワークの連続性を理解しておく必要がある。

フーヴァーは、高齢になり、また、行政改革委員長としての仕事に専念した関係で、共和党右派の共和党内における勢力巻き返しの活動については、タフトやフェラーズたちに委ねていた。米国の第二次世界大戦終結後の保守主義運動は、アメリカ・ファースト委員会出身者により推進されていったことに加えて、ウィリアム・バックレーに代表されるような若く、そしてイデオロギー的には、フーヴァーと比べて柔軟性を欠く若手の保守主義者たちが担っていった。クラレンス・マニオンやフェラーズたちは、保守主義的な南部民主党の選挙区を、共和党の支持基盤に変えていく働きかけを行っていき、一九六四年には、共和党右派のバリー・ゴールドウォーターの大統領候補指名を実現させることに成功した。

なお、フーヴァーとタフトたちは、一九四一年春の武器貸与法を抑制的にさせることと、冷戦初期および朝鮮戦争勃発後の国防費の膨張の歯止めに一定の貢献をした。

第二次世界大戦終結後から現在に至るまで行われた米国中央政府の最大の行政改革を、フーヴァーが仕切って推進したことは、第11章で論じた。フーヴァーは、大統領が中央政府のトップとして効率よく活動を行うための様々な政策提案を行い、大きな業績を残した。彼と共和党は、一九四八年の大統領選挙でデューイがトルーマンに勝利した場合、ニューディールがもたらした肥大化した行政機構を縮小・解体するつもりだったが、予想に反してトルーマンが勝利したため、この願望はかなわなかった。トルーマン政権期の行政改革では、フーヴァーとアチソンの政策的違いが鮮明になり、両者は直接対立したが、この政策論争は、米国の対英国支援問題、日米開戦、日本の対連合国降伏の導き方に続いて四度目となった。

このほかフーヴァーは、晩年の政治家人生において、水面下による二つの活動で、米国政治に影響を与えた。一つは、比較的大きなもので、朝鮮戦争中マッカーサーがトルーマン大統領により解任されると、フェラーズとマッカーサー夫人を通じて、船でなく飛行機で帰国するよう説得を行い、米国内におけるマッカーサー旋風が下火になる前に短期間での帰国を実現させて、全米でのマッカーサー凱旋ブームに火をつけたのであった。もう一つは、前章で紹介した一九六〇年の大統領選直後の、ジョン・F・ケネディとリチャード・ニクソンの直接会談を実現させたことであった。フーヴァーにとっては、これは、彼とローズヴェルトの間にできたような埋めがたい溝をつくることを避けたいという願いがあったのであろう。

あとがき

二〇世紀の前半、人類は二つの世界戦争と未曽有の世界恐慌を経験した。こうしたなかで米国は大国となり、第二次世界大戦に参戦後、超大国に変貌していった。こうした複数の歴史的転換期のなかで、ハーバート・C・フーヴァーは、富豪のビジネスマン、そして米国政府の高官として、第一次世界大戦中過去に例のない人道支援活動に携わり、さらに第一次世界大戦期から一九三三年三月上旬まで米国の外交と安全保障政策の中心的人物として活躍した。大統領在任中世界大恐慌という危機に直面していなければ、フーヴァーは大統領を二期つとめ、総合安全保障の考えに基づいた世界軍縮、資源保全、安定的経済発展のための政策を実現させたであろう。

私がフーヴァーに関心を持つようになったのは、ブラウン大学在学中、ナオミー・ラマロー先生（現在イェール大学歴史学研究科・経済学研究科教授）の米国経済史のセミナーでジョアン・ホッフ・ウィルソンのフーヴァーに関する伝記を読み、故ジェローム・スタイン経済学研究科教授の米国経済史の演習でミルトン・フリードマンとアンナ・シュワーツの分厚い米国金融史を読まされたことに遡る。ボストン近郊の私立高校ノーブル・アンド・グリーノー・スクールで、ポール・サミュエルソンが書いた教科書を通じてケインズ経済学の基礎を学んだ私には、この二冊は、強烈な印象を与えた。

質素な家庭環境で育ち、また、幼少期に両親を失ってしまった少年が、運よく新設の大学に入学してから、その努力と運により、人生の成功への道を切り拓き、人道支援と平和の確立において、国際社会に多大な貢献をしたものの、大恐慌における政治的責任を負わされ、政敵となったフランクリン・D・ローズヴェルトとその政権により米国政界から追放されてしまった。しかしフーヴァーは、第一次世界大戦中彼に仕え、その後米国政界、官界、経済界で活躍していたフーヴァー・ボーイズたちにより支えられて、アメリカ・ファースト委員会を通じて、また、自分自身の対欧州人道支援活動により、第二次世界大戦勃発後、米国政治に影響力を回復していった。

教科書における米国政治史の叙述では、ローズヴェルトが始めたニューディール路線はハリー・S・トルーマンにより継承され、アイゼンハワーは共和党内の右派に対して容易に勝利したとされ、フーヴァー、ロバート・A・タフト、ダグラス・マッカーサーは教科書では取り上げられない状況になってしまった。本書では、アメリカ・ファースト委員会の中核を担った共和党右派の戦時中から戦後の政治運動と政治的影響力について考察を行った。例えば一九五二年の共和党大統領候補者選出劇では、アイゼンハワーを担いだトーマス・デューイをはじめとする共和党穏健派は、かろうじてタフトに勝利したのであった。共和党内の右派と穏健派の対立は、民主党内の右派と左派以上に深刻であったため、アイゼンハワーは、共和党右派の重鎮フーヴァーを行政改革委員長に抜擢した。ジョン・フォスター・ダレスは、共和党穏健派に属していたものの、本書第5章で紹介したように、その世界観は、（共和党穏健派とともに）ニューディール以降米国政治の主潮流をなした民主党の国際主義派よりは、共和党右派の世界観に近かった。アイゼンハワー政権では、フーヴァーの腹心ルイス・ストロースが原子力委員会委員長を務めていたし、フーヴァーの長男が国務次官として活躍し、そして、ダレスが急逝したあとは、フーヴァーのかつての側近であったクリスチャン・ハーターが国務長官になっていた。本書ではまた、共和党右派の世界観を体現していたボナー・フェラーズの軍人および政治活動家としての人生を、彼およびマッカーサーとアイゼンハワーとの対立や、彼とフーヴァーおよびタフトとの関係などと関連づけながら描いた。

本書に登場した多くの米国政界、官界、言論界、経済界、軍事関係者について、彼らの出自や学歴をあえていろいろと紹介したのは、戦前の米国社会では、戦前の日本社会ほどではなかったものの、大学あるいはそれ以前の段階からのエリート教育を受けた者が、国家権力やエリート社会の中核を担っていたからである。第二次世界大戦終結後の米国社会は、GI法により、軍務に服した米国人たちが大学教育にアクセスできるようになり、日本でもそうであったが、大学教育の大衆化と民主化が実現されていった。もちろん、現在でも米国東部を中心とする名門私立学校から米国の名門大学へ進学し、米国経済界、政界などで活躍するキャリア・パスは存在している。しかし今日では、そのようなコースより、最終的にどの名門医学部、名門法科大学院、名門経営大学院を出ているかのほうが社会における成功確率を高めるため、そちらがより重要になっている。それに、現在の米国でも、フーヴァーのように、(当時は)新設で無名の大学から人生のキャリアにおいて成功する事例は数多いのではないか。

今年は、第一次世界大戦の終結百周年であるが、フーヴァーは、第一次世界大戦が終結した後の欧州における人間の安全保障の実践において、指導的役割を果たした。現在北大西洋条約機構と欧州連合の本部が置かれているベルギーでは、フーヴァーは、第一次世界大戦中から同大戦終結後のベルギーの国民を飢餓状態から救った人道主義者として語り継がれている。また、一九七〇年代の総合安全保障と人間の安全保障に関する議論を活発化させた一九七五年夏のヘルシンキ宣言が取りまとめられたフィンランドでは、第一次世界大戦終結後のロシアからの独立の過程に、フーヴァーとストロースが食糧援助などを通じて深く関わっていたため、huuvere という単語が生まれた。それは「博愛主義」、「慈善」を意味する。

フーヴァーの総合安全保障の模索は、道半ばで終わったが、人間の安全保障に関する政策と実践では、第一次世界大戦が終結した後、国際社会に大きな足跡を残した。第二次世界大戦が勃発したあと、フーヴァーは、ベルギー、ポーランド、フィンランドなどへの人道的支援を、側近であったヒュー・ギブソンやストロースなどと試みていった。それは、第一次世界大戦期からたびたび対立していたウィンストン・チャーチル英国首相と政敵ローズヴェルト米国大統領に邪魔されたものの、フーヴァーの人間の安全保障に対する志は、モーリス・ペイトとギブソンに引き継がれた。

ペイトは、国際連合児童基金(ユニセフ)の初代専務理事として長くその職務を遂行したが、フーヴァーの影響と助言なくして、ペイトを中心とした国連児童基金の発展はあり得なかった。ギブソンは、一九五一年スイスのジュネーヴに設立された欧州移住政府間委員会の初代委員長を、本人が急逝した一九五四年まで務めた。この委員会は、大戦により生じた百万人を上回る欧州の難民の移住先を斡旋した国際組織で、現在は、国連の関連組織になった国際移住機関である。ペイトもギブソンも、フーヴァーのベルギーとポーランドへの人道的支援に関わったことが彼らの人生を劇的に変えていったのであった。

むろん、ペイトもギブソンも共和党右派の支持者ではないが、フーヴァーを、内向き志向の強い、また小さな政府と競争原理主義を強く唱える、視野の狭い思考の持ち主が多い現在の共和党内のティー・パーティー派の人々や、フーヴァーと同様富豪のビジネスマンから大統領になったドナルド・トランプ大統領などと同一視してしまうと、かつての共和党右派の重鎮フーヴァーを誤解してしまう。

本書は、日本学術振興会の平成二九年度科学研究費補助金（研究成果公開促進費「学術図書」）により名古屋大学出版会から刊行する運びとなった。同出版会の三木信吾氏には大変お世話になった。同出版会の橘宗吾専務理事、三木氏と長畑節子氏に深い感謝の意をここに表したい。また、本書につながっていった研究生活において、家族と両親の温かな理解・協力に対しても、ここに深い感謝の意を表したい。

平成三〇年元旦

著　者

《著者略歴》

井《い》口《ぐち》治《はる》夫《お》

1964 年　フィリピン・マニラ市に生まれる
1995 年　シカゴ大学大学院歴史学科修了（Ph. D. History）
名古屋大学大学院環境学研究科教授などを経て，
現　在　関西学院大学国際学部教授
主　著　『鮎川義介と経済的国際主義』（名古屋大学出版会，2012 年，
　　　　サントリー学芸賞，企業家研究フォーラム賞）

誤解された大統領

2018 年 2 月 28 日　初版第 1 刷発行

定価はカバーに
表示しています

著　者　井　口　治　夫
発行者　金　山　弥　平

発行所　一般財団法人　名古屋大学出版会
〒 464-0814　名古屋市千種区不老町 1 名古屋大学構内
電話(052)781-5027 / FAX(052)781-0697

印刷・製本　亜細亜印刷㈱　ISBN978-4-8158-0904-1
乱丁・落丁はお取替えいたします。

索　引

＊生没年は，研究者を除き判明する限り記した。

ア　行

アーリー（Stephen Tyree Early, 1889-1951）　124, 147
RCA　65
アイオワ州　9, 15, 16, 19, 32, 196
アイケン（George David Aiken, 1892-1984）　350
アイザック・ウォルトン連盟　11
アイゼンハワー（Dwight David Eisenhower, 1890-1969）　4, 6, 7, 32, 52, 107, 109, 117-119, 122-124, 126, 128-141, 143, 144, 146, 149, 157, 164, 233, 238, 246, 270, 284, 286, 288, 289, 298, 311-313, 317, 320-323, 325, 327-332, 335, 349, 351, 353, 354, 358, 359
赤狩り　51, 52, 298, 306, 308, 309, 324, 326, 328, 329
朝河貫一（1873-1948）　209, 210
アダムズ（Charles Francis Adams III, 1866-1954）　70-72
アチソン（Dean Gooderham Acheson, 1893-1971）　125, 173, 178, 181-185, 193, 194, 200, 231, 258, 284, 306, 307, 309, 335, 345, 346, 348, 349, 351-353, 358, 361
油汚染防止法　11
アベル（Theodore Fred Abel, 1896-1988）　337
アメリカ・ファースト委員会　151, 155, 169, 177-181, 191, 196, 197, 203, 221, 240, 242, 247, 286, 294, 297, 308, 324-326, 329, 339, 346, 358, 360
アメリカ労働総同盟　59, 60, 287, 300
アルメニア　38, 39, 41, 46, 187
アンダーソン（Clinton Presba Anderson, 1895-1975）　341, 345
イーバースタット（Ferdinand A. Eberstadt, 1890-1969）　348
イェール大学　28, 114, 117, 138, 182-184, 209, 258, 324, 325, 326, 328, 336
石田礼助（1886-1978）　170
板垣征四郎（1885-1948）　6
イタリア　5, 11, 16, 45, 48, 61, 62, 75, 107, 190, 245, 246, 250, 302, 342
一時的緊急救済機構（Temporary Emergency Relief Administration）　95
一般融資政策（General Loan Policy）　66, 69
イリノイ州　126, 127, 151, 152, 234, 242, 265, 288, 354
インターナショナル・ハーヴェスター社　337
ヴァンデンバーグ（Arthur Hendrick Vandenberg, 1884-1951）　240, 242-246, 286, 298, 314, 350
ウィーラー（Burton Kendall Wheeler, 1882-1975）　179, 180, 247
ウィスコンシン州　113, 242, 246, 285, 288-293, 298, 304, 309, 315, 319
ウィルソン，J・H（Joan Hoff Wilson）　78, 81, 83
ウィルソン，J・R・M（John R. M. Wilson）　83, 110
ウィルソン，ウッドロー（Woodrow Wilson, 1856-1924）　10, 24, 25, 27, 30, 31, 34, 35, 38, 40, 43, 51, 53, 54, 65-67, 78, 114, 116, 157-159, 163-165, 167, 182, 297, 356
ウィルソン政権　10, 24, 28, 30, 34-36, 51, 55, 57, 59, 61, 94, 217
ウィルバー，レイ（Ray Lyman Wilbur, 1875-1949）　17, 18
ウィルバー，カーティス（Curtis Dwight Wilbur, 1867-1954）　18
ウェーリー（Kenneth Spicer Wherry, 1892-1951）　249, 285, 313, 319
ウェストポイント陸軍士官学校　7, 46, 115, 117-119, 127, 128, 143-145, 150, 152, 153, 179, 180, 242, 320
ウェデマイヤー（Albert Coady Wedemeyer, 1897-1989）　128, 179, 180, 320
ウェルズ（Benjamin Sumner Welles, 1892-1961）　181-184, 193, 199, 200, 217, 339
ウォーカー（Herschel C. Walker, 1891-1975）　42, 44

ウォーレス（Henry Agard Wallace, 1888-1965） 286, 325, 327
ウォルコット（Frederick Collin Walcott, 1869-1949） 337
ウクライナ 34, 44
ウッド（Robert Elkington Wood, 1879-1969） 180, 190-192, 214, 241-243, 246, 283-285, 288-291, 295-297, 309, 326, 327, 332
ウッドリング（Harry Hines Woodring, 1887-1967） 124
ウルトラ 264, 265
疫病 42, 49, 357
エルカス（Abram Isaac Elkus, 1867-1947） 41
欧州救済協会（European Relief Council） 38
欧州復興計画 32
オーストラリア 19, 20, 165, 189, 238, 240, 242, 318, 340
オーストリア 38, 39, 45, 93, 114, 266, 342
オード（James Basevi Ord, 1892-1938） 119, 122, 126, 130-133, 135, 137, 138
オザーク山脈 17
オスマン帝国 39, 187
オスメニャ（Sergio Osmeña, 1878-1961） 124, 139, 144
オッペンハイマー（Julius Robert Oppenheimer, 1904-1967） 29, 30
小野寺信（1897-1987） 263
オハイオ州 29, 55, 114, 178, 233, 285, 288, 299, 304, 327, 349
オレゴン州 15

カ 行

カーティス（Charles Curtis, 1860-1936） 86, 87, 100
カーネギー（Andrew Carnegie, 1835-1919） 31, 61
カーネギー国際平和財団 31
開平 19, 20
科学的管理 10, 42, 43
科学的経営 10, 61
革新主義 1, 8, 9, 43, 61, 292, 293, 295, 297, 355
革新主義運動 9, 117, 293
革新将校 6, 7
加藤外松（1890-1942） 170
樺山愛輔（1865-1953） 170
株価大暴落 12, 88, 89, 92, 93
カリフォルニア州 16, 17, 20, 189, 233, 316, 322
環境保護 2
環境保護団体 11
環境問題 9, 10
カンザス州 86, 117, 118, 128, 185
関東軍 6, 79
官民連携 1-3, 89
飢餓 37, 46, 67, 261
飢饉 8, 39, 45, 47, 48, 340-342, 347, 355
北大西洋条約機構（NATO） 168, 298, 306, 311, 349
ギブソン（Hugh Simons Gibson, 1883-1954） 23, 41, 55, 82, 285, 336, 337, 342, 356
キャッスル（William Richards Castle, Jr., 1878-1963） 70, 74-80, 82, 84, 179-181, 191, 192, 230, 308, 335, 346
キャノン（Joseph Gurney Cannon, 1836-1926） 127, 152
ギャラップ社 149, 196, 197, 245, 258, 315
ギャルピン（Perrin C. Galpin, 1889-1973） 337, 338, 342
九カ国条約 68, 74, 76, 78, 80, 187
共産主義 3, 10, 37, 39, 40, 41, 43, 45, 47, 51, 59, 62, 67, 79, 80, 105, 141, 157, 159, 163, 178, 194, 226, 231, 248, 256, 274, 293, 295, 297, 298, 303, 304, 308-312, 318, 325, 329, 333, 335, 345, 346, 357
行政改革 1, 335, 347-353, 360, 361
行政改革委員会（第一次） 3, 348, 350-353
行政改革委員会（第二次） 4, 351, 352
共和党右派 4, 5, 53, 149, 150, 157, 177-179, 233, 240, 241, 243, 244, 295, 297-300, 306-309, 311, 313-315, 317, 323, 326-328, 330-332, 355, 358-360
キルボーン（Charles Evans Kilbourne, 1872-1963） 128
義和団 19, 115
金本位制 53, 66, 94, 163, 357
キンメル（Husband Edward Kimmel, 1882-1968） 148, 235
金融危機 93, 94, 97, 102
グアム 81, 109, 110, 149, 187
クーリッジ（John Calvin Coolidge, Jr., 1872-1933） 18, 51, 56, 87, 183
クーリッジ政権 2, 71, 78, 87
クーン，ベラ（Bella Kuhn, 1886-1938） 41
クーン・ローブ商会 29
クエーカー教 15, 16, 22, 127, 356
クラーク空軍基地 148, 236, 237, 239

クライン（Julius Klein, 1901-1984）　63, 352
グラス（Carter Glass, 1858-1946）　4, 37, 97
グラス・スティーガル法（1932 年）　97
グラス・スティーガル法（1933 年）　97, 104
グルー（Joseph Clark Grew, 1880-1965）　84, 85, 174, 181, 187, 201, 202, 205, 206, 210, 219, 222, 225, 227, 230, 247, 248, 255-258, 267, 277, 280-282, 335, 346, 359
来栖三郎（1886-1954）　175, 176, 202-207, 209, 212, 216-220, 222-230
グルナート（George Grunert, 1881-1971）　146, 147
クレイ（Lucius D. Clay, 1898-1978）　127, 343
グローヴ（William Remsburg Grove, 1872-1952）　40, 337
グローヴズ（Leslie Richard Groves, Jr., 1896-1970）　127
グロトン校　57, 84, 85, 179, 181-184, 230, 336
軍事顧問団　5, 118, 119, 123, 124, 126, 131, 132, 135-138, 143, 146, 147
軍縮　1, 2, 4, 7, 8, 52, 70-72, 80, 82, 83, 110, 197, 355-357, 360
軍縮条約　70, 73, 80, 82, 103, 187
景気循環　61, 62
経済統計　94
ケインズ（John Maynard Keynes, 1883-1946）　91, 96, 103, 231
ケインズ経済政策　189
ケーシー（Hugh John Casey, 1898-1981）　127
ケソン（Manuel Luis Quezon, 1878-1944）　6, 81, 110, 111, 115, 118, 119, 122, 124-126, 128-142, 144, 146, 239
ケネディ，ジョゼフ（Joseph Patrick Kennedy, 1888-1969）　179, 311, 350, 353, 354
ケネディ，ジョン・F（John Fitzgerald Kennedy, 1917-1963）　330, 332, 353, 354, 361
ケレンスキー連立政権　34
ゲロー（Leonard Townsend Gerow, 1888-1972）　235
ケロッグ，ヴァーノン（Vernon Lyman Kellogg, 1867-1937）　23-25, 337
ケロッグ，シャーロット（Charlotte Kellogg, 1870-1960）　337
原子力委員会　29, 32
合同食糧委員会（Combined Food Board）　339, 342
コールグローヴ（Kenneth W. Colegrove, 1886-1975）　280-282, 329
ゴールドウォーター（Barry Morris Goldwater, 1901-1998）　233, 297, 327, 330-332, 360
国際赤十字社　39
国際通貨基金　231
国際連合　3, 33, 54, 117, 152, 161, 167, 329, 344
国際連合児童基金（ユニセフ）　33
国際連盟　11, 31, 34, 47, 53, 54, 60, 61, 74-80, 83, 84, 117, 160, 163
コックス（Jmaes Middleton Cox, 1870-1957）　56
コットン（Joseph Cotton）　70, 71
コネチカット州　28, 112, 184, 234, 306, 324, 337
近衛文麿（1891-1945）　174, 175, 197, 201, 207, 209, 225, 228, 230, 259, 261, 262, 278, 279, 282, 344
コレヒドール　110, 112, 128, 146, 235, 237-240
コロラド川　11, 99
コロンビア大学　98, 185, 325

サ　行

財政均衡　96, 97, 187, 323
裁量権　5, 6, 273, 276, 295, 296, 322
ザカライエス（Ellis Mark Zacharias, Sr., 1890-1961）　251, 252, 254
サザーランド（Richard Kerens Sutherland, 1893-1966）　138, 144, 237
サムナー（Jessie Sumner, 1898-1994）　151, 152, 263, 266, 285
サリヴァン・アンド・クロムウェル　169
三月革命　33, 34
産業会議　58-60, 62, 65
産業革命　165, 166
サントス（Paulino Torres Santos, 1890-1945）　132, 139
ジェファーソン・メディカル・カレッジ　42
シエラネヴァダ山脈　17, 18
『シカゴ・トリビューン』　116, 152, 179, 180, 244, 285, 293, 315, 316, 328
シカゴ　117, 180, 328, 336, 337
資源保全　1, 2, 4, 8, 9, 95, 98, 356, 357
自治体　9, 11, 90, 91, 94, 96, 293
幣原喜重郎（1872-1951）　170
児童救済部（Child Relief Bureau）　32
児童健康協会（Child Health Association）　50, 60

シベリア干渉戦争　43, 44
シベリア出兵　67
社会企業家　356
シャタック（Edwin Paul Shattuck, 1873-1964）　338
ジャニン（Louis Janin）　18, 19
州政府　58, 90, 91, 95, 98, 301, 302, 327
自由貿易　8, 34, 53, 89, 104, 159-163, 165, 167-169, 357
シュワーツ（Anna J. Schwartz）　93, 95
ジョウェット（John Hamilton Jouett）　107
蔣介石（1887-1975）　79, 107, 171, 176, 179, 204-206, 211, 213, 223, 226, 256, 306, 313, 314, 316
商務省　2, 48, 51, 52, 63, 64, 66, 68, 69, 78, 84, 107
昭和天皇（1901-1989）　201, 210, 225, 271, 272, 280-282, 359
ジョージア州　58, 209, 322, 354
ジョーダン（David Starr Jordan, 1851-1931）　4, 7, 8, 161, 213, 356
ショート（Walter Campbell Short, 1880-1949）　148
食糧援助　10, 27, 34, 36-40, 42, 44, 46, 49, 52, 55, 67, 181, 335, 339, 343, 344, 356, 360
食糧および燃料統制法　27
食糧危機　33
ジョンソン，ハイラム（Hiram Warren Johnson, 1866-1945）　55, 56, 60, 73
ジョンソン，リンドン・B（Lyndon Baines Johnson, 1908-1973）　354
ジョンソン，ルイス（Louis Arthur Johnson, 1891-1966）　124, 125
真珠湾（奇襲）攻撃　148, 175, 176, 180, 191, 197, 205, 209, 219, 221, 230, 234, 236, 282, 297
清朝　19
清朝開平礦務局（Chinese Engineering and Mining Company）　19, 20
人道支援　4, 8, 15, 22-24, 27, 35, 36, 38-40, 44-47, 49, 50, 61, 106, 181, 336-339, 342, 343, 355-357, 360
シンプソン（John L. Simpson）　338
心理作戦　248, 251, 252, 254-256, 265, 267, 268, 271-273, 276, 278, 307
スイス　80, 253, 262, 270, 272, 337, 343
水素爆弾　29, 309
スウェーデン　44, 45, 47, 263, 272, 343
鈴木貫太郎（1868-1948）　252, 255, 257, 259-262, 268, 271, 279, 280, 282, 359
スターリン（Joseph Stalin, 1878-1953）　34, 62, 228, 253, 260, 263, 330
スタンフォード・シニア（Leland Stanford, Sr., 1824-1893）　16
スタンフォード・ジュニア（Leland Stanford, Jr., 1868-1884）　16
スタンフォード大学　4, 7, 8, 10, 16-18, 21, 25, 31, 55, 278, 279, 342, 356
スタンレー・ジョーンズ（Eli Stanley Jones, 1884-1973）　207, 209, 210, 217, 219, 226
スティムソン（Henry Lewis Stimson, 1867-1950）　53, 70-84, 96, 101, 102, 124, 147, 157, 161, 177, 181, 185, 186, 206, 243, 246, 255-258, 326, 357-359
ステテニアス・シニア（Edward Reilly Stettinius, Sr., 1865-1928）　36
ステテニアス・ジュニア（Edward Reilly Stettinius, Jr., 1900-1949）　214
ストーリー（Robert Storey）　240
ストライク（Clifford Strike）　346
ストロース（Lewis Lichtenstein Strauss, 1896-1974）　28-33, 40, 41, 155, 173, 219, 338, 352, 356
ストロング（Benjamin Strong, Jr., 1872-1928）　36, 93
スミス，アルフレッド（Alfred Emanuel Smith, Jr., 1873-1944）　58, 86, 214
スミス，アレグザンダー（Howard Alexander Smith, 1880-1968）　338
スムート・ホーレー法　89, 104, 357
スワイン（Joseph Swain, 1857-1927）　16, 17
西安事件　172
聖断　262, 267, 270, 272, 282
世界飢饉調査団（Famine Survey Mission）　341
世界軍縮　53, 80-83, 101, 357, 358
世界食糧問題調査団　33
赤軍　34, 44, 45, 47
ゼネラル・エレクトリック社　65, 352
ゼネラル・ダイナミックス社　338
セリグマン（Eustice Seligman, 1888-1976）　160, 161
セルビア　38
戦時共産主義　34, 43
戦時金融局（War Finance Corporation）　36, 97
戦時産業局（War Industries Board）　94, 217
戦時情報局（Office of War Information：OWI）

251, 252, 254
戦時食糧局（War Food Administration）　342
戦時食糧局長官　341
戦時体制　29, 53, 155, 273, 348
戦時動員・復興局（Office of War Mobilization and Reconversion）　341
先住民　86
戦争債務　52, 63, 64, 66, 83, 93, 94, 100-102, 358
戦争賠償　48, 53, 54, 66, 83, 93, 94, 249, 343, 345, 356, 357
センチュリー・グループ　178, 185
セントルイス　121, 341
全米経済調査協会（National Economic Research Institute）　61
戦略情報局（Office of Strategic Services：OSS）　191, 242, 253
ソヴィエト連邦　3, 10, 42-45, 47-50, 62, 67, 69, 74, 75, 80, 81, 103, 105, 130, 131, 150, 152, 162, 168, 172, 176, 178, 181, 186, 190, 194, 198, 200, 201, 205, 208, 211, 213, 226, 228, 229, 231, 248, 252, 253, 255-257, 259-263, 266, 268-272, 274, 280, 302-305, 307, 309, 310, 313, 317-319, 330-332, 336, 338-340, 343, 345-347, 357, 359
ソヴィエト共和国　35, 44, 45, 46
総合安全保障　1-4, 8, 27, 50, 53, 355, 357, 358
増税　63, 96, 97, 331, 336
ソーテル（Raymond Sawtelle）　338

タ　行

大恐慌　2, 3, 12, 43, 53, 58, 62, 73, 76, 85, 86, 88, 91-94, 96, 98, 100-106, 177, 188, 189, 293, 355-358
大西洋憲章　167, 198, 252
対ソ貿易　48, 52
対中貿易法　68
大統領の飢饉対策緊急委員会　341, 342, 347
対日講和会議　67
大不況　18, 62, 92-94, 112, 187-189
太平洋戦争　5, 53, 54, 84, 109, 115, 121, 138, 144, 198, 241, 256-258, 264 266, 269, 295
『タイム』　185, 231, 234, 248, 306
タック（Wiliam Hallam Tuck,　1890-1966）　337, 342
タッグウェル（Rexford Guy Tugwell, 1891-1979）　98, 105
田中義一（1864-1929）　6
タフト，ウィリアム・H（William Howard Taft, 1857-1930）　28, 55, 74, 113-115, 125, 178, 303
タフト，ロバート・A（Robert Alphonso Taft, 1889-1953）　5, 28-30, 55, 125, 155, 178, 179, 191, 192, 233, 234, 240, 241, 244, 286, 288-292, 294, 295, 297-300, 302-305, 307-313, 317-324, 329, 331, 338, 346, 348, 349, 351, 356, 358-360, 364
タフト政権　28, 74
ダレス，アレン（Allen Welsh Dulles, 1893-1969）　185, 253, 254
ダレス，ジョン・フォスター（John Foster Dulles, 1888-1959）　4, 28, 32, 157-172, 323, 330, 351, 357, 359
チェコスロヴァキア　34, 38, 45, 301, 343
チェンバレン，オースチン（Joseph Austen Chamberlain, 1863-1937）　65
チェンバレン，ジョン（John Rensselaer Chamberlain, 1903-1995）　325, 326
治水　5, 62, 98, 99, 127
チャーチル（Winston Churchill, 1874-1965）　23, 33, 63, 167, 175, 195, 198, 228, 229, 234, 337, 359
チャンドラー（Harry Chadler, 1864-1944）　55
中央情報局（CIA）　128, 303, 325, 330
中央同盟国　30, 35, 42
中華民国　175, 306
中国　5, 6, 8, 10, 19, 20, 23, 29, 52, 57, 66-69, 73-77, 79, 80, 84, 85, 103, 107, 118, 121, 131, 138, 160, 169-172, 174-176, 178, 179, 186-189, 192, 194, 198, 204-206, 212, 213, 218, 223, 226, 229, 234, 245, 255-257, 260, 263, 266, 269, 271, 276, 298, 306-309, 314, 316, 318, 319, 329, 339, 340, 343, 344
中ソ紛争　74, 83
中立法　151, 189, 196, 212, 337, 338
朝鮮戦争　5, 90, 124, 125, 298, 308, 310, 311, 313, 314, 317, 319-321, 329, 332, 349, 360, 361
張翼（1852-1915）　20
通商協定　190
ディーアリング社　337
テイラー（Frederick Winslow Taylor, 1856-1915）　42, 43
テイラー主義　42, 43, 45, 59
ディロン・リード証券会社　294
デヴィッドソン（Henry Pomeroy Davidson, 1867-1922）　36

デーヴィス，T・J（T. J. Davis）　119, 122, 126, 130-132, 135, 137
デーヴィス，チェスター（Chester C. Davis, 1888-1975）　341
デーヴィス，ノーマン（Norman Davis, 1878-1944）　101, 102, 338, 339
テキサス州　113, 147, 189, 315, 322, 324
デスヴェアニン（Raoul E. Desvernine）　202, 212-218, 226, 230
テネシー川渓谷公社　12
テネシー州　120, 130, 131, 150, 151
デューイ（Thomas Edmund Dewey, 1902-1971）　113, 233, 234, 240, 244-246, 286, 288, 291, 292, 359, 361
寺崎英成（1900-1951）　203, 207, 225, 226, 278, 280, 282, 359
デルツェル（Charles F. Delzell, 1920-2011）　342
天津　19, 138
天皇親電　176, 212, 223, 230, 282
ドイツ　5, 11, 22-25, 33, 34, 38, 45, 48, 55, 57, 64-67, 69, 83, 93, 107, 127, 141, 142, 150, 152, 160, 161, 165, 169, 174, 176-178, 181, 190, 194, 196, 198, 199, 202, 208, 211, 212, 218, 221, 222, 228, 229, 231, 241, 249, 251, 252, 255-257, 259, 260, 263, 266, 271, 283, 284, 300, 308, 311, 313, 326, 327, 335, 337, 339, 340, 342, 343, 345, 346, 357, 359, 360
東郷茂徳（1882-1950）　203, 204, 206-209, 211, 221, 222, 225, 227, 229, 252, 253, 260, 261
東条英機（1884-1948）　6, 201, 202, 206, 208, 209, 221, 223, 254, 255
ドーズ（Charles Gates Dawes, 1865-1951）　64-66, 78
ドーズ案　65
ドーズ委員会　65, 66
トーマス，エルバート（Elbert Duncan Thomas, 1883-1953）　201, 207, 210, 219, 280, 282
トーマス，ノーマン（Norman Thomas, 1884-1968）　300
トーリー（Clare M. Torrey, 1891-1977）　338
独ソ戦争　194
ドノヴァン（William Joseph Donovan, 1883-1959）　190, 191, 242, 274
トランプ（Donald John Trump, 1946-）　86
取り付け騒ぎ　89, 92-94
トルーマン（Harry S. Truman, 1884-1972）　29, 33, 51, 124, 125, 182, 248, 249, 251, 256-259, 265, 272, 276, 279, 280, 284, 286, 288, 289, 293, 296, 298, 300-303, 305, 306, 308-312, 314, 315, 317, 319-321, 329, 335, 336, 340-345, 347-349, 351, 353, 359-361
トルコ　41, 45
ドル外交　28
ドレーパー（William Henry Draper, Jr., 1894-1974）　294, 343, 346
トローハン（Walter Trohan, 1903-2003）　315, 316
トロツキー（Leon Trotsky, 1879-1940）　34, 47, 357

ナ　行

ナショナル・シティー銀行　171
ナンセン（Fridtjof Nansen, 1861-1930）　44, 47
南北戦争　86, 112, 120, 182, 240, 355
難民　1, 3, 33, 39, 47, 175, 185, 302, 303, 344, 356
ニクソン（Richard Milhous Nixon, 1913-1994）　52, 322, 331, 332, 354, 361
西太平洋　8, 52, 70, 74, 75, 80-82, 103, 109, 110, 186, 187, 189, 272, 357
西半球　8, 52, 63, 70, 71, 73, 104, 117, 147, 150, 154, 168, 174, 178, 179, 190-192, 196, 307, 311, 313, 318, 349
西山勉（1885-1960）　213-215, 217, 220, 226
日米戦争　73, 109, 110, 117, 191, 193, 198, 201-203, 209, 211, 212, 217-220, 226, 227, 230, 236, 239, 282, 344
日米通商航海条約　84, 173, 175, 187, 206, 218
日露戦争　109, 115, 181
ニュージャージー州　121, 338
ニューディール　2, 3, 9, 12, 29, 50, 51, 53, 56, 98-100, 104, 106, 117, 149, 178, 180, 182, 187, 189, 214, 215, 233, 242, 284, 285, 292, 293, 295, 297, 308, 323, 324, 325, 341, 346, 348, 352, 353, 357, 358, 361
ニューヨーク州　35, 39, 56-58, 65, 86, 91, 95, 99, 113, 185, 214, 323, 344
人間の安全保障　1, 4
ニンコビッチ（Frank Ninkovich）　164
ネップ（NEP）　45, 62
ネブラスカ州　32, 61, 249
農業調整局（Agriculture Adjustment Administration）　341
農務省海外農業室（Department of Agriculture Office of Foreign Agricultural Relations）

340
ノーリス（George William Norris, 1861–1944） 99
野村吉三郎（1877–1964） 175, 176, 199, 202–207, 209, 212, 215–217, 220, 222–225, 228–230
ノルウェー 44, 45, 150, 339, 343

ハ 行

ハーヴァード大学 7, 28, 31, 32, 40, 57, 61, 101, 182, 185, 209, 230, 347
パーシング（John Joseph Pershing, 1860–1948） 116, 117
ハースト系新聞 55, 72, 73, 83, 248, 316
ハーター（Christian Archibald Herter, 1895–1966） 30–32, 356
ハーディング（Warren Gamaliel Harding, 1865–1923） 31, 51, 56, 60
ハーディング政権 2, 48, 54, 63, 67, 74, 87
ハート，トーマス（Thomas Charles Hart, 1877–1971） 238
ハート，ボイス（Boies Hart） 171
パーマー（Mitchell Palmer, 1872–1936） 51, 52, 243
ハイドパーク 57, 101, 175, 187
ハウ（Louis Howe, 1871–1936） 56–58, 106
ハウス（Colonel Edward House） 24, 30, 31, 356
ハスカル（William Nafew Haskell, 1878–1952） 46, 47, 49
パターソン（Joseph Medill Patterson, 1879–1946） 116
バターン 110, 127, 146, 148, 238–240, 270, 275, 276, 285, 317
バックレー・シニア（William Frank Buckley, Sr., 1881–1958） 324, 327
バックレー・ジュニア（William Frank Buckley, Jr., 1925–2008） 324–328, 331, 332, 360
ハッチンソン（Granville Hutchinson） 123, 129
パットン（George Smith Patton, 1885–1945） 107, 143
パデレフスキ（Ignacy Jan Paderewski, 1860–1941） 337
パネイ号 201
ハプスブルク帝国 39
ハリマン（William Averell Harriman, 1891–1986） 181–184, 259, 341, 345, 359
ハル（Cordell Hull, 1871–1955） 161, 174–176, 183, 187, 190, 193–195, 199–207, 209–212, 216, 220–222, 224, 228, 229, 230, 235, 236
ハル・ノート 175, 176, 197, 203, 205–212, 217, 220, 222–226, 229, 282
バルーク（Bernard Mannes Baruch, 1870–1965） 94, 175, 203, 209, 217–220, 224, 226, 230
バルト三国 38, 39, 338
バワーズ（Lloyd Bowers, 1859–1910） 28
ハンガリー 38–42, 330
ハント，エドワード（Edward Eyre Hunt, 1885–1953） 61, 62, 252
ハント，フレージャー（Frazier Hunt, 1885–1967） 128, 131, 249, 252, 285
ピーバディー（Endicott Peabody, 1857–1944） 84, 85, 181, 182, 184
ピウスツキ（Józef Piłsudski, 1867–1935） 44
東太平洋 8
ビックスービー（Harold Bixby, 1890–1965） 121
ヒトラー（Adolf Hitler, 1889–1945） 83, 141, 150, 153, 154, 161, 174, 176, 208, 221, 227, 228, 304, 343
ビドル（Francis Beverley Biddle, 1886–1968） 230
ビューイック・モーリング社 19, 20
ヒューズ（Charles Evans Hughes, 1862–1948） 65, 67–70, 82
ピンショー（Gifford Pinchot, 1865–1946） 55
ファシズム 5, 105, 224, 342
フィッツジェラルド（Dennis Alfred FitzGerald, 1903–1994） 342
フィリピン 4–7, 28, 81, 109–111, 113–115, 118, 119, 123–148, 150, 154, 199, 206, 210, 211, 224, 229, 234–239, 247, 264, 272, 297, 310, 312, 313, 318, 321, 343
フィリピン国防軍 112, 123, 125, 126, 131–133, 146, 238, 321, 358
フィリピン総督 28
フィンランド 39, 45, 48, 181, 191, 338, 339, 343
フィンランド救済基金 338, 339
フーヴァー，J・エドガー（John Edgar Hoover, 1895–1972） 52
フーヴァー，ジェシー（Jesse Clark Hoover, 1846–1880） 15
フーヴァー，セオドア・ジェシー（Theodore Jesse Hoover, 1871–1955） 15, 16
フーヴァー，ヘルダ（Hulda Randall Minthorn

Hoover, 1848–1884)　15
フーヴァー，メアリー（Mary Blanche Hoover, Leavitt, 1876–1953）　15
フーヴァー，ルウ・ヘンリ（Lou Henry Hoover, 1874–1944）　19
フーヴァー・ジュニア（Herbert Hoover, Jr., 1903–1969）　32
フーヴァー・モラトリアム　94, 100
フーヴァー研究所　278, 279, 342
フェラーズ（Bonner Frank Fellers, 1896–1973）　4, 7, 109, 117, 119, 126–132, 134, 136–138, 143–146, 148–153, 155, 179, 229, 241–245, 248, 249, 252, 254–256, 259, 263–276, 278–280, 282, 284–287, 289–293, 296, 298–300, 302–305, 307–310, 315–321, 323, 326, 327, 329, 331, 358–361
フォード，ジェラルド（Gerald Rudolph Ford, 1913–2006）　178
フォード，ヘンリー（Henry Ford, 1863–1947）　179
フォード自動車　42, 43, 179
フォレスタル（James Vincent Forrestal, 1892–1949）　248, 251–253, 255, 256–258, 259, 269, 294, 306, 345–348, 351, 359, 360
武器貸与法　173–175, 177, 182, 188, 192, 194, 198, 339, 360
不戦条約　74–77, 79, 83, 84
復興金融公社（Reconstruction Finance Corporation）　104
ブラウン，ウォルター（Walter Lyman Brown）　46
ブラウン，クラレンス（Clarence John Brown, Sr., 1893–1965）　285, 349–352
プラット（William Veazie Pratt, 1869–1957）　70–73, 82, 130
ブラナー（John Caspar Brannar, 1850–1922）　17–19
フランキー（Emile Franqui, 1863–1935）　20, 23, 25, 37, 65
フランクフルター（Felix Frankfurter, 1882–1965）　40, 41, 184, 185
フランス　18, 23–25, 28, 31–34, 39, 44, 57, 61, 64, 65, 74, 75, 83, 93, 101, 141, 150, 154, 170, 174, 198, 302, 330, 337, 342, 343
ブランダイス（Louis Dembitz Brandeis, 1856–1941）　40, 41, 185, 293
フリードマン（Milton Friedman）　93, 95
ブリッカー（John William Bricker, 1893–1986）　233, 286, 288, 327, 328
ブリューニング（Heinrich Aloysius Maria Elisabeth Brüning, 1885–1970）　93
プリンストン大学　24, 32, 157
ブレット（William Christian Bullitt, Jr., 1891–1967）　54, 183
フレミング（Arthur Sherwood Flemming, 1905–1996）　351
プロイセン帝国　39
米国救済委員会（American Relief Committee）　22
米国救済局（American Relief Administration）　2, 27, 29, 30, 32–40, 42, 44–51, 55, 59, 63, 337, 356, 357
米国共産党　30, 325
米国穀物公社（U. S. Grain Corporation）　27, 35, 37, 38, 59
米国雇用サービス局（United States Employment Service）　95
米国食糧局（U. S. Food Administration）　2, 10, 27, 29, 30, 35, 41, 42, 55, 59, 87, 338
米国食糧局長官　2, 10, 27, 28, 29, 35, 41, 44, 356
米国赤十字社　33, 61, 338, 339
米国復興局（National Recovery Administration）　341
ペイジ，ウォルター（Walter Hines Page, 1855–1918）　23, 338
ペイジ，フランク（Frank C. Page, 1887–1950）　338
平時体制　36, 52, 273, 284
米西戦争　6, 81, 110, 113, 114, 116
ペイト（Maurice Pate, 1894–1965）　30, 32, 33, 40, 44, 336–338, 342, 356
米白教育基金　25
ベーカー（Newton Diehl Baker, 1871–1937）　37, 55, 116
ベスレヘム・スチール社　43
ベルギー　10, 20, 22–25, 27, 37, 49, 55, 61, 64, 65, 338, 339, 342, 343, 356
ベルギー救済委員会　2, 23, 32, 33, 61
ホイットニー（Courtney Whitney, 1897–1969）　130, 317
ボーゲン（Boris David Bogen, 1869–1929）　41
ボーナス・アーミー　98, 106
ボーラ（William Edgar Borah, 1865–1940）　72, 79, 80, 244
ポーランド　32, 33, 37–42, 44, 45, 55, 181, 248, 266, 336–339, 343

ポーランド救済委員会　33, 336-339
ポーランド亡命政府　263
ポーレー（Edwin Wendell Pauley, Sr., 1903-1981）　345, 346
ホーンベック（Stanley Kuhl Hornbeck, 1883-1966）　74-83, 107, 169, 187
ボストン　32, 65, 84, 85, 113, 122
ボゼル（Brent Bozell, Jr., 1926-1997）　324-326, 328, 331
ホプキンズ，ジョン・J（John Jay Hopkins, 1893-1957）　338
ホプキンズ，ハリー（Harry Lloyd Hopkins, 1890-1946）　209, 218, 225
堀内謙介（1886-1979）　170
ボルシェビキ　34, 37, 41, 43, 45, 47, 64
ポロック（James Kerr Pollock, 1898-1968）　350, 352, 353
ホワイト，ウィリアム・アレン（William Allen White, 1868-1945）　86, 142, 185, 339
ホワイト，ウォーレス・E（Wallace Humphrey White, Jr., 1877-1952）　247
ホワイト，ハリー・デクスター（Harry Dexter White, 1892-1948）　175, 176, 212, 213, 231
本間雅晴（1887-1946）　238

マ　行

マーシャル（George Catlett Marshall, 1880-1959）　6, 32, 124, 125, 143, 147, 235-238, 246, 257, 258, 264, 269, 270, 302, 312, 329, 347
マーシャル・プラン　36, 168, 307, 309, 318, 336, 342, 347
マーティン（Joseph William Martin, Jr., 1884-1968）　285, 291, 310, 314, 315, 350, 352
牧野伸顕（1861-1949）　170, 280
マクドナルド（William C. McDonald）　337
マクリーシュ（Archibald MacLeish, 1892-1982）　258
マクレーラン（John Little McClellan, 1896-1977）　350
マクロイ（John Jay Mcloy, 1895 1989）　277
マコーミック，チョンシー（Chauncey Brooks McCormick, 1884-1954）　336
マコーミック，ロバート・R（Robert Rutherford McCormick, 1880-1955）　116, 117, 152, 179, 180, 184, 185, 242-244, 248, 285, 288, 290, 293, 297, 316, 326, 328, 336, 337
マサチューセッツ州　32, 112, 113, 179, 183, 291, 314, 322, 329, 350
マジック　203, 204, 207-211, 224, 227, 229, 252, 264, 265
マスドン（John B. Masdon）　342
マッカーサー，ジーン・フェアクロス（Jean Faircloth MacArthur, 1898-2000）　120-123, 129-131, 274, 291, 292, 300, 315, 316, 361
マッカーサー，ダグラス（Douglas MacArhtur, 1880-1964）　4-7, 53, 69, 106, 107, 109, 110, 112, 113, 115, 116, 118-151, 153, 155, 180, 233-248, 255, 264, 266-270, 272-277, 279-300, 304, 309-311, 313-317, 320-322, 324, 329, 332, 343-346, 352, 358-361
マッカーサー・シニア（Arthur MacArthur, Sr., 1815-1896）　112, 113
マッカーサー・ジュニア（Arthur MacArthur, Jr., 1845-1912）　112-116
マッカーサー２世（Douglas MacArthur II, 1909-1997）　122
マッカーシー（Joseph Raymond McCarhty, 1908-1957）　292, 298, 309, 322, 326, 328, 329
マッキンレー政権　31, 67
マッケー（James Mackay）　171
マッコイ（Frank Ross McCoy, 1874-1954）　78, 281
マナスコ（Carter Manasco, 1902-1992）　350
マニオン（Clarence Manion, 1896-1979）　326-329, 331, 332, 360
満洲国　6, 81, 83, 176, 200, 223
満洲事変　2, 5, 8, 53, 70, 74-79, 81, 84, 103, 107, 186, 213, 357
ミシシッピ川の大洪水　11
水資源　12, 62
ミッチェル，ウェズリー（Wesley Clair Mitchell, 1874-1948）　61
ミッチェル，シドニー（Sidney A. Mitchell）　352
ミルズ（Ogden Livingston Mills, 1884-1937）　101, 102
ミンソーン（Henry John Minthorn, 1846-1922）　15, 42
メイソン（Frank E. Mason, 1893-1979）　342
メイン州　57, 247
メロン（Anderew William Mellon, 1855-1937）　65, 101
モーゲンソー・シニア（Henry Morgenthau Sr., 1856-1946）　41, 187

モーゲンソー・ジュニア（Henry Morgenthau, Jr., 1891-1967）　3, 103, 174-176, 181, 185-189, 193-195, 197, 200, 210-212, 217, 224, 227, 231
モーリー（Raymond Morley, 1886-1975）　100-102, 214, 217
モスクワ　44, 176, 205, 208, 211, 228, 229, 261, 347
モネ（Jean Omer Manie Gabriel Monnet, 1888-1979）　170
モルガン銀行　36
モルガン投資銀行　36, 54, 68, 69, 76, 85, 89, 92, 121, 192
門戸開放　68, 79, 104, 159, 170, 174, 188, 190, 202, 223, 229

ヤ　行

ヤング（Owen Daniel Young, 1874-1962）　65, 66
ユダヤ共同配給委員会　38, 40, 41
預金保険　97
横浜　19, 28, 184, 268, 275
芳沢謙吉（1874-1965）　170, 200
吉田茂（1878-1967）　224, 278, 280-282, 344
ヨセフ大公（Archduke Joseph August of Austria, 1872-1962）　41
予防接種　35, 46
世論調査　149, 196, 197, 245, 258, 315

ラ　行

ラトヴィア　45, 46, 338
ラフォレット（Philip Fox La Follette, 1897-1965）　242, 246, 285, 289, 292, 293, 304, 309
ラモント（Thomas William Lamont, Jr., 1870-1948）　54, 68, 76, 89, 170, 174, 175, 186, 192, 193
リース（Brazilla Carroll Reece, 1889-1961）　149-151, 153, 241, 283-287, 291, 296, 298-300, 304
リーマン（Herbert Henry Lehman, 1878-1963）　185, 344
リカード，エドガー（Edgar Rickard, 1874-1951）　21, 22, 33, 337, 338
リカード，トーマス（Thomas A. Rickard）　21, 22
リットン調査団　77, 79, 84
リトアニア　41, 45, 175, 338
リトヴィノフ（Maxim Maximovich Litvinov, 1876-1951）　46
リンドバーグ，アン（Anne Morrow Lindbergh, 1906-2001）　121
リンドバーグ，チャールズ（Charles Augustus Lindbergh, 1902-1974）　120, 121, 151, 196, 197, 203, 309
ルイス（John Llewellyn Lewis, 1880-1969）　286, 287
ルース，クレア・B（Clare Boothe Luce, 1903-1987）　234, 306
ルース，ヘンリー（Henry Luce, 1898-1967）　185, 234, 235, 247-249, 306
ルート（Elihu Root, 1845-1937）　31, 67, 68
ルーマニア　39, 46
ルール地方　64
レーガン（Ronald Wilson Reagan, 1911-2004）　233, 297
レーニン（Vladimir Lenin, 1870-1924）　34, 43-47, 162, 357
レッドフィールド（William Cox Redfield, 1858-1932）　36
レフィングウェル（Russell Cornell Leffingwell, 1878-1960）　36
連合国（第一次世界大戦）　22, 24, 27, 30, 35, 37, 48, 63-66, 93, 94, 102
連合国（第二次世界大戦）　6, 149, 150, 153, 160, 162, 165, 180, 206, 251, 253, 257, 266, 268, 272, 273, 276-282, 285, 292, 293, 308, 339, 345, 356, 361
連合国救済復興局（United Nations Relief and Rehabilitation Administration）　339, 344
連合国支援委員会　178, 185
連邦最高裁判所　341
連邦準備銀行　36, 89, 92, 93, 97, 173, 329, 341
連邦政府　9, 10, 12, 86, 88, 90-92, 95-100, 104, 164, 293, 301, 302, 305, 308, 326-328, 332
ロイド・ジョージ（David Lloyd George, 1863-1945）　23, 64
ロウ（James H. Rowe, 1909-1984）　350, 352, 353
ローガン法　24, 339
ローズ（Weldon E. Rhoades）　270, 275, 276
ローズヴェルト，エレノア（Eleanore Roosevelt, 1884-1962）　56-58, 181, 182, 184
ローズヴェルト，サラ（Sara Delano Roosevelt, 1854-1941）　57
ローズヴェルト，ジェームズ（James Roosevelt, 1828-1900）　57

ローズヴェルト，セオドア（Theodore Roosevelt, 1858-1919）　21, 24, 28, 31, 55, 57, 67, 114, 178, 181, 182, 186
ローズヴェルト，フランクリン・D（Franklin Delano Roosevelt, 1882-1945）　2-4, 12, 29, 31, 51-53, 55-58, 71, 85, 91, 92, 95-106, 111, 118, 119, 124, 130, 133, 134, 142, 144, 147, 149-152, 161, 167, 173-202, 204, 206, 207, 209-212, 214, 216, 217, 219-221, 224-231, 233-236, 243-245, 248-251, 256, 263, 279, 282, 286, 293, 294, 297, 300, 329, 337-339, 341, 344, 350, 357-359, 361
ローズヴェルト政権　2, 3, 12, 31, 52, 71, 91, 92, 96-99, 101, 103-105, 152, 174, 175, 178, 180-183, 186, 187, 189, 192-194, 200-202, 211, 243-245, 248, 338, 339, 341, 344
ロカルノ会議　66
盧溝橋事件　188
ロシア革命　10, 34, 39, 356
ロシア正教会　47
ロスチャイルド（Leon Lambert-Rothschild, 1851-1919）　23
ロスチャイルド財閥　18
ロッジ（Henry Cabot Lodge, Jr., 1902-1985）　322, 331, 350
ロハス（Manuel Acuña Roxas, 1892-1948）　129
ロンドン　19-24, 33, 35, 52, 64, 70-72, 80, 101, 263, 336, 337, 356, 358
ロンドン軍縮会議　70-72

ワ　行

ワーナー（Langdon Warner, 1881-1955）　209, 210, 280-282
YMCA　40
ワイズ（Stephen Samuel Wise, 1874-1949）　40
YWCA　40
ワグナー（Robert Ferdinand Wagner, 1877-1953）　95, 100, 303
ワシントン（George Washington, 1732-1799）　6
ワシントン体制　8, 169, 188
ワトソン（Edwin M. Watson, 1883-1945）　219

注

＊頻出する文献については，以下のように略記する。

BFF HI：スタンフォード大学フーヴァー研究所文書館所蔵ボナー・F・フェラーズ文書

BFF MA：ヴァージニア州ノーフォーク市マッカーサー記念文書館所蔵ボナー・F・フェラーズ文書

Eisenhower Diaries：Daniel D. Holt, ed., *Eisenhower : The Prewar Diaries and Selected Papers, 1905-1941* (Baltimore : The Johns Hopkins University Press, 1998).

FRUS：U.S. Department of State, *The Foreign Relations of the United States* (Washington, D.C. : Government Printing Office).

Hoover, *Memoirs, Vol. 1*：Herbert C. Hoover, *The Memoirs of Herbert Hoover, Vol. 1 : Years of Adventure, 1874-1920* (New York : Macmillan, 1952).

Hoover, *Memoirs, Vol. 2*：Herbert C. Hoover, *The Memoirs of Herbert Hoover, Vol. 2 : The Cabinet and the Presidency, 1920-1933* (New York : Macmillan 1952).

Hoover, *Memoirs, Vol. 3*：Herbert C. Hoover, *The Memoirs of Herbert Hoover, Vol. 3 : The Great Depression, 1929-1941* (New York : Macmillan, 1952).

序　章

（1）David Star Jordan, *War and Waste : A Series of Discussions of War and War Accessories* (Garden City, NY : Doubleday, Page, 1914), 8-9, 14, 19, 26, 28-29, 49-50, 98-100, 102-104, 122-123, 125, 130, 132 ; George H. Nash, *Herbert Hoover and Stanford University* (Stanford : Hoover Institution Press, 1998). 裁量権と日本陸軍については，次の注を参照。

（2）井口治夫『鮎川義介と経済的国際主義――満洲問題から戦後日米関係へ』（名古屋大学出版会，2012 年）31-35，87-96，106-114，325 頁。

（3）革新主義運動と消費生活については，サミュエル・P・ヘイズの著書が大いに参考になる。Samuel P. Hays, *Conservation and the Gospel of Efficiency : The Progressive Conservation Movement, 1890-1920* (Cambridge, MA : Harvard University Press, 1959) ; Samuel P. Hays, *Environmental Politics since 1945* (Pittsburgh : University of Pittsburgh Press, 2000) ; Samuel P. Hays, *Explorations in Environmental History : Essays by Samuel P. Hays* (Pittsburgh : University of Pittsburgh Press, 1998) ; Samuel P. Hays, *The Response to Industrialism : 1885-1914* (Chicago : University of Chicago Press, 1957) ; Samuel P. Hays, "The Politics of Environmental Administration," in Louis Galambos, ed., *The New American State : Bureaucracies and Policies since World War II* (Baltimore : Johns Hopkins University Press, 1982), 21-53. フーヴァーについては，以下を参照。Hoover, *Memoirs, Vol. 2* ; Kendrick A. Clements, *Hoover, Conservation, and Consumerism : Engineering the Good Life* (Lawrence : University Press of Kansas, 2000) ; Robert K. Murray, "Herbert Hoover and the Harding Cabinet," in Ellis W. Hawley, ed., *Herbert Hoover as Secretary of Commerce : Studies in New Era Thought and Practice* (Iowa City : University of Iowa Press, 1981) ; Joan Hoff Wilson, *Herbert Hoover : Forgotten Progressive* (Boston : Little, Brown, 1975) ; Mark O. Hatfield, "Herbert Hoover and the Conservation of Human and Natural Resources," in Lee

Nash, ed., *Understanding Herbert Hoover : Ten Perspectives* (Stanford : Hoover Institution Press, 1987)．このほか，Peri E. Arnold, *Making the Managerial Presidency : Comprehensive Reorganization Planning, 1905–1980* (Princeton : Princeton University Press, 1986) も参照。

（4）フーヴァーについては前注を参照。ニューディール期の公共事業や経済開発については，Jordan A. Schwarz, *The New Dealers : Power Politics in the Age of Roosevelt* (New York : Vintage Books, 1993) を参照。

第1章

（1）Hoover, *Memoirs, Vol. 1*, 1–24 ; Joan Hoff Wilson, *Herbert Hoover : Forgotten Progressive* (Boston : Little, Brown, 1975), 10–11 ; George H. Nash, *The Life of Herbert Hoover : The Engineer, 1874–1914* (New York : W. W. Norton, 1983), 1–41. フーヴァーのスタンフォード大学入学の経緯や，ブラナーやスワインとの関係については，Glen Jeansonne, *Herbert Hoover : A Life* (New York : The New American Library, 2016), 26–27, 39–42. フーヴァーの家族関係については，https://www.geni.com/people も参照。

（2）Jeansonne, *Hoover*, 32–42 ; "Ray L. Wilbur Dies at Stanford at 74," *The New York Times*, June 27, 1949.

（3）Hoover, *Memoirs, Vol. 1*, 25–116（中国におけるフランキーとの関係は 64–65）; Richard Norton Smith, *An Uncommon Man : The Triumph of Herbert Hoover* (Worland, WY : High Plains Publishing Company, 1984), 72–77 ; Wilson, *Forgotten Progressive*, 12–17. フーヴァーの中国時代については，Nash, *Hoover : The Engineer, 1874–1914*, 99–222 が詳しい。フーヴァーの朝鮮半島訪問については，同書 386–387. また，フーヴァーとルイ・ジャニン，豪州時代，結婚，天津租界地防衛については，同書 50–98, 118–124. フランキーについては，同書 161, 165, 169–170, 179–180, 185–186 ; Jeansonne, *Hoover*, 60–72.

（4）Nash, *Hoover : The Engineer, 1874–1914*, 489. この他，同書 333–334, 366, 562 を参照。

（5）Hoover, *Memoirs, Vol. 1*, 141–237 ; Georeg H. Nash, *Herbert Hoover : The Humanitarian, 1914–1917* (New York : W. W. Norton, 1988) ; Jeansonne, *Hoover*, Chapter 4 ; Wilson, *Forgotten Progressive*, Chapter 2. フーヴァーの一時帰国は，ヘンリー・ロッジ上院議員が画策していた，フーヴァーの活動を米国市民が外国政府と交渉することを禁ずる古い法律（ローガン法）への違反とみなす調査活動を阻止するためであった。Hoover, *Memoirs, Vol. 1*, 141–271 ; Smith, *Uncommon Man*, 77, 81–90. 同書 77 によると，軍需大臣の話を持ちかけたのはキッチナー卿であった。この他に次の名著を参照。David M. Kennedy, *Over Here : The First World War and American Society* (Oxford : Oxford University Press, 1980), 117–121. ケロッグについては，Jeansonne, *Hoover*, 103. 米国参戦後も CRB が廃止されず活動を続けていたことについては，フーヴァーの伝記の著者であるジョージ・ナッシュが，2007 年 1 月 30 日にスタンフォード大学のオンラインサイト http://www.hoover.org/research/europe-remembers-herbert-hoover-napoleon-mercy の Hoover Digest の記事 "Europe Remembers Herbert Hoover, 'Napoleon of Mercy'" で言及している。ただし，どのようにしてこれが可能となったのかについては，ナッシュの伝記や他のフーヴァー伝記でも言及されていない。CRB に関する最終監査を現代の人道支援団体と比較した Jeansonne, *Hoover*, 108 を参照。フーヴァーが戦後ベルギーからの授賞を固辞したことについては，同書 121 を参照。Nash, *Hoover : The Humanitarian, 1914–1917*, 57 に CRB 設立の経緯が紹介されている。同書 164 では，北部フランスにおいて CRB スタッフが直面したストレスについて言及がなされている。CRB とベル

ギーの交渉については，例えば同書 212–213 を参照。また，ドイツの CRB の運搬船への攻撃については，同書 114–115，292，314–315，351–353 を参照。英仏とドイツの CRB に対する反感については，Jeansonne, *Hoover*, 99. フランキーが立ち上げた米白教育基金については，http://www.baef.be/documents/about-us/history/the-commission-for-relief-in-belgium-1914-.xml?lang=en を参照。

第 2 章

（1）James T. Patterson, *Mr. Republican : A Biography of Robert A. Taft*（Boston : Houghton Mifflin, 1972）, 22–28, 44, 49–51, 78–80, 163, 178, 199, 216–217, 223, 227–228, 230, 243–249 ; George H. Nash, *The Life of Herbert Hoover : Master of Emergencies, 1917–1918*（New York : W. W. Norton, 1996）, 66, 504, 639.

（2）Lewis L. Strauss, *Men and Decisions*（Garden City, NY : Doubleday, 1962）, 1–8, 123 ; Nash, *Hoover : Master of Emergencies*, 30, 61, 66, 413.

（3）Glen Jeansonne, *Herbert Hoover : A Life*（New York : New American Library, 2016）, 131 ; George H. Nash, *Herbert Hoover and Stanford University*（Stanford : Hoover Institution Press, 1988）.

（4）Walter Isaacson and Evan Thomas, *The Wise Men : Six Friends and the World They Made*（New York : Simon & Schuster, 2013）, 180.

（5）Kendrick A. Clements, *The Life of Herbert Hoover : Imperfect Visionary, 1918–1928*（New York : Palgrave Macmillan, 2010）, 139, 430 ; Jeansonne, *Hoover*, 368 ; Bertrand M. Patenaude, *The Big Show in Bololand : The American Relief Expedition to Soviet Russia in the Famine of 1921*（Stanford : Stanford University Press, 2002）, 176. 米国務省の歴史資料局のホームページ https://history.state.gov/departmenthistory/people/herter-christian-archibald にハーターの経歴が掲載されている。

（6）Hoover, *Memoirs, Vol. 1*, 209 ; Patenaude, *The Big Show in Bololand*, 414–415, 740 ; Jennifer M. Morris, *The Origins of UNICEF, 1946–1953*（Lanham, MD : Lexington Books, 2015）. ポーランド救済委員会については，スタンフォード大学フーヴァー研究所文書館の同委員会の文献目録 http://www.oac.cdlib.org/findaid/ark:/13030/tf4b69n6pg/entire_text/ を参照。

（7）Sean McMeekin, *The Russian Revolution : A New History*（New York : Basic Books, 2017）, xiv–xvi.

（8）古典的名著の復刻版である Merle Curti, *American Philanthropy Abroad*（New Brunswick : Transaction Books, 1998）, 270 を参照。Clements, *Life of Hoover*, 21–22, 75–77.

（9）Clements, *Life of Hoover*, 77–78. 米国農村・農業対策と対欧州食糧援助との関係については，Jeansonne, *Hoover*, 126–127 ; Curti, *American Philanthropy Abroad,* 271–272.

（10）Andrzej Kapiszewski, *Hugh Gibson and a Controversy over Polish-Jewish Relations after World War I : A Documentary History*（Kraków : Jagiellonian University Press, 1991）, 50 ; Clements, *Life of Hoover*, 15–16. ポーランドにおける米国救済局の活動は，Matthew Lloyd Adams, "Herbert Hoover and the Organization of the American Relief Effort in Poland（1919–1923）," *European Journal of American Studies* No. 2（Autumn 2009）が詳しい。対外援助をめぐるフーヴァーと議会の対立については，Clements, *Life of Hoover*, 83 も参照。ギブソンに対するブランダイスとフランクフルターによる抗議については，Donald Neff, *Fallen Pillars : U. S. Policy towards Palestine and Israel since 1945*（Washington, D.

C : Institute for Palestine Studies, 2002), Chapter 1. これは，『ワシントン・ポスト』紙のホームページ http://www.washingtonpost.com/wp-srv/style/longterm/books/chap1/fallenpillars.htm にて閲覧できる。

(11) Patenaude, *Big Show in Bololand*, 590–592 ; Hoover, *Memoirs, Vol. 1*, 321–328 ; Clements, *Life of Hoover*, 1–26.

(12) 1919年4月から5月のソヴィエトに対するナンセン，フーヴァー，フランスの対応については，Hoover, *Memoirs, Vol. 1*, 413–418 ; Clements, *Life of Hoover*, 19. ナンセンについては，E. E. Reynolds, *Nansen* (Harmondsworth : Penguin Books, 2011) を参照。ペイトと赤軍については，Patenaude, *The Big Show in Bololand*, 414–415 を参照。テイラー主義とソ連については，Richard Stites, *Revolutionary Dreams : Utopian Vision and Experimental Life in the Russian Revolution* (New York : Oxford University Press, 1989), 145–147 ; Patenaude, *The Big Show in Bololand*, 700–701 ; Nicholai Lenin (Vladmire I. Lenin), *The Soviets at Work* (1918年4月28日の *Pravda* No. 83 と *Izvestia VTsIK* No. 85 に掲載)。この英語版は，米国で1919年に翻訳され，https://www.marxists.org/archive/lenin/works/1918/mar/soviets.htm よりダウンロードできる。ハーシャル・ウォーカーについては，"Dr. Herschel Walker Dies ; Did Relief Work in Europe," *The New York Times*, April 4, 1975 ; Patenaude, *The Big Show in Bololand*, 157, 414–415.

(13) McMeekin, *The Russian Revolution*, Chapter 22 ; Patenaude, *The Big Show in Bololand*, 60–61. 数字については，Jeansonne, *Hoover*, 146–147, 149.

(14) Andrew J. Williams, *Trading with the Bolsheviks : The Politics of East-West Trade, 1920–1939* (Manchester : Manchester University Press, 1992), 26–28, 31–34, 37.

(15) Patenaude, *The Big Show in Bololand*, 671, 691, 728 ; Jeansonne, *Hoover*, 149.

(16) Clements, *Life of Hoover*, 13, 84–86, 159–160. 欧州とロシアで救った人命の数については，Jeansonne, *Hoover*, 149 を参照。Hoover, *Memoirs, Vol. 2*, 18–26.

第3章

(1) Joan Hoff Wilson, *Herbert Hoover : Forgotten Progressive* (Boston : Little, Brown, 1975), 197–199, 237 ; Richard Norton Smith, *An Uncommon Man : The Triumph of Herbert Hoover* (Worland, WY : High Plains Publishing Company, 1984), 28, 93, 348, 360–361, 385, 389. 第二次世界大戦以降の赤狩りについては，次を参照。Richard M. Fried, *Nightmare in Red : The McCarthy Era in Perspective* (New York : Oxford University Press, 1990).

(2) Warren I. Cohen, *Empire without Tears : America's Foreign Relations, 1921–1933* (New York : Knopf, 1987), ix–xii, 4–6, 8, 14–17, 46–55.

(3) Kendrick A. Clements, *The Life of Herbert Hoover : Imperfect Visionary, 1918–1928* (New York : Palgrave Macmillan, 2010), 52–69. ローズヴェルトのギブソン宛の書簡は，同書 446 note 13. ローズヴェルトのフーヴァー批判については，Glen Jeansonne, *Herbert Hoover : A Life* (New York : New American Library, 2016), 202–203. タフトとフーヴァーを1920年大統領選に擁立する運動については，Clements, *Life of Hoover*, 401. このほか，タフトについては，James T. Patterson, *Mr. Republican : A Biography of Robert A. Taft* (Boston : Houghton Mifflin, 1972), 22–28, 44 ; Clarence E. Wunderlin, *Robert A. Taft : Ideas, Tradition, and Party in U. S. Foreign Policy* (Lantham, MD : Rowman & Littlefield, 2005), 9–30.

(4) Jean Edward Smith, *FDR* (New York : Random House, 2007), Chapters 1–11.

(５) Hoover, *Memoirs, Vol. 2*, Chapter 6 ; Clements, *Life of Hoover*, Chapters 1, 3.

(６) Clements, *Life of Hoover*, 101–102.

(７) Clements, *Life of Hoover*, Chapters 3, 8. ハントについては，https: //hoover. archives. gov/research/collections/manuscriptfindingaids/hunt.html を参照。また，ハント，ミッチェル，「見えざる手」による「計画」については，Guy Alchon, *The Invisible Hand of Planning : Capitalism, Social Science, and the State in the 1920s* (Princeton : Princeton University Press, 1985) を参照。フーヴァーが主催した一連の有識者会議については，同書のほか，Clements, *Life of Hoover*, Chapters 3, 8 および Hoover, *Memoirs, Vol. 2*, Chapters 6, 7, 10, 13, 14, 15, 17, 31, 32 を参照。

(８) Joseph Brandes, *Herbert Hoover and Economic Diplomacy : Department of Commerce Policy 1921– 1928* (Pittsburgh : University of Pittsburgh Press, 1962), 170–179, Chapters 1, 4. チャーチルとフーヴァーについては，同書 177 ; Clements, *Life of Hoover*, 110–111 ; Jeansonne, *Hoover*, 103–104.

(９) Hoover, *Memoirs, Vol. 2*, 181–182 ; Clements, *Life of Hoover*, 246–247 ; Brandes, *Herbert Hoover and Economic Diplomacy*, 181–191. ヤングの経歴については，"Owen D. Young, 87, Industrialist, Dies. Owen D. Young, 87, Ex-G. E. Head, Dies," *The New York Times*, July 12, 1962.

(10) Roberta Albert Dayer, "Anglo-American Monetary Policy and Rivalry in Europe and the Far East, 1919–1931," in B. J. C. McKercher, ed., *Anglo-American Relations in the 1920s : The Struggle for Supremacy* (Edmonton : The University of Alberta Press, 1990), 161, 165, 171 ; Cohen, *Empire without Tears*, 51.

(11) Hoover, *Memoirs, Vol. 1*, 275–482 ; Emily S. Rosenberg, *Spreading the American Dream : American Economic and Cultural Expansion, 1890–1945* (New York : Hill and Wang, 1982), 76–78, 117–118 ; Wilson, *Forgotten Progressive*, 170–173, 197–198 ; Warren I. Cohen, *The Chinese Connection : Roger S. Greene, Thomas W. Lamont, George E. Sokolsky and American-east Asian Relations* (New York : Columbia University Press, 1978), 43–44 ; Ron Chernow, *The House of Morgan : An American Banking Dynasty and the Rise of Modern Finance* (New York : Touchstone, 1990), 206– 209 ; Walter LaFeber, *The Clash : A History of U. S.-Japanese Relations Throughout History* (New York : W. W. Norton, 1997), 125–127 ; Smith, *Uncommon Man*, 336–337.

(12) LaFeber, *The Clash*, 91–92.

(13) Hoover, *Memoirs, Vol. 2*, 179–181.

(14) LaFeber, *The Clash*, 130–132, 141–142 ; Rosenberg, *Spreading the American Dream*, 72–73, 149.

(15) Frank Ninkovich, *Modernity and Power : A History of the Domino Theory in the Twentieth Century* (Chicago : University of Chicago Press, 1994), 82, 90–97 ; Joan Hoff Wilson, *American Business and Foreign Policy, 1920– 1933* (Lexington : The University Press of Kentucky, 1971), 45, 201–214, 219, 228–230 ; Wilson, *Forgotten Progressve*, 175–179, 205, 242, 245–248 ; LaFeber, *The Clash*, 149– 150 ; Roseberg, *Spreading the American Dream*, 144–151 (一般融資政策も含む) ; Justus Doenecke, "Anti-Interventionism of Herbert Hoover," *Journal of Liberterian Studies* Vol. 8, No, 2 (Summer 1987), 319–320 ; Herbert Hoover, Unpublished Article, 1940, "Foreign Policy," Post-Presidential Series (以下 PPS), Hoover Papers, Herbert C. Hoover Presidential Library, West Branch, Iowa, 80, 84, 89, 92–94, 97,

102, 120.

(16) John R. M. Wilson, “The Quaker and the Sword : Herbert Hoover's Relations with the Military,” *Military Affairs* Vol. 38, No. 2 (April 1974), 42–46 ; この記事のもととなった博士論文にあたる Wilson, *Herbert Hoover and the Armed Forces : A Study of Presidential Attitudes and Policy* (New York : Garland, 1993), 219–224 も参照。

(17) 軍縮の推進者フーヴァーについては，Wilson, “The Quaker and the Sword,” 44 を参照。

(18) Robert David Johnson, *The Peace Progressives and American Foreign Relations* (Cambridge, MA : Harvard University Press, 1995), 180–181, 340 ; Melvyn P. Leffler, *The Elusive Quest : America's Pursuit of European Stability and French Security, 1919–1933* (Chapel Hill : The University of North Carolina Press, 1979), 226 ; Wilson, *American Business*, 60–61 ; Wilson, *Forgotten Progressive*, 192–193 ; Raymond O'Connor, *Perilous Equilibrium : The United States and the London Naval Conference of 1930* (Lawrence : University of Kansas Press, 1962), 109–117.

(19) Shizhang Hu, *Stanley K. Hornbeck and the Open Door Policy, 1919–1937* (New York : Praeger, 1995), 110–112 の記述は不十分で，Robert H. Ferrell, *American Diplomacy in the Great Depression : Hoover-Stimson Foreign Policy, 1929–1933* (New Haven : Yale University Press, 1957), 51–67 を参照。

(20) Armin Rappaport, *Henry L. Stimson and Japan, 1931–1933* (Chicago : University of Chicago Press, 1963), 37.

(21) Justus D. Doenecke, *The Diplomacy of Frustration : The Manchurian Crisis of 1931–1933 as Revealed in the Papers of Stanley K. Hornbeck* (Stanford : Hoover Institution Press, 1981), 15.

(22) LaFeber, *The Clash*, 169. この他，Wilson, *American Business*, 231–234, Haruo Iguchi, *Unfinished Business : Ayukawa Yoshisuke and U. S.-Japan Relations, 1937–1953* (Cambridge, MA : Harvard University Asia Center, 2003), 102–103 ; Haruo Iguchi, “Yoshisuke Ayukawa and U. S.-Japan Business and Diplomatic Relations : Nissan, Manchuria, and America, 1937–1952” (Ph. D. thesis, University of Chicago, 1995).

(23) Doenecke, *The Diplomacy of Frustration*, 16–22（9カ国条約については20頁）; Hu, *Stanley K. Hornbeck and the Open Door Policy*, 133–137（不承認政策については136頁），147–148（リットン調査団）; Gary B. Ostrower, *Collective Insecurity : The United States and the League of Nations during the Early Thirties* (Lewisburg, PA : Bucknell University Press, 1979), 79–82, 93–96, 100（11月9日の連盟に関するフーヴァーの見解）; Christopher Thorne, *The Limits of Foreign Policy : The West, the League and the Far Eastern Crisis of 1931–1933* (London : Hamish Hamilton, 1972), 197（ドーズ派遣）; Ferrell, *American Diplomacy in the Great Depression*, 141–142 ; Andrew J. Bacevitch, *Diplomat in Khaki : Major General Frank Ross McCoy and American Foreign Policy, 1898–1949* (Lawrence : University Press of Kansas, 1989), 154–170. Rappaport, *Henry L. Stimson and Japan*, 32, 39 によると，10月9日の閣議終了時におけるスティムソンの不戦条約に関する見解について，ホーンベックは，キャッスルと同様消極的支持であった。彼は日本は間もなく撤兵するであろうから不戦条約を取り上げる必要はないかもしれないと考えていたようである。ただし，このホーンベックの見解は，同書31–32に紹介されているスティムソンの見解，すなわち日本政府内の穏健派が軍部を抑えて，日中2国間の話し合いによる紛争解決となるかもしれないという考えに基づく慎重論であった。

(24) Doenecke, *The Diplomacy of Frustration*, 21–23 ; Rappaport, *Henry L. Stimson and Japan*,

90-91, 139（上院議員で対日経済制裁に賛成していたのは 2 名）; Thorne, *The Limits of Foreign Policy,* 200 ; Hu, *Stanley K. Hornbeck and the Open Door Policy*, 137-140（不承認政策に関する 11 月 22 日のホーンベックのメモは 137 頁）. ホーンベックが考察した満洲における新しい現状認識については，同書 133 ; Wilson, *American Business*, 224-227.

(25) Hu, *Stanley K. Hornbeck and the Open Door Policy*, 139-144 ; Doenecke, *The Diplomacy of Frustration*, 24-25, 28, 30-32 ; LaFeber, *The Clash*, 169, 171, 125.

(26) Doenecke, *The Diplomacy of Frustration*, 32-33, 143-146 ; Hu, *Stanley K. Hornbeck and the Open Door Policy*, 144-146 ; Leffler, *The Elusive Quest*, 281-282, 287, 314-315 ; Wilson, *American Business*, 228-229, 235 ; Rappaport, *Henry L. Stimson and Japan*, 162 ; Cohen, *Empire without Tears*, 121-122（ジュネーヴ軍縮会議), 124-125（米ソ貿易も含む）; A. Whitney Griswold, *The Far Eastern Policy of the United States* (New York : Harcourt, Brace, 1938), 450 ; Wilson, *Herbert Hoover and the Armed Forces*, 189-192. フィリピンへの独立付与について，ハーレー陸軍長官は，フーヴァーと同様時期尚早と判断していた。フーヴァーの西太平洋防衛に対する見方については，Wilson, *Herbert Hoover and the Armed Forces*, 34-35, 100, 173. この見方は，Gerald E. Wheeler, *Prelude to Pearl Harbor : The United States Navy and the Far East 1921-1931* (Columbia : University of Missouri Press, 1963), 68, 128, 89-90, 191 に基づいた考察である。

(27) Rappaport, *Henry L. Stimson and Japan*, 166, 168-173 ; Doenecke, *The Diplomacy of Frustration*, 34-36 ; Wilson, *American Business*, 235-237 ; Wilson, *Herbert Hoover and the Armed Forces*, 19-20 ; Wilson, "The Quaker and the Sword," 41-42.

(28) Doenecke, *The Diplomacy of Frustration*, 36.

(29) Hu, *Stanley K. Hornbeck and the Open Door Policy*, 149.

(30) Paul K. Conkin, *The New Deal : The Historical Debate* (London : Routledge and Kegan Paul, 1968), 9 ; Paul K. Conkin, "Franklin D. Roosevelt and the New Deal," in Robert D. Marcus and David Burner, eds., *American Scene : Varieties of American History, Vol. 2* (New York : Meredith Corporation, 1971), 363-364 ; Geoffrey C. Ward, *Before the Trumpet : Young Franklin Roosevelt, 1882-1905* (New York : Harper & Row, 1985), 170, 180, 189, 207. ピーバディーの略歴は，http://venn.lib.cam.ac.uk/Documents/acad/enter.html にある *A Cambridge Alumni Database* で検索できる。ジョゼフ・ピーバディーについては，Jim Sterba, *Frankie's Place : A Love Story* (New York : Atlantic Books, 2004), 153 を参照。廣部泉『グルー――真の日本の友』（ミネルヴァ書房，2011 年）第 1 章を参照。

(31) カーティスの伝記については，米国連邦上院議会のサイト https://www.senate.gov/artandhistory/history/common/generic/VP_Charles_Curtis.htm を参照。

(32) Jordan A. Schwarz, *The Interregnum of Despair : Hoover, Congress, and the Depression* (Urbana : University of Illinois Press, 1970), 172-176.

(33) Jude Wanniski, *The Way the World Works* (Washington, D. C. : Regnery Publishing, 1998).

(34) Harris G. Warren, *Herbert Hoover and the Great Depression* (New York : W.W. Norton, 1967), 84.

(35) David M. Kennedy, *Freedom from Fear : The American People in Depression and War, 1929-1945* (New York : Oxford University Press, 2001), 49-50, Chapter 2 note 12 ; Hoover, *Memoirs*, 292-293 ; David Burner, *Herbert Hoover : A Public Life* (New York : Knopf, 1979), 298.

(36) Hoover, *Memoirs, Vol. 3*, 31, 44-45.

（37）William Starr Myers and Walter H. Newton, *The Hoover Administration : A Documented Narrative* (New York : Charles Scribner's Sons, 1936), 29 : Albert U. Romasco, *The Poverty of Abundance : Hoover, the Nation, the Depression* (New York : Oxford University Press, 1968), 29. 米国中央政府と米国州政府の支出規模の比較については，クリストファー・チャントリル（Christopher Chantrill）が監修した https://www.usgovernmentspending.com を参照。自治体については，注 39 のデータを使用している。この数値の推移は，次の通りである。3.4 %（1930 年），4.2 %（1931 年），6.8 %（1932 年），7.9 %（1933 年），10.6 %（1934 年），9.1 %（1935 年），10.3 %（1936 年），8.5 %（1937 年），7.6 %（1938 年），10.1 %（1939 年）。https://www.usgovernmentspendi ng.com/local_spending_chart を参照。州については，https://www.usgovernmentspending.com/state_spending_chart を参照。連邦政府については，https://www.usgovernmentspending.com/federal_spending_chart を参照。

（38）Jonathan Hughes and Louis P. Cain, *American Economic History*, 7th ed. (Boston : Pearson Addison Wesley, 2007), 487.

（39）米国政府と米国州政府に関するデータベース検索サイトである Inside Gov の http://federalB-budget.insidegov.com/l/34/1932 を参照。

（40）Milton Friedman and Anna Jacobson Schwartz, *A Monetary History of the United States, 1867–1960* (Princeton : Princeton University Press, 1971), Chapter 3, Chapter 7, 313, 357 ; Hoover, *Memoirs, Vol. 3*, 21, 59, 70, 80, 84, 90 ; David M. Kennedy, *Freedom from Fear : The American People in Depression and War, 1929–1945* (New York : Oxford University Press, 1999), 76.

（41）Friedman and Schwartz, *A Monetary History of the United States*, 308–309.

（42）Schwarz, *The Interregnum of Despair*, 15.

（43）Arthur Schlesinger, Jr., *Age of Roosevelt, Vol. I* (Bosotn : Houghton Mifflin, 1956), 392. 不完全な経済データや 1930 年後半の民間投資や民間建設業者の支出の落ち込みについては，Friedman and Schwartz, *A Monetary History of the United States*, 308–309. 失業率については，Robert Margo, "Employment and Unemployment in the 1930s," *The Journal of Economic Perspectives* Vol. 7, No. 1 (Spring 1993), 43 を参照。この頁の表には，本文で紹介した失業率より低い数値の結果を示した研究成果も紹介されている。1930 年までは本文の数値と同じであるが，それ以降は以下の通りである。1931 年は 15.3 %，1932 年は 22.9 %，1933 年は 20.6 %，1934 年は 16 %，1935 年は 14.2 %，1936 年は 9.9 %，1937 年は 9.1 %，1938 年は 12.5 %，1939 年は 11.3 %，1940 年は 9.5 %。

（44）Romasco, *The Poverty of Abundance*, 153–155 ; Schwarz, *Interregnum of Despair*, 160 ; Friedman and Schwartz, *A Monetary History of the United States*, Chapter 7.

（45）Schwarz, *Interregum of Despair*, 112–113, 167.

（46）Friedman and Schwartz, *A Monetary History of the United States*, Chapter 7.

（47）同上。

（48）同上。

（49）Rexford G. Tugwell, "Flaws in the Hoover Economic Plan," *Current History* Vol. 35, Iss. 4 (January 1932), 531 ; Rexford G. Tugwell, *Roosevelt's Revolution : The First Year, a Personal Perspective* (New York : Macmillan, 1977), xiii–xiv ; Wilson, *Forgotten Progressive*, 158.

（50）Kennedy, *Frredom from Fear*, 90.

（51）Hoover, *Memoirs, Vol. 3*, 111.

(52) Kennedy, *Freedom from Fear*, 63.

(53) Kennedy, *Freedom from Fear*, 97–99,

(54) Kennedy, *Freedom from Fear*, 62, 99–102.

(55) Kennedy, *Freedom from Fear*, 90–91, 108.

(56) Raymond Moley, *After Seven Years* (New York : Harper & Brothers, 1939), 67–77, 143 ; Davis W. Houck, *Rhetoric As Currency : Hoover, Roosevelt and the Great Depression* (College Station : Texas A &M University Press, 2001), 170–171.

(57) Wilson, *Forgotten Progressive*, 144–158, 284 ; Ellis W. Hawley, "Herbert Hoover and Modern American History : Sixty Years After," in Ellis W. Hawley et al., ed., *Herbert Hoover and the Historians* (West Branch, IA : Herbert Hoover Presidential Library Association, 1989), 1–38.

(58)「アメリカの世紀」については，*Diplomatic History* Vol. 23, No. 2 (Spring 1999), 173–353. また，ニューディールの歴史上の評価については，次を参照。Steve Fraser and Gary Gerstle, eds., *The Rise and Fall of the New Deal Order : 1930–1980* (Princeton : Princeton University Press, 1989).

(59) Ninkovichi, *Modernity and Power*, 82, 90–97 ; Wilson, *American Business*, 45, 201–214, 219, 228–230 ; Wilson, *Forgotten Progressive*, 175–179, 205, 242, 245–248 ; LaFeber, *The Clash*, 149–150 ; Roseberg, *Spreading the American Dream*, 144–151 (一般融資政策も含む) ; Doenecke, "Anti-Interventionism of Herbert Hoover," 319–320 ; Herbert Hoover, Unpublished Article, 1940, "Foreign Policy," PPS, Hoover Papers, 80, 84, 89, 92–94, 97, 102, 120.

(60) Ninkovich, *Modernity and Power*, 70–72, 85–88, 90–91, 344–345 ; Hoover to Mark L. Requa, April 21, 1924, "Japan, 1922– 1926," Herbert Hoover, "American-Japanese Commercial Relations for Jitsu-Gyo no Sekai," "Japan, 1927–1928," Commerce Papers, Hoover Papers, Herbert C. Hoover Presidential Library ; Frederick W. Marks III, *Wind over Sand : The Diplomacy of Franklin Roosevelt* (Athens, GA : The University of Georgia Press, 1988), 8.

(61) Dorothy Borg, *The United States and the Far Eastern Crisis of 1933– 1938 : From the Manchurian Incident through the Initial Stage of the Undeclared Sino-Japanese War* (Cambridge, MA : Harvard University Press, 1964), 73–75, 576 note 114 ; Hu, *Stanley K. Hornbeck and the Open Door Policy*, 182 ; Barbara W. Tuchman, *Stilwell and the American Experience in China, 1911–1945* (New York : Bantam Edition, 1972), 244.

第 4 章

(1) John R. M. Wilson, "The Quaker and the Sword : Herbert Hoover's Relations with the Military," in *Herbert Hoover and the Armed Forces* (New York : Garland Publishers, 1993), 155–156 ; D. Clayton James, *The Years of MacArthur, Vol. I : 1880–1941* (Boston : Houghton Mifflin, 1970), 536–537, 579 ; Warren I. Cohen, *Empire without Tears : America's Foreign Relations, 1921–1933* (New York : Knopf, 1987), 9–10, 125. フーヴァーが拒否権を行使した理由は，連邦議会が砂糖をはじめとするフィリピンの農産物と競合関係にある農業州の保護を急ぐあまり，独立後のフィリピン経済の対米依存を低下させる方法や，フィリピン独自の治安維持と国防機能の強化を後手に回していたからであった。フーヴァーが拒否権を行使した理由については，http://www.presidency.ucsb.edu/ws/?pid=23409 を参照。

(2) James, *Years of MacArthur, Vol. I*, 543–544, 547–548 (援助).

(3) James, *Years of MacArthur, Vol. I*, 8–11, 23, 32–44, 88–109 ; Kenneth Ray Young, *The*

General's General : The Life and Times of Arthur MacArthur (Boulder : Westview Press, 1994).

（4）Richard Norton Smith, *The Colonel : The Life and Legend of Robert R. McCormick, 1880–1955* (Boston : Houghton Mifflin, 1997).

（5）Stephen E. Ambrose, *Eisenhower, Vol. 1 : Soldier, General of the Army, President-Elect, 1890–1952* (New York : Simon & Schuster, 1983), Chapters 1–4.

（6）Michael Schaller, *Douglas MacArthur : The Far Eastern General* (New York : Oxford University Press, 1989), 26–28.

（7）Jean MacArthur Oral History Transcripts : Tape 1 : 1-1–15, Tape 2 : 2–9, 15–16, 18–29, 30–34, Tape 3 : 14, 33, MacArthur Memorial Archives, Norfolk, Virginia（以下 MA）; Enid Nemy, "Jean MacArthur, General's Widow, Dies at 101," *The New York Times,* Jan. 24, 2000, B8.

（8）James, *Years of MacArthur, Vol. I*, 546–547.

（9）James, *Years of MacArthur, Vol. I*, 494–505, 517–518, 523–525（退役), 527（転換), 529–534（訓練と装備不十分), 535–540（ケソン方針転換), 548–549 ; Schaller, *MacArthur*, 167, 171–173, 175, 179, 197–198.

（10）James, *Years of MacArthur, Vol. I*, 543–544.

（11）James, *Years of MacArthur, Vol. I*, 513–515, 517–518.

（12）James, *Years of MacArthur, Vol. I*, 568. フェラーズについては，次の注を参照。

（13）"Military Record and Report of Separation Certificate of Service," Box 1 Folder 16（以下 B1F16 などと記す), BFF MA. アーラム大学については，"Earlham 1916," B7F19, BFF MA.

（14）Fellers to the Hunt Family, Aug. 31, 1936, B21F8, BFF HI. マッカーサーとフェラーズの親しくなっていく過程をうかがわせるものとして，MacArthur to Fellers, June 23, 25, Sept. 1, 1936, Fellers to MacArthur, Dec. 31, 1937, B3F22, BFF MA. ハント夫妻とフェラーズの関係については，B21F9, BFF HI にあるハントのラジオ演説のテキストを参照。フェラーズがいつマッカーサーと知り合ったのかについては，Oral Reminiscences of Brigadier General Bonner Fellers, June 26, 1971, D. Clayton James interviewer, MA, p. 2 を参照。

（15）Fellers, 1937 Report, MA ; Jean MacArthur Oral History Transcript : Tape 3 : 2–5, 7–8, 19–34, Tape 4 : 1, 5–8, 10–13, 23, Tape 9 : 3–4, Tape 12 : 25–27, Tape 13 : 2–3, 5–7, MA. このほか次を参照。Mrs. Jean MacArthur to Fellers, Nov. 9, 1943, Jan. 19, 1945, "Jean MacArthur," Box 3, BFF MA. ハッチンソンは 1944 年陸軍大尉として，戦前からほかのマニラ在住のビジネスマンとともに形式上フェラーズ指揮下の民生部に米国より送り込まれている。その狙いは戦後のフィリピン経済復興と戦前の米国資本の資産回収であった。彼らは実質的にはホイットニーの指揮下に入った。ハッチンソンについては，Jean MacArthur Oral History Transcript : Tape 10 : 1–5 のほか，Mrs. Jean MacArthur to Fellers, Nov. 21, 1944, "Jean MacArthur," Box 3, BFF MA を参照。

（16）Frazier Hunt, *The Untold Story of Douglas MacArthur* (New York : Devin Adair, 1954), 192–193.

（17）Eisenhower Diaries, 342–343.

（18）Eisenhower to Ord, Aug. 13, 1937, in Eisenhower Diaries, 351.

（19）Eisenhower Diaries, 296, 305, 332, 418–419.

（20）例えば，Eisenhower Diaries, Jan. 20, 1936, 304, 311, 335.

(21) Eisenhower Diaries, July 8, 1937 を参照。
(22) Eisenhower Diaries, 354–355.
(23) フェラーズがケソンにこの「事件」をどのように話したのかは不明である。なお，フェラーズがマッカーサー崇拝者として取り上げられている箇所は，アイゼンハワー大統領資料館にあるアイゼンハワー日記の 1937 年 10 月 8 日を参照。
(24) Eisenhower Diaries, 365–367 ; Dec. 12, 1937, 370–372.
(25) Eisenhower Diaries, 373–376.
(26) ただ，アイゼンハワーがマニラホテル内のエアコン付きの部屋へ引っ越すことについては反対しなかったようで，これはアイゼンハワー夫人の健康回復に大いに寄与した（Ambrose, *Eisenhower, Vol. 1*）。また Eisenhower Diaries, 420 が示唆するように，アイゼンハワーは，待遇改善と引き換えに 1939 年 7 月までフィリピンにいる約束をしていたようである。
(27) Eisenhower Diaries, 376–377, April 6, 1938.
(28) このほか，3 月 7 日にマッカーサーがフェラーズに草案を書かせたと思われる国防計画に関するマッカーサーからアイゼンハワー宛の覚書を参照。B3F22, BFF MA.
(29) Oral Reminiscences of Brigadier General Bonner Fellers, June 26, 1971, D. Clayton James interviewer, MA, p. 3.
(30) Merle Miller, *Ike the Soldier : As They Knew Him* (New York : G.P. Putnam's Sons, 1987), 291.
(31) Eisenhower Diaries, 379–381.
(32) Eisenhower Diaries, 377, 410–411, 455.
(33) Eisenhower Diaries, March 9, 1939, 423.
(34) 1938 年から 40 年のフィリピンについては，James, *Years of MacArthur, Vol. I*, 535–538.
(35) Ambrose, *Eisenhower, Vol. 1*, 116–117. なおマッカーサーのアイゼンハワーに対する人事考査は陸軍の慣例もあってか，彼を部下にして以来，終始一貫して全項目「最高」となっていた。
(36) James, *Years of MacArthur, Vol. I*, 538–541, 555.
(37) James, *Years of MacArthur, Vol. I*, 578–579.
(38) Ambrose, *Eisenhower, Vol. 1*, 53, 70–71, 119–128, 424.
(39) Frazier Hunt, "A Short Biography of Bonner Fellers," Box 46, BFF HI.
(40) BFF HI の人事ファイルを参照。
(41) James, *Years of MacArthur, Vol. I*, 535–536, 544 ; MacArthur to Fellers, Oct. 25, 1938, B3F22, BFF MA.
(42) James, *Years of MacArthur, Vol. I*, 540–542, 581, 584–595 ; Schaller, *MacArthur*, 47–49.
(43) James, *Years of MacArthur, Vol. I*, 595 ; D. Clayton James, *The Years of MacArthur, Vol. II : 1941–1945* (Boston : Houghton Mifflin, 1975), 13, 26–27 ; Schaller, *MacArthur*, 28–29, 44–45.
(44) MacArthur to Fellers, Oct. 25, 1938, Dec. 29, 1939, B3F22, BFF MA ; Eisenhower Diaries, 328–329.
(45) Fellers to MacArthur, April 22, 1940, B3F22, BFF MA.
(46) Fellers, April 10, 1940 Memorandum, "World War II Military Situation," Box 15, BFF HI.
(47) Reece to Fellers, April 13, 1924, Feb. 26, 1929, "Reece," Box 35, BFF HI.
(48) Fellers to Reece, Sept. 22, 1939, Reece to Fellers, Sept. 26, 1939, "Reece," Box 35, BFF HI.

(49) Fellers to Hoover, Sept. 20, 1939, Hoover to Fellers, Sept. 22, 1939, B3F1, BFF MA.
(50) Fellers to Sumner, Oct. 10, Nov. 15, 1939, May 3, 1940, B4F1, BFF MA. 政治家引退後のサムナーは，父親が創業した銀行の役員となり，96歳で死去する1994年までの28年間同行の頭取を務めた。サムナーの経歴などについては，次の米国連邦下院議会のサイト http://womenincongress.house.gov/member-profiles/profile.html?intID=241 を参照。
(51) Fellers to Clark, May 2, 1940, Clark to Fellers, May 6, 1940, B19F19, BFF HI.
(52) Fellers to Reece, April 10, June 1, 1940, Reece to Fellers, April 11, May 7, June 8, 12, 22, 1940, "Reece," Box 35, BFF HI.
(53) Fellers to Hoover, June 20, 1940, Fellers's undated report, B3F1, BFF MA.
(54) Richard Norton Smith, *An Uncommon Man : The Triumph of Herbert Hoover* (Worland, WY : High Plains Publishing Company, 1984), 281–289.

第5章

(1) Richard H. Immerman, ed., *John Foster Dulles and the Diplomacy of the Cold War* (Princeton : Princeton University Press, 1990), 3.
(2) Ronald W. Pruessen, *John Foster Dulles : The Road to Power* (New York : The Free Press, 1982), 217.
(3) Pruessen, *Dulles*, 214, 216–217.
(4) Mark G. Toulouse, *The Transformation of John Foster Dulles : From Prophet of Realism to Priest of Nationalism* (Macon, GA : Mercer University Press, 1985), xxi. 後述するように，同書はダレスが戦争による社会的混乱のなかでの共産主義の拡大を強く懸念し，また，西洋文明の「経験，文化，個人的自由と物質面での快適」を古い秩序から継承しながら世界秩序を少しずつ変えることが最善であると考えていたことを見落としてしまった。同書 xxiii–xxxvii, xxviii, 153–158.
(5) Immerman, *Dulles*, 266.
(6) オール・ホルスティは冷戦時代のダレスは国際関係論における現実主義者ではなく，外交政策と外交上の行動を宗教的に捉えていたと主張する。この見解に基づくと，国際紛争が現実主義者が主張するように国際システム上の欠陥のために生ずるのではなく，また人間性の欠陥に起因するものでもないこととなる。冷戦時代の国際紛争とは共産主義に対する宗教上の不可避な戦いであるとダレスは考えたとする。Ole Holsti, "The 'Operation Code' Approach to the Study of Political Leaders : John Foster Dulles' Philosophical and Instrumental Beliefs," *Canadian Journal of Political Science* 3 (March 1970), 129–148.
(7) John Foster Dulles, "Peaceful Change within the Society of Nations," March 19, 1936, 6–7, "Speech Folder," Box 15, John Foster Dulles Papers（以下 JFD), Seeley G. Mudd Manuscript Library, Princeton University（同じ資料は2回目からフォルダー名以下を省略).
(8) Pruessen, *Dulles*, 254.
(9) 同上。
(10) Pruessen, *Dulles*, 255–257.
(11) Immerman, *Dulles*, 266.
(12) Immerman, *Dulles*, 267 ; Frederick W. Marks III, *Power and Peace : The Diplomacy of John Foster Dulles* (Westport, CT : Praeger, 1993), 87 ; Nancy Bernkopf Tucker, "John Foster Dulles and the Taiwan Roots of the 'Two Chinas' Policy," in Immerman, *Dulles*, 237, 254–

255 ; Pruessen, *Dulles*, 438 ; Frank Ninkovich, *Modernity and Power : A History of the Domino Theory in the Twentieth Century* (Chicago : University of Chicago Press, 1994), 226, 229–230 ; Walter LaFeber, *America, Russia, and the Cold War, 1945–1996* (New York : The McGraw-Hill, 1997), 197.

(13) Pruessen, *Dulles*, 500–501 と本文で後述するダレスの国際経済の相互依存と国際平和の因果関係を参照。Immerman, *Dulles*, 279.

(14) Immerman, *Dulles*, 265.

(15) Pruessen, *Dulles*, 257, 307.

(16) Dulles, "Peaceful Change," 9.

(17) Dulles, "Peaceful Change," 4–5.

(18) Dulles, "Peaceful Change," 3–5. 19 世紀における国際経済の相互依存化については，次を参照。John Foster Dulles and Allen W. Dulles, "Statement of an American Foreign Policy," Sept. 6, 1940, 3, "Foreign Policy Association Folder," Box 19, JFD. この文献は元々は 1940 年の大統領選に備えてダレス兄弟が共和党の候補であったウェンデル・ウィルキーに提出したもののようである。このことについては Pruessen, *Dulles*, 308 footnote 14, 443–444. 国際経済の相互依存化を支持するダレスであったが，保護主義が蔓延する 1938 年末の国際情勢においては他国の商品と市場に依存しない範囲内で貿易収支のバランスがとれた交易を唱えた。John Foster Dulles, *War, Peace and Change* (New York : Harper & Brothers, 1939), 76–80. ただ，方向としては人，物，資本の流れが自由な自由貿易体制の復活を目標とした。同書 128–129.

(19) Dulles, "Peaceful Change," 5, 8.

(20) Dulles, "Peaceful Change," 4.

(21) Dulles, "Peaceful Change," 3, 9.

(22) Pruessen, *Dulles*, 156–157 ; Dulles, *War, Peace and Change*, 144–148.

(23) 引用文は "America's Role in World Affairs," 13, ダレスがミシガン州デトロイト市での 1939 年 10 月 28 日 YMCA 全国委員会で述べた講演内容を使用。"Church Activities : Miscellaneous Folder," Box 18, JFD. テキストのこの部分では「英米が」としており，現状維持国については触れていないし，移民問題についても触れていない。移民問題はこの講演の 17 日前にダレスがハートフォードの教会で行ったスピーチのなかで取り上げられている。ハートフォード講演の内容は，デトロイトの講演と取り上げた内容の順番を含めてほぼ同じである。Dulles, "The Church's Contribution toward a Warless World : Address by John Foster Dulles before the United Christian Convention at Bushnell Memorial Hall, Hartford, Connecticut," Oct. 11, 1939, 12, "Church Activities : Miscellaneous Folder," Box 18, JFD. 「現状維持国」という表現を使用したのはダレスが英米の戦間期の行動を現状維持国グループの文脈で捉えているためである。

(24) Dulles, "America's Role in World Affairs," 5–6, 8, "Church Activities : Miscellaneous Folder," Box 18, JFD.

(25) Seligman to Dulles, Oct. 25, 1939, "Seligman, E., Folder," Box 18, JFD ; Henry L. Stimson to Dulles, Jan. 5, 1939, "Stimson, Henry, Folder," Box 18, JFD.

(26) Dulles, "America's Role in World Affairs," 2.

(27) Henry L. Stimson to Dulles, Jan. 5, 1939.

(28) Dulles, "America's Role in World Affairs," 2–5, 8. 現状維持派と現状打開派の両方を批判的に見ていたのは，国際関係において紛争が生じた際，相手国が悪いと見る傾向が紛

争解決の妨げとなっているためであるとダレスは考えていたからである。彼は相手国の立場や見解を理解することを主張した。Dulles, *War, Peace and Change*, 108–112.

(29) Dulles, "Peaceful Change," 4.

(30) Pruessen, *Dulles*, 191–192.

(31) Pruessen, *Dulles*, 174, 206–207 ; Cordell Hull, *The Memoirs of Cordell Hull, Vol. 1* (New York : Macmillan, 1948), 363–365.

(32) Tucker, "John Foster Dulles and the Taiwan Roots," 235–236. タッカーの論旨は次の通りである。ダレス自身はアジアについて専門的に語る資格があると認識し，周囲もそう考えたが，彼はアジア事情については無知であった。ダレスは大西洋中心主義者で，欧州での出来事が，米国にとって最も重要な関心事項であると考えていた。ソ連の世界に対する拡大に最も関心を払い，次にドイツ，フランス，英国に関心を払った。アジア情勢について関心を示す場合は，往々にして欧州の旧宗主国や宗主国との関係であった。東南アジア条約機構（SEATO）が発足したのはアジアにおけるフランスと英国の植民地帝国が崩壊したことが背景としてあった。

(33) Pruessen, *Dulles*, 444–445. プリュセンによると，ダレスは戦前から冷戦期にかけて極東アジアと欧州は国際政治経済の改革の二大対象地域と考え，戦前から欧州により関心を払う傾向があったものの，極東アジアはこの改革構想のなかで重要な位置を占めていたとし，前注で紹介したタッカーの論旨とは反対に近い見解を示している。また，ダレスの国際システムに対する見方は，Dulles, "America's Role in World Affairs," 2–5, 8 を参照。

(34) Dulles to Lothian, Jan. 3, 1940, "Lothian, Marquess of, Folder," Box 18, JFD.

(35) Dulles, "America's Role in World Affairs," 5, 17. 同 12 では冷戦時代によく使用された "Preponderance of Power" の概念が活用されている。

(36) Dulles to Leach, Oct. 19, 1939, "Leach, Henry Goddard Folder," Box 18, JFD.

(37) Dulles, "America's Role in World Affairs," 13.

(38) Pruessen, *Dulles*, 209–210.

(39) Dulles, "America's Role in World Affairs," 16–17 ; Dulles, *War, Peace and Change*, 156. ダレスが国務長官だったアイゼンハワー政権では，彼と大統領は西側陣営や新興独立国が東側陣営と交易することに極めて慎重であったが，限定的ながらこれを認める場合が多かった。このような考えは，西側諸国からの米国に対する圧力の他，東側陣営や新興独立国の国々を西側へ引き込むという冷戦上の目的があったが，その一方ではグローバルな自由貿易体制の確立のためには東側陣営も徐々に組み込んでいく必要性があると判断していた側面もあったのではないだろうか。前者の2点については，次を参照。Tucker, "John Foster Dulles and the Taiwan Roots," 258 ; 加藤洋子『アメリカの世界戦略とココム 1945–1992——転機にたつ日本の貿易政策』（有信堂高文社，1992年）; Sayuri Shimizu, " Besieged and Beleaguered : The United States and Western Export Control Policy, 1952–1956," *The Journal of American and Canadian Studies* No. 14 (1996), 63–91 ; Michael Schaller, *Altered States : The United States and Japan since the Occupation* (New York : Oxford University Press, 1997), Chapter 5.

(40) John and Allen Dulles, "Statement of an American Foreign Policy," Sept. 6, 1940, 3–4, Box 19, JFD.

(41) Dulles, "America's Role in World Affairs," 5–8.

(42) Dulles to Leach, Oct. 19, 1939.

(43) Dulles, "Peaceful Change," 9–10.

(44) Dulles, "America's Role in World Affairs," 11–14；Dulles, "Peaceful Change," 9.

(45) Dulles, "America's Role in World Affairs," 11.

(46) John and Allen Dulles, " Statement of an American Foreign Policy," Sept. 6, 1940, 2–3. Dulles, *War, Peace and Change*, 24–27 も同様の点を取り上げている。

(47) Dulles, "America's Role in World Affairs," 12.

(48) 同上。ダレスはこの 8 カ月前に駐米英国大使に対して主権を放棄する傾向を具体化させる上で，合衆国憲法をモデルとするのは疑問であると述べている。同大使も同じ見解であった。Dulles to Lothian, Jan. 3, 1940. しかし，同年の夏にはデトロイト講演の姿勢に戻っている。John and Allen Dulles, "Statement of an American Foreign Policy," Sept. 6, 1940, 4.

(49) John and Allen Dulles, "Statement of an American Foreign Policy," Sept. 6, 1940, 4–5；Dulles, *War, Peace and Change*, 128.

(50) Dulles, "Peaceful Change," 9.

(51) John and Allen Dulles, "Statement of an American Foreign Policy," Sept. 6, 1940, 4, 6.

(52) Dulles, "America's Role in World Affairs," 16；Dulles to Lothian, Jan. 3, 1940.

(53) John and Allen Dulles, "Statement of an American Foreign Policy," Sept. 6, 1940, 9.

(54) ドミノ理論については，Ninkovich, *Power and Modernity*, 223 を参照。この考えは，米国側についている国が米国と敵対する勢力下に入ってしまうと，その現象はあたかもドミノ倒しのごとく近隣の親米国に次々と及び，やがて米国は親米国をすべて失い，反米陣営に席巻される最悪の事態を迎えうるという考えである。

(55) Ninkovich, *Power and Modernity*, 66, 68.

(56) Ninkovich, *Power and Modernity*, 49–52.

(57) Ninkovich, *Power and Modernity*, 53, 92.

(58) Ninkovich, *Power and Modernity*, 54.

(59) Ninkovich, *Power and Modernity*, 55–56.

(60) Dulles, "Peaceful Change," 8；Dulles to Nelson T. Johnson, April 24, 1939, Box 18, JFD；Dulles to Leach, Oct. 19, 1939. "Peaceful Change" では，勢力均衡論を信じる現実主義者が，平和は武力の全く未使用な状況で達成でき，また超国家的な機関により平和の維持が可能であるという二つの発想を疑問視している点についてダレスは同感であった。他方において，覇権勢力が保護貿易とナショナリズムが蔓延するなかで，現状を保てるかについて彼は疑問視し，前述の国際経済の自由化を先行させる国際政治経済の改革を提案した。

(61) John and Allen Dulles, "Statement of an American Foreign Policy," Sept. 6, 1940, 6–10. ダレス兄弟は南米との「有機的結合」については，南米諸国がこれを求めるのであれば歓迎すべきであり，「西半球のすべての国々の有機的結合というような大構想は急には実現せず，それは必ず失敗する」と主張した。

(62) Pruessen, *Dulles*, 195–196, 271, 444–445. ダレスと同様にアイゼンハワー大統領は，アメリカの力の源泉はその経済力と生産性で，軍事力ではないと主張した。LaFeber, *America, Russia, and the Cold War*, 153.

(63) Dulles to Henry L. Stimson, Jan. 10, 1939, Box 18, JFD；John and Allen Dulles, "Statement of an American Foreign Policy," Sept. 6, 1940, 5–6, Box 19, JFD.

(64) John and Allen Dulles, "Statement of an American Foreign Policy," Sept. 6, 1940, 10–11.

(65) Dulles, “Long Range Peace Objectives : Including an Analysis of the Roosevelt-Churchill Eight Point Declaration,” Sept. 18, 1941, 12–13, Box 20, JFD.

(66) John and Allen Dulles, “Statement of an American Foreign Policy,” Sept. 6, 1940, 9, 10, 14–17.

(67) プリュセンも同様の指摘をしている。Pruessen, *Dulles*, 261, 333–338, 358. 米国の参戦中において，ダレスは欧州大陸の連邦制化について東欧はソ連の影響下に置かれるのでその地域を連邦制に統合することは困難であると1942年頃から考えていたようで，また，欧州統合をしやすくする観点からドイツを戦後いくつかの州に解体することを提唱した時期が戦時中にあった。前者については，同書313を参照。後者については，次を参照。Dulles, “Long Range Peace Objectives,” Sept. 18, 1941, 3. 冷戦によりドイツは二つに分断され，東ドイツを含む東欧は欧州経済統合の流れに組み込まれなかったが，ダレスは国務長官時代ドイツの二分化の状況は，東西両ドイツが東西両陣営の対立をそれぞれにとって都合よく利用したり，ソ連がドイツ人の再統合への希望をうまく利用することにより欧州で新たな不安定要因が生じることを憂慮していた。これについては Ronald Pruessen, “John Foster Dulles and the Predicaments of Power,” in Pruessen, *Dulles*, 38 を参照。

(68) John and Allen Dulles, “Statement of an American Foreign Policy,” Sept. 6, 1940, 6–7. ダレスは南米についてはすぐに政治経済面で米国と緊密化することには反対で，南米が米国と言語，精神，政治思考の面で違うことを強調した。ただ，いずれまずはコロンビア，ベネズエラ，ブラジルを対象に検討すべきであると考えた。大戦後に欧州の諸国が南米と経済的に緊密化することについてダレスには異論がなく，ただ南米諸国が独立を保つことに米国が関心を払うべきであると主張した。同12.

(69) Dulles address, Jan. 17, 1947, Box 294, JFD. これは Pruessen, *Dulles*, 334 で引用されている。

(70) Pruessen, *Dulles*, 445.

(71) John and Allen Dulles, “ Statement of an American Foreign Policy,” Sept. 6 , 1940, 11.

(72) Dulles, “Long Range Peace Objectives,” Sept. 18, 1941, 13, 25–27. この他に次を参照。Dulles to Lothian, Jan. 3, 1940. この書簡は日米通商航海条約が破棄された直後に書かれたものであるが，ダレスは駐米英国大使ロシアンに次のように書簡に書いた。「大使が指摘するように，日本国内の基本的な困難は世界的な保護主義に起因したという解釈について私は賛成です。それがなかったら日本は中国にそれほど関心がなかったでしょう」。日本は「他の場所で資源と市場を探すことをより望んでいたことは疑いない」とダレスは論じた。「しかしながらこれらの可能性が次第にしぼむにつれて，日本は中国に目を向け，西洋の白人が自分たちに貿易障壁を設けるのであれば，隣の黄色人種に対しては自由裁量を持つべきだと考えるようになった」。しかしながら，日本が対中経済拡張を試みると，「中国における英国の規制により」日本の貿易商人は英国の貿易商人に比べて不利であると日本は考えるようになった。ダレスは，英国の中国における「力（powers）」が，中国人に恩恵をもたらし，日本の中国支配はそのような恩恵を中国にもたらさなかったであろうと考えたものの，英国の中国支配は日本を不利にし，「日本の不満は不自然ではなく，中国への爆発的な拡大はほぼ不可避となった」と信じた。

(73) “Not Floating a Loan, Dulles Says in China,” *The New York Times*, March 7, 1938 ; “China and Japan Folder-Trip (1938) Folder,” Box 17, JFD.

(74) March 30, 1938 Memorandum ; "The Situation in the Far East," March 30, 1938 ; "Dulles, John Foster Folder," Box 151, Stanley K. Hornbeck Papers, Hoover Institution on War, Revolution and Peace, Stanford University.

(75) Japanese Name Cards : Schedule in Japan : Dulles to Reisuke Ishida, Feb. 14, 1938 ; "China and Japan Folder-Trip (1938)," Box 17, JFD. 上海におけるモネと彼の米国人共同経営者については，"George Mrunane, Financier, Was 81," *The New York Times*, Feb. 22, 1969 (http: //timesmachine. nytimes. com/timesmachine/1969/02/22/79948269. html? pageNumber=29) を参照。モネとこの会社については，彼の死亡記事 "Jean Monnet, 90, Architect of European Unity, Dies," *The New York Times*, March 17, 1979 (http://www.nytimes.com/1979/03/17/archives/jean-monnet-90-architect-of-european-unity-dies-jean-monnet-dead-at.html?mcubz=0&_r=0) を参照。

(76) Akira Iriye, *Cultural Internationalism and World Order* (Baltimore : Johns Hopkins University Press, 1997).

(77) この語句は "Trip to Hankow : March 6–9, 1938," 10 から引用している。これ以外に同 13, 15–16 を参照。これは "China and Japan Folder-Trip (1938)," Box 17, JFD にある。同じボックスから次のものを参照。Buell to Dulles, April 6, 1938, "Foreign Policy Association Folder" ; Dulles to Popper, May 27, 1938. ダレスの中国政治と金融情勢に関する情報源と，ダレスの宋と孔に関する情報については，同フォルダー内の次を参照。James Mackay to Boies Hart, Feb. 10, 1938 ; John B. Grant to Dulles, Feb. 10, 1938 ; Mackay to Dulles, Feb. 28, 1938 ; "Trip to Hankow," 13. これら以外では注 74 の March 30, 1938 Memorandum と "The Situation in the Far East," March 30, 1938, "Dulles, John Foster Folder," Box 151, Hornbeck Papers を参照。後者によると，ダレスは帰国後，国務省関係者に蔣介石については良い印象を受けたものの，孔夫妻のような蔣介石を取り巻く人々については悪い印象を得たと語った。ダレスの訪中日記によると，中国は変わったのかという問いに対して，ダレスは「在華米国大使館」と在中米国艦隊指揮官ヤーネル提督から，「新しい精神」が生じたと聞き，その一方で在上海と在香港の英米の商人たちからは「中国は変わっておらず，苦力と農民は日々の暮らしの存続だけに関心があり，将軍や役人は賄賂だけに関心がある」と聞いた。このいわゆる「新精神」の起源について米国大使は「主に米国の大学で米国流の愛国心を学んだ中国人の教授と彼らの大学である」と断定したが，他の大使館員は「ロシアから波及しつつある共産主義か赤の影響」をより重視すると，ダレスは聞いた。中国が変わりつつあるにせよないにせよ，中国で高揚するナショナリズムの大半は内陸部から発し，日本は紛争解決には要求対象を地域的に限定しなければならない，とダレスは旅の終わりに思った。中国政府はどんな政権であるにせよ，基本的に日本の全般的な指導下に置かれるという要求には屈しない，と考えたのである。この戦争は西安事件後の国民党と共産党の和解により引き起こされたと考えた。ニューヨーク市に戻ってから，4 月 13 日にダレスは外交政策委員会の昼食会で講演を行った。参加したのは太平洋調査会のエドウィン・C・カーターの他，ジョン・D・ロックフェラー 3 世，ヘンリー・L・スティムソン，T・A・ビッソン，エリヒュー・ルート 2 世らであった。ここでダレスが何を述べたかは不明であるが，前述の諸般の見解が彼の脳裏にあったことは間違いない。ダレスとビッソンの間で意見が交わされたかどうかが判明すれば興味深いだろう。というのも，ビッソンはこの頃 *Amerasia* (April 1938) で，日本は赤字財政で深刻な外貨不足に直面しており，鮎川の満洲に関する構想は米国の投資家を対等でないパートナー

シップに陥れると警告したからである。ビッソンの記事“Aikawa's Open Door”は鮎川義介文書 Microfiche No. 511. 1 にある。同文書は鮎川家が所蔵。

(78) Dulles to Fosdick, Jan. 4, 1939, Fosdick to Dulles, Jan. 5, 1939, “Fosdick, Raymond Folder,” Box 18, JFD.

(79) Dulles to Lord Astor, Feb. 18, 1943, Box 18, JFD. この書簡は Pruessen, *Dulles*, 271, 274 で引用されている。

第6章

(1) Edward S. Miller, *Bankrupting the Enemy : The U. S. Financial Siege of Japan before Pearl Harbor* (Annapolis : Naval Institute Press, 2007), 108.

(2) Mark L. Chadwin, *The Warhawks : American Interventionists before Pearl Harbor* (New York : Norton, 1968), v–vi, 22, 28–29, 45, 58–60, 78–79, 87–89, 113–114, 120–123, 134–141, 154–159, 175.

(3) 井口治夫『鮎川義介と経済的国際主義――満洲問題から戦後日米関係へ』（名古屋大学出版会，2012 年）117, 261–265 頁。

(4) 駐独大使大島浩は，4 月 18 日，ドイツは対ソ攻撃を準備中であることを近衛内閣に打電したが，日本政府はこの情報を無視した。大島は，6 月 4 日と 6 日，ヒトラー総統とリッベントロップ外相からそのことを知らされたと東京に打電したが，松岡外相と東条英機陸相はこのことに否定的であったのに対して，近衛文麿首相は信じた。しかし，近衛内閣は，大島がもたらした情報をもとに結論が出せないなか，独ソ戦が始まった。一方，チャーチルは，日本外交最高機密暗号解読（マジック）による情報を米国から得ることで，この大島情報に基づいた対策を行った。小谷賢『日本軍のインテリジェンス――なぜ情報が活かされないのか』（講談社，2007 年）178–181 頁。独ソ戦については，Richard J. Evans, *The Third Reich at War* (New York : The Penguin Press, 2009), 204–214；ボーリス・N・スラヴィンスキー『日ソ戦争への道――ノモンハンから千島占領まで』（共同通信社，1999 年）299, 308, 315 頁。

(5) Justus D. Doenecke, *Not to the Swift : The Old Isolationists in the Cold War Era* (Lewisburg, PA : Bucknell University Press, 1979), 9–14, 19–32, 45 ; Justus D. Doenecke, ed., *Storm on the Horizon : The Challenge to American Intervention, 1939–1941* (Lanham, MD : Rowman & Littlefield, 2000), 127–130, 235–240 ; Wayne S. Cole, *America First : The Battle Against Intervention, 1940–1941* (Madison : University of Wisconsin Press, 1953), Chapters 1–2 ; Wayne S. Cole, *Roosevelt and the Isolationists, 1932–45* (Lincoln : University of Nebraska Press, 1983), 194–199 ; Arthur H. Vandenburg, Jr., ed., *The Private Papers of Senator Vandenburg* (Boston : Houghton Mifflin, 1952), 76. 井口治夫「アメリカの極東政策――ハーバート・C・フーヴァーと日米関係」伊藤之雄・川田稔編著『環太平洋の国際秩序の模索と日本――第一次世界大戦後から五五年体制成立』（山川出版社，1999 年）5-43 頁。

(6) Richard Norton Smith, *The Colonel : The Life and Legend of Robert R. McCormick, 1880–1955* (Boston : Houghton Mifflin, 1997), 55–56, 60–61, 417–419.

(7) W. Averrell Harriman Papers, “Groton School, Groton, Mass., 1904–1909,” Box 7, Library of Congress, Washington, D. C.

(8) Irwin F. Gellman, *Secret Affairs : Franklin Roosevelt, Cordell Hull, and Sumner Welles* (Baltimore : Johns Hopkins University Press, 1995), 32–40, 223–331 ; Walter Isaacson and

Evan Thomas, *The Wise Men : Six Friends and the World They Made* (New York : Simon & Schuster, 2012), 103-104.

(9) James Chace, *Acheson : The Secretary of State Who Created the American World* (New York : Simon & Schuster, 1998), 16-20, 445 footnote 22, 40 ; Robert J. McMahon, *Dean Acheson and the Creation of an American World Order* (Washington, D. C. : Potomac Books, 2004), 5-16. Manfred Jonas, *Isolationism in America, 1939-1941* (Ithaca : Cornell University Press, 1966), 93-94 ; Justus D. Doenecke, *In Danger Undaunted : The Anti-Interventionist Movement of 1940-1941 as Revealed in the Papers of the America First Committee* (Stanford : Hoover Institution Press, 1990), 8-15, 48 ; Chadwin, *The Warhawks*, v-vi, 22, 28-29, 45, 58-60, 78-79, 87-89, 113-114, 134-141, 120-123, 154-159, 175 ; Alan Brinkley, *The Unfinished Nation : A Concise History of the American People* (New York : Knopf, 1993), 168, 172-173.

(10) Geoffrey Perret, *Days of Sadness, Years of Triumph : The American People, 1939-1945, Vol. 1* (Madison : University of Wisconsin Press, 1985), 59-62 ; Isaacson and Thomas, *The Wise Men*, 185-186.

(11) Ara Sarafian, *United States Diplomacy on the Bosphorus : The Diaries of Ambassador Morgenthau, 1913-1916* (Princeton : Gomidas Institute, 2004), ix-xi, 362.

(12) モーゲンソーの銀買い占め政策についは，John M. Blum, *Roosevelt and Morgenthau : A Revision and Condensation of "From the Morgenthau Diaries"* (Boston : Houghton Mifflin, 1970), Chapter IV を参照。John Morton Blum, *From the Morgenthau Diaries : Years of Urgency, 1938-1941* (Boston : Houghton Mifflin, 1965), 66-67, 116, 125-129, 365-368. 対中経済援助については，同書 38, 58, 59, 63, 78, 123-125, 346-347, 350, 358-362, 376.

(13) Brinkley, *The Unfinished Nation*, 699, 703, 729-730 ; William E. Leuchtenburg, *Franklin D. Roosevelt and the New Deal : 1932-1940* (New York : Harper Torchbooks, 1963), 引用は 243-244 また, 245-252, 256, 259, 263-266, 271-274, 290-294, 303, 307-324 ; Alan Brinkley, "The New Deal and the Idea of the State," in Steve Fraser and Gary Gerstle, eds., *The Rise and Fall of the New Deal Order, 1930-1980* (Princeton : Princeton University Press, 1989), 86-91, 91-99, 102, 108-112. ニューディール期の国家資本主義や米国内経済開発，そして，第二次世界大戦後の米国政府主導での海外経済開発を，ニューディール流の国家資本主義型で行う傾向を歴史的に考察した研究書として，Jordan A. Schwarz, *The New Dealers : Power Politics in the Age of Roosevelt* (New York : Vintage Books, 1994), xi-xii, xvi, 41-43, 45-47, 203-208, 297, 300-302, 306-313, 315-328, 330, 335-342, 344-345 を参照。モーゲンソーについては，Blum, *Roosevelt and Morgenthau*, Chapter VII. ローズヴェルトの財政政策の転換については，同大統領図書館のホームページ https://fdrlibrary.org/budget も参照。

(14) Graemer K. Howard, *America and a New World Order* (New York : Charles Scribner's Sons, 1940), 112. ハワードは，同書を刊行する前に，キャッスル，1940 年のオライアンの訪日を支援したライオネル・D・エディー，ジョン・フォスター・ダレスなどにコメントを求めるべく草稿を読んでもらっていた。ハワードの日産・GM 交渉への関与については，Mark Mason, *American Multinationals and Japan : The Political Economy of Japanese Capital Controls, 1899-1980* (Cambridge, MA : Council on East Asian Studies, Harvard University, 1992), 70-71, 74 を参照。

(15) Howard, *America and a New World Order*, 101-102.

(16) Jonathan Marshall, *To Have and Have Not : Southeast Asian Raw Materials and the Origins of the Pacific War* (Berkeley : University of California Press, 1995), 183.

(17) Wood to Donovan, Oct. 3, 1940, "Donovan, William J., 1940–1947," Correspondance File, Robert E. Wood Papers, Herbert C. Hoover Presidential Library, West Branch, Iowa.

(18) "Castle Warns U. S. on Open Hostility in Stand on Japan," *The Japan Times and Advertiser*, Nov. 13, 14, 18, 1940 ; William R. Castle, Jr. Diaries, Vol. 40, Houghton Library, Harvard University ; Castle to Hoover, Nov. 8, 1940, "Castle : 1940–1941," Post-Presidential Individual File (以下 PPIF), Hoover Papers, Hoover Presidential Library ; Richard Norton Smith, *An Uncommon Man : The Triumph of Herbert Hoover* (Worland, WY : High Plains Publishing Company, 1984), 295, 301 ; Doenecke, ed., *In Danger Undaunted*, 8.

(19) Marshall, *To Have and Have Not*, 91–92. この他に同書 10–12, 33–38, 41–42, 53, 70, 72, 76.

(20) Frank Ninkovich, *Modernity and Power : A History of the Domino Theory in the Twentieth Century* (Chicago : University of Chicago Press, 1994), 116–117, 119.

(21) Thomas Lamont, "Memorandum for Walter Lippman," Nov. 13, 1941, Box 188, Thomas Lamont Papers, Baker Library, Harvard University.

(22) Blum, *From the Morgenthau Diaries* ; Miller, *Bankrupting the Enemy.*

(23) ギャラップ社調査については，Theodore A. Wilson, *The First Summit : Roosevelt and Churchill at Placentia Bay, 1941* (Lawrence : University Press of Kansas, 1991), 232–233 ; Justus D. Doenecke, "American Isolationism, 1939–1941," *The Journal of Liberterian Studies* Vol. VI, Nos. 3–4 (Fall 1982), 210–212 ; Thomas A. Bailey and Paul B. Ryan, *Hitler vs. Roosevelt : The Undeclared Naval War* (New York : Free Press, 1979), 168–173. 9月7日のギャラップ社調査は，Survey #245–K Question #1. 9月26日に公表された9月19日から24日 Survey #248–K Question #6 は，「米国がドイツの潜水艦や戦艦に発砲することを支持しますか」という質問に，56％は支持，34％は反対，10％は無回答という結果となった。10月5日公表のギャラップ調査結果は，調査期間9月19日から24日の Survey #248–K Question #4a. 同じ調査期間の Survey #248–K Question #5 は，大統領は対英支援を十分に行っているかという質問に対して，27％がやり過ぎと答えたものの，57％はちょうどいいと答え，16％は不十分と答えていた（ただし全回答のうち10％は無回答）。11月14日公表の日本に関する世論調査は，Survey #251–K Question #9. リンドバーグの1941年9月11日の講演については，https://vimeo.com/117855709 を参照。

(24) 森山優『日本はなぜ開戦に踏み切ったか——「両論併記」と「非決定」』(新潮社，2012年)，第5章。

(25) Akira Iriye, *Origins of the Second World War in Asia and the Pacific* (New York : Longman, 1987). このほか以下を参照。Waldo Heinrichs, *Threshold of War : Franklin D. Roosevelt and American Entry into World War II* (New York : Oxford University Press, 1988) ; Michale A. Barnhart, *Japan Prepares for Total War : The Search for Economic Security, 1919–1941* (Ithaca : Cornell University Press, 1987). 1941年の日米関係については，R. J. C. Butow, *The John Doe Associates : Backdoor Diplomacy for Peace, 1941* (Stanford : Stanford University Press, 1974) ; John Pritchard, "Winston Churchill, the Military and Imperial Defense in East Asia," in Saki Dockrill, ed., *From Pearl Harbor to Hiroshima : The Second World War in Asia and the Pacific, 1941–45* (New York : St. Martin's Press, 1994), 43.

(26) Norman E. Saul, *Friends or Foe? : The United States and Russia, 1921–1941* (Lawrence :

University Press of Kansas, 2006), 382–383； Warren I. Cohen, *America's Response to China : A History of Sino-American Relations*, 4th ed. (New York : Columbia University Press, 2000), 124–125.

(27) Wilson, *The First Summit*, 136–138, 205–211； Herbert Feis, *The Road to Pearl Harbor : The Coming of the War between the United States and Japan* (Princeton : Princeton University Press, 1950), 255–258.

(28) Miller, *Bankrupting the Enemy*, 198, 200；三輪宗弘『太平洋戦争と石油――戦略物資の軍事と経済』(日本経済評論社, 2004 年), 第 2 章。

(29) 注 28 を参照。

(30) 井口治夫「米国と満洲国――在奉天米国総領事館と日中戦争 1937–1941 年」『軍事史学』第 45 巻第 3 号 (2009 年 12 月), 4–28 頁。

(31) 同上。

(32) Waldo Heinrichs, "The Russian Factor in Japanese-American Relations," in Hilary Conroy and Harry Wray, eds., *Pearl Harbor Reexamined : Prologue to to the Pacific War* (Honolulu : University of Hawaii Press, 1990), 169–171 173 ; Heinrichs, *Threshold of War*, 200–201, 206 ; Evans, *The Third Reich at War*, 206–207.

(33) Oct. 16, 1941 entry, Diary kept by Mrs. Thomas, Box 4, Elbert Thomas Papers, Utah Historical Society, Salt Lake City, Utah ; Haruo Iguchi, "Senator Elbert D. Thomas and Japan," *Journal of American and Canadian Studies* No. 25 (2007), 77–105 ; Justin H. Libby, "Senators King and Thomas and the Coming War with Japan," *Utah Historical Quarterly* Vol. 42, No. 4 (Fall 1974), 377–380 ; Takeo Iguchi, *Demystifying Pearl Harbor : A New Perspective from Japan* (Tokyo : International House of Japan, 2010), 109–111 ; U. S. Congress, *Investigation of the Pearl Harbor Attack : Report of the Joint Committee on the Investigation of the Pearl Harbor Attack* (Washington, D.C. : Government Printing Office, 1946), 28 ; Heinrichs, *Threshold of War*.

(34) Iriye, *Origins of the Second World War in Asia and the Pacific*, Chapters 4–6.

(35) Haruo Iguchi, *Unfinished Business : Ayukawa Yoshisuke and U. S.-Japan Relations, 1937–1953* (Cambridge, MA : Harvard University Asia Center, 2003), 144–170.

(36) Feis, *The Road to Pearl Harbor*, 313, 326.

(37) 11 月 22 日のハルと野村・来栖会談についての米国側の記録と, 11 月 24 日グルー・東郷会談については, *FRUS : Japan, 1931–1941, Vol. II*, 757–764. ワシントンの大使館から本省宛の電報については, 外務省編『日米交渉資料――昭和十六年二月～十二月』(原書房, 1978 年) 264–265 頁。ハルとローズヴェルトが日本の枢軸国からの明確な離脱を最後まで要請していたのは, 日本の南進が欧州における枢軸国の勢力拡張に貢献していたためであった。また, ハルは, 12 月 1 日野村と来栖に, 中東・北アフリカのリビアにおける英国軍と独伊軍の戦闘, そして, 独ソ戦の戦況が, 英国とソ連にそれぞれ好転しはじめている模様であるとわざと楽観論を論じた。同 *FRUS*, 772.

(38) *FRUS : Japan, 1931–1941, Vol. II*, 303–325.

(39) 外務省編『日本外交文書　日米交渉――1941 年』下 (外務省, 1990 年) 212 頁。米国の暫定協定案については, U. S. Congress, *Investigation of the Pearl Harbor Attack*, 36.

(40) Takeo Iguchi, *Demystifying Pearl Harbor*, 102.

(41) 来栖三郎『泡沫の三十五年――日米交渉秘史』(中公文庫, 1986 年) 158–160 頁。

(42) 来栖『泡沫の三十五年』148, 158–160 頁；Shigenori Togo, *The Cause of Japan* (New

York : Simon & Schuster, 1956), 165-166.

(43) U. S. Congress, *Investigation of the Pearl Harbor Attack*, 179, 200, 204-205, 409-410. これら電報の日本語文は，外務省編『日本外交文書　日米交渉——1941年』下，208-211頁を参照。三国同盟については，Takeo Iguchi, *Demystifying Pearl Harbor*, 102.

(44) 来栖『泡沫の三十五年』148-157頁；Togo, *The Cause of Japan*, 167；"Diaries and Itineraries" (Microfiche), FDR Papers, 215, Franklin D. Roosevelt Plesidential Library, Hyde Park, New York；Butow, *The John Doe Associates*, 304-305, 444-445.

(45) Butow, *The John Doe Associates*, 301, 304-306, 443；来栖『泡沫の三十五年』160-161, 167-170頁；Gwen Terasaki, *Bridge to the Sun* (Chapel Hill : The University of North Carolina Press, 1957), 66-69；"Diaries and Itineraries" (Microfiche), FDR Papers；Elliott Roosevelt, ed., *F. D. R. : His Personal Letters, Vol. IV : 1928-1945, 2* (New York : Duell Sloan and Pearce, 1950), 1248；Iriye, *The Origins of the Second World War in Asia and the Pacific*, 183-184；Heinrichs, *Threshold of War*, 217. ワーナーの1941年11月のワシントンにおける活動と朝河起案の天皇親電の実際の親電内容への影響については，山内晴子『朝河貫一論——その学問形成と実践』（早稲田大学出版部，2010年）499-501頁。ワーナーは，11月27日国務省極東部のジョゼフ・バランタインに大統領が天皇宛親電を送ることについて話していたが，国務省極東部長は，ワーナーへのさらなる対応は取り急ぎ行わないことを記録していた。*FRUS : Japan, 1941, Vol. IV*, 671を参照。

(46) John Morton Blum, *From the Morgenthau Diaries*；*FRUS : Japan, 1941, Vol. IV*, 724-725.

(47) *FRUS : Japan, 1941, Vol. IV*, 722-723.

(48) Blum, *From the Morgenthau Diaries*, 384-386.

(49) 沢田節蔵『沢田節蔵回想録——外交官の生涯』（有斐閣，1985年）218-224頁。オライアン将軍をめぐる日米関係については，Haruo Iguchi, "A Quest for Peace : Ayukawa Yoshisuke and U. S.-Japan Relations, 1940," *The Journal of American-East Asian Relations* Vol. 5, No. 1 (Spring 1997) 15-35を参照。

(50) *FRUS : The Far East, 1941, Vol. IV*, 1-2, 80-81. クライマンと日米関係については，Haruo Iguchi, "An Unfinished Dream : Yoshisuke Ayukawa's Economic Diplomacy Towards the U. S., 1937-1940," *The Journal of American and Canadian Studies* No. 16 (March 1999) を参照。

(51) 井川忠雄『日米交渉史料』（山川出版社，1982年）。

(52) デスヴェアニンはカトリック教徒であった。このことや上記の事実については，"Raoul E. Desvernine," PPIF, Hoover Papersの次の文献を参照。Raoul E. Desvernine, "The Church, Democracy and the War," The Newman Club Federation of New York Province, 23rd Annual Communion Breakfast, Feb. 1, 1942；Desvernine to Hynes, Dec. 9, 1940；Desvernine to Hoover, Nov. 6, 1939. この最後の書簡でデスヴェアニンがMiller, Owen, Otis and Bailly弁護士事務所に18年間勤めていたことがわかる。デスヴェアニンとリップマンの交流はWalter Lippmann Papers, Yale University Sterling Library, New Haven, Conn.（以下Lippmann Papers）にあるファイル"Raoul E. Desvernine"の1939年2月13日から41年12月10日の書簡も参照。

(53) Gary B. Nash et al., ed., *The American People : Creating a Nation and a Society*, 4th ed. (New York : Addison-Wesley Educational Publishers, 1998), 843, 849.

(54) Frederick W. Marks III, *Winds over Sand : The Diplomacy of Franklin Roosevelt* (Athens, GA : The University of Georgia Press, 1988), 278.

(55) 次の注を参照。フーヴァーは反ニューディールであったが，この団体を評価しなかった。

(56) Hoover to Desvernine, May 25, 1936, Desvernine to Hoover, May 19, 1936, "Raoul E. Desvernine," PPIF, Hoover Papers.

(57) Desvernine to Lippmann, Nov. 22, 1941, "Raoul E. Desvernine," Lippmann Papers ; Baruch, 288 ; Feb. 10, 1942 Memorandum, "Pearl Harbor — Diaries and Events," PPIF, Hoover Papers.

(58) PPIF, Hoover Papers の "Raoul E. Desvernine" ファイルにある 1940 年 12 月以降の書簡を参照。特に Desvernine to Hoover, Oct. 18, 1941 に注目。また，デスヴェアニンはリップマンに 1941 年 11 月 27 日付の書簡を送っており，それには同年の夏以降ワシントンで日本側の日米交渉を手伝っていることを述べている。Desvernine to Lippmann, "Raoul E. Desvernine," Lippmann Papers. 同ファイルの Lippmann to Desvernine, Dec. 3, 1941, Desverine to Lippmann, Dec. 8, 1941, Lippmann to Desvernine, Dec. 10, 1941 も参照。

(59) April 10, 1942 Memorandum, Payson J. Treat Oral History Interview Transcript, Hoover Presidential Library. フーヴァー日記とこの覚え書きとの間には，野村・来栖両大使とデスヴェアニンの関係について事実関係に齟齬がある。ペイソン・トリートは長年スタンフォード大学で日本史の教授であったが，フーヴァーと親しかった。

(60) Desvernine to Hoover, Oct. 25, 1941, Hoover to Desvernine, Oct. 28, 1941, "Raoul E. Desvernine," PPIF, Hoover Papers ; Oct. 31, 1941, "Pearl Harbor — Diaries and Events," PPIF, Hoover Papers. 後者はフーヴァーの日記であるが，果たしてこれが同ファイルにある 1942 年 2 月 10 日付でフーヴァーとデスヴェアニンが作成した覚え書きと同時期にフーヴァーにより記入されたか定かではない。この日記の 1941 年 11 月 29 日の一部と 11 月 30 日から 12 月 5 日のすべてがこの覚え書きの作成時に記入されている。

(61) Desvernine to Hoover, Nov. 21, 1941, "Raoul E. Desvernine," PPIF, Hoover Papers, Nov. 23, 1941, "Pearl Harbor — Diaries and Events," PPIF, Hoover Papers. この 23 日のメモをフーヴァーがいつ書いたかは不明である。このメモはフーヴァー文書のデスヴェアニン・ファイルにもある。1942 年 4 月 10 日の覚え書きによると，バルークは来栖とデスヴェアニンに中国の蔣介石政権が上記の国際会議に参加することを進言した。一方，バルークの回顧録にはこのような記述はない。Payson J. Treat Oral History Interview Transcript, 14, 16 ; Bernard M. Baruch, *Baruch : The Public Years* (New York : Holt, Rinehart, and Winston, 1960), 289-290. フーヴァーの友人が誰であるかは不明である。

(62) Iguchi, *Unfinished Business*, 169.

(63) The Transcript of July 14, 1945 broadcast by the National Broadcasting Company, 5, "1945 Aug. 18 Japan after Surrender," Box 78, Elbert Thomas Papers, Utah Historical Society Salt Lake City, Utah.

(64) Butow, *The John Doe Associates*, 306-307 ; 井川『日米交渉史料』479-481 頁。Butow のこの電報に関する解釈は間違いではなかろうか。

(65) 外務省編『日本外交文書　日米交渉——1941 年』下，251 頁。Takeo Iguchi, *Demystifying Pearl Harbor*, 226.

(66) Togo, *The Cause of Japan*, 165-166.

(67) Raymond A. Esthus, "President Roosevelt's Commitment to Britain to Intervene in a Pacific War," *Mississippi Valley History Review* Vol. 50, No. 1 (June 1963), 34-38.

(68) 26 Nov. 1941, Cable No. 833 (translated by MAGIC on 26 Nov. 1941), Department of

Defense, USA, *The 'MAGIC' Background of Pearl Harbor, Vol. 4*（Washington, D. C.: Government Printing Office, 1977）, A-92. 三輪『太平洋戦争と石油』119 頁。11 月 1 日政府内では，航空燃料を年間 100 万トン米国に要求する案が作成されていた。米国の暫定協定案については，U. S. Congress, *Investigation of the Pearl Harbor Attack*, 36 を参照。11 月 22 日のハルと野村・来栖の会談と 11 月 24 日グルー・東郷会談についての米国側の記録は，*FRUS: Japan, 1931-1941, Vol. II*, 757-764. ワシントンの大使館から本省宛の電報については，外務省編『日米交渉資料——昭和十六年二月～十二月』（原書房，1978 年）264-265 頁。

(69) Feis, *The Road to Pearl Harbor*, 311.

(70) Takeo Iguchi, *Demystifying Pearl Harbor*, 136.

(71) John Toland, *The Rising Sun: The Decline and Fall of the Japanese Empire, 1936-1945*（New York: Random House, 1970）. 昭和 16 年 9 月 6 日，11 月 30 日，12 月 1 日『木戸幸一日記』，昭和 16 年 9 月 6 日については，佐藤賢了『大東亜戦争回顧録』（徳間書店，1966 年）158 頁。12 月 1 日については，参謀本部編『杉山メモ　大本営政府連絡会議と日記』第 1 巻（原書房，1989 年）543-544 頁。寺崎英成／マリコ・テラサキ・ミラー編著『昭和天皇独白録——寺崎英成・御用掛日記』（文藝春秋，1991 年）74, 76 頁；Takeo Iguchi, *Demystifying Pearl Harbor*, 137-139；升味準之輔　『昭和天皇とその時代』（山川出版社，1998 年）151-152, 170 頁。吉田茂については，日暮吉延『東京裁判』（講談社現代新書，2008 年）153 頁。*FRUS: Japan, 1931-1941, Vol. II*, 770-772; *FRUS: Japan, 1941, Vol. IV*, 721-722.

(72) ゾルゲと彼のスパイ網は，10 月 18 日摘発された。ゾルゲは，日本はソ連を攻撃しないし，するとしても早くて 1942 年春であると 7 月 2 日に判断していた。Chalmers A. Johnson, *An Instance of Treason: Ozaki Hotsumi and the Sorge Spy Ring*（Stanford: Stanford University Press, 1990）.

(73) *FRUS: Japan, 1931-1941, Vol. II*, 772.

(74) 井口治夫「国際環境時代の情報戦——駐エジプト武官時代のボナー・フェラーズ」『人間環境学研究』第 8 巻第 2 号（2010 年 12 月），147-153 頁。

(75) Justus D. Doenecke and Mark A. Stoler, *Debating Franklin D. Roosevelt's Foreign Policies, 1933-1945*（Lantham, MD: Rowman & Littlefield, 2005）, 144-145. B17 の問題点については，Michael Schaller, *Douglas MacArthur: The Far Eastern General*（New York: Oxford University Press, 1989）, 50.

(76) Bruce M. Russett, *No Clear and Present Danger: A Skeptical View of the United States Entry into World War II*（Boulder: Westview Press, 2008）.

(77) Aug. 21, 1945 Memorandum, Payson J. Treat Oral History Interview Transcript, Hoover Presidential Library.

(78) Castle to Hoover, "Hoover, Herbert: 1945-1949," William R. Castle, Jr. Papers, Hoover Presidential Library; Dec. 12, 1941, William R. Castle Diary Vol. 42, 307-310, Houghton Library, Harvard University; "Japan Pair 'Didn't Know': Envoys Still Maintain Pearl Harbor Surprise," "Pre-Pearl Harbor Contabs Said Held with FDR Consent," *The Pacific Stars and Stripes*, Dec. 7, 1951; Herbert C. Hoover, *Freedom Betrayed: Herbert Hoover's Secret History of the Second World War and Its Aftermath*, edited with and introduction by George H. Nash（Stanford: Hoover Institution Press, 2011）.

(79) 廣部泉『グルー——真の日本の友』（ミネルヴァ書房，2011 年）151-170 頁。

(80) ホワイトとケインズの国際通貨基金設計における中心的役割については，James M. Boughton, "American in the Shadows : Harry Dexter White and the Design of the International Monetary Fund," *International Monetary Fund Working Papers*, WP/06/6 (January 2006), Policy Review and Development Depatment, International Monetary Fund, 14–15 ; Benn Steil, *The Battle of Bretton Woods : John Maynard Keynes, Harry Dexter White and the Making of a New World Order* (Princeton : Princeton University Press, 2013) ; Fred L. Block, *The Origins of International Economic Disorder : A Study of United States International Monetary Policy from World War II to the Present* (Berkeley : University of California Press, 1977).

第７章

(１) Robert E. Herzstein, *Henry R. Luce : A Political Portrait of the Man Who Created the American Century* (New York : Charles Scribner's Sons, 1994), 242–248, 322–333, 335–342.

(２) D. Clayton James, *The Years of MacArthur, Vol. II : 1941–1945* (Boston : Houghton Mifflin, 1975), 132–141 ; D. Clayton James, *The Years of MacArthur, Vol. III : Triumph and Disaster 1945–1964* (Boston : Houghton Mifflin, 1985), 195 ; Howard B. Schonberger, *Aftermath of War : Americans and the Remaking of Japan, 1945–1952* (Kent, OH : Kent State University Press, 1992), 52, 73 ; Michael Schaller, *Douglas MacArthur : The Far Eastern General* (New York : Oxford University Press, 1989) 147 ; Herzstein, *Henry R. Luce*, 242–248, 322–333, 335–342.

(３) Fellers to Dorotohy Fellers, Oct. 5, 1943, B1F23, BFF MA ; James, *Years of MacArthur, Vol. II*, Chapter X. ウッド関係は，ウッドの文書を参照。Philip F. LaFollette to Wood, Nov. 26, 1942, Wood to LaFollette, Dec. 10, 1942, March 9, 1943 (ワシントンでラフォレットの連邦上院議員の兄と会談), LaFollette to Wood, March 21, 1943, Wood to LaFollette, June 25, July 6, 23, 1943, Jan. 19, 1944, "LaFollette, Philip F.," Correspondance File ; Wood to MacArthur, Dec. 2, 1943, "MacArthur, Douglas, 1931–1945," Correspondance File ; Wood to Vandenburg, July 2, 1943, Joseph B. Savage to Vandenburg, July 1, 1943, "Vandenburg, Arthur, 1943–1944," Correspondance File ; Wood to MacArthur, Dec. 30, 1943, "MacArthur, General Douglas, Presidential Candidacy, 1943–1944," Subject File, Robert E. Wood Papers, Herbert C. Hoover Presidential Library, West Branch, Iowa.

(４) Forrest Pogue, *George C. Marshall : Organizer of Victory 1943–1945* (New York : Viking Press, 1963), 277–290 ; James, *Years of MacArthur, Vol. II*, Chapter X ; Schaller, *MacArthur*, 76–88 ; Richard Norton Smith, *An Uncommon Man : The Triumph of Herbert Hoover* (Worland, WY : High Plains Publishing Company, 1984), 324–335 ; Fellers, "Additional Notes on the Situation for My September 6 Report," Sept. 7, 1943, "Hoover," B3F22, BFF MA. この報告書では，マーシャルが欧州の総軍司令官へ転出した場合，参謀総長はアイゼンハワーになるであろうと分析していた。また，ローズヴェルトはマッカーサーをまず参謀総長に抜擢することを検討したとも書かれている。マキナウ会議については，次を参照。"Dewey at Mackinac," Sept. 13, 1943, "Battle of Mackinac," *Time,* Sept. 20, 1943 ; Cole, *Roosevelt and the Isolationists*, 522–523, 540–544 ; Smith, *Uncommon Man*, 325–326.

(５) James, *Years of MacArthur, Vol. II*, 410–412 ; Schaller, *MacArthur*, 83 ; Cole, *Roosevelt and the Isolationists*, 543. ホイトについては，注３の Wood to LaFollette, July 23, 1943 を参照。

第 8 章

（1） Gar Alperovitz, *The Decision to Use the Atomic Bomb* (New York : Vintage Books, 1995), 635.

（2） Wayne S. Cole, *America First : The Battle Against Intervention, 1940–1941* (Madison : University of Wisconsin Press, 1953), 153.

（3） Robert E. Herzstein, *Henry R. Luce : A Political Portrait of the Man Who Created the American Century* (New York : Charles Scribner's Sons, 1994), 242–248, 322–333, 335–342. ボナー・フェラーズの軍事秘書日誌の 6 月下旬の部分に 1 頁ほどマッカーサーとルースの会談に関する記述がある。バルクパパン上陸作戦出発前に書いたもので，6 月としか記していない。ロイド・A・リーバス大佐からの伝聞（B5F27, BFF MA）。

（4） Hertzstein, *Henry R. Luce*, 223 ; Justus D. Doenecke, *Storm on the Horizon : The Challenge to American Intervention, 1939–1941* (Lanham, MD : Rowman & Littlefield, 2000), 54 ; D. Clayton James, *The Years of MacArthur, Vol. II : 1941–1945* (Boston : Houghton Mifflin, 1975), 411–412.

（5） グルーと上院議員たちとの意見交換については，Grew, "Memoraudum of Conversation ; Japanese Situation," July 2, 1945, Joseph Grew Papers, Houghton Library, Harvard University ; Alperovitz, *The Decision to Use the Atomic Bomb*, 328, 331–332.

（6） Herzstein, *Henry L. Luce*, 379–383 とこの著者による *Henry R. Luce, Time, and the American Crusade in Asia* (New York : Cambridge University Press, 2005), 48–49.

（7） Marc S. Gallicchio, *The Cold War begins in Asia : American East Asia Policy and the Fall of the Japanese Empire* (New York : Columbia University Press, 1988), 52.

（8） Fellers to Frazier Hunt, July 21, 1945, B21F8, BFF HI.

（9） 五百旗頭真『戦争・占領・講和——1941～1955』（中央公論新社，2001 年）148–149 頁 ; Alperovitz, *The Decision to Use the Atomic Bomb*, 40–43, 394, 731 note 16.

（10） こうしたザカライエスの主張は，北山節郎の著書で言及されており，検証の余地があろう。北山節郎『ピース・トーク——日米電波戦争』（ゆまに書房，1996 年）。

（11） Ellis M. Zacharias, *Secret Missions : The Story of an Intelligence Officer* (New York : G. P. Putnam's Sons, 1946), 336–340 ; Alperovitz, *The Decision to Use the Atomic Bomb*, 676 note 21.

（12） Alperovitz, *The Decision to Use the Atomic Bomb*, 399. 外務省編『終戦史録』（再版，官公庁資料編纂会，1997 年）483–484 頁では，この 7 月末の電報を紹介しているほか，ザカライエス放送の日本外交への効果を考察している。同書は，ザカライエス放送は，日本降伏を促す影響があったと分析している。

（13） Walter Millis, ed., *The Forrestal Diaries* (New York : Viking Press, 1951), 74–76 ; Forrestal Diaries (Microfilm), 399–400, Seeley G. Mudd Manuscript Library, Princeton University.

（14） 竹内修司『幻の終戦工作——ピース・フィーラーズ 1945 夏』（文春新書，2005 年）。

（15） ヴァージニア州ノーフォーク市マッカーサー記念文書館（以下 MA）RG4, Box 56 の "Psychological Warfare in the Southwest Pacific Area, 1944–1945"（「1944 年から 1945 年の南西太平洋地域における心理作戦報告書」）Appendix 3, *Answer to Japan*, July 1, 1944, 17–19.

（16） Fellers to Hoover, June 3, 1945, Hoover to Fellers, June 14, 1945, "Fellers, Bonner Correspondence, 1940–1950," Box 57, Herbert C. Hoover Post-Presidential Individual File（以下 PPIF), Herbert C. Hoover Presidential Library, West Branch Iowa. なお，「対日心理作戦

基本軍事計画」は，“Japan-Japanese 1933-1961,” Box 203, Herbert C. Hoover Post-Presidential Subject File にある。なお，この冊子は，“Psychological Warfare” に含まれている。フェラーズの鈴木内閣に対する認識は，同計画に含まれている 1944 年 8 月 2 日の「南西太平洋区域における心理作戦における基本軍事計画」（Basic Military Plan for Psychological Warfare in the Southwest Pacific Area）では内閣の崩壊と閣僚の自殺を促すような心理作戦を展開すべきであると論じていたのに比べて，1945 年 4 月 12 日付の対日心理作戦計画ではそのような文言はなくなっていた。そして，1945 年 5 月 5 日にフェラーズの心理作戦部と連携しており，また，心理作戦においてはその下に位置していた，マッカーサー指揮下の中核軍の一つであった第六軍（Sixth Army）の情報部が，鈴木内閣のもとで和平が模索される可能性があるという分析を行い，その情報がフェラーズの手元に届けられていた。これについては，Collation Section, Psychological Warfare Branch (以下 PWB), “Japanese Trends of Psychological Significance,” Report No. 10, May 5, 1945, 10, “Japanese Trends of Psychological Significance Report Nos. 10-12, May-July 1945,” Box 14, BFF HI を参照。また，心理作戦部の組織図は，“Psychological Warfare,” Appendix 2 を参照。そして，心理作戦におけるフェラーズの心理作戦部と第六軍との関係については，同 Appendix 6 のマニラ会議の議事録 54-56 頁を参照。

(17) フーヴァーのこのほかのアジアとソ連に関する見解や進言は，紙幅の都合で割愛する。

(18) May 8, 1945, Henry L. Stimson Diary, Yale University, ; March 9 and May 29, 1945, William R. Castle, Jr., Diary, Vol. 49, Houghton Library, Harvard University, ; Castle to Hoover, May 2 and June 2, 1945, “Castle, William R.,” Hoover to Stimson, May 15, 1945, “Stimson, Henry L., Correspondence 1945-1950,” Box 223, PPIF, Hoover Papers, Hoover ; “Miscellaneous,” Box 1, “Atomic Bomb File,” Box 2, Eugene Dooman Papers, Hoover Institution Archives, Stanford Unviersity ; Timothy Walch and Dwight M. Miller, eds., *Herbert Hoover and Harry S. Truman : A Documentay History* (Worland, WY : High Plains Publishing Company, 1992), 41-43, 50-54 ; Joan Hoff Wilson, “Herbet Hoover's Plan for Ending the Second World War,” *International History Review* 1 (Jan. 1979), 87-88, 94, 101-102 ; Richard Norton Smith, *An Uncommon Man : The Triumph of Herbert Hoover* (Worland, WY : High Plains Publishing Company, 1984), 342- 348 ; Millis, ed., *Forrestal Diaries*, 52-53 ; Walter LaFeber, *The Clash : U. S.-Japan Relations throughout History* (New York : W. W. Norton, 1997), 23, 38, 243-246 ; Townsend Hoopes and Douglas Brinkley, *Driven Patriot : The Life and Times of James Forrestal* (New York : Vintage Books, 1992), 208 ; James Chace, *Acheson : The Secretary of State Who Created the American World* (New York : Simon & Schuster, 1998), 106-107, 113-114 ; Waldo Heinrichs, *American Ambassador : Joseph C. Grew and the Development of the United States Diplomatic Tradition* (Boston : Little, Brown, 1966), 154, 364-380 ; Minutes Meeting Committee of Three, June 12, 1945, Folder 4, Box WD 1, Series 8, War Department, John J. McCloy Papers, Amherst College Archives (Rudolf V. A. Janssens, “*What Future for Japan?” : U. S. Wartime Planning for the Postwar Era, 1942- 1945*, Amsterdam : Rodopi, 1995, 293 より引用).

(19) 鈴木多聞「鈴木貫太郎内閣と対ソ外交」『国際関係論研究』第 26 号（2007 年）51-69 頁。

(20) 庄司潤一郎「『近衛上奏文』の再検討――国際情勢分析の観点から」日本国際政治学会編『終戦外交と戦後構想』（日本国際政治学会，1995 年）54-69 頁。

(21) 鈴木「鈴木貫太郎内閣と対ソ外交」。

(22) Millis, ed., *Forrestal Diaries*.
(23) David Holloway, "Jockeying for Position in the Postwar World : Soviet Entry into the War with Japan in August 1945," in Tsuyoshi Hasegawa, ed., *The End of the Pacific War : Reappraisals* (Stanford : Stanford University Press, 2007), 145–188.
(24) 寺崎英成／マリコ・テラサキ・ミラー編著『昭和天皇独白録――寺崎英成・御用掛日記』（文藝春秋，1991 年）；鈴木「鈴木貫太郎内閣と対ソ外交」。
(25) 鈴木「鈴木貫太郎内閣と対ソ外交」。
(26) "Suzuki, Adm., 2s 469, Int. #531," Box 11, RG 243, National Archives and Records Administration, College Park, Maryland (戦略爆撃調査団鈴木貫太郎尋問調書).
(27) D.M. Giangreco, *Hell to Pay : Operation Downfall and the Invasion of Japan, 1945–1947* (Annapolis : Naval Institute Press, 2009).
(28) 波多野澄雄『宰相鈴木貫太郎の決断――「聖断」と戦後日本』（岩波書店，2015 年）。
(29) 波多野の研究は，従来優柔不断であったとする鈴木首相への評価を覆す最近の研究動向を反映している。前注を参照。
(30) Yukiko Koshiro, "Eurasian Eclipse : Japan's End Game in World War II," *The American Historical Review* Vol. 109, No. 2 (April 2004), 417–444；鈴木「鈴木貫太郎内閣と対ソ外交」。
(31) Hasegawa, ed., *The End of the Pacific War*. 特にバーンスタイン論文を参照。
(32) 小野寺百合子『バルト海のほとりにて――武官の妻の大東亜戦争』（共同通信社，1985 年）。
(33) 鈴木「鈴木貫太郎内閣と対ソ外交」。
(34) Fellers to Sumner, May 22, 1945, B4F17, BFF MA.
(35) Edward J. Drea, *MacArthur's ULTRA : Codebreaking and the War against Japan, 1942–1945* (Lawrence : University Press of Kansas, 1992) ; Richard B. Frank, *Downfall : The End of the Imperial Japanese Empire* (New York : Random House, 1999) ; Giangreco, *Hell to Pay*.
(36) Marc S. Gallicchio, *The Scramble for Asia : U. S. Military Power in the Aftermath of Pacific War* (Lanham, MD : Rowman & Littlefield, 2008), 7–12.
(37) Giangreco, *Hell to Pay*, 11–16.
(38) Gallicchio, *The Scramble for Asia*, 7–12 と同書の冒頭。
(39) Fellers to Steeley, May 21, 1945, B4F13, BFF MA.
(40) Drea, *MacArthur's ULTRA*. マッカーサーが暗号解読を介して日本外交をどの程度把握していたのかは検証を要しよう。
(41) *Report of General MacArthur : Japanese Operations in the Southwest Pacific Area*, Vol. 1 Supplement, 1–11 (Washington, D. C. : Government Printing Office, 1967), 2 note 8.
(42) Fellers to Sumner, Nov. 18, 1944, May 22, 1945, B4F17, BFF MA.
(43) Hoover to John Callan O'Laughlin, editor of the *Army-Navy Journal*, Aug. 8, 1945, Box 171, "O'Laughlin, John Callan Correspondence," PPIF, Hoover Papers.
(44) B2F1, BFF MA.
(45) Carl A. Spaatz, Aug. 1, 1945 diary entry, "Diary Mar.-Aug. 1945 (Personal)," I : 21 ; War 37683, July 24, 1945, "Atomic Bomb Directives," I : 73, Carl A. Spaatz Papers, Library of Congress, Washington, D. C.
(46) James, *Years of MacArthur, Vol. II*, 775.
(47) B2F1, BFF MA.

(48) B5F27, BFF MA（フェラーズ副官日誌).
(49) B6F5, BFF MA.
(50) B2F1, BFF MA.
(51) B5F27, BFF MA（フェラーズ副官日誌）; James, *Years of MacArthur, Vol. II*, 763.
(52) B5F27, BFF MA（フェラーズ副官日誌).
(53) U. S. Army Forces, Pacific, GHQ Office of the Military Secretary, Psychological Warfare Branch, Collation Section Special Report No. 6, "Japan and Our Ally Russia," Subject File, Box 14, BFF HI.
(54) B5F27, BFF MA（フェラーズ副官日誌).
(55) James, *Years of MacArthur, Vol. II*, 773-774.
(56) James, *Vol. II*, 763-765.
(57) Weldon E. Rhoades, *Flying MacArthur to Victory*（College Station : Texas A & M University Press, 1987）; Aug. 8, 1945, B5F27 BFF MA ; June 18, 1945, B5F27, BFF MA（フェラーズ軍事秘書日誌).
(58) Tsuyoshi Hasegawa, "Introduction," in Hasegawa, ed., *The End of the Pacific War*, 1-8.
(59) Tsuyoshi Hasegawa, "The Atomic Bombs and the Soviet Invasion : Which Was More Important in Japan's Decision to Surrender?" in Hasegawa, ed., *The End of the Pacific War*, 113-144.
(60) Sumio Hatano, "The Atomic Bomb and the Soviet Entry into the War : of Equal Importance," in Hasegawa, ed., *The End of the Pacific War*, 95-112.
(61) 寺崎／テラサキ・ミラー編著『昭和天皇独白録』。
(62) 波多野『宰相鈴木貫太郎の決断』。
(63) 長谷川毅『暗闘――スターリン，トルーマンと日本降伏』(中央公論新社，2006 年) 178-179 頁。この委員会内の誰の発言がこういう結果を招いたのか。背後には，トルーマン大統領とバーンズ国務長官の判断が存在している。スティムソン陸軍長官がこの判断になぜ異論を唱えなかったのであろうか。こうした未解明の部分が存在する。
(64) Barton J. Bernstein, "Introducing the Interpretive Problems of Japan's 1945 Surrender : A Historiographical Essay on Recent Literature in the West," in Hasegawa, ed., *The End of the Pacific War*, 9-64.
(65) "Entry of the U. S. S. R. into the War," Aug. 10, 1945, B5F26, BFF MA.
(66) B2F1, BFF MA.
(67) Gallicchio, *The Scranble for Asia*, 7-12 ; Richard B. Frank, "Ending the Pacific War : Harry Truman and the Decision to Drop the Bomb," *Footnotes : The Newsletter of Foreign Policy Research Institute's Watchman Center* Vol. 14, No. 4 (April 2009).
(68) Fellers to Dorothy Fellers, Sept. 19, 1945, B2F1, BFF MA.
(69) Fellers, "Dissemination of Information in Japan," "Miscellaneous notes, printed matter, etc.," Box 15, BFF HI ; Fellers to Donovan, Sept. 15, 1945, B1F13, BFF MA ; Rhoades, *Flying MacArthr to Victory*.
(70) Sept. 12, 1945 press release, by GHQ, U. S. Armed Forces, "Miscellaneous," Box 15, BFF HI.
(71) Mrs. Jean MacArthur to Fellers, Sept. 13, 1945, "Jean MacArthur," Box 13, BFF MA.
(72) Rhoades, *Flying MacArthur to Victory*.
(73) Felles to Mrs. Fellers, Aug. 30, 1945, B5F27, BFF MA. これらのことについては，軍事秘書日誌にも記されている。Aug. 29, 30, 1945, B5F27, BFF MA.

（74）Aug. 29, 30, 1945, B5F27, BFF MA；木村恵子『河井道の生涯』（岩波書店，2002 年）174–184 頁。

（75）Rhodes, *Flying MacArthur to Victory*, 444–448. このほか，Aug. 29, 30, 1945, B5F27, BFF MA.

（76）Fellers to Mrs. Fellers, Aug. 31, 1945, B2F1, BFF MA.

（77）B2F1, BFF MA.

（78）武田清子『天皇観の相克——1945 年前後』（岩波書店，1978 年）236–239 頁。Janssens, *What Future for Japan?* 390–392.

（79）Howard B. Schonberger, *Aftermath of War : Americans and the Remaking of Japan, 1945–1952*（Kent, OH : Kent State University Press, 1992）, 37–38.

（80）Fellers to Hoover, March 21, 29, May 21, 1946, Bernice Miller to Fellers, April 8, 12, 1946, Fellers to Miller, April 23, 1946, Hoover to Fellers, June 20, 1945, B3F1, BFF MA. 木戸とフェラーズの会話などについては，『木戸幸一日記　東京裁判期』（東京大学出版会，1980 年）1946 年 1 月 24 日，2 月 24 日，7 月 20 日（近衛文麿手記の版権問題，木戸日記の版権），同年 7 月 21 日（フーヴァーに日記の版権を譲る可能性）を参照。スタンフォード大学の東京事務所設立については，RG 10, MA, “V. I. P. File, Herbert Hoover,” Hoover to MacArthur, Aug. 37, 1945.

（81）B3F1, BFF MA；マッカーサーの原爆投下は不要であったとする見解について，Alperovitz, *The Decision to Use the Atomic Bomb*, 350 も参照。

（82）寺崎／テラサキ・ミラー編著『昭和天皇独白録』222 頁。

（83）The Transcript of July 14, 1945 broadcast by the National Broadcasting Company, p. 5, “1945 Aug. 18 Japan after Surrender,” Box 78, Elbert Thomas Papers, Utah Historical Society, Salt Lake City, Utah ; Elbert Thomas, “Leadership in Asia under a New Japan,” *Annals of the American Academy of Political and Social Science* Vol. 255（Jan. 1948）, 159 ; Colegrove to Truman, July 29, 1946, Truman to Colegrove, Aug. 2, 1946, 24, “E. Thomas, 1940–1955,” Kenneth W. Colegrove Papers, Herbert C. Hoover Presidential Library, West Branch, Iowa ; 吉田守男『京都に原爆を投下せよ——ウォーナー伝説の真実』（角川書店，1995 年）36, 143–165 頁 ; Theodore R. Bowie, *Langdon Warner through His Letters*（Bloomington : Indiana University Press, 1966）, 157, 170–179 ; Frederick Moore, *With Japan's Leaders : An Intimate Record of Fourteen Years as Counsellor to the Japanese Goverment, ending December 7, 1941*（New York : C. Scribner, 1942）, 173– 174. Makino to Colegrove, June 9, 1946, “Makino,” Colegrove to Grew, Aug. 2, 1946, “Grew,” Memorandum of Conversation, May 28, 1945, “Grew,” Colegrove to Grew, Aug. 2, Sept. 4, Nov. 26, 1946, “Grew,” Colegrove to Willoughby, Sept. 5, 1946, “Willoughby,” Kenneth W. Colegrove Papers. コールグローブの天皇謁見の背景について最初に取り上げた日本の研究者は，塩崎弘明である。

（84）井口治夫「終戦　無条件降伏をめぐる論争」筒井清忠編著『解明・昭和史　東京裁判までの道』（朝日新聞出版，2010 年 4 月）237–258 頁。

第 9 章

（1）Reece to Fellers, June 30, 1945, B4F4, BFF MA ; Wood to MacArthur, May, 1945, Robert Wood Papers, Hebert C. Hoover Presidential Library, West Branch, Iowa.

（2）Wood to Fellers, Sept. 4, 17, 1945, Wood to MacArthur, Sept. 4, 1945, “Wood,” Box 18, BFF HI.

（3）D. Clayton James, *The Years of MacArthur, Vol. III: Triumph and Disaster 1945–1964* (Boston: Houghton Mifflin, 1985), 17–18, 22; Fellers to Reece, Aug. 22, 1945, Reece to Fellers, Sept. 20, 1945, "Reece," Box 35, BFF HI.

（4）Fellers to Reece, Oct. 10, 1945, "Reece," Box 35, BFF HI.

（5）Fellers to Hunt, Jan. 26, 1946, B21F9, BFF HI.

（6）Fellers, "Memorandum to General MacArthur," Jan. 19, 1946, Fellers to Dorothy Fellers, Jan. 20, 1946, B5F26, BFF MA.

（7）Reece to Fellers, April 30, 1946, Fellers to Reece, May 8, 1946, "Reece," Box 35, BFF HI; Fellers to MacArthur, May 24, 1946, B3F19, BFF MA; Fellers to Constantine Brown, March 7, 1946, Constantine Brown to Fellers, May 11, 12, 1946, B19F11, BFF HI.

（8）Wood to Lansing Hoyt, March 27, 1947, "MacArthur, General Douglas, Presidential Candidacy, 1945–1948," Subject File, Robet E. Wood Papers（以下 MacArthur 1945–1948 Subject File, Wood Papers).

（9）Wood to MacArthur, June 16, 1947, MacArthur 1945–1948 Subject File, Wood Papers. トルーマン日記については，2003 年 7 月 12 日の『朝日新聞』記事「マッカーサー立候補を懸念　アイゼンハワーに出馬促す」を参照。

（10）MacArthur to Wood, Oct. 15, 1947, MacArthur 1945–1948 Subject File, Wood Papers.

（11）Wood to MacArthur, June 16, Oct. 17, 1947, MacArthur 1945–1948 Subject File, Wood Papers.

（12）Wood to MacArthur, Nov. 6, Dec. 4, 1947, MacArthur to Wood, Nov. 16, 1947, MacArthur 1945–1948 Subject File, Wood Papers.

（13）Richard N. Smith, *The Colonel: The Life and Legend of Robert R. McCormick, 1880–1955* (Boston: Houghton Mifflin, 1997), 470, 472.

（14）Wood to MacArthur, Feb. 28, March 8, March 8 cable, March 13, 1948, MacArthur to Wood, April 29, 1948, MacArthur 1945–1948 Subject File, Wood Papers.

（15）James, *Years of MacArthur, Vol. III*, 208.

（16）Fellers to Jean MacArthur, March 22, 1948, Fellers to Jean MacArthur（氏名の部分は空白となっている), April 29, 1948, "Jean MacArthur," Box 3, BFF MA. フェラーズはこの 4 月の書簡について，友人であったイリノイ州選出下院議員エドワード・ジェニソンにも伝えている。Fellers to Edward H. Jenison, May 21, 1945, "Jenison, Ed," Box 3, BFF MA.

（17）Wood to MacArthur, April 9 (two letters), May 6, 1948, MacArthur to Wood, April 29, May 3, 1948, MacArthur to O'Gare, May 1, 1948, MacArthur 1945–1948 Subject File, Wood Papers.

（18）James E. Van Zandt to Fellers, May 26, 1948, Van Zandt to William Robert Fuss, May 19, 1948, B1F15, BFF MA.

（19）James T. Patterson, *Mr. Republican: A Biograph, of Robert A. Taft* (Boston: Houghton Mifflin, 1972), 226–228, 414–415.

（20）Jean MacArthur to Fellers, July 24, 1948, "Jean MacArthur," Box 3, BFF MA.

（21）Howard Schonberger, *Aftermath of War: Americans and the Remaking of Japan, 1945–1952* (Kent, OH: Kent State University Press, 1992), 51, 78–80.

（22）井口治夫「アメリカの極東政策――ハーバート・C・フーヴァーと日米関係」伊藤之雄・川田稔編著『環太平洋の国際秩序の模索と日本――第一次世界大戦後から五五年体制成立』（山川出版社，1999 年）33 頁。

（23）Hoover to Fellers, Oct. 15, 1945, B3F1, BFF MA.

（24）May 4, 5, 6, 1946, Tokyo, "Famine Emergency Committee, General — Herbert Hoover

Diaries : Round World Trip" ; Hoover to Fellers, Oct. 17, 1946, Hoover to MacArthur, Oct. 17, 1946, MacArthur to Hoover, Oct. 31, 1946, "MacArthur," Hoover Papers, Hoover Presidential Library.

(25) 対日占領経済政策と財閥解体に深く関わった経済科学局長は，初代のクレーマーが1945年末に帰国すると，その後任人事でウィリアム・マーカット少将が抜擢されたが，彼は，1946年春にかけて，戦略爆撃調査団の中心メンバーであったポール・ニッツェに経済科学局長就任の要請を熱心に行い，ニッツェも彼自身が提示した権限に関する条件がGHQと米国政府に受け入れられれば就任する考えであったが，結局陸軍省がこの人事に消極的であったことから，経済問題にうといことを自覚しているマーカットが局長に就任した。米国議会図書館所蔵ポール・ニッツェ文書の戦略爆撃調査団日本関係文書（Box 165 Folder 6）を参照。ニッツェの回想録では，彼は滞日中マッカーサーとの親交を深め，マッカーサーはニッツェに経済科学局長の就任を要請したが，ニッツェが米国政府との連携を重視したため，要請を撤回したと述べている。しかしニッツェ文書はこの記述に疑問を投げかけている。Paul H. Nitze et al., *From Hiroshima to Glasnost : At the Center of Decision : A Memoir* (New York : Grove Weidenfeld, 1989), 3–4, 38–39 ; Michael Schaller, *Douglas MacArthur : The Far Eastern General* (New York : Oxford University Press, 1989), 137–138, 144 ; Schonberger, *Aftermath of War*, 75–79.

(26) Feb. 20, 1947, RG10, VIP File "Robert Wood," MacArthur Papers, MacArthur Memorial Library, Norfolk, Virginia ; Wood to MacArthur, Dec. 31, 1947, MacArthur to Wood, Jan. 12, 1948, MacArthur 1947–1948 Correspondence File, Wood Papers.

(27) Schaller, *MacArthur*, 142–144, 146 ; Schonberger, *Aftermath of War*, 52, 64–65 ; James, *Years of MacArthur, Vol. III*, 196.

(28) Schaller, *MacArthur*, 31, 37, 146–154, 241–244 ; Schonberger, *Aftermath of War*, 72–74, 78–81 ; Justus D. Doenecke, *Not to the Swift : The Old Isolationists in the Cold War Era* (Lewisburgi, PA : Bucknell University Press, 1979), Chapters 8–11 ; James, *Years of MacArthur, Vol. III*, 617 ; Oral Reminiscences of Brigadier General Bonner Fellers, June 26, 1971, D. Clayton James interviewer, B7F15, BFF MA.

第10章

(1) "Lectures Given by Bonner Felles as VFW Public Relations Official," B5F6, BFF MA.

(2) Michael J. Hogan, *A Cross of Iron : Harry S. Truman and the Origins of the National Security State, 1945–1954* (New York : Cambridge University Press, 2000), 120–140. タフトとトーマスについては，Clarence E. Wunderlin, Jr., *Robert A. Taft : Ideas Tradition and Party in U. S. Foreign Policy* (Lantham, MD : Rowman & Littlefield, 2005), 152 ; James T. Patterson, *Mr. Republican : A Biography of Robert A.Taft* (Boston : Houghton Mifflin, 1972).

(3) タフトのUMTに対する見解は，Wunderlin, ed., *The Papers of Robert A. Taft, Vol. 3*, 48–54, 187–188, 397–398.

(4) Fellers to Mrs. Jean MacArthur (宛名未記入), March 29, 1947, "Jean MacArthur," Box 3, BFF MA ; Fellers to Taft, July 21, 1947, B4F18, BFF MA ; Bonner Fellers, "The VFW Stand for Retrievement of American Air Supremacy," Address before the National Aeronautical Association, Hotel Statler, Washington, D. C., Oct. 21, 1947, B31F8, BFF HI ; Taft to Hoover, Oct. 11, 1947, Clarence E. Wunderlin, Jr., ed., *The Papers of Robert A. Taft, Vol. 3 : 1945–*

1948 (Kent, OH : Kent State University Press, 2001), 322 ; Patterson, *Mr. Republican*, 280–282, 315–338, 389, 391–393, 1–15, 698 note 20 ; Fellers to Azzam, Jan. 22, 1948, B19F4, BFF HI ; "General Ideas Expressed by Azzam Pacha, Secretary General of the League of Arab States, in an Interview with Mr. Marshall, Secretary of State, U. S., on Tuesday, 17 June, 1947," B19F4, BFF HI ; Hogan, *Cross of Iron*, 141–142, 145–158（UMT から徴兵制へのシフトについては，153 頁）; Wunderlin, *Robert A.Taft*, 107, 112–118, 132–135, 143–144. タフトがフェラーズから空軍力を主体とする安全保障政策で受けた助言は，B4F18, BFF MA のロバート・A・タフトとの書簡のやりとりに関するファイルのなかで特に次に列挙するものに注目していたものと思われる。Fellers to Taft, Jan. 19, 27, 28, April 7, 10, 1948, Truman Smith（フェラーズの仲間で元対ソ担当の陸軍諜報部大佐）to Taft, Feb. 26, 1948. フェラーズの 1 月 19 日から 28 日までの 3 通のタフト宛の書簡の内容は，タフトが 2 月 14 日コロラド州デンバー市で行った演説によく反映されていた。この演説内容は，Wunderlin, ed., *The Papers of Robert A. Taft, Vol. 3*, 394–396 を参照。フェラーズは 4 月 10 日付のタフト宛書簡でトルーマン政権の今後の狙いの一つは西欧に対する軍事援助であろうと警鐘を鳴らしたのであった。また，この書簡でフェラーズは，トルーマン・スミス大佐はフェラーズと同様空軍力を重視しているものの，西欧への米陸軍の駐留は西欧諸国へ友好的な姿勢を示すため必要であるというて点でフェラーズの駐留不要論と異なっていることを指摘した。

(5) Townsend Hoopes and Douglas Brinkley, *Driven Patriot : The Life and Times of James Forrestal* (New York : Knopf, 1992), 376–378.

(6) Wunderlin, *Robert A. Taft*, 147–149.

(7) Bonner Fellers, "The Military Assistance Program," *Human Events* July 27, 1949, B31F18, BFF HI ; Bonner Fellers, "Russia's Atomic Explosion," Oct. 5, 1949, B31F20, BFF HI.

(8) Howard Schonberger, *Aftermath of War : Americans and the Remaking of Japan* (Kent, OH : Kent State University Press, 1992) のドレーパーとグルーに関する記述。Ross Y. Koen, *The China Lobby in American Politics* (New York : Octagon Books, 1974).

(9) Wunderlin, *Robert A. Taft*, 151–152

(10) Walter LaFeber, *The American Century : A History of The United States since the 1890s* (New York : McGrow-Hill, 1997), 507–511 ; Justus D. Doenecke, *Not to the Swift : The Old Isolationist in the Cold War Era* (Lewisburg, PA : Bucknell University Press, 1979), 213–215 ; Fellers to Willoughby, June 7, 1950, Box 43, BFF HI ; Fellers, "Memo on the State Department [sent to Taft,]" April 14, 1950, B4F18, BFF MA.

(11) Fellers to Taft with an attached four-page memo, June 11, 1952, B4F18, BFF MA

(12) Hogan, *Cross of Iron*, Conclusion.

(13) Hogan, *Cross of Iron* ; Doenecke, *Not to the Swift* ; Patterson, *Mr. Republican*.

(14) Doenecke, *Not to the Swift*, 197–199, 208 note 35, 158–160 ; Stephen E. Ambrose, *Eisenhower : Soldier and President* (New York : Simon & Schuster, 1991), 497–498 ; Wunderlin, *Robert A. Taft*, 158–160 ; Robert A. Taft, *A Foreign Policy for Americans* (Garden City, NY : Doubleday, 1951), 88, 92–93. パターソンによると，タフトとアイゼンハワーの会談がいつ行われたのか不明である。また，アイゼンハワーがこのような声明文を作成してそれを破棄したことを目撃した側近は誰であったのか疑問が残る。タフトはこの会談の記録を残しておらず，会談の記録はアイゼンハワーのもののみである。Patterson, *Mr. Rebublican*, 483–485.

（15） Jean MacArthur Oral History Transcript Tape : 14 : 7-8（引用は 8 頁）, 15, MacArthur Memorial Archives, Norfolk, Virginia（以下 MA）. マッカーサー夫人は，フーヴァーから連絡があったと触れるだけで，フェラーズが電話連絡をしていたことについては話していない。解任時のフェラーズの役割については，B7F15 BFF MA を参照。このほか Richard Norton Smith, *An Uncommon Man : The Triumph of Herbert Hoover*（Worland, WY : High Plains Publishing Company, 1984）, 395-396 を参照。降伏調印式のさいマッカーサーが行ったミズーリ号での演説の草稿は，B3F222, BFF MA を参照。マッカーサーはフーヴァーを敬愛していた。Fellers to John L. Lewis, May 24, 1946, B3F18, BFF MA ; D. Clayton James, *The Years of MacArthur, Vol. III : Triumph and Disaster 1945-1964*（Boston : Houghton Mifflin, 1985）, 599-618 ; Richard N. Smith, *The Colonel : The Life and Legend of Robert R. McCormick, 1880-1955*（Boston : Houghton Mifflin, 1997）, 509 ; Michael Schaller, *Douglas MacArthur : The Far Eastern General*（New York : Oxford University Press, 1989）, 240-244.

（16） James, *Years of MacArthur, Vol. III*, 621-640 ; Schaller, *MacArthur*, 245-253.

（17） Taft, *A Foreign Policy for Americans*, 18, 74-88, Chapter 8.

（18） Hogan, *Cross of Iron*, 318.

（19） Fellers to Taft, July 26, 1950, Jan. 12, Feb. 9, 17, March 12, 29, June 26, Nov. 5, 1951, Jan. 15, Feb. 9, June 5, 1952, untitled report on Air Power by Fellers, June 18, 1951, Taft to Fellers, Dec. 31, 1951, B4F18, BFF MA.

（20） Fellers to Taft, March 1, Oct. 8, 13, 16, Nov. 5, 9, Dec. 28, 1951, Jan. 4, 28, Feb. 9, 26, March 26, April 7, May 21, 26, 28, 1952, Taft to Fellers, Dec. 31, 1951, B4F18, BFF MA. 1952 年 2 月，フェラーズはマッカーサーが直近に行われたフレージャー・ハントとのオフレコのインタビューで，アイゼンハワーは近いうちの政治的な挫折を避けられないであろうと予言していることをタフトに伝えた（Fellers to Taft, Feb. 20, 1952, B4F18, BFF MA）。

（21） Fellers to MacArthur, March 13, April 15, 1952, B3F22, BFF MA ; Fellers to Taft, May 1, 1952, B4F18, BFF MA.

（22） Patteson, *Mr. Rebublican*, 549 ; Fellers to Taft, March 19, April 7, 18, 1952, Fellers to Orvil A. Anderson, March 27, 1952, Fellers to Harold L. George, March 27, April 19, 1952, Harold L. George to Fellers, April 3, 1952, Fellers to George E. Stratemeyer, March 27, 1952, Stratemeyer to Fellers, April 17, 1952, Fellers to Earl Barnes, April 2, 1952, Fellers to Leslie R. Groves, April 5, 1952, Taft to Fellers, April 14, 1952, Fellers to Hugh Knerr, April 17, 1952, Fellers to Mr. Littin, April 29, 1952, B4F18, BFF MA. http:/library.cq press.com にある *CQ Almanac 1952* によると，アイゼンハワー 595 票，タフト 502 票となってから下位候補者スタッセン票がアイゼンハワーに流れ，指名確保に必要な 604 票を上回ることとなった。

（23） Clarke to Fellers, Sept. 4, 1950, B19F20, BFF HI. なお，北区を担当したのは，フェラーズが 1943 年夏の人事異動のさい，戦車部隊へ勧誘していたパイバーン准将であった。Feb. 20, 1952, BFF B19F20 HI.

（24） Fellers to Clarke, June 25, 1952, B19F20, BFF HI.

（25） Ambrose, *Eisenhower*, 523-535.

（26） Patterson, *Mr. Rebublican*, 549-578 ; Wunderlin, *Robert A. Taft*, 177-204 ; Ambrose, *Eisenhower*, 535-541.

（27） Clarke to Fellers, Aug. 15, 1952, BFF B19F20 HI ; Fellers to Taft, Oct. 3, 1952, B4F18, BFF

MA.

(28) Rick Perlstein, *Before the Storm : Barry Goldwater and the Unmaking of the American Consensus* (New York : Farrar, Straus & Giroux, 2009), 71-72. タフトとマッカーサーについては Patterson, *Mr. Rebublican*, 549 ; George H. Nash, *The Conservative Intellectual Movement in America, since 1945* (New York : Basic Books, 1976), 11, 21-22, 24, 98-99, 127-128. 戦前のチェンバレンについては，Justus D. Doenecke, *In Danger Undaunted : The Anti- Interventionist Movement of 1940-1941 as Revealed in the Papers of the America First Committee* (Stanford : Hoover Institutiun Press, 1990), 219-220 ; Justus D. Donecke, *Storm on the Horizon : The Challenge to American Intervention, 1939- 1941* (Lantham, MD : Rowman & Littlefield, 2003), 45, 50, 156, 163, 307. バックレーとアメリカ・ファースト委員会や彼の生い立ちについては Alvin Felzenberg, *A Man and His Presidents : The Political Odyssey of William F. Buckley Jr.* (New Haven : Yale University Press, 2017), Introduction, Chapter 1 を参照。

(29) Gregory L. Schneider, *The Conservative Century : From Reaction to Revolution* (Lantham, MD : Rowman & Littlefield, 2009), 93-95.

(30) ボゼルについては，Perlsetin, *Before the Storm*, 13.

(31) Schneider, *The Conservative Century*, 93-101.

(32) "Dear Fellow Republicans" letter, July 12, 1960, B1F15, BFF MA. ゴールドウォーター擁立運動におけるマニオンの役割について，Schneider, *The Conservative Century*, 99-100.

(33) Daniel Bell, ed., *The Radical Right : The New American Right, Expanded and Updated* (Garden City, NY : Doubleday, 1963), 40, 44

(34) Perlstein, *Before the Storm* と Doenecke, *Not to the Swift* を参照。

第 11 章

(1) Joan Hoff Wilson, *Herbert Hoover : Forgotten Progressive* (Boston : Little, Brown, 1975), 258-260.

(2) ギブソンの経歴については，スタンフォード大学フーヴァー研究所文書館のホームページから同文書館が所蔵しているギブソン文書の文献目録に記されているギブソンの経歴 http://pdf.oac.cdlib.org/pdf/hoover/reg_163.pdf. を参照。ポーランド救済委員会や議会の動向については，Richard Norton Smith, *An Uncommon Man : The Triumph of Herbert Hoover* (Worland, WY : High Plains Publishing Company, 1984), 276-277. チョンシー・マコーミックについては，彼の文書の文献目録の解説 http://snaccooperative.org/ark:/99166/w6b85fcw を参照するほか，Hoover, *Memoirs, Vol. 1*, 356 を参照。また，マクドナルド，ニューヨーク本部，フランス，ロンドンの活動については，次の注を参照。

(3) Herbert Hoover, *An American Epic, Vol. IV : The Guns Cease Killing and the Saving of Life from Famine Begins, 1939-1963* (Chicago : Henry Regnery, 1964). トーリーについては "Investment Banker ; Ex-Head of Belgian-American Unit," *The New York Times*, Sept. 27, 1977. シャタックについては，"Edwin P. Shattuck, Wall Street Lawyer, 91," *The New York Times*, Oct. 24, 1964 を参照。ペイジについては，"Frank C. Page, 63, I. T. & T. Official ; Vice President of Corporation, Son of the Late Ambassador, Dies in Washington Home," *The New York Times*, Dec. 19, 1950 を参照。ホプキンズについては，"Change in Personnel at General Dynamics," *Time*, May 13, 1957 のほか，Gary Dean Best, *The Life of Herbert Hoover : Keeper of the Torch, 1933-1964* (New York : Palgrave Macmillan, 2013), 143 を参

照。

(4) Smith, *Uncommon Man*, 277–279; Glen Jeansonne, *Herbert Hoover: A Life* (New York: 2016), 325–328.

(5) Hoover, *An American Epic, Vol. IV*; Jeansonne, *Hoover*, 308, 346.

(6) デーヴィスについては，"Chester Davis, 87, Farm Expert, Dies," *The New York Times*, Sept. 26, 1975 を参照。Amy L. Bentley, "Uneasy Sacrifice: The Politics of United States Famine Relief, 1945–48," *Agriculture and Human Values* Vol. 11, No. 5 (Sept. 1994), 5.

(7) デルツェルについては，ヴァンダービルド大学のホームページ https://news.vanderbilt.edu/2011/03/30/historian-charles-delzell-has-died/ を参照。メイソンについては，フーヴァー大統領図書館（アイオワ州ウェストブランチ）蔵の彼の文書の文献目録 https://hoover.archives.gov/research/collections/manuscriptfindingaids/mason.html を参照。

(8) Herbert Hoover, *Freedom Betrayed: Herbert Hoover's Secret History of the Second World War and Its Aftermath*, edited with and introduction by George H. Nash (Stanford: Hoover Institution Press, 2011), 778–803.

(9) "Famine Emergency Committee, General, — Herbert Hoover Diaries," Post-Presidential Subject File, Hoover Papers, Harbert C. Hoover Presidential Library, West Branch, Iowa.

(10) Hoover to Richardson, Nov. 12, 1945, "MacArthur," Post-Presidential Individual File (以下 PPIF), Hoover Papers; "Famine Emergency Committee — Herbert Hoover Diaries: China," "Famine Emergency Committee — Herbert Hoover Diaries: Japan," "Itinerary for Pauley," May 6, 1946, "Famine Emergency Committee, Countries: Japan, Correspondence," Post-Presidential Subject File, Hoover Papers; Hoover to MacArthur, May 9, 1946, Pauley to Hoover, Aug. 4, 1953, "Pauley," PPIF, Hoover Papers; Timothy Walch and Dwight M. Miller, eds., *Herbert Hoover and Harry S. Truman: A Documentary History* (Worland, WY: High Plains Publishing Company, 1992), 78–79; Robert H. Ferrell, ed., *Off the Record: The Private Papers of Harry S. Truman* (New York: Haprer & Row, 1980), 83–85; Michael Schaller, *Douglas MacArthur: The Far Eastern General* (New York: Oxford University Press, 1989), 138–139; Michael Schaller, *The American Occupation of Japan: The Origins of the Cold War in Asia* (New York: Oxford University Press, 1985), 33–41; Castle Diaries, Vol. 51 (Jan. 1–Dec. 29, 1946) Feb. 22, 1946, Houghton Library, Harvard University. UNRRA とリーマンについては，Andrew J. Williams, "Reconstruction before the Marshall Plan," *Review of International Studies* 31 (2005), 541–558.

(11) Daniel Yergin, *Shattered Peace: The Origins of the Cold War and the National Security State* (New York: Penguin Books, 1990), 217–218; Hoover to Patterson, May 7, 1947, "MacArthur," PPIF, Hoover Papers; Schaller, *The American Occupation*, 93; Wilson, *Forgotten Progressive*, 86–90, 97–102; Walter Millis, ed., *The Forrestal Diaries* (New York: Viking Press, 1951), 255–256; Michael Schaller, *Altered States: The United States and Japan Since the Occupation* (New York: Oxford University Press, 1997), 12; Jordan A. Schwarz, *The New Dealers: Power Politics in the Age of Roosevelt* (New York: Vintage Books, 1994), 34–56; Alan Brinkley, "The New Deal and the Idea of the State," 90–91 in Steve Fraser and Gary Gerstle, eds., *The Rise and Fall of the New Deal Order, 1930–1980* (Princeton: Princeton University Press, 1989).

(12) George F. Kennan, *Memoirs* (Boston: Littele, Brown, 1972), 369–370; ハワード・ショーンバーガー『占領 1945～1952——戦後日本をつくりあげた 8 人のアメリカ人』（時事通

信社，1994 年）; Hoover to Pratt, June 26, 1947, "Pratt, Admiral William V., Correspondence, 1942–April 1953," PPIF, Hoover Papers ; Dooman to Hoover, June 23, 1947, "Dooman, Eugene, 1947–1950," PPIF, Hoover Papers ; Kern to Hoover, June 27, 1947 から Hoover to Kern, June 26, 1948 までの一連の書簡, "Kern, Harry P., 1947–1953," PPIF, Hoover Papers ; Castle to Hoover, June 23, 1948, "Castle, William R., Correspondence, 1948–1951," PPIF, Hoover Papers ; Smith, *Uncommon Man*, 360 ; Wilson, *Forgotten Progressive*, 223.

(13) Michael J. Hogan, *A Cross of Iron : Harry S. Truman and the Origins of the National Security State, 1945–1954* (New York : Cambridge University Press, 1998), 34–35, 191–208, 326–327, 363–365 ; Best, *Herbert Hoover*, 115–122 ; Smith, *Uncommon Man*, 385–386, 390–392, Manfred Jonas, *Isolationism in America, 1935–1941* (Ithaca, NY : Cornell University Press, 1966), 278–280 ; Peri Arnold, *Making the Managerial Presidency : Comprehensive Reorganization Planning, 1905–1980* (Princeton : Princeton University Press, 1980), 118–159 ; Michael S. Sherry, *In the Shadow of War : The United States since the 1930s* (New Haven : Yale University Press, 1995), 44–46 ; James Chace, *Acheson : The Seretary of State Who Created the American World* (New York : Simon & Schuster, 1998), 185, 189, 326–329 ; Wilson, *Forgotten Progressive*, 261–263 ; Walch and Miller, eds., *Harbert Hoover and Harry S. Truman*, 203–204.

(14) 1920 年代のミッチェルについては，Kendrick A. Clements, *The Life of Herbert Hoover : Imperfect Visionary, 1918–1928* (New York : Palgrave Macmillan, 2010), 447 note 15 ; William E. Pemberton, "Struggle for the New Deal : Truman and the Hoover Commission," *Presidential Studies Quarterly* Vol. 16, No. 3 (Summer, 1986), 511–527.

(15) Christopher D. McKenna, "Agents of Adhocracy : Management Consultants and the Reorganization of the Executive Branch, 1947–1949," *Business and Economic History* Vol. 25, No. 1 (Fall 1996), 101–111.

(16) Ronald C. Moe, "A New Hoover Commission : A Timely Idea or Misdirected Nostalgia?" *Public Administration Review* Vol. 42, No. 3 (May-Jun. 1982), 270–277 ; William R. Divine, "The Second Hoover Commission Reports : An Analysis," *Public Administration Review* Vol. 15, No. 4 (Autumn, 1955), 263–269 ; Charles Walcott and Karen M. Hult, "Management Science and the Great Engineer : Governing the White House During the Hoover Administration," *Presidential Studies Quarterly* Vol. 20, No. 3, The Constitution, Progressivism and Reform (Summer 1990), 557–579. 第二次行政改革委員会も第一次行政改革委員会と同じルールに基づき 12 人が選定された。第一次委員会の事務局長であったミッチェルは，委員になった。ブラウン，マクレーラン，フレミング，ケネディは，第一次委員会のメンバーでもあった。新たな委員は，ブラウネル司法長官（Herbert Brownell, Jr.），ブリッジズ上院議員（Styles Bridges とホーリーフィールド下院議員（Chet Holifield），ファーリー元郵政長官（James A. Farley），ストーリー（Robert Storey），ミッチェル，ホーリスター（Solomon C. Hollister）であった。

(17) "Friends and Exes : JFK's Republican Allies," *Time*, April 11, 2012.

(18) "Leaders Attend Hoover Funeral," *The New York Times*, Oct. 23, 1964.